DIEDERICHS
NEW
SCIENCE

Herausgegeben von
FRANZ-THEO GOTTWALD
ERVIN LASZLO
STEPHAN SCHUHMACHER

Victor Mansfield

Tao des Zufalls
Philosophie, Physik
und Synchronizität

Aus dem Amerikanischen
von Konrad Dietzfelbinger

EUGEN DIEDERICHS VERLAG

Die Originalausgabe erschien 1995 unter dem Titel
Synchronicity, Science, and Soul-Making: Understanding Jungian Synchronicity through Physics, Buddhism, and Philosophy
bei Open Court Publishing Company

Die Deutsche Bibliothek – CIP-Einheitsaufnahme
Mansfield, Victor:
Tao des Zufalls : Philosophie, Physik und Synchronizität / Victor Mansfield.
Aus dem Amerikan. von Konrad Dietzfelbinger. – München : Diederichs, 1998
　Einheitssacht.: Synchronicity, science, and soul making <dt.>
　ISBN 3-424-01410-9

© Open Court Publishing Company, Chicago and La Salle, Illinois 1995
© der deutschsprachigen Ausgabe Eugen Diederichs Verlag, München 1998
Alle Rechte vorbehalten

Umschlaggestaltung: Zembsch' Werkstatt, München
Produktion: Tillmann Roeder, München
Satz: SatzTeam Berger, Ellenberg
Papier: holzfreies, säurefrei gebleichtes Werkdruck, Schleipen
Druck und Bindung: Huber, Dießen
Printed in Germany

ISBN 3-424-01410-9

Inhalt

[handschriftliche Notiz: Sinn – Raum und Zeit – Akausalität – Einheit der inneren und äußeren Welt]

1. Einführung	7
2. Individuation und unbewußte Kompensation	21
3. Synchronizität: Akausale sinngemäße Verknüpfung	33
4. Synchronizität: Beispiele und Analysen	53
Die Brücke zur Physik	68
5. Vom mittelalterlichen zum modernen Weltbild	72
Synchronizitäts-Zwischenspiel Nr. 1: *Anerkennung und das Selbst*	92
Synchronizitäts-Zwischenspiel Nr. 2: *Liebe zur Gemeinschaft*	93
6. Kausalität und Akausalität in der Natur	95
Synchronizitäts-Zwischenspiel Nr. 3: *Allgegenwärtigkeit des Selbst*	109
7. Die Elastizität von Raum und Zeit	112
Synchronizitäts-Zwischenspiel Nr. 4: *Eine Traum-Hochzeit*	120
8. Ein partizipatorisches Quanten-Universum	125
Synchronizitäts-Zwischenspiel Nr. 5: *Der inneren Stimme vertrauen lernen*	139
9. Nicht-Lokalität in der Natur	144
Synchronizitäts-Zwischenspiel Nr. 6: *Der Stein der Weisen*	162
Die Brücke zur Philosophie	166
10. Die Struktur des Buddhismus des Mittleren Weges	169
Synchronizitäts-Zwischenspiel Nr. 7: *Das Weibliche im spirituellen Leben*	190
11. Anwendungen der Leere des Mittleren Weges	197
Synchronizitäts-Zwischenspiel Nr. 8: *Einladung zur Lektüre*	212
12. Der psychologische Standpunkt: Stärken und Schwächen	218
Synchronizitäts-Zwischenspiel Nr. 9: *Erfahrung des Höheren Selbst*	237
13. Ein philosophisches Modell der Synchronizität	242
Synchroniziäts-Zwischenspiel Nr. 10: *Lektionen lernen*	268

14. Harmonien und Disharmonien — 272
Synchronizitäts-Zwischenspiel Nr. 11: *Die Kunst des Gleichgewichtes* — 289

15. Synchronizität und Individuation — 293

Anhang — 311

Eine Ableitung der Bellschen Ungleichungen — 311
Anmerkungen — 314
Register — 322
Literaturauswahl — 327
Danksagung — 330

1
Einführung

Mit der Abfassung dieser Schrift löse ich sozusagen ein Versprechen ein, an dessen Erfüllung ich mich viele Jahre lang nicht gewagt habe. Zu groß schienen mir die Schwierigkeiten des Problems sowohl wie die seiner Darstellung: zu groß die intellektuelle Verantwortung, ohne welche ein derartiger Gegenstand nicht behandelt werden kann; zu ungenügend endlich meine wissenschaftliche Vorbereitung. Wenn ich nun dennoch meine Scheu überwunden und das Thema in Angriff genommen habe, so geschah es hauptsächlich deshalb, weil sich einerseits meine Erfahrungen mit dem Synchronizitätsphänomen von Jahrzehnt zu Jahrzehnt häuften ...
C. G. JUNG[1]

Ich pflege bei der Vergabe von schriftlichen Referaten in meinem Seminar für Erstsemester die Studenten nicht aufzufordern, persönliche Erlebnisse miteinzubringen. Doch im Herbst 1992 leitete eine Studentin ihr Referat mit folgendem Traum ein:

Orangefarbene Wolkenballen schoben sich über den Mond, und dicker Nebel lag über der unbekannten Gasse vor uns. Mein Cousin Carl und ich rannten um unser Leben. Ich hörte das Trappeln unserer Schritte auf der brüchigen, von Erdbeben zerrissenen Asphaltdecke. Der Klang noch anderer Fußtritte, uns hart auf den Fersen, dröhnte uns in den Ohren. Da duckte sich Carl plötzlich im Schutz der Dunkelheit in den Schatten der ersten Seitengasse und zog mich hinter sich her. Mit dem Rücken an die bröckelnde Backsteinmauer eines Ladens gelehnt und nur wenige Meter vom Eingang der Gasse entfernt, drückten wir uns in den bergenden Mantel der Dunkelheit. Carl preßte mir ermutigend die Hand und gab mir ein Zeichen, ich solle mich im Schutt niederhocken. Und schon jagten unsere Verfolger an uns vorüber. Kaum wagte ich zu atmen, als ich den sich wieder entfernenden und immer leiser werdenden Schritten nachlauschte. Ich lächelte. Für den Augenblick waren wir sicher. »Carl«, rief ich leise, doch da merkte ich, daß meine Hand allein war. Sein tröstlicher Griff war nicht mehr da. Eine Flasche am anderen Ende der Gasse rollte scheppernd über den Asphalt. Mein Kopf schoß vor, dem Geräusch nach. Entsetzt sah ich, wie die Silhouette meines Cousins um die Ecke verschwand. Ich wollte ihm nachspringen, ihn zurückhalten, ihn fragen, warum er mich verließ, und wieder den Druck seiner Hand um die meine spüren. Aber ich erreichte ihn nicht. Und Dunkelheit verschluckte meine

Welt, während er um die Ecke verschwand. Von Entsetzen geschüttelt, wachte ich auf. Es war 0.32 Uhr.

Früh am Morgen klopfte mein Vater an meine Schlafzimmertür. Mit verschlafenen Augen und noch ganz erschöpft von meinem Traum, schlurfte ich hinüber und fragte mich, was Dad so früh am Morgen wollen könnte. Die Panik stand ihm im Gesicht geschrieben, seine Augen waren blutunterlaufen und schreckgeweitet. Kaum konnte er die Worte herausbringen: »Dein Cousin Carl hat letzte Nacht Selbstmord ...«

»Um wieviel Uhr?« fragte ich, noch bevor er den Satz beenden konnte. Verblüfft durch meine sonderbare Reaktion, gab er zur Antwort: »Etwa 0.30 Uhr früh.«

Sie können sich kaum vorstellen, wie aufregend und bedeutsam diese Geschichte auf mich wirkte, während ich eine Unmenge Seminararbeiten studentischer Erstsemester durcharbeitete. Bei dem Erlebnis der Studentin korrespondiert der innere, psychische Zustand (der Traum) sinnhaft mit den objektiven, äußeren Ereignissen (dem Selbstmord), ohne daß der innere Zustand den äußeren verursacht hätte oder umgekehrt. In Anlehnung an Jung verwende ich den Begriff Ursache in der konventionellen Bedeutung, daß nämlich ein bestimmtes Ding bei einem anderen bestimmten Ding durch Energie- und Informationsaustausch eine Veränderung hervorruft oder bewirkt. Zum Beispiel: Ein Sturm war die Ursache dafür, daß mein Apfelbaum entwurzelt wurde, oder die Neuigkeiten verursachten mir großen Kummer, oder meine Angst verursachte, daß ich seinen Namen vergaß. Traum und Selbstmord waren sinnhaft aufeinander bezogen. Doch hatte weder der Traum den Selbstmord verursacht, noch ist wahrscheinlich, daß der Selbstmord den Traum verursachte. Jung bezeichnete solche sinnhaften akausalen Beziehungen zwischen äußeren und inneren Ereignissen als synchronistisch.

Ich bin zu vielen synchronistischen Erlebnissen begegnet, sowohl in meinem Leben als in dem anderer Menschen, um sie noch ignorieren zu können. Doch werfen diese überraschend häufig auftretenden Erlebnisse gravierende psychologische und philosophische Probleme für unsere Weltsicht auf. Besonders irritierend sind sie für mich als Physiker, ausgebildet in einem Umfeld des wissenschaftlichen Materialismus. In diesem materialistischen Weltbild sind alle Subjekte und Objekte, alle Personen und Dinge letzten Endes auf materielle Komplexe – durch physikalische Gesetze geordnete Elementarteilchen – rückführbar.

Können wir nun innerhalb dieses Materialismus verstehen, welche Bedeutung oder welchen Zweck ein solches Erlebnis für diese junge Frau besitzt? Ist eine solche Frage innerhalb dieses Weltbildes überhaupt sinnvoll? Was die Studentin betrifft, so besitzt das Erlebnis große psycho-

Einführung

logische Bedeutung für sie – auch wenn sie Jahrzehnte brauchen würde, diese Bedeutung zu formulieren. Aber philosophisch gesehen zwingen mich derart unvergeßliche Synchronizitäts-Erfahrungen, über die Beziehung zwischen den inneren psychischen Zuständen und den mit ihnen korrespondierenden äußeren Ereignissen nachzudenken. Falls ich hartnäckig an meinem akademisch-materialistischen Erbe festhalte, werfen solche Erfahrungen gewaltige Probleme für mich auf. In philosophischer Perspektive aber zwingen sie mich zu der Fragestellung: Was ist die Beziehung zwischen Geist und Materie oder unseren inneren und äußeren Erfahrungen? Kann Kausalität allein solchen Beziehungen gerecht werden?

Trotz gegenteiligen Anscheins und dem populären, fast kühnen Titel dieses Buches bin ich sehr konservativ und nähere mich, wie Jung im Einleitungszitat, dem erregenden Rätsel der Synchronizität nur zögernd und vorsichtig. Doch vertreiben mich aufgrund meiner Erfahrungen mit der Synchronizität dunkle, aber um so mächtigere Kräfte unwiderstehlich aus meinem so komfortabel eingerichteten Spezialgebiet der theoretischen Astrophysik und verweisen mich auf die Tiefenpsychologie und östliche Philosophie. Ich hatte das Glück, sowohl in der Naturwissenschaft als auch in meinen anderen Interessengebieten auf gute Lehrer zu treffen. Ihnen ist es teilweise zu verdanken, daß ich in den letzten Jahren meinem inneren Dämon zu seinem Recht verhelfen und versuchen konnte, diese so gegensätzlichen Interessen miteinander in Einklang zu bringen. Dabei kam mir die Vorsicht, wie sie in dem Einleitungszitat Jungs zum Ausdruck kommt und bei Naturwissenschaftlern überhaupt Gepflogenheit ist, sehr zustatten. Stephen Weinberg, Nobelpreisträger für Physik, spricht ebenfalls von dieser Vorsicht:

»So etwas geschieht oft in der Physik: Unser Fehler ist nicht, daß wir unsere Theorien zu ernst nehmen, sondern daß wir sie nicht ernst genug nehmen. Man kann sich stets nur schwerlich vorstellen, daß die Zahlen und Gleichungen, mit denen wir an unseren Schreibtischen spielen, etwas mit der wirklichen Welt zu tun haben. Noch schlimmer ist, daß man sich oft allgemein darüber einig zu sein scheint, daß gewisse Phänomene der respektablen theoretischen und experimentellen Bearbeitung einfach nicht würdig sind.«[2]

Synchronizitäts-Erfahrungen sind häufig die Lebensereignisse, die sich bei einem Menschen am deutlichsten einprägen und die für ihn außerordentlich bedeutsam sind. Und trotzdem gehören sie für den Großteil der Wissenschaftler (Weinberg eingeschlossen) zu einer Kategorie, bei der »man sich einig ist, daß bestimmte Phänomene einfach keine respektablen Gegenstände theoretischer und experimenteller Arbeit abgeben können«. Ich glaube aber, daß Synchronizitäts-Ereignisse durchaus unsere Aufmerksamkeit verdienen – sowohl vom persönlichen als auch naturwissenschaftlichen Standpunkt aus, und daß man sich keinesfalls vor den vielen schwierigen Problemen, die sie aufwerfen, drücken sollte. Wenn wir das Phänomen der Synchronizität nur sorgfältig untersuchen wollten, würden wir kaum noch Weinbergs deprimierendes Credo unterschreiben: »Je begreiflicher uns das Universum wird, desto sinnloser erscheint es uns auch.«[3]

Dennoch folge ich Weinbergs gutem Ratschlag und nehme die Naturwissenschaft, sowohl die Quantenphysik als auch die Tiefenpsychologie, sehr ernst. Ich beginne mit der orthodoxen physikalischen Sichtweise und den Standardvoraussetzungen der Jungschen Psychologie. Aber dann werde ich kühner und entfalte deren Implikationen nicht mehr mit der mir eigenen Vorsicht. Physik und Psychologie verwende ich nun als Mittel, um ein philosophisches Weltbild zu entwickeln, das die traditionelle Spaltung zwischen Geist und Materie aufhebt. Diese Perspektive unterscheidet sich von der Jungs, ähnelt aber derjenigen einiger großer Physiker wie Schrödinger, Eddington und Jeans sowie wohlbekannten östlichen Traditionen. Der Leser braucht keine speziellen Vorkenntnisse in Physik oder Philosophie, um meinen Ausführungen folgen zu können.

Revision unserer Vorstellungen über die Welt und uns selbst

Um einen Eindruck von der Welt des Sinns, die sich uns durch die Synchronizität erschließt, zu gewinnen, ist es zunächst notwendig, ein paar Vorstellungen über die Welt, die sich hartnäckig in uns festgesetzt haben, zu revidieren. Da es sich dabei häufig um unbewußte Vorstellungen handelt, »projizieren« wir sie auf die Welt. Ich gebrauche hier den Begriff »Projektion« im gewöhnlichen tiefenpsychologischen Sinn: Wir übertragen unbewußt und affektiv Eigenschaften, die in uns selbst wurzeln, auf Personen oder Dinge, das heißt, wir schreiben ihnen Eigenschaften zu, die sie in Wirklichkeit nicht besitzen – jedenfalls nicht in dem von uns geglaubten Umfang. Solche Projektionen trüben unseren klaren Blick auf die Wirklichkeit und binden uns in Liebe-Haß-Beziehungen an unsere Objekte. Die die Klarheit trübenden zwanghaften Projektionen berauben uns unserer Vernunft, Freiheit und Selbsterkenntnis. Ja, was die Dinge noch verkompliziert: Wir haben nicht den leisesten Zweifel daran, daß die projizierte Eigenschaft sich wirklich im Objekt befindet, draußen in der Welt, wo wir keine Einflußmöglichkeit auf sie haben. Das Wiederabziehen derart trübender Projektionen von anderen Menschen, und erst recht von der Welt, erfordert natürlich aufwendige psychische Arbeit. Doch wenn wir andere Menschen wirklich verstehen und ihr wahres Wesen ergründen wollen, kommen wir nicht darum herum, zuerst unsere Projektionen von ihnen abzuziehen. Denn jede Projektion, die unbewußt bleibt, verdeckt den wahren Charakter des Betreffenden und bindet uns emotional an ihn. Entsprechend vergrößert das Abziehen der Projektionen von Familie, Freunden und Nachbarn unsere Selbsterkenntnis – ein Gewinn, der niemals billig oder leicht zu haben ist. Ähnlich erfordert hart errungenes neues Wissen über die äußere Welt ein Zurückziehen unserer Projektionen von der Welt, befreit uns dementsprechend und vergrößert unsere Selbsterkenntnis.

In den vergangenen Jahrhunderten vollzog sich in den Naturwissenschaften das Zurückziehen solcher trübender Projektionen von der Welt immer schneller. Doch der entsprechende Wissenszuwachs hat auf der anderen Seite erkennbare Verluste mit sich gebracht. Die Lebenserwartung ist mit dem medizinischen Fortschritt gestiegen, doch selbst jetzt nach Beendigung des Kalten Krieges existieren noch genügend Kernwaffen, um die Weltbevölkerung mehrere Male auszulöschen. Mitten im schwindelerregenden technischen Fortschritt dringen uns von allen Seiten Nachrichten über Umweltkatastrophen, verursacht durch explosives Bevölkerungswachstum, in die Ohren.

Paradoxerweise hat unser vermehrtes Wissen über die objektive Welt eine sehr negative, weitreichende Konsequenz gehabt. Wir haben unsere Orientierung in dieser Welt verloren und uns ihr immer mehr entfremdet – nämlich der lebendigen Natur, die wir ja gerade verstehen möchten. Mit anderen Worten: Der wissenschaftliche und technische Fortschritt hat uns Wissen und so manchen Vorteil gebracht, uns jedoch auch von der lebendigen Verbindung mit der Natur abgeschnitten und uns normalerweise nur auf der materiellen Ebene reicher gemacht. Die Auflösung unserer Verbindung zur Natur und unsere Entfremdung von ihr wurzeln in einer noch tieferen Malaise. Für die meisten modernen Menschen ist die Natur nicht mehr Ausdruck kosmischer Intelligenz, keine Selbstdarstellung des Göttlichen mehr, sondern ein Bereich, der für unsere irdischen Interessen erobert und manipuliert werden muß. Herrschaft und Kontrolle über die Natur verdrängen die Ehrfurcht vor ihr und den Kräften, deren Aus-druck sie ist. Wie entfremdet wir unserer entgöttlichten Welt schon sind, möchte ich illustrieren, indem ich einmal unsere moderne Einstellung dem Weltbild der traditionellen amerikanischen Natives gegenüberstelle.

Wenn der große, heilige Mann der Oglala Sioux, Black Elk, die heilige Pfeife beschreibt, sind wir alle gerührt. Vielleicht erfüllen uns Neid und Sehnsucht, aber leider fühlen wir uns doch wenig mit ihm verbunden:

Einführung

> »Aber diese vier Geister sind am Ende nur ein Geist, und diese Adlerfeder hier ist für diesen einen, der gleich dem Vater ist, und sie ist auch für die Gedanken der Menschen, die sich so hoch wie die Adler erheben sollten. Ist nicht der Himmel ein Vater und die Erde eine Mutter, und sind nicht alle lebendigen Dinge mit Füßen oder Flügeln oder Wurzeln ihre Kinder? Und diese Tierhaut hier am Mundstück, die aus Büffelhaut sein sollte, bedeutet die Erde, von der wir gekommen sind und an deren Brust wir wie kleine Kinder unser Leben lang saugen, zusammen mit all den Tieren und Vögeln und Bäumen und Gräsern. Und weil sie all das aussagt und dazu noch mehr als irgendein Mensch verstehen könnte, darum ist die Pfeife heilig.«[4]

Nach Ansicht der meisten Menschen haben die Wissenschaft und überhaupt die Modernisierung des Lebens unser materielles Wissen und unsere materielle Macht sehr gesteigert. Sie haben dazu beigetragen, daß wir bestimmte Projektionen von der Natur und von uns selbst abziehen konnten. Sie haben aber auch dazu geführt, daß wir »diesen einen, der gleich dem Vater ist« nicht mehr kennen und unsere Gedanken sich nur selten »so hoch wie die Adler erheben«. Es wäre natürlich sentimental, das Leiden der Menschen der vortechnischen Zeit, etwa des Stammes von Schwarzer Hirsch, leugnen zu wollen, der Zeit, bevor die Europäer kamen. Trotzdem leben wir entfremdete, moderne Menschen, anders als Schwarzer Hirsch, in einer entgöttlichten Welt.

Und um dieser Wunde noch eine Beleidigung hinzuzufügen, beraubt uns die Psychologie auch noch der bescheidenen Genugtuung, als »entspiritualisierte« moderne Menschen seien wir frei von Projektionen. Wie Jung so oft sagte: »Unser tagtägliches Leben wimmelt noch von Projektionen.«[5]

Lehren aus der Synchronizität

Doch haben wir auch in unserer fragmentierten und unpersönlichen Welt, die uns so häufig ein scheinbar gleichgültiges, ja feindseliges Gesicht zuwendet, ab und zu synchronistische Erlebnisse – numinose Ereignisse, wo die äußere Welt sinnhaft mit unserem inneren, psychischen Zustand in Verbindung steht. So schreibt Jung zum Beispiel:

> »Da die ›objektive Psyche‹ nicht auf die Person begrenzt ist, wird sie auch nicht durch den Körper begrenzt. Sie manifestiert sich daher nicht nur im Menschen, sondern gleichzeitig in Tieren und sogar in physikalischen Gegebenheiten ... Diese letzteren Phänomene bezeichne ich als die Synchronizität archetypischer Ereignisse. Zum Beispiel gehe ich mit einer Patientin im Wald spazieren. Sie erzählt mir den ersten Traum ihres Lebens, der einen unauslöschlichen Eindruck auf sie machte. Sie hatte einen Geisterfuchs gesehen,

der die Treppe in ihrem Elternhaus herunterlief. In diesem Augenblick kommt, keine vierzig Meter von uns entfernt, ein wirklicher Fuchs unter den Bäumen hervor und läuft ein paar Minuten lang ruhig den Weg vor uns her. Das Tier verhält sich so, als wäre es Partner in der menschlichen Situation.«[6]

Vielleicht waren solche Erlebnisse für Black Elk normal, doch die meisten von uns staunen über so etwas. Wie mehrere weiter unten angeführte Beispiele zeigen werden, bieten synchronistische Erlebnisse allem Anschein nach einen Ausblick auf eine höhere Realität, auf ein höheres Wissen. Manchmal wirken sie sogar wie eine Offenbarung – ein Blitz intuitiver Einsicht oder ein Gnadengeschenk. Wir können, auf unser Risiko, solche Ereignisse natürlich als ungewöhnliche Koinzidenzen, als Erzeugnisse des Zufalls, abtun. Doch für Jung und andere ereignen sich Synchronizitäts-Erlebnisse viel zu oft und sind zu sinnhaft, als daß es sich um bloße Zufälle handeln könnte. Das innere Erlebnis in Jungs obigem Beispiel (dem Fuchs-Traum) verursachte das äußere Ereignis (den auf dem Weg auftauchenden Fuchs) jedenfalls nicht – oder umgekehrt. Auch war der weiter oben erwähnte Traum der Studentin nicht die Ursache des Selbstmords, und der Selbstmord dürfte ebenfalls den Traum kaum verursacht haben. Trotzdem ist möglich, daß die ungeheuer starken Gedanken, die Cousin Carl vor seinem Selbstmord durch den Kopf gingen, bewirkten, daß meine Studentin von ihm träumte. Diese Möglichkeit kompliziert das Ganze. Könnten wir beweisen, daß es sich hier um eine Form kausaler Gedankenübertragung handelte, wäre das Traum-Selbstmord-Erlebnis kein Beispiel für akausale Synchronizität (in den noch folgenden Kapiteln wird Synchronizität sorgfältig von anderen Arten psychischer Erfahrungen und übersinnlicher Wahrnehmung – ESP, *extra sensory perception*, – unterschieden). Solche kausalen Verknüpfungen waren für Jung hier nicht im Spiel. Für ihn war Synchronizität *eine akausale sinngemäße Verknüpfung*. Die Analysen und Beispiele weiter unten zeigen, daß der in der Synchronizität auftretende Sinn Ausdruck des Prozesses der Individuation ist – des Kerns der Jungschen Tiefenpsychologie. Synchronizität ist Ausdruck des Prozesses des Seelenwerdens.

Außer ihrer immensen Bedeutung im therapeutischen Prozeß hatte die Synchronizität aber auch große theoretische Bedeutung für Jung. Klinische Erfahrungen führten ihn zu dem Schluß, die den Synchronizitäts-Ereignissen zugrundeliegenden Archetypen seien psychoid, nämlich Ordnungsmuster sowohl für die Seele als auch für die Materie. Hier geht Jung also über die Strukturprinzipien der Seele hinaus und wendet sich denen der Außenwelt zu. Deshalb sind die zugrundeliegenden Archetypen sowohl für den Psychologen als auch für den Physiker von Interesse. Sie wären dann Brücken zwischen der inneren Seelenwelt und der äußeren materiellen Welt. Der berühmte Physiker Werner Heisenberg gab einer ähnlichen Vorstellung mit den Worten Ausdruck: »Dieselben organisierenden Kräfte, die die Natur in all ihren Formen gestaltet haben, sind auch verantwortlich für den Aufbau unseres Geistes.«[7]

Insofern Synchronizitäts-Erfahrungen die Einheit von Seele und Materie nahelegen, können sie uns dazu veranlassen, eine unserer stärksten Projektionen auf uns selbst und die Welt zurückzuziehen – den Glauben, wir und sie seien grundsätzlich getrennt und voneinander unabhängig. Das moderne Denken hat uns in dem Glauben bestärkt, die innere Welt der Empfindungen, Phantasie, Ekstase und Sehnsucht unterscheide sich fundamental von der unpersönlichen, materiellen, von mechanischen Gesetzen regierten Welt. Doch die Synchronizität widerspricht diesem Glauben, indem sie *sinnhafte Verknüpfungen zwischen subjektiver und objektiver Welt* nachweist. Diese erahnte, verborgene Einheit von innerer und äußerer Welt, diese Verwurzelung von Mensch und Natur im *Unus Mundus*, wie es Jung nannte, ist gar nicht so leicht zu verstehen oder zu erleben. Meiner Meinung nach ist dazu erforderlich, daß wir dazu über das Seelische hinausgehen und uns nicht nur als endliche, psychische Wesen begreifen. Doch welchen Ort sollten wir diesem Einheitsbegriff in unserem fragmentierten modernen Weltbild und besonders in der modernen Naturwissenschaft zuweisen, die die Götter von Sternen, Planeten und überhaupt aus der Natur vertrieben und uns als einsame Wanderer durch 10^{10} Milchstraßen in einem unvorstellbar großen All zurückgelassen hat? So klagt Robert Frost in seinem Gedicht »Lehren für die Gegenwart«[8]:

> Der Weltraum kränkt uns heutige:
> Wir sind vom Weltraum krank.
> So wir ihn kontemplieren
> Fühlen wir uns klein.
> Mikroben nur, wie die einer
>   vorübergehenden Epidemie,
> Die man mit einem guten Glas
>   kann wimmeln sehen in der Patina
> Des unbedeutendsten der Himmelskörper.

Heilung der Spaltung zwischen Geist und Materie

Ich hoffe, die folgenden Kapitel werden zumindest teilweise Lösungen geben für die Empfindung, »die Patina des unbedeutendsten der Himmelskörper« zu sein. Meine Antwort auf dieses bestürzende Bild unserer selbst als einsamer Wanderer in einer entgötterten Welt möchte ich formulieren, indem ich einen dreistimmigen Satz mit psychologischem Sopran, wissenschaftlichem Bariton und philosophischem Baß komponiere.

Ich beginne mit dem Sopran, untersuche die Synchronizität mit Hilfe einer psychologischen Lupe und gehe von einem Überblick über Jungs zentrale Gedanken der unbewußten Kompensation und der Individuation aus. Denn nur in diesem Zusammenhang wird sein Begriff des Sinns, der so wesentlich für das Verständnis der Synchronizität ist, transparent. Durch Analysen und mit Hilfe von Beispielen erhelle ich das Prinzip der Synchronizität als akausale sinnhafte Verknüpfung und beschreibe die Rolle, die sie bei der Individuation spielt. Im Widerspruch zur bisherigen Literatur über diesen Gegenstand spreche ich mich dagegen aus, Parapsychologie als Form der Synchronizität zu betrachten.

Analyse und Beispiele für Synchronizität führen zwingend zur Untersuchung von vier Hauptthemen: dem Wesen des *Sinns*, dem *Raum und Zeit* transzendierenden Aspekt der Synchronizität, der Rolle der *Akausalität* und der *Einheit der inneren und äußeren Welt*. Diese vier Themen sind wie starke Fäden, die interdisziplinäre Arbeiten zur Einheit verbinden. Meine drei Stimmlagen umspielen ständig diese vier Themen, während sie sich als psychologische, physikalische und philosophische Melodien aufeinander beziehen und auf diese Weise gemeinsam ein Verständnis der Synchronizität ermöglichen. So erklingt die helle Sopranstimme aus dem Seelenbereich überall in diesem Buch, aber besonders warm in den vierzehn bisher unveröffentlichten Berichten aus erster Hand, die, über das ganze Buch verteilt, numinose Synchronizitäts-Erlebnisse schildern.

Zweitens betritt auch der wissenschaftliche Bariton schon bald die Bühne, spielt aber seine Hauptrolle erst im Mittelteil. Auch auf sein Lied müssen wir gut hören, da das von der Synchronizität in Frage gestellte Weltbild stark naturwissenschaftlich bedingt ist. Wollen wir irgendwie eine Einheit zwischen Innen und Außen, bzw. Geist und Materie, herstellen, so müssen wir uns anhand der Quantenmechanik eine radikal neue Auffassung von Materie aneignen, die sich scharf von dem in der Newtonschen Physik angelegten Materialismus und unseren unreflektierten Vorstellungen über die Materie unterscheidet. Auch Jung war schon davon überzeugt, daß ein elementarer Zusammenhang zwischen Tiefenpsychologie und moderner Physik besteht. Das sind die Gründe, weshalb ich mich mit der modernen Physik befasse.

Doch kann keine Rede davon sein, daß die Physik die Gültigkeit der Synchronizität oder das von ihr implizierte Weltbild »beweisen« könnte. Dadurch, daß ich die vier Themen Sinn, Raum und Zeit, Akausalität und Einheit der inneren und äußeren Welt im Rahmen der modernen Physik untersuche, zeige ich vielmehr, daß die bedeutsamsten jüngsten wissenschaftlichen Aussagen über die physische Natur für eine Veränderung unseres Denkens sprechen, wie sie zum Verständnis der Synchronizität erforderlich ist. In der wissenschaftlichen Revolution der letzten drei Jahrhunderte hat sich immer mehr der Begriff des Sinns herauskristallisiert. Leider erschwert es aber das moderne Beharren auf strenger Objektivität ungemein, subjektive Prinzipien, die zum Verständnis der Synchronizität wesentlich sind, zu verstehen. Da das Phänomen überdies häufig überraschenden Zugang zu Erkenntnissen gewährt, die unsere üblichen Vorstellungen von Raum und Zeit über den Haufen werfen, untersuche ich die Bedeutung dieser Kategorien in der zeitgenössischen Physik. Was drittens die Akausalität betrifft, so stellt sich heraus, daß viele sie als Straßensperre mit der Aufschrift »hier enden Wissenschaft und Rationalität« betrachten. Demgegenüber zeige ich, daß Akausalität zahlreiche neue Perspektiven eröffnet, die durch die strenge Kausalität der Newtonschen Physik bisher blockiert waren. Sodann werden viertens in zwei Kapiteln, die auf Fachchinesisch gänzlich verzichten, anhand einfacher Laborexperimente die grundlegenden Konzepte der Quantenmechanik vorgestellt. Hier stoßen wir auf das Prinzip der Nicht-Lokalität, welches viele für den wichtigsten Aspekt der Quantentheorie halten. Der Kontrapunkt zwischen eleganten Theorien einerseits, Experimenten andererseits macht diese Baritonlieder gut verständlich, ja zwingend eingängig. Dank der interpretatorischen Anstrengungen, die man den berühmten Arbeiten des verstorbenen John Bell[9] gewidmet hat, stimmen die Physiker heute weitgehend darin überein, daß wir diese entscheidenden Punkte heute weit besser verstehen als die Begründer der Quantenmechanik noch vor einem halben Jahrhundert.

Einer der großen Begründer der Quantentheorie, Wolfgang Pauli, war lange mit Jung befreundet und beeinflußte dessen Denken, besonders über Synchronizität, erheblich. Doch Pauli hatte nicht das Glück, sich mit der Quantenmechanik der letzten beiden Jahrzehnte befassen zu können. Diese letzten zwanzig Jahre haben unsere philosophische Grundlegung der Natur revolutioniert, und zwar *unabhängig von der aktuellen Formulierung der Quantenmechanik*. Da somit unser philosophisches Verständnis der Natur von jeder speziellen naturwissenschaftlichen Theorie unabhängig geworden ist, können wir ihren Ergebnissen weit mehr vertrauen und ihre große Bedeutung weit besser einschätzen. Auch diese philosophischen Aspekte werde ich diskutieren und zeigen, daß sie, ebenso wie die

Synchronizität, signifikant dazu beitragen, eine unserer widersinnigsten Projektionen auf die Natur und uns selbst aufzulösen – den Glauben, die Natur und wir selbst seien voneinander getrennt und führten ein voneinander isoliertes Dasein. Es wird sich zeigen, daß wir heute der Verwirklichung von Paulis Wunsch nach einer Einheit zwischen Geist und Materie ein gutes Stück nähergekommen sind. Er sagte: »Es wäre am meisten befriedigend, wenn sich Physis und Psyche als komplementäre Aspekte derselben Wirklichkeit auffassen ließen.«[10] Ich stelle die physikalischen Theorien zwar sehr genau, doch auch ein wenig spielerisch dar, ganz im Sinne von Pauli und Bohr.

Drittens erklingt im letzten Teil des Buches auch die Baßstimme. Ich erörtere dort die Synchronizität in einem philosophischen Zusammenhang und zeige zu Beginn, daß unser in letzter Zeit vertieftes Verständnis der Quantenmechanik eng mit dem buddhistischen Prinzip der »Leere« verknüpft ist. Diese Anschauung von »Leere« stellt die Selbsttäuschung einer getrennten oder voneinander unabhängigen Existenz von Natur und Selbst unmittelbar in Frage. Nach Auffassung der Buddhisten ist diese Täuschung die Wurzel allen Leidens, doch zeige ich, daß sie auch unser Verständnis für Quantenmechanik und Synchronizität blockiert. Ich wende Einsichten aus der Theorie der Leere auf immer noch ungelöste Probleme in Quantenmechanik und Tiefenpsychologie an. Um diese Einsichten aus dem Buddhismus abzuleiten, untersuche ich sodann, was Jung seinen »Psychologischen Standpunkt« nennt. Jung betrachtete es niemals als seine Aufgabe, einen konsistenten philosophischen Rahmen für seine Tiefenpsychologie und das Prinzip der Synchronizität zu entwickeln, doch liegen wichtige Hinweise auf einen solchen Rahmen vor, in dem, was er seinen »Psychologischen Standpunkt« nannte. Ich greife diese Hinweise auf, kombiniere sie mit Implikationen aus Synchronizität, Physik und Buddhismus und entwickle so ein umfassendes philosophisches Modell für Psychologie und Physik.

Diese unterschiedlichen Disziplinen, von Psychologie über Physik bis zu Befreiungs-Philosophien wie dem Buddhismus, bilden ein in sich geschlossenes Mosaik von sich gegenseitig stützenden Gedanken und Erfahrungen. Ebenso wie wir eine neue Auffassung von Materie brauchen, die sich von den alten Newtonschen Vorstellungen radikal unterscheidet, müssen wir auch einen fundamental anderen Begriff vom *Geist* gewinnen, einen Begriff, der unseren individuellen Geist nicht mehr als den vollkommensten Ausdruck des Geistes auffaßt. Mit Hilfe dieser revidierten Begriffe von Geist und Materie zeige ich dann mittels Argumenten und empirischen Daten, daß die Welt eher *Gedanke* als *Materie*, eher *Geist* als *Stoff* ist, und daß unser individueller Geist die Pforte zur Erfahrungswelt und zu der sich dort ausdrückenden unendlichen Intelligenz bildet.

Innerhalb dieses erweiterten Geist-Begriffs läßt sich dann auch nachvollziehen, daß unser individueller Geist einerseits das Hauptinstrument zum Erwerb wissenschaftlicher Erkenntnis, andererseits das Mittel zum Erreichen unseres höchsten spirituellen Ziels ist, das uns die Befreiungsphilosophien verheißen.

Meine philosophische Analyse erweitert Jungs Gedanken über den *Unus Mundus*. Vielleicht kann diese Erweiterung ein Modell für dieses einende, Psyche und Materie gleicherweise zugrundeliegende Prinzip zeigen, wie es in unserem Leben wirksam wird und wie unsere innere »Mondwelt« der Phantasie, Sehnsucht und Kreativität mit der »Sonnenwelt« der Objektivität, Fakten und Quarks verbunden ist. Wenn diese drei Stimmen harmonisch und nicht kakophonisch zusammenklingen, erhaschen wir vielleicht auch einen Blick auf die moderne philosophische Wahrheit des Black Elks einheitlichen, von Göttlichkeit erfüllten Weltbildes. Oder vielleicht gewinnen wir auch ein tieferes Verständnis für das, was Einstein mit den Worten ausdrückte: »Körper und Seele sind nicht verschiedene Dinge, sondern nur zwei Wege, dasselbe wahrzunehmen«.[11]

Bei meinen Ausführungen über die Synchronizität werden sich die mit dem Jungschen Denken vertrauten Leser gewiß heimisch fühlen. Denn obwohl ich eine wesentliche Klarstellung, betreffend die Beziehung der Synchronizität zu paranormalen Phänomenen, vornehme, folge ich bei der Behandlung der Synchronizität Jungs ursprünglichen Formulierungen. Zwar singt also der Sopran die Standardmelodie des Jungschen Denkens, doch lasse ich ihn gegen Ende des Buches noch eine Oktave höher singen. Und wo sich mein Denken von dem Jungs unterscheidet, mache ich das immer explizit. In ähnlicher Weise werden alle, die mit den philosophischen Grundlagen der modernen Physik vertraut sind, die Stimme des wissenschaftlichen Baritons leicht erkennen. Er singt Melodien, die mit der begrifflichen Grundlegung der modernen Physik beschäftigte Physiker recht gut im Ohr haben. Und obgleich dann die Baßstimme die radikalsten Schlußfolgerungen zieht, singt sie immerhin alte Melodien aus dem Osten, die manchem gut bekannt sein dürften. Was jeweils neu und unvertraut klingen mag, sind die Details jeder Melodie (vor allem meine Gedanken, die den Begriff der Synchronizität klären und ausarbeiten) und besonders mein Vorhaben, diese drei Stimmen miteinander in Einklang zu bringen und die psychologischen und naturwissenschaftlichen Erkenntnisse in einer umfassenden, einheitlichen philosophischen Perspektive zu vereinigen. Unterwegs gehe ich auch immer darauf ein, welche praktischen und moralischen Konsequenzen sich aus einer einheitlichen Sicht auf uns selbst und die Welt ergeben können. Denn Theorie muß sich in der Praxis bewähren.

Jungs bahnbrechende Abhandlung über Synchronizität hatte drei Hauptwurzeln: seine klinische Erfahrung, die Quantenphysik und das östliche Denken (hauptsächlich das *Tao te King* und das *I Ging*). Meine drei Inspirationsquellen sind ganz ähnlich. Ich stütze mich weitgehend auf Berichte über Synchronizität aus erster Hand, beziehe mich aber auch auf die jüngsten Entwicklungen der Quantenmechanik. Statt vom alten chinesischen Denken gehe ich dann jedoch vom Buddhismus des Mittleren Weges aus, um eine philosophische Perspektive zur Erklärung der Synchronizität vorzubereiten. Ich versuche zu zeigen, daß diese drei Inspirationsquellen einander bedingen und eine Revision einiger unserer hartnäckigsten Vorurteile erzwingt und befördert. Dabei verändern sie auch radikal unser Bild von der Welt und uns selbst.

Es liegt auf der Hand, daß die Naturwissenschaft für ihren Fortschritt einen neuen philosophischen Bezugsrahmen, eine neue Weltsicht braucht. Trotz dem gewaltigen Aufschwung und den glänzenden Leistungen der modernen Naturwissenschaft befindet sie sich in einer Sackgasse. Wie ich zeigen werde, liegt das vor allem an ihren begrifflichen Grundlagen. So hat es zum Beispiel noch niemals in der Geschichte der Menschheit eine leistungsfähigere naturwissenschaftliche Theorie als die Quantenmechanik gegeben, und doch hat man, vom philosophischen Standpunkt aus, noch niemals eine Theorie weniger begriffen. Ich stehe nicht allein mit der Überzeugung, daß ein Großteil der Verwirrung, die heute in bezug auf die Grundlagen der Physik herrscht, unmittelbar aus unserem unzulänglichen philosophischen Weltbild abzuleiten ist. Außerdem lehrt die Geschichte, daß wirklich grundlegende Fortschritte in der Naturwissenschaft stets Hand in Hand mit einer Revolution des philosophischen Weltbildes gegangen sind. Meine Hoffnung ist, daß das vorliegende Buch mit seinem radikal nicht-materialistischen und vom östlichen Denken inspirierten Weltbild zu einem Paradigmenwechsel beitragen kann, der für den nächsten großen Erkenntnisfortschritt der Wissenschaft notwendig ist.

Aber was noch entscheidender ist: Das Weltbild, innerhalb dessen Naturwissenschaft heute betrieben wird, der wissenschaftliche Materialismus, ist eine tote und tödliche Wirklichkeitsauffassung. Es »entgöttert« die Natur nicht nur, sondern reduziert den Menschen auch auf »die Patina des unbedeutendsten der Himmelskörper«. Wissenschaft und Technik verändern die Welt in vieler Hinsicht, doch häufig eher negativ als positiv.

Viele Menschen sind heute wie ich der Meinung, daß wir in einer Krise leben, und daß gerade unser materialistisches Weltbild zur physischen, psychischen und spirituellen Katastrophe mitbeiträgt. Wenn wir als Gattung überleben wollen, brauchen wir eine neue Auffassung vom Menschen, von der Natur und ihren gegenseitigen Beziehungen. Deshalb ist es meine Hoffnung, daß dieses Buch zu einer Erneuerung und Harmonisierung beiträgt, die wir so dringend brauchen.

Mit dem Anspruch dieses Buches habe ich mir viel vorgenommen. Erstens hege ich den Wunsch, daß es Herz und Verstand des Lesers dazu animiert, sich für Tiefenpsychologie und ihre spirituellen und philosophischen Dimensionen zu interessieren. Zum Teil versuche ich das dadurch zu erreichen, daß ich weder in der Naturwissenschaft noch in der Philosophie Fachkenntnisse voraussetze und immer wieder emotional ansprechende Fallbeispiele heranziehe. Zweitens möchte ich meine Kollegen zu dem Eingeständnis veranlassen, daß ich exakt und ausgewogen mit naturwissenschaftlichen Erkenntnissen umgehe, selbst wenn sie die von mir entfaltete Weltsicht nicht teilen können. Drittens wünsche ich mir, daß philosophisch vorgebildete Leser anerkennen, daß meine philosophischen Schlußfolgerungen logisch sind, auch wenn sie nicht jedes Argument und das hier zugrundeliegende Weltbild akzeptieren können. Aber die schwerste Aufgabe, die ich mir gestellt habe, ist, gleichzeitig an Empfindung und Verstand zu appellieren – Dionysos und Apoll gleichermaßen Ehre zu erweisen.

Individuation und unbewußte Kompensation

In der Regel kontrastiert der unbewußte Inhalt sogar mit dem Bewußtseinsinhalt, was besonders dann der Fall ist, wenn die bewußte Einstellung sich zu ausschließlich in einer bestimmten Richtung bewegt, welche den vitalen Notwendigkeiten des Individuums gefährlich zu werden droht. Je einseitiger und je weiterwegführend vom Optimum der Lebensmöglichkeit die bewußte Einstellung ist, desto eher ist die Möglichkeit vorhanden, daß lebhafte Träume von stark kontrastierendem, aber zweckmäßig kompensierendem Inhalt als Ausdruck der psychologischen Selbststeuerung des Individuums auftreten.

C.G. Jung[1]

Moderne Kosmologie als Metapher

Kaum etwas fällt mehr in das Gebiet der Archetypen und Mythologie als das Problem, wie das Universum entstand, wie es sich entwickelt hat und was sein Endzustand ist. (Vielleicht ist die einzige noch archetypischere Frage, wie es in dieser Hinsicht mit uns steht.) Im letzten halben Jahrhundert haben die Astronomen das *Big-Bang-Modell* zur Beschreibung von Geburt, Entwicklung und Tod des Universums entwickelt. Zwar besitzt auch diese moderne Kosmologie, wie alle Kosmologien vorher, ihre archetypischen und mythischen Dimensionen, doch ruht sie fest und solide auf dem Zusammenspiel von Einsteins sehr eleganter allgemeiner Relativitätstheorie und von mit Hilfe beeindruckender moderner Teleskope gemachten Beobachtungen. Nach der üblichen *Big-Bang*-Kosmologie entstand das Universum vor etwa fünfzehn Milliarden Jahren aus einem unvorstellbar heißen und dichten Zustand, der explodierte, abkühlte und Milchstraßen bildete, die sich bis zum heutigen Tag stetig voneinander entfernen. Dieses Modell ist allem Anschein nach fest etabliert, doch kann es, wie alle wissenschaftlichen Theorien, schon morgen wieder seine Geltung verlieren.

Schon Anfang dieses Jahrhunderts war klar, daß die durchschnittliche Massendichte des Universums (die Masse pro Volumen) der entscheidende Parameter ist, der letzten Endes das Schicksal des Alls bestimmt. Ist die durchschnittliche Dichte kleiner als ein bestimmter genau umrissener kritischer Wert, der sich mit Hilfe von Theorie und Experiment errechnen läßt, wird sich das Universum bis in alle Ewigkeit ausdehnen. Alle Milchstraßen entfernen sich weiterhin voneinander, ohne daß ein Ende absehbar wäre und kühlen schließlich zu den toten Schlacken ab, die von Sternen am Ende ihrer Entwicklung normalerweise übrigbleiben. Ist andererseits die Dichte größer als dieser kritische Wert, hört zu einem bestimmten Zeitpunkt das sich voneinander Fortbewegen der Milchstraßen auf und kehrt sich um. Sie stürzen dann wieder mit immer größerer Geschwindigkeit aufeinander zu und enden in einem kosmischen Inferno, dem *Big Crunch* (großen Zusammenstoß). Es hängt also von der durchschnittlichen Massendichte des Universums ab, ob es mit einem leisen Gewimmer oder einem großen Krach endet beziehungsweise, wissenschaftlicher ausgedrückt, ob es zu einem diffusen Zustand tödlicher Starre oder einem ungeheuren Kataklysmus führt.

In den letzten zwei Jahrzehnten konnte eindeutig geklärt werden, daß das sichtbare All – alles, was sich mittels des gesamten elektromagnetischen Spektrums von Radiowellenlängen bis zu Gammastrahlen entdecken läßt – nur weniger als ein Zehntel der Gesamtmasse des Universums ausmacht. Zum Beispiel besteht die spiralförmige Milchstraße zum allergrößten Teil aus unsichtbarer oder nicht strahlender Materie. Das sichtbare Universum, das, seit unsere frühesten Vorfahren zum ersten Mal zum Himmel emporblickten, eine solche Faszination auf uns ausübt, ist also in Wirklichkeit nur die Spitze des Eisbergs. Es befinden sich in der Regel etwa 10^{11} Sterne in einer Milchstraße und etwa 10^{10} Milchstraßen im sichtbaren Universum. Doch all diese Milchstraßen, Sterne und Gaswolken, sichtbar an irgendeiner Stelle des elektromagnetischen Spektrums, bilden nur ein Hundertstel bis zu einem Zehntel der Gesamtmasse des Universums.

Da also der große unsichtbare Teil des Universums weitgehend seine durchschnittliche Dichte bestimmt, hängen seine Entwicklung und sein Schicksal vor allem von dieser unsichtbaren Materie ab. Moderne Untersuchungen legen außerdem den Schluß nahe, daß unser Universum eine durchschnittliche Dichte besitzt, die gerade der kritischen Dichte gleichkommt. Ist also diese Dichte das Entscheidende, so hängt viel von dem sichtbaren, leuchtenden Teil des Universums ab, auch wenn er nur weniger als ein Zehntel der Gesamtmasse ausmacht. Denn nur ein bißchen mehr oder weniger sichtbare Materie würde die Gesamtmasse über den kritischen Wert steigen oder sinken lassen.

Wenn nun aber der Großteil des Universums unsichtbar ist, woher wissen wir dann, daß es ihn gibt? Die Anwesenheit der unsichtbaren Materie ergibt sich aus ihren Wirkungen auf die sichtbare Materie. Zum Beispiel lassen Gravitationswirkungen auf die Bewegungen der Milchstraßen und Anhäufungen von Milchstraßen auf die Anwesenheit großer Mengen unsichtbarer Materie schließen.

Diese moderne Kosmologie nun stellt uns eine höchst treffende Metapher für die Beziehung zwischen dem bewußten und unbewußten Aspekt der Seele zur Verfügung. Das Reich des Sichtbaren, der Bilder, Wissensinhalte, Empfindungen, Gedanken und Bestrebungen – all das, was Jung das Reich des Bewußten nennt – stellt nur einen Bruchteil der gesamten Psyche dar. Wie die leuchtenden Milchstraßen im All ist dieses Reich von einer weit größeren unsichtbaren Masse – dem Unbewußten – umgeben. Der bewußte Teil der Seele ist wie ein winziges vulkanisches Eiland, heraufgeschoben aus den Tiefen des Ozeans und umgeben von ungeheuren Wassermassen, die wie das Unbewußte außergewöhnlich reich an den mannigfaltigsten Lebensformen sind und von Zeit zu Zeit ihre eigene Schöpfung zu zerstören drohen.

Und ebenso wie die unsichtbare Materie die physikalische Evolution des Universums bestimmt, so bestimmt die unsichtbare Komponente der Seele – das Unbewußte – die psychische Evolution. Doch spielt dabei der bewußte Teil der Seele eine kritische Rolle, da das Unbewußte häufig reaktiv darauf antwortet. Zwar sind wir meist nur am »sichtbaren« Ich-Bewußtsein interessiert, doch hat die Tiefenpsychologie klar erwiesen, daß der dunkle, »unsichtbare« Aspekt der Seele – das Unbewußte – von Weisheit erfüllt ist und eine dementsprechende Rolle bei der Lenkung unserer psychischen Entwicklung spielt.

Ebenso wie die Kosmologen auf die Anwesenheit unsichtbarer Materie schließen, indem sie das Verhalten der sichtbaren Materie bis ins Detail erforschen, so wird auf die Anwesenheit des Unbewußten durch sorgfältige Beobachtung seiner Wirkungen aufs Bewußte geschlossen. In der Kosmologie bestimmen die Schwerkraftwirkungen das Zusammenspiel zwischen sichtbarer und unsichtbarer Materie, während in der Tiefenpsychologie die Wechselwirkung zwischen dem Bewußten und Unbewußten weitgehend durch unbewußte Kompensation bestimmt wird – die in dem einleitenden Zitat Jungs erwähnte »Selbststeuerung der Seele«.

Ein Beispiel unbewußter Kompensation

Ich möchte den Gedanken der unbewußten Kompensation, die Jung in dem Einleitungszitat erwähnt, anhand eines persönlichen Fallbeispiels erläutern. Bei der Geschichte dreht es sich um Schuhe. Füße und ihre Beziehungen haben eine Menge mit uns »Pisces«, dem Sternbild Fische, zu tun.

Jung lehrte, bedeutsame Träume seien weitgehend Kompensationen und Reaktionen auf die bewußte Situation des Augenblicks. Daher ist es immer erforderlich, bei einem Traum sein bewußtes Umfeld zu berücksichtigen. Um außerdem die Traumbilder als Symbole verstehen zu können, müssen wir die Assoziationen und Beziehungen des Träumers zu den Traumbildern kennen. Symbole, obwohl selten so eindeutig wie in dem nun folgenden Beispiel, sind der bestmögliche Ausdruck für einen unbekannten Inhalt, der sich dem Bewußtsein mitteilen oder offenbaren will. Die Bedeutung solcher Symbole liegt niemals fest, sondern hängt von den Assoziationen und der Geschichte ab, die der Träumer mit ihnen verbindet. Für die Deutung echter archetypischer Träume aber sind die individuellen Assoziationen häufig unzureichend oder ungeeignet, weshalb mythologische und kulturelle Amplifikation notwendig wird. Doch beim vorliegenden Beispiel muß ich nur einiges biographisches Material beisteuern, um zu zeigen, wie das Unbewußte seine Kompensation vornimmt, wie es versucht, die bewußten Einstellungen des Träumers auszugleichen und so seine Entwicklung zu steuern.

Meine wissenschaftliche Karriere in Physik und Astrophysik nahm einen guten Anfang, doch hielt ich sehnsüchtig nach anderen Möglichkeiten Ausschau. Nach mancherlei Aufregungen verließ ich die Universität, als ich noch mitten in meiner Dissertation steckte. Mit einem wahren Heißhunger stürzte ich mich auf verschiedene Schulen der Psychologie und nahm einen Job in einer Abteilung eines Nervenkrankenhauses an, in der neue Behandlungsmethoden, stark beeinflußt von der Jungschen Psychologie, erprobt wurden. Ich vergrub mich tief in die Welt des Unbewußten. Ja, da kamen erheiternde Dinge zutage, und fast wurde ich selbst zu einem Patienten. Das einzige, was mich häufig nur noch von einem solchen unterschied, war, daß ich die Schlüssel zur Abteilung besaß. Schließlich machte ich doch noch meinen Doktor, aber nicht ohne Schwierigkeiten. Ich wurde immer in mehrere Richtungen zugleich gezogen, und es fiel mir nicht leicht, die wissenschaftliche Arbeit wieder aufzunehmen. Oft fühlte ich mich fehl am Platz und glaubte, mein üppiges Stipendium nicht zu verdienen. Die Dinge spitzten sich so zu, daß ich mich eines Tages, als mein Studienberater in der Halle auf mich zukam, in die Toilette flüchtete, um ihm nicht zu begegnen. Ich wollte nicht eingestehen müssen, daß ich seit unserem letzten Treffen so wenig Fortschritte gemacht hatte. Während ich so in der Toilette herumhing und wartete, bis mein Studienberater vorbeigegangen war, fragte ich mich, was wohl in schlechterem Zustand war: meine Seele oder meine wissenschaftliche Arbeit. Aber bald wendete sich das Blatt wieder, und schließlich beendete ich meine Dissertation und schnitt sogar recht gut ab. Aber auf dem seelischen Tiefpunkt hatte ich mir ein Paar höchst elegante italienische Schuhe gekauft. Sie waren knöchelhoch, liefen vorne spitz zu, hatten einen etwas erhöhten Absatz und einen besonderen Glanz. Als ich diese schneidigen Stiefelchen anhatte, fühlte ich mich wie ein Macho mit Doktortitel, nicht mehr wie der miese Neurotiker, der sich beim Anblick von Menschen auf die Toilette flüchtete.

Ein Beispiel unbewußter Kompensation

Bevor noch die Schuhe abgelaufen waren, stellte mich die Colgate Universität für einen Job auf Zeit an. Meine wissenschaftlichen Projekte machten hübsche Fortschritte, auch die Lehrtätigkeit ließ sich gut an, jedermann schien mit mir zufrieden, und sogar meine Meditationsübungen gewannen offenbar an Tiefe. Mit großer Genugtuung dachte ich: »Wenn es so weitergeht, bin ich in wenigen Jahren Universitätspräsident!« Zu dieser Zeit verlangte mich einmal eine besonders streitlustige Person am Telefon, um ein Hühnchen mit mir zu rupfen, aber ich war gerade in der Dusche. Meine Frau rief mich. Ich wußte, dieser Anruf würde kein Honiglecken sein, weshalb ich aus dem Badezimmer sprang und mich im Scherz darauf vorbereitete, indem ich meine »Kraftstiefelchen« anzog. Da stand ich also bis auf die Schuhe nackt und stritt mächtig am Telefon, während sich meine Frau den Bauch hielt vor Lachen. In der Nacht hatte ich dann folgenden Traum:

Ich besuchte eine Nervenklinik und erblickte einige schwer gestörte Menschen, die an den Wänden des Zimmers entlang saßen. Ich begann eine angeregte Unterhaltung mit einem Schwein, das aufrecht auf den Hinterbeinen stand und einen eleganten dreiteiligen Anzug trug. Darüber staunte ich zwar, doch war es offenbar wichtig, dieses Schwein bei Laune zu halten und im Gespräch mit ihm zu bleiben. Es prahlte damit, ein spiritueller Gigant zu sein, einen IQ von 110 zu haben und bei den Frauen ungemein beliebt zu sein. Ich hörte höflich zu und musterte es genau. Ich bemerkte, wie makellos seine Krawatte gebunden und wie überaus gut geschnitten sein Anzug war. Meine Augen glitten an seinen Beinen hinunter, und da sah ich zu meiner großen Überraschung, daß es mit seinen gespaltenen Hufen in meinen Lieblingsschuhen steckte!

Ich erwachte lachend aus diesem reizenden Traum und verstand sofort, was er bedeutete. Es war der Nadelstich, der den Ballon meiner psychischen Blähung zum Platzen brachte, die vollständig unrealistische Einschätzung meiner Möglichkeiten. Schon vor diesem Erlebnis hatte ich die subjektive Methode der Trauminterpretation erlernt, bei der jedes Element eines Traums als Projektion oder Personifizierung unserer psychischen Struktur im gegebenen Moment aufgefaßt wird. Jeder Aspekt des Traums symbolisierte – oder war der bestmögliche Ausdruck – einen Aspekt meiner Persönlichkeit. Da gab es kein Ausweichen mehr. Dieser einfache und doch so starke Traum bildete das dringend notwendige Korrektiv zu meiner unausgewogenen psychischen Verfassung. Hätte meine Frau gesagt: »Du brauchst eine realistischere Selbsteinschätzung, du blähst dich nur auf – du bist ein eingebildetes Schwein«, kann man sich gut vorstellen, wie ich geantwortet hätte. Bestenfalls wäre ich verärgert gewesen und in Verteidigungsstellung gegangen. Doch mit diesem albernen Schweinesymbol, das eine wenig schmeichelhafte Wahrheit über meine Seele zum Ausdruck brachte, drängte mich das Unbewußte in die Ecke und ließ mir keine Ausflucht. Wie Jung in dem Einleitungszitat sagt: »Je einseitiger und je weiterwegführend vom Optimum der Lebensmöglichkeit die bewußte Einstellung ist, desto eher ist die Möglichkeit vorhanden, daß lebhafte Träume von stark kontrastierendem, aber zweckmäßig kompensierendem Inhalt als Ausdruck der psychologischen Selbststeuerung des Individuums auftreten[2].« Nach diesem Traum interessierten mich meine »Schweineschuhe«, wie ich sie jetzt nannte, nicht mehr. Ich brachte es nicht über mich, sie noch einmal zu tragen.

Unbewußte Kompensation als Grundlage der Individuation

Jung bezeichnete diese Selbststeuerungsfunktion der Psyche als »Unbewußte Kompensation«. Dieses Prinzip reguliert weitgehend die Beziehungen zwischen den bewußten und unbewußten Aspekten der Seele, ebenso wie die Schwerkraft das Zusammenspiel zwischen der sichtbaren und unsichtbaren Materie des Universums bestimmt. Jung verwandte oft ein biologisches Bild zur Beschreibung der unbewußten Kompensation. Er sagte, sie sei das psychologische Äquivalent für die Tendenz des Körpers zur Selbstkorrektur, ähnlich einem Fieber oder dem Anschwellen bei einer infizierten Wunde. Doch ist Kompensation noch weit mehr als nur ein Streben nach psychischem Gleichgewicht. Ein bloßes Streben nach Gleichgewicht würde auf lange Sicht lediglich zu Langeweile und Stagnation führen, keineswegs zu Wachstum. Aber Jung konnte bei der Untersuchung langer Traumserien deutlich ein durchgehendes Muster feststellen, eine zielgerichtete, sich im Leben des Träumers auswirkende Tendenz. Das Unbewußte führt mittels einer Serie spezifischer Kompensationen, dosiert wie genau gerichtete Raketenstöße, die Persönlichkeit auf einen bestimmten, individuell auf sie zugeschnittenen Pfad. Verstehen wir unsere Träume, Phantasien und emotionalen Reaktionen auf die innere und äußere Welt symbolisch, so kommen wir diesem dynamischen Prozeß auf die Spur und versuchen, mit ihm zu arbeiten. Auf diese Weise lenkt dieser weit ausgedehnte, nicht direkt erkennbare Teil der Psyche – das Unbewußte – unsere psychische Evolution, wie die unsichtbare Materie im Universum dessen Evolution dirigiert. Doch anders als das Universum, das nach der allgemeinen Relativitätstheorie nur ein paar wenige Zielpunkte besitzt, führt das Unbewußte jede Persönlichkeit zu einem nur ihr eigentümlichen Ausdruck der Ganzheit, zu der besonderen Identität,

Sinn – Selbst – Intelligenz

Unbewußte Kompensation als Grundlage der Individuation

für die sie bestimmt ist, zu einem Ausdruck des göttlichen Strahles im Innern – dem Selbst. Jung sagt:

> »Es ist dies eine Art von Entwicklungsvorgang in der Persönlichkeit. Zunächst erscheinen einem die Kompensationen als jeweilige Ausgleichungen von Einseitigkeiten oder Ausbalancierungen gestörter Gleichgewichtslagen. Bei tieferer Einsicht und Erfahrung dagegen ordnen sich diese anscheinend einmaligen Kompensationsakte einer Art von Plan ein. Sie scheinen unter sich zusammenzuhängen und in tieferem Sinne einem gemeinsamen Ziel untergeordnet zu sein, so daß eine lange Traumserie nicht mehr als ein sinnloses Aneinanderreihen inkohärenter und einmaliger Geschehnisse erscheint, sondern als ein wie in planvollen Stufen verlaufener Entwicklungs- oder Ordnungsprozeß. Ich habe diesen in der Symbolik langer Traumserien sich spontan ausdrückenden unbewußten Vorgang als Individuationsprozeß bezeichnet.«[3]

Natürlich ist nicht jede Kompensation eine Deflation wie im obigen Traumbeispiel. Die unbewußte Kompensation kann außerordentlich mannigfaltige Formen annehmen. Wie einige noch in diesem Buch dargestellten Traumbeispiele zeigen werden, kann sie von einer Hilfestellung für das leidende Ich bis zu Vorgängen reichen, die ein neues Licht auf alte, sich hartnäckig behauptende psychische Einstellungen werfen. Beides, die Bedürfnisse des Augenblicks und das langfristige Ziel des Unbewußten – der Individuationsprozeß –, bestimmen die Form der unbewußten Kompensation.

Der Archetypus des Selbst ist die Intelligenz, die sich im Individuationsprozeß ausdrückt. Wie jeder universelle Archetypus stellt er der Seele ihre Sinnprinzipien und ihre Energien zur Verfügung. Und die Archetypen strukturieren nicht nur unseren Lebenssinn und unser Verhalten, sondern sind auch für die bis ins einzelne gehenden strukturellen Ähnlichkeiten in Mythen und Märchen überall auf der Welt verantwortlich. Für Jung ist das Selbst vor allem der Archetypus des Sinns, wobei dieser Sinn gewöhnlich noch von numinosen Empfindungen durchtränkt ist. Bewußte Konkretisierung und Ausdruck der Intentionen des Selbst im Leben – das ist der Prozeß der Individuation – unser höchstes Gut.

Die Erkenntnis, daß es eine unserem Ich und unserem persönlichen Willen überlegene Intelligenz gibt, die mittels der unbewußten Kompensation unsere Entwicklung steuert, macht dem Menschen auf dem Weg der inneren Entwicklung die größte Freude. Jung betonte immer wieder, diese Erkenntnis sei eine Art psychisches Äquivalent zur kopernikanischen Revolution. Das Selbst ersetzt das Ich als Lebensmittelpunkt. Doch bei dieser psychischen Revolution blicken wir durch kein Galileisches Fernrohr, um die Phasen der Venus oder die Jupiter-Monde zu beobachten, sondern wir erlernen die symbolische Methode und spähen in die

27

Individuation und unbewußte Kompensation

Tiefen unserer Seele, um dort die Spuren des Selbst, sein Drängen, seine Winke und manchmal auch seine gebieterischen Befehle zu entdecken. Was für eine Erleichterung und Einsicht, daß wir von einer Weisheit, größer als unser Ichdrang zur Selbst-Aufblähung, geleitet werden! Jeder Kontakt mit dieser Führung, diesem Selbst als dem Archetypus des Sinns, macht uns neu, gibt uns Kraft und führt uns in Richtung unserer ganz persönlichen Ganzheit. Obwohl viele dieser unbewußten Kompensationen unsere persönlichen Wünsche durchkreuzen, bestärkt jede Erfahrung in diesem Prozeß unseren Glauben an den Sinn und das Ziel des Lebens. Hier geht numinose Seelenentwicklung in religiöse Wandlung über.

Es ist tatsächlich ein revolutionärer Gedanke, den Archetypus des Selbst als eine zielgerichtete Intelligenz oder Sinninstanz zu betrachten, die sich selbst in einem »Programm« ausdrückt, in welchem unsere Bestimmung enthalten ist. Aber nur, wenn wir uns diesem Prozeß bewußt unterziehen und zielstrebig versuchen, diesen Sinn, dieses Programm zu konkretisieren, in die aktuelle Wirklichkeit zu übersetzen, wird er tatsächlich zum Individuationsprozeß.

Aus der Perspektive der Individuation sind unsere frühkindlichen Traumata und Erlebnisse nicht nur die Grundbausteine der sich entwickelnden Persönlichkeit. Wir verstehen jetzt das Leben vielmehr in all seinen Dimensionen, einschließlich seiner Probleme, als den Versuch des Selbst, sein zeitloses Programm unserer Bestimmung zu verwirklichen – eine Verwirklichung, die unser gesamtes Dasein und alle von uns gemachten Erfahrungen als Rohmaterial verwendet. Meine Kindheitserlebnisse sind nicht mehr nur eine Ansammlung von Freuden, Schmerzen und prägenden Erfahrungen, die meine Gestalt als Erwachsener herausbilden. Sie sind dies zwar auch, aber noch mehr sind sie der früheste Ausdruck meiner Ganzheit, meiner individuellen Identität. Als solche sind sie natürlich nur bruchstückhafte, häufig verzerrte und manchmal sogar schmerzhafte Kundgebungen des Selbst. Aber sie gewinnen weit tiefere Bedeutung, wenn wir sie mehr als die ersten Versuche unserer individuellen Identität sich auszudrücken auffassen, als Versuche, uns mit noch unentwickelten Flügeln in die Luft zu erheben.

Für Jung ist es das höchste Lebensziel des Menschen, den Individuationsprozeß zu aktivieren und zu vervollständigen. Das Ich muß in ein Zwiegespräch mit dieser ursprünglichen Weisheit oder diesem Sinn eintreten, mit diesem Strahl des Göttlichen in uns, mit dem Selbst, und bewußt die Vision der Ganzheit im Alltag realisieren. Das ist das alchemistische Werk, die Transformation des niederen Metalls unserer noch rohen Seele ins spirituelle Gold, ein Prozeß, auf den Mythen überall auf der Welt anspielen. Die in diesem Buch vorgeführten Fallstudien illustrieren anschaulich die Stationen dieses Prozesses.

28

Natürlich ist »Sinn« ein sehr weiter Begriff und besitzt gewöhnlich eine sehr subjektive Komponente. Wir sind imstande, fast jedes Leiden und jede Härte des Lebens zu ertragen, wenn wir nur ihren Sinn begreifen, wenn wir nur dem Schmerz eine tiefere Bedeutung geben können. Dagegen kann ein äußerlich sehr angenehmes Leben unerträglich sein, falls ihm die adäquate Sinngebung fehlt. Für Jung sind Sinn, Individuation und Synchronizität sehr eng verbunden – darauf werde ich in diesem Buch immer wieder zurückkommen. Zum Beispiel sagt Jungs enge Mitarbeiterin Marie-Louise von Franz:

> »Für Jung sind Individuation und Erkenntnis des Sinnes dasselbe, da Individuation das Finden des eigenen Sinnes bedeutet, was nichts anderes ist als die eigene Verbindung mit dem universellen Sinn. Es handelt sich um etwas ganz anderes als all das, was man heute mit den Begriffen Information, kosmische Super-Intelligenz oder universeller Geist bezeichnet, denn das Gefühl, die Empfindung, die Emotion, die Ganzheit der Person sind darin miteinbezogen. Diese plötzliche und erleuchtende Verbindung, die uns in der Begegnung mit einem synchronistischen Ereignis berührt, stellt – wie Jung sehr gut beschrieben hat – eine momentane Vereinigung von zwei psychischen Zuständen dar: einem bewußten Zustand unseres Bewußtseins, welcher sich innerhalb des logisch-deduktiven Gedankenflusses bewegt, und einem kontinuierlichen Wahrnehmungsprozeß, aus dem unsere Vorstellung der sogenannt materiellen und äußeren Welt entsteht, und einer Tiefenschicht, wo sich der Sinn des Ganzen im Bereich des absoluten Wissens befindet.«[4]

Wichtig ist, darauf hinzuweisen, daß der Sinn, der sich im Individuationsprozeß oder in einer bestimmten Synchronizitäts-Erfahrung ausdrückt, »*die eigene* Verbindung mit dem universellen Sinn« ist, also keine Konstruktion oder Erfindung unseres Ichs, unserer empirischen Persönlichkeit. Sicher, dieser Sinn hat einen individuellen Aspekt, da er eng mit unserem Ich verbunden und von der größten Bedeutung für uns als Persönlichkeit ist. Doch der Sinn, in dem sich das Selbst der transpersonalen Intelligenz ausdrückt und der sich durch unbewußte Kompensation bemerkbar macht, ist kein Werk des Ichs. Das Ich kann sich nicht selbst kompensieren. Das Ich *braucht* den kompensatorischen Sinn und ist nicht sein Ursprung. Unser Ich muß zulassen, daß sich der Sinn des Selbst, die Forderung des Selbst, in ihm manifestiert. Es ist zwar richtig, daß ein bestimmter Sinngehalt in einer unbewußten Kompensation sehr fein auf unsere persönliche Entwicklung abgestimmt ist und wir als fehlbare, strebende Individuen diesen Sinn im Alltag mühsam konkretisieren und umsetzen müssen. Ebenso wahr ist, daß unser Ich den Sinn der unbewußten Kompensation, wie jede andere Offenbarung des Unbewußten, pervertieren oder verzerren kann. Trotzdem ist der Sinn selbst weder ein Erzeugnis unseres persönlichen Ichs noch eine bloße Erfüllung unserer Wünsche.

Individuation und unbewußte Kompensation

Jung legt größten Wert darauf, daß die Geburt der Individuation eine Analogie zur kopernikanischen Revolution darstellt. Wir können den Sinn ebensowenig als Funktion der Wünsche und Verlangen des Ichs auffassen, wie wir die Erde noch als Mittelpunkt des Universums betrachten. Entsprechend sagt Jung:

>»Nur dann nämlich kann man sich auf sicherem Wege fühlen, wenn sich die Pflichtenkollision sozusagen von selbst erledigt und man das Opfer einer Entscheidung geworden ist, welche über unseren Kopf oder über unser Herz hinweg gefällt worden ist. Darin offenbart sich die numinose Stärke des Selbst, die anders wohl kaum zu erfahren ist. Deshalb bedeutet das Erlebnis des Selbst eine Niederlage des Ich.«[5]

Um aber das Problem der Synchronizität und den Begriff des »absoluten Wissens« unmittelbar erörtern zu können, müssen wir erst noch einen Blick auf zwei eng miteinander in Beziehung stehende Prinzipien werfen, die eine zentrale Rolle im Weltbild Jungs und auch in diesem Buch spielen.

Zwei theoretische Aspekte

Erstens ist für Jung »Zielsetzung« oder »Absicht« etwas Wichtigeres als Kausalität oder irgendein Vorgang, der ein psychisches Ereignis unmittelbar veranlaßt hat. (In Anlehnung an Jung verwende ich den Begriff »Ursache« – wenn er nicht durch Zusätze wie »final« oder »Zweck-« näher bestimmt ist – stets zur Bezeichnung der konventionellen »Ursache«, die mit Energie, Kraft oder irgendeinem Informationsaustausch – sei er physisch oder psychisch – assoziiert ist.) Sowohl Freud als auch Jung verstanden Träume symbolisch, als Hinweise auf Sinnbedeutungen hinter den Bildern an der Oberfläche oder den manifesten Inhalten. Doch anders als Freud glaubte Jung nicht daran, daß nur ein paar wenige primitive Triebe in der Psyche die Träume verursachten. Er reduzierte den Sinn eines Traums nicht auf einen einzigen Komplex wie etwa Inzest oder andere immer wiederholte sexuelle Inhalte. Statt psychische Phänomene als lediglich kausal erzeugt zu betrachten, verstand sie Jung als zielgerichtet, als intentional, als Vorgänge, die irgendein Ergebnis anstrebten, einen noch unerreichten Zustand. Er interessierte sich weniger für die *unmittelbaren Ursachen* der psychischen Phänomene als für ihre *finalen Ursachen*. Einfach ausgedrückt: Es ist nicht so wichtig zu verstehen, wodurch meine Neurose verursacht ist, sondern ihre Intentionen festzustellen. In welche Richtung möchte sie mich führen? Was will sie von mir? Jung sagte: »Mit Finalität möchte ich bloß die immanente psychologische Zielstrebigkeit bezeichnen. Statt Zielstrebigkeit ließe sich auch sagen Zwecksinn. Allen psychologishen Phänomenen wohnt ein solcher Sinn inne ...«[6]

Zwei theoretische Aspekte

Auch in seinem Prinzip der Synchronizität geht Jung von einer mechanistischen Auffassung der Kausalität ab und wendet sich finalen bzw. Zweck-Ursachen zu. Da für Jung Synchronizität kein Ausdruck der unmittelbaren Ursache oder irgendeiner Ursache ist, die sich mit dem Austausch von Energien oder Kräften, seien sie physisch oder psychisch, in Beziehung setzen läßt, nannte er sie akausal. Um Mißverständnissen vorzubeugen, sei noch einmal wiederholt: Wenn Synchronizität als akausal bezeichnet wird, so ist damit nur die Kausalität in ihrer konventionellen Form im Rahmen der Newtonschen Mechanik gemeint (die Schwerkraft verursacht, daß mir der Apfel auf den Kopf fällt) oder im Rahmen der Psychodynamik (die Furcht verursachte, daß ich zitterte). Wie wir sehen werden, sind finale oder Zweck-Ursachen der Synchronizität inhärent, da sie ein Ausdruck der Individuation, des transzendenten Selbst ist.

Sodann impliziert eine finale oder Zweck-Ursache stets ein transzendentes Prinzip. Jungs Begriff der unbewußten Kompensation ist der Gedanke inhärent, daß es irgendeine in mir wirkende finale Ursache gibt, irgendeine Vorherbestimmung dessen, was aus mir werden soll. Wie sonst könnte das Unbewußte »wissen«, was eine für mich geeignete Einstellung oder psychische Orientierung ist oder wie es mich auf meinem individuellen Pfad führen soll? Wenn der Prozeß der Individuation ein Programm unserer Bestimmung enthält, ein Programm, das wir entdecken und zu dessen Entfaltung wir beitragen müssen, dann impliziert das unweigerlich eine Art zeitloses Wissen. Um wieder auf meine Metapher des Universums zurückzukommen: Eine durchschnittliche Dichte des Universums vorausgesetzt, bestimmen die zeitlosen Naturgesetze unweigerlich das Endschicksal des Universums. In der Tiefenpsychologie offenbart sich dieses zeitlose, dem Individuationsprozeß implizite Wissen dem Ich durch unbewußte Kompensation und gelegentlich auch durch Synchronizitäts-Erfahrungen. Wie Jung sagt:

> »Man gerät in der Tat nolens volens in diese Verlegenheit, sobald man ernstlich über die zielgerichteten Vorgänge in der Biologie nachdenkt oder die kompensierende Funktion des Unbewußten genauer untersucht oder gar das Synchronizitätsphänomen erklären will. Die sogenannten finalen Ursachen bedingen – man kann es drehen, wie man will – ein Vorauswissen irgendwelcher Art. Es ist sicherlich keine Kenntnis, die mit dem Ich verbunden wäre, also kein bewußtes, wie wir es kennen, sondern vielmehr ein an sich bestehendes oder vorhandenes unbewußtes Wissen, das ich als absolutes Wissen bezeichnen möchte.«[7]

Ich werde später bei der detaillierteren Betrachtung der Synchronizität noch einmal auf Jungs Begriff des absoluten Wissens zurückkommen. Hier genügt es, darauf hinzuweisen, daß der Begriff der unbewußten Kompensation transzendente Voraussetzungen in sich enthält und ir-

Individuation und unbewußte Kompensation

gendeine Form finaler oder Zweck-Kausalität fordert. Obwohl Jung selbst den Begriff der Synchronizität nicht weiterentwickelt hat, ging er von einem zeitlosen, ewigen Auftrag unserer Ganzheit, des Selbst, aus, der mittels Sinngebung auf dem individuellen Pfad unserer Individuation verwirklicht wird.

Schließlich möchte ich noch auf eine kleine Feinheit aufmerksam machen. Synchronizität ist eine *akausale* Verknüpfung innerer und äußerer Ereignisse durch Sinn, keine mechanische oder energetische Ursachenverknüpfung innerer und äußerer Ereignisse. Das Innere verursacht nicht das Äußere oder umgekehrt. Ebensowenig verursachen, worauf Jung wiederholt hinwies, die Archetypen oder das Unbewußte die Synchronizitäts-Erfahrung. Trotzdem wirkt, da Synchronizität ein Ausdruck der Individuation, des Seelenwerdens ist, irgendeine Teleologie, irgendein höheres Ziel oder finale Kausalität in diesem Selbstausdruck des Selbst. Das ist kein Widerspruch. Die Kausalität im energetischen Sinn bei der Synchronizität zu leugnen heißt nicht, die finalen Ursachen oder die Teleologie der Individuation zu leugnen. All dies wird nach ein paar Beispielen und einigen Ausführungen noch klarer werden.

Synchronistische Nachschrift

Vielleicht habe ich die Botschaft meines Schweine-Traums immer noch nicht begriffen. Zwei Stunden, nachdem ich letzte Hand an dieses Kapitel gelegt hatte, kam ein guter Freund, ein *Pisces*-Künstler, der Bauer und Winzer geworden war, auf einen Besuch bei mir vorbei. Er trug ein sehr altes Paar eleganter Schuhe, die er aber jetzt nur für grobe Feldarbeit benutzt. Sie sahen meinen »Schweineschuhen« auffällig ähnlich. Er blieb zum Abendessen, und ich erzählte ihm von meinen Traum.

3
Synchronizität: Akausale sinngemäße Verknüpfung

Das Konzept der Synchronizität dürfte in der Psychologie Jungs als ganzer das Prinzip mit den weitreichendsten Implikationen sein, besonders in seiner Psychologie der Religion. Doch sowohl innerhalb als auch außerhalb des Kreises der Jungianer ist es vielleicht der am wenigsten verstandene Aspekt seiner Theorien.
R. Aziz[1]

Definition der Synchronizität

1983 brachte die berühmte Rockmusikgruppe *Police* ein Album mit dem Titel *Synchronizität* auf den Markt[2]. Wenn es noch eines Beweises bedürfte, zeigt dies, daß Synchronizität einen wachsenden Bekanntheitsgrad erlangt. Aber trotz des fast selbstverständlich gewordenen Ausdrucks verstehen die meisten die dahinterstehende Idee kaum. Aziz erklärt im Einleitungszitat, daß Synchronizität »sowohl innerhalb als auch außerhalb des Kreises der Jungianer vielleicht der am wenigsten verstandene Aspekt seiner Theorien ist«. Das ist aus zwei Gründen ein gewichtiges Problem: Erstens besitzt Synchronizität weitreichende Implikationen, sowohl für die Psychologie selbst als auch für andere Forschungsgebiete, und zweitens ist sie für einige der hervorragendsten Tiefenpsychologen zur zentralen Fragestellung ihrer Disziplin geworden. So äußerte zum Beispiel Marie-Louise von Franz, die nächst Jung das meiste zu unserem Verständnis der Synchronizität beigetragen hat (siehe zum Beispiel ihr neuestes Buch »Psyche und Materie«[3] kürzlich in einem holländischen Fernsehinterview: »Die Aufgabe, die jetzt vor uns liegt, ist, das Konzept der Synchronizität auszuarbeiten. Aber die Leute, die dafür in Frage kämen, kenne ich nicht. Es muß sie geben, aber ich weiß nicht, wo sie stecken.«[4]).

Am besten nähert man sich einem Verständnis der Synchronizität mit Hilfe eines anschaulichen Beispiels aus der Abhandlung Jungs über Synchronizität – dem Skarabäus. Für Jung war dieses Ereignis das Paradebeispiel für Synchronizitäts-Erfahrungen. Mit Hilfe dieses Beispiels läßt sich dieses rätselhafte Prinzip besser verstehen. So vorbereitet, können wir uns dann dem in den folgenden und im übrigen Buch präsentierten Fallmaterial zuwenden. Jung schreibt:

»Mein Beispiel betrifft eine junge Patientin, die sich trotz beidseitiger Bemühung als psychologisch unzugänglich erwies. Die Schwierigkeit bestand darin, daß sie alles besser wußte. Ihre treffliche Erziehung hatte ihr zu diesem Zwecke eine geeignete Waffe in die Hand gegeben, nämlich einen scharf geschliffenen kartesianischen Rationalismus mit einem geometrisch einwandfreien Wirklichkeitsbegriff. Nach einigen fruchtlosen Versuchen, ihren Rationalismus durch eine etwas humanere Vernunft zu mildern, mußte ich mich auf die Hoffnung beschränken, daß ihr etwas Unerwartetes und Irrationales zustoßen möge, etwas, das die intellektuelle Retorte, in die sie sich eingesperrt hatte, zu zerbrechen vermöchte. So saß ich ihr eines Tages gegenüber, den Rücken zum Fenster gekehrt, um ihrer Beredsamkeit zu lauschen. Sie hatte die Nacht vorher einen eindrucksvollen Traum gehabt, in welchem ihr jemand einen goldenen Skarabäus (ein kostbares Schmuckstück) schenkte. Während sie mir noch diesen Traum erzählte, hörte ich, wie etwas hinter mir leise an das Fenster klopfte. Ich drehte mich um und sah, daß es ein ziemlich großes fliegendes Insekt war, das von außen an die Scheiben stieß mit dem offenkundigen Bemühen, in den dunklen Raum zu gelangen. Das schien mir sonderbar. Ich öffnete sogleich das Fenster und fing das hereinfliegende Insekt in der Luft. Es war ein Scarabaeide, Cetonia aurata, der gemeine Rosenkäfer, dessen grüngoldene Farbe ihn an einen goldenen Skarabäus am ehesten annähert. Ich überreichte den Käfer meiner Patientin mit den Worten: Hier ist ihr Skarabäus. Dieses Ereignis schlug das gewünschte Loch in ihren Rationalismus, und damit war das Eis ihres intellektuellen Widerstandes gebrochen. Die Behandlung konnte nun mit Erfolg weitergeführt werden.«[5]

Bei der Untersuchung der Schriften Jungs (sowohl seiner Fallstudien als auch der theoretischen Abhandlungen) und der in diesem Buch angeführten Beispiele springen zwei Hauptmerkmale jedes Synchronizitäts-Erlebnisses ins Auge: Erstens ist ein objektives Ereignis oder eine Serie objektiver Ereignisse sinnhaft auf einen subjektiven psychischen Zustand (Träume, Phantasien oder Empfindungen) bezogen. Das objektive Ereignis könnte ein unparteiischer Beobachter mit Leichtigkeit verifizieren. Doch die sinnhafte Korrelation oder Entsprechung zwischen dem objektiven äußeren Ereignis und dem inneren psychischen Zustand des Individuums zu verifizieren, ist er vielleicht nicht in der Lage. Denn eine solche tiefe Bedeutsamkeit oder der Sinn, der das äußere Ereignis mit dem psychischen Zustand verbindet, ist archetypisch strukturiert, und doch sehr persönlich. Aber obwohl er persönlich ist, ist er nicht bloß subjektiv, wie ich im vorigen Kapitel betont habe. Der sich in inneren und äußeren Ereignissen ausdrückende Sinn ist ein archetypischer Ausdruck des Selbst in einer unbewußten Kompensation. Er führt das Ich und ist kein Erzeugnis des Ichs. In Jungs Paradebeispiel ist das objektive Ereignis der Rosenkäfer, der, während die Patientin ihren Traum erzählt, an die Fensterscheibe

Definition der Synchronizität

Abb. 1 *C. G. Jung*

stößt. Dieses auffällige Ereignis ist sinnhaft mit ihrem Traum, dem psychischen Zustand, verknüpft.

Das zweite Hauptmerkmal jedes Synchronizitäts-Ereignisses ist das Fehlen einer Kausalverknüpfung zwischen dem äußeren Ereignis und dem subjektiven inneren Zustand. Wie im vorhergehenden Kapitel betont, folge ich in dieser Hinsicht Jung und benutze den Kausalitätsbegriff in seiner konventionellen, wissenschaftlichen Bedeutung, daß nämlich ein bestimmtes Ding ein anderes bestimmtes Ding durch Kraft- oder Informationsübertragung beeinflußt oder erzeugt, sei es zum Beispiel, daß die Schwerkraft verursacht, daß ich die Treppe hinunterfalle oder Schuld-

»Ich ... (mußte) mich auf die Hoffnung beschränken, daß ihr etwas Unerwartetes und Irrationales zustoßen möge, etwas, das die intellektuelle Retorte, in die sie sich eingesperrt hatte, zu zerbrechen vermöchte.«

gefühle mich veranlassen, meine Sünden zu bekennen.

In diesem Sinne verursacht weder das äußere Ereignis (der Käfer) das Innere (den Traum) noch *vice versa*. Beide sind vielmehr akausal durch den Sinn verknüpft, nicht einfach durch ein zufälliges Zusammentreffen von äußeren Ereignissen und inneren psychischen Zuständen.

Die einzelnen Ereignisse in einer akausalen Synchronizitäts-Erfahrung haben jedoch in der Regel auch konventionelle Ursachen. Vielleicht haben Licht oder Wärme oder eine bestimmte Farbe den Käfer angelockt, und auch den Traum können wir sicher auf die besonderen Lebensumstände oder das Stadium der Analyse der Patientin zurückführen. Doch das Auftreten des Käfers und der Traum bedingen sich ganz gewiß nicht kausal, sondern ihr Zusammentreffen in Raum und Zeit verknüpfen wir durch den archetypischen Sinngehalt der Wiedergeburt, die für die Patientin zu diesem Zeitpunkt eine besondere Bedeutung hatte. Natürlich werden Skeptiker einwenden, das Ganze sei lediglich eine außergewöhnliche Koinzidenz, ein bloßer Zufall, und mehr dahinter zu sehen sei zumindest unbegründet. Doch Jung und viele andere Tiefenpsychologen haben diese Synchronizitäts-Ereignisse viel zu häufig erfahren und waren viel zu sehr erstaunt über deren unheimliche Treffsicherheit, als daß sie sie als bloße Naturereignisse oder zufällige Koinzidenzen hätten abtun können. Für Jung ergibt sich aus der Synchronizität die Notwendigkeit, nach anderen als bloß linear-kausalen Erklärungen zu suchen.

Jung betonte, daß weder das individuelle Unbewußte noch die Archetypen die Synchronizitäts-Erfahrungen verursachen. Er hatte kein Interesse daran, die materielle Kausalität durch irgendeine neue Form psychischer Kausalität zu ersetzen. Er verstand vielmehr die akausale Verbindung durch Sinnhaftigkeit, also die Synchronizität, als Ergänzung zur kausalen Erklärung, als Möglichkeit, ein neues Erklärungsprinzip einzuführen. Synchronizität ersetzt Kausalität nicht und widerspricht ihr auch nicht, sondern ergänzt sie und stellt einen umfassenderen Bezugsrahmen zur Verfügung. Der Glaube, die Kausalität erzeuge Synchronizitäts-Erfahrungen, wäre eine primitive, magische Auffassung von Synchronizität, von der sich Jung immer distanzierte. Wie Marie-Louise von Franz sagt:

»In Jungscher Sicht ist letzteres gar nicht Ausdruck von persönlichen Wünschen und Zielen, sondern ein neutrales Stück psychischer Natur von absolut transpersonaler Seinsweise. Dem Unbewußten des Beobachters das Arrangieren von synchronistischen Ereignissen zuzuschieben wäre daher nichts anderes als eine Rückkehr zu primitv-magischem Denken, wonach man früher annahm, daß z.B. eine Sonnenfinsternis durch den ›bösen Willen‹ eines Zauberers ›verursacht‹ sei. Jung hat sogar ausdrücklich davor gewarnt, die Archetypen (oder das kollektive Unbewußte) oder Psi-Kräfte als Verursacher der synchronistischen Ereignisse anzunehmen.«[6]

Die Akausalität in der Synchronizität hat weder mit vertikaler noch horizontaler Kausalität zu tun. Unter vertikaler Kausalität verstehe ich, daß das Höhere das Niedere verursacht, daß die Archetypen oder das kollektive Unbewußte, über individuelle Erfahrungen hinausgehend, die Ereignisse in der empirischen Welt verursachen. Unter horizontaler Kausalität verstehe ich, daß der innere psychische Zustand (Traum, Phantasie oder Empfindung) das äußere Ereignis verursacht oder umgekehrt. In diesem Sinne hat die akausale Natur der Synchronizität weder mit der vertikalen noch mit der horizontalen Kausalität zu tun.

Ein wesentlicher Aspekt der akausalen sinnhaften Verknüpfung ist, daß *bei der Synchronizität der Sinn das Primäre ist, während die einander entsprechenden objektiven und subjektiven Ereignisse sekundär und weniger erheblich sind.* Das möchte ich mit Hilfe von Jungs Paradebeispiel etwas deutlicher erklären. Der springende Punkt in diesem Beispiel ist die archetypische Erfahrung der Wiedergeburt, das Aufbrechen der »intellektuellen Retorte, in die sie sich eingesperrt hatte«. Die hier erforderliche unbewußte Kompensation wäre sicher auf viele Arten möglich gewesen – mit oder ohne Synchronizität –, obwohl wahrscheinlich ein weniger drastisches Beispiel bei dieser Frau nicht gewirkt hätte. So sind das Auftreten des Käfers, während sie ihren Traum erzählte, und der Umstand, daß Jung ihr den Käfer, kurz nachdem ihr im Traum ein Skarabäus überreicht worden war, übergab, unerheblich, zufällig, nicht wesentlich oder nicht determiniert. Das gilt auch für die näheren Einzelheiten ihres Traums, zum Beispiel, daß der Skarabäus ein besonders aussagekräftiges Symbol ist. Würden wir behaupten, gerade diese äußeren Ereignisse seien zwingend mit diesem besonderen Traum verbunden gewesen, genau diese äußeren und inneren Ereignisse seien für diese spezielle Synchronizitäts-Erfahrung wesentlich gewesen, so würden wir voraussetzen, daß der Archetypus der Wiedergeburt diese Synchronizitäts-Erfahrung in allen Einzelheiten verursacht hätte. Doch Jung warnt stets vor dieser vertikalen Kausalität, davor, die Archetypen als kausale Verursacher der Synchronizitäts-Erfahrung aufzufassen. Ebenso sind die speziellen äußeren und inneren Ereignisse, die sinngemäß miteinander verknüpft sind, sekundär und für den archetypischen Sinn, der sich in der Synchronizitäts-Erfahrung manifestiert, eher unwesentlich. Leider weist die Literatur über Synchronizität nicht nachdrücklich genug darauf hin, daß sich derselbe Sinn in ganz verschiedenen Umständen ausdrücken kann. Diese Unterlassung hat zu einer Überbetonung unwesentlicher Aspekte der Synchronizität und einer dauernden Verwechslung mit Kausalprozessen geführt.

Wenn ich Leute frage, ob sie schon einmal Synchronizitäts-Erlebnisse gehabt hätten, geben sie oft die Antwort: »Ich habe sie jeden Tag. Zum Beispiel dachte ich an meine Freundin – und schon rief sie mich an.« Hier korreliert ein objektives Ereignis (der Telefonanruf) mit einem inneren psychischen Zustand (dem Denken an die Freundin). Außerdem liegt keine horizontale Kausalität vor. Daß ich an meine Freundin denke, führt nicht zwangsläufig dazu, daß sie mich anruft. Und ihre Absicht, mich anzurufen, hat nicht notwendig zur Folge, daß ich an sie denke. Trotzdem ist in diesem Beispiel die entscheidende Komponente des Sinns, der Bedeutung und der Sinnhaftigkeit, mag sie vielleicht auch nicht ganz fehlen, doch zumindest kaum ausgeprägt. Hier fällt es uns schwer, uns eine vertikale Kausalität auch nur vorzustellen, da sich kein archetypischer Sinn manifestiert. Im Gegensatz dazu ist der archetypische Sinn in dem Skarabäus-Beispiel der springende Punkt. Dieses Erlebnis brach »das Eis ihres intellektuellen Widerstandes« und gestattete den Fortgang der Therapie. Und der Sinngehalt ist hier noch um so bedeutsamer, weil, wie Jung bemerkt, der Skarabäus ein klassisches Symbol der Wiedergeburt ist.[7]

Schwierigkeiten beim Verständnis von Synchronizität: Sinn

Die Synchronizität könnte viel leichter zu verstehen sein, als es tatsächlich der Fall ist. Das hat zwei Gründe. Erstens gab Jung niemals einen klaren Hinweis darauf, was er bei individuellen Synchronizitäts-Erfahrungen unter Sinn eigentlich verstand. Zweitens vermischte er eine ganze Reihe paranormaler Phänomene mit dem Prinzip Synchronizität, wodurch er beide Kategorien nur noch mysteriöser machte. In diesem Abschnitt möchte ich auf die Aspekte des Sinnbegriffs eingehen, die Jung ungenügend verdeutlicht hat. Und in den folgenden Abschnitten werde ich mich mit dem Paranormalen befassen.

Selbst in seinem Paradebeispiel gibt Jung nur eine knappe Andeutung in bezug auf den Sinn, den das Ereignis für seine Patientin hatte. Und in seinen anderen Beispielen diskutiert er die entscheidende Komponente des Sinns noch weniger. Zwar stimme ich mit Robert Aziz' Definition der

Synchronizität nicht überein[8], doch bin ich in zwei Punkten ganz seiner Meinung: erstens, daß sich Synchronizität am besten mittels unbewußter Kompensation und Individuation verstehen läßt, und zweitens, daß Synchronizität Jungs Religionspsychologie vor der Gefahr des Psychologismus bewahrt, das heißt, vor der Gefahr, echte metaphysische Prinzipien als bloß psychische Phänomene

> »Doch wenn man versucht festzustellen, worin genau für Jung die Sinnhaftigkeit der Ereignisse besteht, gerät man in Schwierigkeiten. Hier kann ich Jungs Ausführungen nicht mehr so ohne weiteres folgen.«

zu betrachten. Das Problem des Psychologismus werde ich an anderer Stelle behandeln. Aber was das Fehlen einer Auseinandersetzung mit dem Sinnbegriff betrifft, klagt Aziz zu Recht: »Daß Jung Synchronizitäts-Ereignisse als sinnhafte Geschehnisse betrachtet, ist unbezweifelbar. Doch wenn man versucht festzustellen, worin genau für Jung die Sinnhaftigkeit der Ereignisse besteht, gerät man in Schwierigkeiten. Hier kann ich Jungs Ausführungen nicht mehr so ohne weiteres folgen.«[9] Aziz zitiert hierauf Michael Fordham, der ganz ähnlich argumentiert: »Seine Beispiele lassen nicht immer erkennen, was er unter Sinn eigentlich versteht.«[10]

Aziz versucht in seinem Buch dieses Manko einer fehlenden Sinndefinition zu beseitigen. Leider erschwert er sich seine Aufgabe beträchtlich, indem er sich ganz auf Jungs publiziertes Fallmaterial stützt (dem Aziz nach eigenem Eingeständnis nicht »so ohne weiteres folgen kann«). Er hätte neues Material einbringen sollen, mit dem er besser vertraut gewesen wäre. Dagegen möchte ich im folgenden eine Anzahl bisher unpublizierter Synchronizitäts-Erfahrungen aus meinem eigenen Leben und dem meiner besten Freunde präsentieren und die Sinnhaftigkeit der untersuchten Ereignisse darlegen.

Da das Selbst der Archetypus des Sinns in unserem Leben und Sinnhaftigkeit konstitutiv für Synchronizität ist, ist es kein Wunder, daß bei Synchronizitäts-Ereignissen stets das Selbst und der Prozeß der Individuation im Mittelpunkt stehen. In Übereinstimmung mit Aziz werde ich mittels der Beispiele für Synchronizitäts-Erfahrungen, die in diesem Buch untersucht werden, klarstellen, daß der tiefe Sinn, der sich äußerlich und innerlich entfaltet, stets Ausdruck der unbewußten Kompensation und des Individuationsprozesses ist: Synchronizität ist aktuelles Seelenwerden. Aber es überrascht doch, daß Jung und die meisten sich mit Synchronizität beschäftigenden Schriftsteller diesem Punkt nicht genügend Aufmerksamkeit schenken.

Das Paranormale ist keine Synchronizität: Dissens oder Konsens?

Ich wende ich mich nun der zweiten Schwierigkeit beim Verständnis der Synchronizität zu, die sich aus Jungs bahnbrechendem Essay ergibt. Er faßte nämlich fortwährend paranormale bzw. parapsychologische Phänomene als Synchronizitäts-Phänomene auf. Paranormale bzw. parapsychologische Phänomene lassen sich in mehrere, sich gelegentlich auch überlappende Klassen einteilen. Die Haupttypen sind: außersinnliche Wahrnehmung (*extra sensory perception, ESP*) – d.h. Informationsempfang über andere als die uns bekannten Sinneskanäle; Telepathie – d.h. Kommunikation zwischen zwei Bewußtseinsträgern über andere als die normalen Sinneskanäle (Gedankenübertragung); Psychokinese – d.h. mentale Beeinflussung von Gegenständen auf für uns mittels der bekannten physischen Mittel unerklärbare Weise; Hellsehen – d.h. Informationsempfang von Orten, die für die bekannten Sinneskanäle unzugänglich sind; und Vorauswissen – d.h. Empfang von Wissen über Ereignisse, bevor sie sich zutragen.

In diesem Abschnitt distanziere ich mich zum Teil von den oben erwähnten Jungschen Schriften über Synchronizität und behaupte, daß paranormale Phänomene keine Beispiele für Synchronizität sind. Zunächst mag es den Anschein haben, als sei das eine erhebliche Diskrepanz zu Jung, doch hoffe ich, es wird sich herausstellen, daß meine Gedanken über die Beziehung zwischen dem Paranormalen und der Synchronizität eher auf eine Klarstellung als auf einen radikalen Meinungsunterschied hinauslaufen. In diesem Abschnitt bringe ich meine Einwände zur Sprache, während ich im nächsten die Gemeinsamkeiten mit Jung darstelle.

Abb. 2 *ESP-Symbole*

Betrachten wir ein spezielles Beispiel: Die Forschungen J.B. Rhines[11] machten großen Eindruck auf Jung. Er bezog sich in seiner Abhandlung wiederholt auf sie, um sein neues Prinzip der Synchronizität zu untermauern. In einem Experiment, das ihn besonders beeindruckte, werden statistische Korrelationen zwischen zwei voneinander isolierten Versuchspersonen festgestellt. Versuchsperson A legt in zufälliger Reihenfolge numerierte Karten aus, jede mit einem einfachen Zeichen versehen. Es gibt fünf solcher Zeichen. (Siehe die Bilder in Abb. 2.) Die Reihenfolge der ausgelegten Karten wird protokolliert. Die andere isolierte Versuchsperson B versucht nun die Reihenfolge dieser Bilder zu erraten. Manche Personen hatten nicht mehr Treffer, als man bei zufälligem Raten erwarten würde. Doch bei manchen Paaren von Versuchspersonen erhielt Rhine statistisch signifikante Korrelationen.

Zeitliche Variationen bei bestimmten Versionen dieser Experimente, wenn z. B. die Karten erraten werden mußten, bevor sie aufgedeckt wurden, ergaben, daß keine Energieübertragung oder irgendein mechanischer Vorgang für die Korrelationen verantwortlich sein konnte. Da die Versuchspersonen raten mußten, bevor die Karten aufgedeckt wurden, kam Rhine zu dem Schluß, die statistischen Korrelationen seien akausal. Wenn Versuchsperson A die Karten aufdeckte, *nachdem* Versuchsperson B geraten hatte, konnte das Aufdecken die erratenen Bilder nicht verursacht haben. Ebenso konnten die Bilder, die in Versuchsperson B aufstiegen, die Reihenfolge der Karten, die später von Versuchsperson A aufgedeckt wurden, nicht beeinflussen.

Jedoch sind diese ESP-Ereignisse normalerweise keine sinnhaften Verknüpfungen oder Korrelationen in der Weise, wie Jung normalerweise Sinnhaftigkeit als Ausdruck des Selbst definiert – als unbewußte Kompensation, die die Individuation vorantreibt. Deshalb schlage ich im Gegensatz zu Jung vor, paranormale Phänomene deutlich von Synchronizität zu unterscheiden. Es ist wahr, paranormale Phänomene sind oft faszinierend und machen uns auf die Möglichkeit akausaler Prozesse in der Natur aufmerksam. Ich gestehe auch zu, daß für manche Menschen in seltenen Fällen ein solches akausales paranormales Ereignis ein numinoses Erlebnis bedeuten kann, das eine wichtige unbewußte Kompensation darstellt und für den Betreffenden einen tiefen Sinn enthält. Dann wäre es ein echtes Synchronizitäts-Erlebnis. Doch wäre in diesem Fall seine paranormale Natur eher zufällig als notwendig. Ich berücksichtige auch, daß die Versuchspersonen, die statistisch signifikante Ergebnisse erzielten, im allgemeinen nur dazu imstande waren, wenn ihr Interesse groß und ihre Empfindungen intensiv waren – mit anderen Worten: wenn das Unbewußte aktiviert worden war. Trotzdem glaube ich, daß für die meisten Menschen ein solches und ähnliche parapsychologische Phänomene nichts mit Individuation zu tun haben, oder mit dem Selbst, das sie zur Ganzheit führt, oder mit ihrem individuellen Pfad zu einem sinnvollen Leben.

Ich nehme Jung ernst insofern, als er Synchronizität als *sinngemäße* akausale Verknüpfung definiert, und interpretiere den Sinn (mit Jung) als spezifische unbewußte Kompensation für das Individuum in diesem Augenblick seiner Entwicklung. Wenn, wie Jung behauptet[12], sich irgendein transzendentaler Sinn sowohl in der inneren als auch in der äußeren Welt manifestiert, so können wir die Synchronizitäts-Erfahrung symbolisch genau wie einen numinosen Traum interpretieren – als besonderen Ausdruck der Führung durch das Selbst. So etwas ließe sich aber kaum von Rhines ESP-Experimenten behaupten oder von den moderneren, weit exakteren parapsychologischen Experimenten, die im Lauf der letzten fünfzehn Jahre von Robert Jahn und seinen Mitarbeitern im *Princeton Engineering Anomalies Research Laboratory* durchgeführt wurden.[13]

Wir würden uns mit der Interpretation eines an Symbolen reichen und numinosen Traumes nicht zufriedengeben, wenn sie uns nur die Existenz des Unbewußten bestätigte. Denn das würde uns nicht illustrieren, daß der numinose Traum ein spezieller Ausdruck der Individuation dieser Persönlichkeit ist. In ähnlicher Weise gehe ich davon aus, daß wir paranormale Phänomene nicht schon allein deshalb als synchronistisch klassifizieren können, weil sie akausale Verbindungen zwischen einem subjektiven psychischen Zustand und einem objektiven Ereignis darstellen. Ich schlage daher vor, das Wort *Synchronizität* nur für solche akausal verknüpften Ereignisse zu verwenden, die auch einen spezifischen Sinn, eine besondere Wirkung der unbewußten Kompensation zum Ausdruck bringen. Wenn Jung paranormale Phänomene als synchronistisch kategorisiert, so stimmt das nicht voll mit seiner eigenen Definition der Synchronizität als einer akausalen, sinngemäßen Verknüpfung überein, wobei Sinn der Ausdruck des Selbst ist, das unserer Individuation Führung gibt. Abbildung 3 stellt meine Klassifikation schematisch dar.

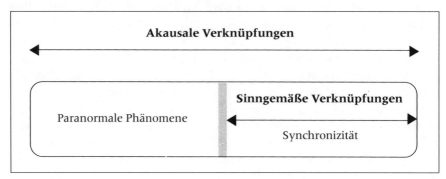

Abb. 3 *Paranormale Phänomene und Synchronizität*

In der Psychologie gibt es selten klare Grenzen. Der punktierte Bereich zwischen Synchronizität und paranormalen Phänomenen ist der graphische Versuch, deutlich zu machen, daß die Unterscheidung zwischen diesen beiden Klassen von Phänomenen nicht immer genau sein kann. Es ist manchmal schwierig, eine echte Synchronizitäts-Erfahrung von den ziemlich häufig auftretenden psychischen Erlebnissen mit objektiven Korrelationen zu unterscheiden (zum Beispiel, daß jemand an seine

Freundin denkt und gleich darauf von ihr angerufen wird). Dieses Problem tauchte auch manchmal auf, während ich die Erfahrungsberichte für dieses Buch zusammentrug. Der Härtetest für alle Synchronizitäts-Erfahrungen ist, ob sie eine deutliche Manifestation unbewußter Kompensation aufweisen, eine echte Führung durch das Unbewußte. In strikter Anwendung dieses Kriteriums habe ich so manches paranormale Erlebnis ausgeschieden, das Jung als synchronistisch betrachtet haben würde. Das Problem wird noch komplizierter dadurch, daß unter Umständen tatsächlich ein Sinn vorlag – wenn wir nur Augen für ihn gehabt hätten –, aber bei meiner Auswahl der Beispiele akzeptierte ich mögliche oder potentielle Sinnhaftigkeit nicht. Es ist richtig: Eine psychische Erfahrung kann transformativ sein, auch wenn wir ihre Bedeutsamkeit nicht artikulieren können. Die unbewußte Kompensation kann dann trotzdem wirksam sein. Dennoch bestünde ohne meine strikte Definition der Synchronizität fortwährend die Gefahr, sie mit allen möglichen übersinnlichen und paranormalen Phänomenen zu verwechseln. Das aber geschähe auf Kosten der Klarheit, besonders weil unser gegenwärtiges Verständnis der Synchronizität noch so schwach entwickelt ist.

Ich verstehe Jung nicht, wenn er sagt: »Wir sind durch die Rhineschen Experimente mit der Tatsache konfrontiert, daß es Ereignisse gibt, die *experimentell*, das heißt in diesem Fall *sinngemäß*, aufeinander bezogen sind, ohne daß dabei dieser Bezug als ein kausaler erwiesen werden könnte ...«[14] (Hervorhebung durch Jung). Was mag ihn dazu veranlaßt haben, das Wort »sinngemäß« in diesem Zitat zu verwenden? Sicher, eine größere als die Zufalls-Korrelation weist auf einen gewissen »Sinn« in der konventionellen Bedeutung des Wortes hin. Wir können sie mathematisch analysieren. Wir können vernünftig mit anderen darüber sprechen usw. Doch auch das ist ein nur konventioneller, trivialer Gebrauch des Begriffs »Sinn« und entspricht in keiner Weise der Art, wie Jung den Ausdruck normalerweise verwendet. Bei ihrer Auseinandersetzung mit Jungs Sinnbegriff sagt Marie-Louise von Franz: »Das Erkennen des Sinns kommt deshalb nicht einem einfachen Anhäufen von Informationen oder Kenntnissen gleich, es ist vielmehr eine erlebte Erfahrung, die ebenso das Herz wie den Verstand berührt.«[15]

Läßt sich behaupten, daß Rhines statistische Korrelation »ebenso das Herz wie den Verstand berührt«? Sind solche statistischen Korrelationen ein Ausdruck des Archetypus des Sinnes – des Selbst? Liegt hier irgendeine Entfaltung der mir eigenen Ganzheit vor, dessen, was meine Bestimmung ist? Ganz gewiß nicht. Obwohl es nicht entscheidend ist, daß der Leser in diesem Punkt ebenso denkt wie ich, distanziere ich mich hier von Jung. Ich stimme in diesem Punkt auch nicht mit all der Literatur über die Jungsche Synchronizität überein, die, soweit ich weiß,

Jung darin folgt, daß sie Synchronizität mit dem Paranormalen kombiniert.

Das Paranormale als allgemeine akausale Ordnung: Harmonie und Klarstellung?

Untersuchen wir nun aber Jungs umfassenderen Begriff des »allgemeinen ursachelosen Angeordnetseins«, unter den sich Synchronizität subsumieren läßt, so können wir vielleicht meine strikte Definition der Synchronizität doch wieder mit Jungs Verwendung des Begriffs vereinbaren. Jung beschreibt sein allgemeineres akausales Ordnungsprinzip wie folgt:

> »Ich neige in der Tat der Annahme zu, daß die *Synchronizität im engeren Sinne nur ein besonderer Fall des allgemeinen ursachelosen Angeordnetseins* ist, und zwar derjenige der Gleichartigkeit psychischer und physischer Vorgänge, wobei der Beobachter in der vorteilhaften Lage ist, das *tertium comparationis* erkennen zu können. Mit der Wahrnehmung der archetypischen Grundlage gerät er aber auch in die Versuchung, die Assimilation gegenseitig unabhängiger psychischer und physischer Vorgänge auf eine (kausale) Wirkung des Archetypus zurückzuführen und damit deren bloße Kontingenz zu übersehen. Diese Gefahr wird vermieden, wenn man die Synchronizität als einen Sonderfall des allgemeinen Angeordnetseins betrachtet.«[16]

Jung betrachtet also die Synchronizität, die ich in diesem Buch untersuche (»Synchronizität im engeren Sinn«), als einen Spezialfall oder Untergliederung eines weit umfassenderen Phänomens des »allgemeinen ursachelosen Angeordnetseins«. Die »Gleichartigkeit psychischer und physischer Vorgänge« ist eine Gleichartigkeit ihres Sinnes. Dieser stellt das *tertium comparationis* dar, den für einen Vergleich notwendigen Bezugspunkt. Der Ausdruck »bloße Kontingenz« bezieht sich auf den psychischen und physischen Prozeß. Wie schon früher betont, ist der archetypische Sinn der primäre und entscheidende Aspekt einer Synchronizitäts-Erfahrung, während die psychischen und physischen Korrelationen unerheblich und unwesentlich sind. Mit anderen Worten, ein und dieselbe psychische Lektion oder unbewußte Kompensation kann sich auf ganz verschiedenen, für das Eigentliche unwesentlichen Wegen manifestieren. Nach Jung fallen unter den Begriff des »allgemeinen ursachelosen Angeordnetseins« alle »Apriori-Gegebenheiten, wie zum Beispiel die Eigenschaften ganzer Zahlen, die Diskontinuitäten der modernen Physik usw. ... [und] konstante und experimentell jederzeit reproduzierbare Phänomene«.[17]

Jung selbst gab weiter keine Erklärungen zu seinem Begriff des »allgemeinen ursachelosen Angeordnetseins«, doch Marie-Louise von Franz, die in der Frage der Synchronizität eng mit Jung zusammenarbeitete, gibt uns einen Hinweis, indem sie sie folgendermaßen beschreibt: »Ein reguläres allgegenwärtiges einfaches Vorhandensein, wie etwa die spezifische Geschwindigkeit des Lichts, die Quantisierung der Energie, die Halbwertzeit des radioaktiven Zerfalls oder andere Konstanten in der Natur. Da wir für diese Regelmäßigkeiten keine Ursache angeben können, drücken wir dieses einfache Sosein mit einer Zahl aus, ...«[18] Hier und auch sonst betont Marie-Louise von Franz die Tatsache, daß manche grundlegenden Dinge eben so sind, wie sie sind, ohne tiefere Ursache. In einem ihrer Hauptwerke, »Zeit und Zahl«[19], untersuchte von Franz die Eigenschaften natürlicher Zahlen als Beispiele ursachelosen Angeordnetseins oder akausalen Soseins.

Da jedoch Jung und von Franz mit den Feinheiten der modernen Physik nicht vertraut sind, stimmen die meisten ihrer Beispiele nicht. Ich möchte hier einmal zwei ihrer Beispiele für »allgemeines ursacheloses Angeordnetsein« betrachten: die Naturkonstanten (etwa die Lichtgeschwindigkeit) und die Quantisierung der Energie in der Quantenmechanik.

Zuerst zum Thema Naturkonstanten. Stellen wir uns zu diesem Zweck vor, wir lebten zur Zeit Galileis und studierten das »allgemeine ursachelose Angeordnetsein«. Galileis Werk macht einen tiefen Eindruck auf uns. Er zeigt, daß alle Körper in der Nähe der Erdoberfläche bei freiem Fall die gleiche Beschleunigung aufweisen, $g = 9,8$ m/sec^2. Dieses außergewöhnliche Ergebnis besagt, daß, wenn wir eine Flasche Chianti oder eine Kanonenkugel von einem Turm herabfallen lassen, beide Gegenstände, falls wir den Luftwiderstand vernachlässigen, mit der gleichen Beschleunigung fallen und gleichzeitig am Boden auftreffen. Und sollten wir vorher als Ehrengast an einer Mahlzeit mit Galilei teilgenommen und die Flasche Wein geleert haben, um dann das Experiment durchzuführen, ist die Beschleunigung der leeren Chiantiflasche und der Kanonenkugel immer noch dieselbe. Als Zeitgenossen Galileis kennen wir Newtons Definition der Schwerkraft noch nicht, so daß wir davon überzeugt sind, g sei eine unumstößliche Naturtatsache, für die es keine kausale Erklärung gibt, also ein Beispiel für »akausales Sosein«.

Studieren indessen unsere Enkel die Schwerkraft bei Newton und erlernen die Differentialrechnung, so können sie g aus der Massenverteilung der Erde und noch viele andere fundamentale Prinzipien der Newtonschen Schwerkraft errechnen. Mit anderen Worten, diese »Naturkonstante«, die zunächst so fundamental zu sein schien, läßt sich jetzt als Wirkung weit grundlegenderer Naturprinzipien verstehen. In einem ganz natürlichen Sinn dieses Ausdrucks verursachen noch »grundlegendere« Prinzipien den speziellen Wert von g und können dann selbst wieder akausal sein oder nicht. Niemand macht sich heute noch Gedanken darüber, wie fundamental g ist. Doch illustriert dieses Beispiel die Schwierigkeit, eine einzelne Naturkonstante als Beispiel für akausales Sosein zu betrachten. Das Problem hat sich in jüngster Zeit noch verschärft, weil in den letzten Jahren Physiker ein System von Theorien entwickelt haben, das sämtliche Naturkräfte in einem einzigen überzeugenden und eleganten Gleichungsgefüge zu vereinigen sucht. Diese »Weltformeln« stellen zwingende Erklärungen für viele Naturkonstanten dar, die früher grundlegend zu sein schienen. So werden auch die Naturkonstanten von heute morgen wahrscheinlich als Wirkungen noch grundlegenderer Naturgesetze aufgefaßt werden, weshalb wir vorsichtig sein sollten, sie als Beispiele für »allgemeines ursacheloses Angeordnetsein« zu nehmen.

Betrachten wir als nächstes die »Diskontinuitäten der modernen Physik«, wie Jung die Quantisierung in der Quantenmechanik nennt, oder spezieller die »Quantisierung der Energie«, auf die sich von Franz bezieht. Auch das sind keine guten Beispiele. Quantisierung läßt sich sehr unmittelbar und einleuchtend mittels einiger einfacher Tatsachen in bezug auf die mathematischen Gesetze der Quantenmechanik erklären[20]. (Quantisierung ist tatsächlich analog der Eigenschaft, die Pianosaiten zeigen, wenn sie in bestimmter Frequenz oder Tonhöhe schwingen. Die Ursache dafür ist, daß die Saiten im Klavierrahmen befestigt sind.) Deshalb ist Quantisierung nicht akausal. Sogar die »Halbwertzeit des radioaktiven Zerfalls«, die von Franz erwähnt, bedarf noch der Klärung, um ein gutes Beispiel für ursacheloses Angeordnetsein sein zu können. Die *Halbwertzeit* des radioaktiven Zerfalls ist kein Beispiel für allgemeines ursacheloses Angeordnetsein«.Wie dem auch sei, obwohl es im Prinzip keine Ursachen für *einzelne* Zerfallsprozesse gibt, weisen diese Prozesse aufgrund ihres wohldefinierten statistischen Verhaltens Strukturen auf, die Ausdruck für ursacheloses Angeordnetsein sind.

Trotz dieser Unklarheiten sind Jung und von Franz sehr im Recht, wenn sie sich auf die Quantenmechanik beziehen. Unzählige Quantenphänomene sind akausal im strengen Sinn, da es dabei keine spezifische Ursache für ein einzelnes Ereignis oder gar Gruppen von Ereignissen gibt, die dennoch eine reiche, detaillierte Struktur, ein echtes ursacheloses Angeordnetsein aufweisen. Über einige dieser Phänomene werde ich an anderer Stelle in diesem Buch noch sprechen. Zwar mahnt uns die Wissenschaftsgeschichte zur Vorsicht bei Voraussagen über die zukünftige Entwicklung der Physik. Doch ergibt sich aus Theorie und Experiment eine extreme Unwahrscheinlichkeit dafür, daß diese Phänomene eines Tages kausal erklärt werden könnten.

Ich schlage vor, daß paranormale Phänomene als Beispiele für »allgemeines ursacheloses Angeordnetsein« aufgefaßt werden, jedoch nicht für

Synchronizität. Synchronizität definiere ich streng als akausale Darstellung von Sinngehalten in Innen- und Außenwelt. Paranormale Phänomene sind akausal insofern, als kein Energie- oder Informationsaustausch für die gemessenen Korrelationen verantwortlich sein kann, es fehlt ihnen aber die Sinnhaftigkeit, die für Synchronizität typisch ist. Außerdem sind paranormale Phänomene, ganz ähnlich wie Quantenphänomene, »konstant und reproduzierbar«, wie die moderneren und gründlicheren Untersuchungen dieser Phänomene durch Jahn und seine Mitarbeiter in der *Princeton Engineering Anomalies Research Laboratory* gezeigt haben[21]. Auch diese Reproduzierbarkeit steht im Gegensatz zur sporadischen, unvorhersehbaren und individuellen Natur der Synchronizität im engeren Sinn. Wieder trennen wir also paranormale Phänomene von der Synchronizität, ordnen sie jetzt aber der Kategorie des »allgemeinen ursachelosen Angeordnetseins« zu. Dadurch wird die vorherige Klassifikation in Abbildung 3 modifiziert und nimmt jetzt die in Abbildung 4 gezeigte Form an.

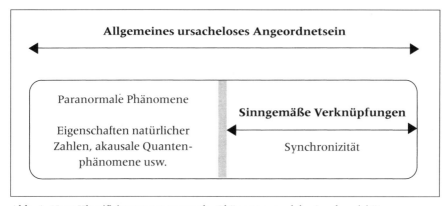

Abb. 4 *Neue Klassifizierung paranormaler Phänomene und der Synchronizität*

Ich betrachte also das Paranormale als Ausdruck geheimnisvoller Naturgesetze, Ausdruck des »allgemeinen ursachelosen Angeordnetseins« und nicht der Synchronizität. Dazu paßt sehr gut, daß Dr. Robert Jahn, ein Techniker, kein Psychologe, diese Phänomene sorgfältigst untersucht hat. Seine Entdeckung, daß das Verhalten zufällig ausgesuchter Versuchspersonen über lange Zeitperioden hin kontrolliert reproduzierbar ist, macht die Annahme noch plausibler, daß er eine Art Naturgesetz wie das »allgemeine ursachelose Angeordnetsein« eher untersucht, als die nichtreproduzierbare Synchronizität mit ihrer für das an den Vorgängen beteiligte Individuum archetypischen Sinnhaftigkeit.

Warum verknüpfte Jung Synchronizität mit Parapsychologie?

Ich glaube, das feindselige intellektuelle Klima Anfang der 50er Jahre, als Jung seine Abhandlung über Synchronizität schrieb, war teilweise die Ursache dafür, daß er Synchronizität mit der Parapsychologie verknüpfte und so sehr von den Rhineschen Experimenten angetan war. Obwohl sich Jung damals schon dem achten Lebensjahrzehnt näherte, war er doch empfindlich gegenüber der aggressiven Kritik, auf die, wie er wußte, seine Interpretation der Synchronizität in gewissen Kreisen mit Sicherheit stoßen mußte. Die wissenschaftliche Vorgehensweise Rhines mit kontrollierten Experimenten und statistischen Analysen schien die parapsychologischen Phänomene zu beweisen und seinen Forschungen wissenschaftliche Legitimität zu geben. So sagt Jung zum Beispiel: »Der entscheidende Beweis für das Vorhandensein akausaler Ereignisverknüpfungen ist erst in neuester Zeit hauptsächlich durch die Rhineschen Experimente in wissenschaftlich zureichender Weise erbracht worden ...«[22] Obwohl heute viele Forscher bestreiten würden, daß hier von »wissenschaftlich zureichender Weise« gesprochen werden kann, gab doch die Behauptung, Synchronizität gehöre zu diesen Phänomenen, Jungs neuem Prinzip größere Realität und Legitimität. Nach ähnlicher wissenschaftlicher Beweiskraft suchte Jung mittels seines wenig beweiskräftigen Astrologie-Experimentes in der gleichen Abhandlung. Wissenschaftliches Vorgehen ist der Untersuchung des »allgemeinen ursachelosen Angeordnetseins« angemessen, und zwar um Beweise »für das Vorhandensein akausaler Ereignisverknüpfungen« wie bei Rhines ESP zu finden. Dies trifft aber nicht auf die Synchronizität in dem von mir vorgeschlagenen engeren Sinn zu. Da Synchronizität nach einer Transformation des Ichs strebt, ist sie nicht unserer Willkür unterworfen. Deshalb sind kontrollierte Experimente nicht der geeignete Weg zur Erforschung der Synchronizität.

Die wissenschaftliche Methode mit ihrer Forderung nach der Reproduzierbarkeit der vollständig kontrollierten Nebenbedingungen und der quantitativen Messung ist nur *ein* Weg, sich der Natur zu nähern. Naturwissenschaft ist keine reine Selbstoffenbarung der isolierten Natur, sondern die Antwort der Natur auf unsere spezielle Art zu fragen. Wie das spätere Kapitel über Messungen in der Quantenmechanik zeigen wird, ist Naturwissenschaft zum Teil Ausdruck einer ganz bestimmten Wechselbeziehung zwischen der Natur und uns. Bei der Quantenmechanik können wir zu unserer großen Bestürzung nicht sagen, was die Natur unabhängig von dieser Wechselbeziehung ist. Die wissenschaftliche Methode ist oft mit einem Fischernetz verglichen worden, das nur bestimmte Wassertiere einfängt, aber vielen anderen interessanten Formen das Durchschlüpfen erlaubt. Sollten wir, nur weil ein besonders schöner kleiner Fisch oder eine Alge sich nicht in unserem Netz fängt, ihre Gegenwart oder Existenz im Ozean der Natur leugnen? Gerade solche nicht leicht faßbaren Lebensformen könnten ja den Schlüssel zu einer großen Vertiefung unseres Naturverständnisses enthalten! Sollten wir, in ähnlicher Weise, nur weil Synchronizitäts-Erfahrungen für die naturwissenschaftliche Methode nicht faßbar sind, ihre Realität leugnen? Wohl nicht. Aber individuelle biographische Belege zu sammeln und sie mit der Individuation einer Persönlichkeit in Beziehung zu setzen, entspricht kaum der naturwissenschaftlichen Methode. Doch wenn wir ihre Grenzen nicht erkennen, sind wir dazu verurteilt, sie auch dann anzuwenden, wenn sie unsere Erkenntnis behindert, statt zu fördern.

Ich bin davon überzeugt, daß kontrollierte wiederholbare Experimente und mathematische Analyse völlig falsche Methoden bei der Erkenntnis synchronistischer Phänomene sind. Wirft man die Marksteine der Individuation, hier die in diesem Buch beschriebenen Synchronizitätsbeispiele, mit parapsychologischen Phänomenen zusammen, wie gut diese auch untersucht sein mögen, so ist das ein Irrweg. Dies gilt besonders für das gegenwärtige Stadium, indem wir erst noch ein besseres Verständnis für Synchronizität gewinnen müssen. Wenn nicht der Ausdruck einer tieferen Sinnhaftigkeit darin enthalten ist, gehören akausal verknüpfte Ereignisse zum großen Dschungel der übersinnlichen und paranormalen Phänomene, zum »allgemeinen ursachelosen Angeordnetsein«. Manchmal handelt es sich vielleicht auch nur um Koinzidenzen. Ich bin hier nicht im geringsten an der Erforschung dieses Dschungels und daran interessiert, echte übersinnliche Erfahrungen von bloßen Einbildungen zu unterscheiden. Ich befasse mich nur mit der kleinen Lichtung in diesem Dschungel, in der sinnhafte Synchronizitäts-Erfahrungen auftreten.

Die meisten spirituellen Überlieferungen warnen den Schüler nachdrücklich davor, sich parapsychologische Kräfte zum eigenen Vorteil anzueignen. Denn sie können ihn leicht in die Irre führen. Im Gegensatz dazu kann die einer echten Synchronizitäts-Erfahrung inhärente unbewußte Kompensation unser echter spiritueller Führer sein. Schon aus diesem Grund sollten wir deutlich zwischen beiden Klassen von Phänomenen unterscheiden. Aus all diesen Gründen also konzentriere ich mich ausschließlich auf die Synchronizität im Zusammenhang mit Individuation und vermeide jede Beschäftigung mit parapsychologischen Phänomenen.

Was Synchronizität nicht ist

Bei der Lektüre der Literatur über Synchronizität und der Sammlung meiner Beispiele wurde es mir klar, daß es einige weitverbreitete Mißverständnisse über Synchronizität gibt. In der Hoffnung, meine Definition klarer zu bestimmen, möchte ich ein paar dieser Mißverständnisse aufzählen und Beispiele dafür geben.

1. Synchronizität ist nicht nur subjektiv

In jeder Synchronizitäts-Erfahrung muß eine sinngemäße Entsprechung zwischen einem inneren psychischen Zustand und einem objektiven Ereignis oder Ereignissen in der Außenwelt vorkommen. Wenn jemand lediglich eine starke innere Erfahrung hat, gleichgültig, wie überwältigend die Offenbarung oder persönlichkeitsverändernd das Erlebnis ist, so gilt das nicht als Synchronizität. Die schon oben erwähnte einfache Faustregel ist hier, daß sich auch ein anderer unparteiischer Beobachter von der Realität der objektiven Ereignisse überzeugen können muß, selbst wenn er nichts über den inneren Zustand weiß, der sich sinngemäß auf das äußere Ereignis bezieht. Allem Anschein nach ist sich der Jungsche Psychoanalytiker Robert Aziz über diesen Punkt nicht klar. Er behauptet zum Beispiel, Jungs Erlebnis nach dem Tod seiner Mutter sei eine Synchronizitäts-Erfahrung gewesen[23]. Um dies zu untermauern, zitiert er die folgende Passage aus Jungs Autobiographie:

> »Ich fuhr sofort nach Hause, und als ich nachts im Zuge saß, hatte ich das Gefühl großer Traurigkeit, aber in meinem innersten Herzen konnte ich nicht traurig sein, und zwar aus einem seltsamen Grunde: Während der ganzen Fahrt hörte ich unausgesetzt Tanzmusik, Lachen und freudigen Lärm, so als ob eine Hochzeit gefeiert würde. Dieses Erlebnis stand in krassem Gegensatz zu dem furchtbaren Eindruck des Traumes. Hier war heitere Tanzmusik, fröhliches Lachen, und es war mir unmöglich, mich ganz der Trauer hinzugeben. Immer wieder wollte sie mich überwältigen, aber im nächsten Augenblick war ich wieder inmitten der fröhlichen Melodien. Es war ein Gefühl von Wärme und Freude einerseits und von Schrecken und Trauer andererseits, ein unaufhörlicher Wechsel von Gefühlskontrasten.«[24]

Es besteht aber kein Grund, aus Jungs Schilderung abzuleiten, daß jemand anderes die Musik hätte hören oder sie mit den üblichen Apparaturen hätte aufnehmen können. Da diesem Erlebnis also eine objektive Komponente fehlt, ist es nicht synchronistisch – wie bewegend und bedeutsam es für Jung auch gewesen sein mag. Doch wird im obigen Zitat auch ein »furchtbarer« Traum erwähnt, den Jung in der Nacht vor dem Tod seiner Mutter hatte. Aziz erwähnt das nicht eigens, aber Jung erkannte, daß der Traum deutlich einen Tod voraussagte. Dieser Traum war, zusammengehalten mit dem Tod der Mutter am nächsten Tag, viel eher eine Synchronizitäts-Erfahrung. Hier lag eine sinngemäße Entsprechung zwischen einem Traum und dem objektiven Ereignis, dem Tod der Mutter Jungs, vor. Jungs subjektives Erlebnis von Musik im Zug entbehrt jedoch einer objektiven Korrelation und ist deshalb kein Beispiel für Synchronizität.

2. Synchronizität ist nicht Magie

Unter Magie verstehe ich nicht Fingerfertigkeit oder Zauberkunstücke, sondern durch Beschwörung, Zaubersprüche, Anrufung, Ritual oder mentale Bemühung des Magiers erzeugte Wirkungen. Es besteht dann also eine kausale Beziehung zwischen den Handlungen oder Gedanken des Magiers und den erzeugten Resultaten. Mit anderen Worten, der Magier versucht mittels seines Willens Wirkungen hervorzurufen. Ist die kausale Verbindung nicht stark genug, bezeichnen wir den Magier als Scharlatan oder zumindest als unfähig. Deshalb ist Synchronizität, da sie akausal und nicht Ausdruck eines Ursache-Wirkung-Zusammenhangs ist, kein Ausdruck magischer Kausalität, wie von Franz betont.

Jung betitelte seine zukunftsweisende Abhandlung »Synchronizität als Prinzip akausaler Zusammenhänge« und legte im ganzen Essay Wert auf Akausalität. Doch wenn wir nicht sehr genau hinschauen, kommt Jung an einer Stelle zu der Auffassung, Synchronizität könne als Magie verstanden werden, gefährlich nahe. Als er schildert, wie wichtig Affekte bei der Synchronizität sind, zitiert er Albertus Magnus, der schreibt: »… fand ich, daß (wirklich) die Emotionalität (affectio) der menschlichen Seele die Hauptwurzel all dieser Dinge ist, sei es entweder, daß sie wegen ihrer großen Emotion ihren Körper und andere Dinge, wonach sie tendiert, verändert, oder daß ihr, wegen ihrer Würde, die anderen, niedrigeren Dinge untertan sind … und wir (infolgedessen) glauben, daß (das), was diese Kraft mache, dann von der Seele bewirkt würde.«[25] Aber wenn der Begriff »Seele« (der nicht mit dem »Ich« verwechselt werden darf) in genügend erhabenem Sinn verstanden wird, kann auch dieses Zitat noch im Sinne einer Akausalität aufgefaßt werden, was Jung allem Anschein nach auch tut. Denn bei seinem Kommentar zu diesem Zitat erklärt er, daß die Bilder »von Gott veranlaßt sind und nicht dem eigenen Denken entspringen«.

Der entscheidende Punkt ist hier die Einsicht, daß, obwohl Synchronizität häufig in Augenblicken großer Erregung auftritt, *unsere individuellen Wünsche oder Erwartungen nicht die Ursache der äußeren Ereignisse sind*. Und natürlich bedeutet Akausalität bei der Synchronizität auch, daß die äußeren Ereignisse nicht die Ursache der inneren Erfahrungen sind. So hat zum Beispiel der Tod von Jungs Mutter seinen Traum in der Nacht zuvor nicht verursacht. Dieser Vorgang war vielmehr eine Offenbarung dessen, was Jung häufig »absolutes Wissen« nennt.

3. Die Sinnhaftigkeit in der Synchronizität ist kein Produkt des Ichs

Es sollte inzwischen klargeworden sein, daß Jung Synchronizität als Ausdruck eines transzendenten Sinnes verstand, als Ausdruck des Archetypus des Selbst. Er sagt: »Sinn ist eine zugegebenermaßen anthropomorphe Deutung, bildet aber das unerläßliche Kriterium des Synchronizitäts-Phänomens.«[26] Der »Sinn« ist gewiß anthropomorph, da er ohne Einbeziehung des Menschlichen nur ein leerer Begriff wäre. Da er jedoch eine Form unbewußter Kompensation ist, die die Transformation des Ichs anstrebt, kann das Ich nicht die Quelle des Sinnes sein – obwohl es ihn auch verzerren kann. Unter *Verzerrung* verstehe ich, daß der eigentliche Sinn häufig von unseren Begierden, unserer Eitelkeit und den Perversionen überlagert wird, die dem unserem Ich eingeborenen Wunsch nach Größe entspringen. Trotzdem kann sich das Ich nicht selbst kompensieren und daher unmöglich die Quelle des Sinns in einer Synchronizitäts-Erfahrung sein. Im nächsten Kapitel wird der Begriff des Sinnes anhand aktueller Fallbeispiele verdeutlicht.

4
Synchronizität: Beispiele und Analysen

Wenn wir also die Annahme in Betracht ziehen, daß ein und derselbe (transzendentale) Sinn sich in der menschlichen Psyche und zugleich in der Anordnung eines gleichzeitigen äußeren und unabhängigen Ereignisses offenbaren könne, so geraten wir mit unseren hergebrachten naturwissenschaftlichen und erkenntnistheoretischen Ansichten in Widerstreit. C.G. Jung[1]

In diesem Kapitel und eingestreut zwischen den nächsten Kapiteln bringe ich anonyme Synchronizitätsberichte guter Freunde von mir. Mitunter erzähle ich auch, ebenfalls anonym, ein paar meiner eigenen Synchronizitätserfahrungen. Auf Anonymität lege ich wegen des persönlichen Charakters der meisten dieser Materialien Wert. Außer der in der Einleitung erwähnten Studentin und noch einer anderen Person sind mir all diese Menschen seit mehr als zwanzig Jahren bekannt. Alle, außer der Studentin, beschäftigen sich intensiv mit Philosophie, Psychologie und Religion. Alle praktizieren sie auch Meditation. Sie haben viele Jahre damit verbracht, ihren Individuationsprozeß, ihre Seelenentwicklung, zu fördern und sind durchaus in der Lage, die psychologische Bedeutung ihrer Erlebnisse zu artikulieren. Die meisten sind verheiratet, erziehen Kinder und gehen ihrem Beruf nach. Viele von ihnen sind Schüler des verstorbenen Anthony Damiani, des Gründers des *Wisdom's Goldenrod Center für Philosophic Studies*[2]. Goldenrod unterhält keine Beziehungen zu bestimmten religiösen Gruppen oder philosophischen Schulen, ist aber seit mehr als zwanzig Jahren Stätte der Meditation und der ernsthaften Beschäftigung mit vergleichender Philosophie und Psychologie.

Alle Verfasser der Berichte habe ich auch gebeten, sich über den Sinn ihrer Erlebnisse – das heißt, über deren Beziehungen zur psychischen und spirituellen Entwicklung des Betreffenden – zu äußern. Aus Gründen der größeren Klarheit bat ich sie auch des öfteren, Teile ihrer Geschichten weiter auszuführen, oder ich schlug redaktionelle Änderungen vor – womit die Autoren immer einverstanden waren. Die Auswahl der Geschichten war mir überlassen. Aber ich gab mir die größte Mühe, auf keinen Fall an den Berichten herumzudoktern. Nur die Personennamen in den Geschichten änderte ich, um die Anonymität der Autoren zu wahren. Mit dieser einzigen Ausnahme werden alle Schilderungen wörtlich wiedergegeben.

Zwar deckt die Sammlung von Synchronizitäts-Geschichten in diesem Buch das gesamte Spektrum menschlicher Erfahrung ab und ist die bisher reichhaltigste Kollektion dieser Art in der veröffentlichten Literatur, doch handelt es sich in keiner Weise um statistisch signifikante oder gar vollständige Daten. Ich bezweifle, daß wir auf unserer gegenwärtigen Erkenntnisstufe eine solch vollständige Datensammlung überhaupt erstellen könnten, wenngleich wir uns für die Zukunft Hoffnung darauf machen können. Nach zwei Kriterien habe ich die Berichte in erster Linie ausgesucht. Erstens nahm ich Beispiele nur dann, wenn der Protagonist auch einen signifikanten Sinn damit verbinden konnte. Natürlich ist es Sache des persönlichen Urteils, was ein »signifikanter Sinn« ist. Außer ein paar allgemeinen Bemerkungen im Anschluß an die jeweilige Geschichte habe ich mir versagt, die Erlebnisse über das Geschriebene hinaus noch weiter auszudeuten. Häufig habe ich einen Autor ermuntert, darüber nachzudenken, was sein Erlebnis für seine Individuation bedeuten könnte, aber ich widerstand der Versuchung, die vom Schreiber selbst gegebenen Interpretationen noch zu ergänzen. Es wäre sicher nicht sehr taktvoll gewesen und bestimmt keine gute Psychologie, den intensiven Synchronizitäts-Erfahrungen eines guten Freundes noch meine begrenzten Interpretationsversuche aufdrängen zu wollen. Wie bereits erwähnt, besitzt der sich in einer Synchronizitäts-Erfahrung manifestierende Sinn, obwohl höchst individuell, trotzdem eine objektive und transpersonale Qualität, insofern, als es sich um den Ausdruck des archetypischen Selbst der transzendenten Weisheit handelt, die sich mittels unserer Individuation bemerkbar macht. Aufgrund dieser Objektivität kann es vorkommen, daß sich in einem Erlebnis tatsächlich ein Sinngehalt verbirgt, den zu bemerken wir jedoch zu stumpf sind. Meine Selektionskriterien schließen eine solche »unbewußte Synchronizität« aus. Zweitens legte ich Wert auf anschauliche Beispiele und ließ die häufigeren, doch weniger spannenden und weniger deutlichen alltäglichen Synchronizitäts-Ereignisse weg.

Wertbegriffe und Perlen

Diese Geschichte erzählte ich einem meiner Freunde, der glaubte, hinter Synchronizitäts-Ereignissen steckten Trolle. Tatsächlich sah er selbst ein wenig wie ein Troll aus.

Meine erste Lektion über Wertbegriffe, an die ich mich erinnern kann, erhielt ich mit etwa sechs oder sieben Jahren. Ich tauschte die Ringe mit einem Mädchen in meiner Sonntagsschulklasse. Der meine war ein Ring mit einer echten Perle und aus 30-karätigem Gold. Doch schätzte ich ihn nicht besonders. Viel lieber war mir der schön glitzernde rote Ring meiner Freundin (der, wie ich heute weiß, wahrscheinlich aus einem 10-Cent-Kaugummiautomaten stammte).

Als wir nach Hause kamen, waren unsere Eltern schockiert, und ich weiß noch gut, wie die Eltern des Mädchens vor unserer Tür standen, aufgeregt gestikulierten und wie dann mit viel Aufhebens die richtigen Ringe ihren Eigentümerinnen wieder zurückgegeben wurden. Es war fast wie eine Zeremonie. Offensichtlich hatte ich da etwas sehr Schlimmes getan. Aber ich hatte keine Ahnung, was es war. Ich hatte damals noch keine Wertbegriffe. Ich wußte nur, daß ihr Ring leuchtend rot war und mir viel schöner vorkam als meiner mit der weißlich-trüben Perle und dem dicken Goldreif. Dieses Ereignis hatte eine riesige Wirkung auf mich. Ich trug den Ring als kleines Mädchen von da an nur noch sehr, sehr selten, ließ ihn meistens in meinem Schmuckkästchen und dachte kaum noch daran.

Als junge Erwachsene Anfang Zwanzig hatte ich eine intensive Liebesbeziehung, aber sie stagnierte, und mir war klar, wenn sich nicht bald etwas änderte, würde sie nicht halten. Da erschien ein anderer Mann auf der Bildfläche. Er war Ausländer, sah ungemein exotisch aus und war äußerst attraktiv. Seine Nähe erregte mich ungeheuer, und ich fragte mich, ob ich meine schon so lange dauernde Beziehung für ein aufregendes Abenteuer aufgeben sollte.

Eines Nachmittags dachte ich an den kommenden Abend und eine mögliche Begegnung mit dieser neuen Flamme. Ich hatte mir für den Fall, daß sich so etwas ergeben würde, den Abend freigehalten. Und nun tat ich alles, um diese Begegnung herbeizuführen, und ging aus.

Ich stieg aus meinem Wagen, griff in meinen Geldbeutel, um Münzen für die Parkuhr herauszuholen, und – zog den Perlenring meiner Kindheit hervor. Bis zum heutigen Tag kann ich mich nicht erinnern, wie er in meinen Geldbeutel gelangt ist. Als ich den Ring so in Händen hielt, wurde mir mit einem Schlag klar, daß ich, wenn ich mich auf diese Affäre einließ, zum zweiten Mal meine Perle für die glitzernde Imitation eintauschen würde. Diesmal jedoch hatte ich eine sehr sinnvolle Beziehung dabei zu verlieren. Irgendwo tief in mir drinnen wußte ich, daß es viel mehr wert wäre, meine so sinnvolle Beziehung aufrechtzuerhalten (obwohl mir deren Bedeutung damals nicht vollständig klar war), als sie durch eine aufregende kurzlebige Leidenschaft möglicherweise zu verlieren.

Wie war der Ring dorthin gekommen? Ich habe keine Ahnung. Einige Zeit vor diesem Ereignis muß ich in die Wohnung meiner

Eltern gegangen sein und ein paar Sachen aus meiner Vergangenheit mitgenommen haben – oder es waren doch die Trolle.

Diese Lektion, die tieferen Werte im Leben zu erkennen, hat sich seitdem immer von neuem wiederholt. Dauernd komme ich in Situationen, wo ich den Glanz und Flitter des äußeren Scheins bewußt durchschauen muß. Anscheinend erfordert es viel Selbstreflexion, den tieferen Sinn in seinen Erlebnissen zu erkennen. Häufig in meinem Leben erkannte ich den tieferen Sinn erst, als ich die glitzernden roten Kaugummiringe wählte und schrecklich enttäuscht wurde. Auch mein Erlebnis, fünfzehn Jahre später plötzlich den Perlenring hervorzuziehen, bewegte mich tief. In dem Augenblick, in dem ich den Ring in der Hand hielt, erkannte ich, daß ich mich an einem Wendepunkt befand und nicht mehr so tun konnte, als ginge mich die vor mir stehende Entscheidung nichts an. Übrigens entschied ich mich dann wirklich für die langfristige Beziehung.

Ein weiteres Synchronizitäts-Merkmal dieses Erlebnisses: Vic Mansfield erstellte kürzlich ein Computerprogramm mit einem Zufalls-Zahlengenerator, der einen »zufälligen« Abschnitt aus vielen tausend Möglichkeiten in Paul Bruntons Buch *»Inspiration and the Overself«* auswählt. Das Programm ist so konstruiert, daß jedesmal, wenn ich meinen Computer anstelle, ein »zufällig« ausgewählter Abschnitt auf dem Bildschirm erscheint. Als ich den Computer anstellte, um die Redaktion meiner Synchronizitäts-Geschichte zu beenden, erschien der folgende Abschnitt auf dem Schirm:

Gedicht des Sufi-Weisen und Dichters IBN AL-ARABI:
O Perle, göttlich wie du bist!
O weiße Perle, Glück und Kostbarkeit,
Du wächst in einer Schale dunkler Sterblichkeit;
Indessen unser Herz nur schalen Tand begehrt,
Vergißt es, ach, auf deinen unschätzbaren Wert!

Die Verfasserin erwähnt die »Troll-Theorie« zur Erklärung der Synchronizität zwar nur zum Scherz, doch lohnt es sich, Notiz davon zu nehmen, da es sich um eine typische Kausal-Erklärung handelt, zu der wir in unserer verzweifelten Suche nach einer Erklärung für Synchronizitäts-Erfahrungen häufig unsere Zuflucht nehmen. Wir stellen uns übersinnliche Wesen vor, die Gegenstände wie zum Beispiel Ringe in Bewegung setzen, damit sie sinnhaft mit unserem psychischen Zustand in Verbindung treten können. Diese Trolle sind also Geheimagenten der Kausalität. Doch ist die kausale Anschauung, daß ein Ding mittels eines materiellen oder energetischen Mechanismus direkt auf ein anderes einwirkt, mit der Akausalität der Synchronizität unvereinbar. Hier gibt es keine Horizontalkausalität, hier gibt es keine inneren Zustände, die äußere Ereignisse veranlassen, sich in bestimmter Weise zu ordnen, oder umgekehrt. Da wir unbewußt an die Vorstellung der Kausalität gefesselt sind, revoltieren wir gern gegen Jungs Behauptung, es gebe eine akausale, sinngemäße Verknüpfung, die innere und äußere Ereignisse miteinander verbindet. Da keine energetische oder materielle Beziehung zwischen ihnen existiert, hat es den Anschein, als existiere überhaupt keine Beziehung.

Wenn wir andererseits mit Jung »die Annahme in Betracht ziehen, daß ein und derselbe (transzendentale) Sinn sich in der menschlichen Psyche und zugleich in der Anordnung eines gleichzeitig äußeren und unabhängigen Ereignisses offenbaren könne, so geraten wir mit unseren hergebrachten naturwissenschaftlichen und erkenntnistheoretischen Ansichten in Widerstreit«.[3] Aber selbst wenn wir diesen Konflikt mit den konventionellen Auffassungen lösen sollten, erliegen wir doch leicht immer wieder der Versuchung, dem transzendentalen Sinn eine verursachende Kraft unterzuschieben – ihn also der vertikalen Kausalität zuzuschreiben. Alte Überzeugungen und Bindungen sterben eben nicht so schnell ab.

Wichtig ist auch die Tatsache, daß bei dieser Synchronizitäts-Erfahrung keine Träume vorkommen. Eine oberflächliche Beschäftigung mit Synchronizität führt leicht zu dem Mißverständnis, sie enthalte immer eine Beziehung zwischen einem Traum und einem äußeren Ereignis, wie etwa bei dem Traum der Studentin und dem Selbstmord oder Jungs Patientin und dem Rosenkäfer.

Das letzte Beispiel zeigt, daß die sinngemäße Verknüpfung zwischen inneren, psychischen Zuständen und äußeren Ereignissen deutlich ein Ziel zum Ausdruck bringt, einen erkennbaren Drang aus dem Unbewußten – eine unbewußte Kompensation. Es handelt sich um eine gründliche Lektion über Wertbegriffe, die in dieser Synchronizitäts-Erfahrung auf zwei Ebenen erfolgt: der sichtbaren zwischenmenschlichen Ebene – hier dem Liebespaar – und in bezug darauf, welchen Wert wir unserer Beziehung zum Höchsten in uns beimessen. Beide Lektionen sind Beispiele für den Archetypus des Wertes, und beide bedienen sich der Perlensymbolik. Das Ibn-al-Arabi-Gedicht, das durch die »Zufallsauswahl« während der Endredaktion ins Spiel kam, hob das Wertethema in eine höhere Oktave. Das Gedicht verwendete die göttliche Perle als Symbol für unser höchstes Selbst, das mit dem Körper assoziiert ist – »du wächst in einer Schale dunkler Sterblichkeit«. Nur allzu häufig überbewertet unser Herz bloßen Tand und, »O Perle, göttlich wie du bist ... vergißt es, ach, auf deinen unschätzbaren Wert!«

Heilung alter Wunden

Das folgende ereignete sich vor einundzwanzig Jahren, vier Wochen nach der Geburt meines ersten Sohnes. Ich war neunundzwanzig, Student mit Abschluß, und lebte in einem idyllischen Bungalow am Cayuga-See. Meine Frau und ich schwelgten in unserer neuen Elternrolle, unser gesunder kleiner Sohn saugte gierig an der Mutterbrust, und die bunten Herbstblätter wirbelten um uns her.

Zwei Nächte hintereinander hatte ich fast denselben Traum mit meinem Vater. Niemals zuvor hatte ich von meinem Vater, einem Alkoholiker, geträumt, noch kam es später wieder vor. Er hatte mich verlassen, als ich noch ein Kind war, und nahm danach fast niemals mehr Kontakt mit mir auf. Meine Mutter liebte mich und zog mich ganz alleine auf. Sie heiratete wieder, als ich einundzwanzig war. In den Augen meiner Mutter war mein Vater verständlicherweise das inkarnierte Böse. Manchmal, wenn sie über meine Ungezogenheit fuchsteufelswild wurde, rief sie aus: »Du bist genau wie dein Vater!« Das war die Atombombe der Flüche.

Doch jetzt zeichneten diese lebhaften Träume meinen Vater in einem sehr günstigen Licht. Er erklärte mir, er sei ein sehr sensitiver, künstlerischer Mensch, dem es unmöglich gewesen sei, mit meiner eigensinnigen, aggressiven Mutter zusammenzuleben. Er behauptete, es sei wirklich nicht seine Schuld, daß er habe gehen müssen. Diese beiden aufeinanderfolgenden Träume kamen mir recht bedeutsam vor, besonders, weil sie sich so ähnlich waren. Ich schrieb sie der Tatsache zu, daß ich selbst Vater geworden war. Trotzdem hatten sie etwas Mysteriöses für mich.

Am Tag nach dem zweiten Traum rief mich der Bruder meines Vaters an, was ein ziemlicher Schock für mich war, weil ich niemals etwas mit der Familie meines Vaters zu tun gehabt und seit fünfzehn Jahren nichts von ihr gehört hatte. Er benachrichtigte mich, mein Vater liege in einer staatlichen Veteranen-Klinik in Washington, D.C., im Sterben, ich solle sofort kommen und ihn dort besuchen. Zornig brach ich in die Worte aus: »Würde er denn kommen und mich besuchen, wenn ich im Sterben läge?« Ich sagte meinem Onkel, ich hätte keine Lust, meinen Vater nach all diesen Jahren zu sehen.

Und damit hängte ich auf. Zorn, Bitterkeit und Selbstmitleid umwallten mich wie lebendig gewordener Dampf. Wo war er denn gewesen, als ich ihn brauchte? Hatte ich nicht den Bruder meiner

Mutter zu dem Vater-und-Sohn-Fest mitnehmen müssen, als ich meinen Preis beim Highschool-Football entgegennahm? War nicht meine erste noch sehr lebendige Erinnerung an ihn, daß er in die Wohnung meiner Mutter hineingetorkelt kam und sich heftig an allen Wänden des Badezimmers erbrach? Wilde Kämpfe zwischen Vater und Mutter – am liebsten hätten sie einander die Augen ausgekratzt – und ich hilflos und zitternd vor Angst dabeistehend und rufend: »Mama, ich hole meinen Hammer und erschlage ihn!« All dies fuhr mir durch den Kopf. Dieser verfluchte Bastard! Nein, er hatte mich zum Bastard gemacht! Er hatte mich um meine normale Kindheit betrogen. Er bezahlte nicht einmal die fünf Dollar pro Woche, die der Scheidungsrichter ihm zur Unterstützung des Kindes auferlegt hatte. Sollte doch mein Halbbruder, dem ich niemals begegnet war und den er während seiner Ehe mit meiner Mutter gezeugt hatte, ihn im Krankenhaus besuchen! Wie peinlich war es immer gewesen, von den Sozialarbeitern aufgesucht zu werden, die feststellen wollten, ob meine Mutter und ich für Beihilfen in Frage kämen! Und nach all diesen Jahren, in denen ich den Leuten immer erzählt hatte, mein Vater sei im Zweiten Weltkrieg gefallen, schreibt doch dieser Dummkopf an meine Highschool und fragt, wie ich mich vom Wehrdienst befreien lasse. Niemals hatte er mir auch nur einen Weihnachtsgruß geschickt. Warum mußte er mich jetzt so in Weißglut bringen? Sollte dieser Hurensohn doch in Einsamkeit sterben, wie er es verdiente!

Diesen ganzen schönen Herbsttag wanderte ich unruhig umher, während mir die Tränen übers Gesicht liefen, und schwankte zwischen Bitterkeit und Traurigkeit. Aber allmählich begann doch der Gedanke an mir zu nagen, ob ich ihn nicht vielleicht trotzdem besuchen sollte. Ich stellte mir vor, mit welcher Freude ich ihm erzählen würde, er sei Großvater geworden. Bald wußte ich nicht mehr, was ich tun sollte. Ein innerer Kampf tobte in mir. Ich hatte etwas von Jung gelesen und mit dem I Ging experimentiert. In meiner Verzweiflung zog ich das I Ging zu Rate. Es erschien das Hexagramm »Sammlung«. Die Deutung lautet unter anderem: »Die Familie sammelt sich um ihren Vater als ihr Oberhaupt.« Ich war wie vom Donner gerührt. Dieses

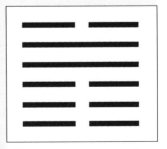

Abb. 5 *Hexagramm-«Sammlung»*

Hexagramm, zusammen mit dem zweimaligen Traum, entschied die Sache. Mit unheimlicher Sicherheit wurde mir klar, daß in diesen Ereignissen etwas Größeres wirkte als nur meine Wut und mein Selbstmitleid. Wir klemmten uns alle in meinen kleinen Wagen und fuhren etwas bedrückt nach Washington, D.C.

Die Schwester auf der Intensivstation fragte mich, ob dieser Mann mein Vater sei. Verlegen mußte ich eingestehen: »Ich weiß es nicht.« Offenbar war dieser aschfahle Mann, umgeben von medizinischen Schläuchen, wirklich mein Vater. Ich erklärte ihm, wer ich sei und daß er Großvater geworden sei. Da sagte er: »Wenn es mir wieder bessergeht, komme ich zu dir.« In seinem Rausch hatte er früher immer Versprechungen gemacht, die er dann doch nicht halten konnte. Ich weinte um ihn, um mich, um meine Mutter, um die ganze Familie, die es niemals gegeben hatte. Ich wischte das Blut ab, das ihm aus dem Mund sickerte. Ich spürte, wie er litt und wie sich meine Bitterkeit und mein Selbstmitleid in der Trauer um uns alle auflösten. Schließlich nahm ich unter Tränen Abschied von ihm und sah ihn niemals wieder, da er wenige Tage später starb. Aber ich fühlte auch niemals mehr diese Bitterkeit und diesen Zorn seinetwegen. Trotzdem bluten die alten Wunden immer noch ein wenig.

In der Nacht nach dem Krankenhausbesuch träumte ich von einem wunderbaren alten schwarzen Auto aus den 30er Jahren, in dem ich ein hinter dem Haus meines Großvaters mütterlicherseits gelegenes Strombett hinauffuhr. An das Haus kann ich mich erinnern, weil ich als Kind manchmal dort gewohnt hatte. Zwar konnte ich mir diesen kurzen Traum nicht erklären, aber ich fühlte mich sehr getröstet durch ihn. Und noch lange danach mußte ich an das Gefühl denken, das ich dabei gehabt hatte, und fragte mich immer wieder, was er wohl bedeuten mochte. Zwanzig Jahre später sah ich ein Halbdutzend Fotos von meinem Vater durch, als mein Auge gerade auf dieses wunderbare schwarze Auto fiel. In meiner Kindheit hatte ich das Bild einige Male gesehen. Mein Vater stand vor dem Auto, den linken Fuß auf dem Trittbrett, und hielt mich im Arm. Dieser schöne junge Mann strahlte ja vor Stolz und Zärtlichkeit – vielleicht war auch eine gewisse Ängstlichkeit über die neue Verantwortung mit im Spiel! Es ist das einzige Foto, das ich von mir und meinem Vater besitze.

Was bedeutet das nun alles? Sicher mußte ich die Bitterkeit wegen meines Vaters überwinden, um meinet- und meiner Familie willen. Mein Leben war bisher sehr gut verlaufen, aber ein böser

Komplex aus Wut, Haß und Scham vergiftete mich. Er mußte aufgelöst werden.

Doch gibt es noch eine andere Dimension. Aufgrund meines echten Bedürfnisses nach Selbstvertrauen und zur Abwehr meines Schmerzes und meiner Verletzlichkeit hatte ich einen dicken Panzer um mich gelegt. Die Zeit hatte die Wunden meiner Kindheit weitgehend geheilt, doch auf Kosten einer Wucherung harten Narbengewebes, einer Art Schutzschale. Das unmittelbare Erlebnis dieses Verlustes und meines Vaters Leiden sprengte den Panzer und riß die Wunden wieder auf. Dank der Vorbereitung durch die Träume und die Aufforderung des I Ging konnten die Wunden jetzt aber besser heilen, und weniger Narben blieben zurück. Das Seltsame mit solchen Panzern ist immer, daß sie die Außenwelt zwar daran hindern, einen zu verletzen, es einem aber auch erschweren, seine Liebe auszudrücken oder die Welt an sich heranzulassen. Auf jeden Fall schleppt man eine schwere Last mit sich herum.

Natürlich veranlaßte mich das Erlebnis, meine Beziehungen zur Welt zu hinterfragen. Was in mir »wußte«, daß mein Vater im Sterben lag? Was wußte, daß die Kruste meiner Bitterkeit durch diese ungewöhnlichen Träume mit meinem Vater aufgeweicht werden mußte? Wie ist es möglich, daß »zufällig« geworfene Münzen eine so sinnhafte Verbindung zu meinem damaligen psychischen Zustand herstellten? Ich finde nur teilweise Antworten auf diese Fragen, aber sie lassen sich nicht abschütteln.

Als ich später meinem Lehrer, Anthony, von diesem Erlebnis erzählte, sagte er nur: »Wenn wir nicht lernen, anderen zu vergeben, werden wir uns selbst niemals vergeben.« Das ist vielleicht die beste Lehre aus diesem Ereignis.

Sinn, Überschreitung der Raumzeit, Akausalität und Einheit von Innen und Außen

Obiges Fallmaterial und das noch folgende zeigt, daß sich die Synchronizitäts-Erfahrungen immer um vier Themen drehen: Sinn, Überschreiten der Raumzeit, Akausalität und Einheit von Psyche und Materie. Sie haben also erstens immer mit einem entscheidenden Sinngehalt zu tun, der eng mit dem Individuationsprozeß des Betreffenden im Augenblick verbunden ist. Häufig geht ihnen eine Zeit intensiver innerer Bewegtheit voraus. »Wertbegriffe und Perlen« und »Heilung alter Wunden« sind deutliche

Meilensteine, Brennpunkte im Prozeß der Individuation. Brächte man diese Erfahrungen und die noch folgenden nicht mit den Einzelheiten des Seelenwerdens in Verbindung, so würde es sich nur um anormale Erlebnisse handeln – Launen der Natur. Doch sind es im Gegenteil Offenbarungen des Selbst in der Innen- und Außenwelt, Offenbarungen eines Sinns, der das Individuum zu transformieren bestrebt ist.

Oft findet sich in solchen Erfahrungen auch ein deutlicher Hinweis auf das Überschreiten der Raum-Zeit oder ein »absolutes Wissen« – ein Wissen, das den normalen Sinnesorganen und dem Verstand unzugänglich ist. In »Heilung alter Wunden« zum Beispiel bereitete der zweimalige Traum den Betreffenden auf den Heilungsvorgang vor, bevor er überhaupt etwas über seines Vaters tödliche Krankheit wußte. Einige später folgende Beispiele weisen noch drastischer auf ein solches die Raum-Zeit überschreitendes Wissen hin, das unsere verabsolutierten Begriffe von Raum und Zeit sehr in Frage stellt.

Selbst in »Heilung alter Wunden« läßt das Vorauswissen den Schluß zu, daß die empirische Persönlichkeit, das Ich, gelegentlich Zugang zu irgendeinem transzendentalen oder »absoluten Wissen« besitzt, wie Jung es nennt. Ich würde es vorziehen, nicht von »absolut« zu sprechen, und meine eher, wir haben sporadischen Zugang zu einem Wissen, das die normalen Sinnesorgane des Ichs und die Fähigkeiten des Verstandes überschreitet. Jung sagt:

> »Die Tatsache des absoluten Wissens, der durch keine Sinnesorgane vermittelten Kenntnis, welche das synchronistische Phänomen kennzeichnet, unterstützt die Annahme bzw. drückt die Existenz eines an sich bestehenden Sinnes aus. Letztere Seinsform kann nur eine *transzendentale* sein, da sie sich, wie die Kenntnis zukünftiger oder räumlich distanter Ereignisse beweist, in einem psychisch relativen Raum und einer entsprechenden Zeit, das heißt in einem unanschaulichen Raum-Zeit-Kontinuum, befindet.«[4]

Diese Synchronizitäts-Erfahrungen liefern auch den Beweis, daß Psyche und Natur bzw. Geist und Materie keine getrennten, einander völlig ungleichen Bereiche sind. Irgendeine tiefliegende Verbindung oder Verknüpfung der beiden Sphären ermöglicht es der Seele offenbar, denselben Sinn in beiden Bereichen zu konkretisieren. Wie in den vorhergehenden Kapiteln betont, sind wir, da Synchronizität akausal ist, nicht berechtigt zu denken, das Selbst oder die Seele manipuliere die Materie in der Weise, daß sie sinngemäß unserem inneren Zustand entspricht. Es ist vielmehr so, daß der Sinn das Primäre ist, während die äußeren und inneren ihn verkörpernden Ereignisse sekundär, unerheblich und unwesentlich sind. Trotzdem bringt diese akausale Entfaltung des Sinns in beiden Bereichen eine offenbar notwendige Transformation des Individuums mit sich, während sie zugleich eine Einheit von Seele und Körper impliziert.

Sowohl die starken Synchronizitäts-Erfahrungen begleitenden Affekte als auch die Wahrnehmung von Sinngehalten weisen auf die den Vorgängen zugrundeliegenden Archetypen des kollektiven Unbewußten hin. Archetypen strukturieren nicht nur unser Verhalten und Empfinden, sondern stellen auch die fundamentalen Sinnmuster des Seelenlebens zur Verfügung. Da die Synchronizitäts-Erfahrungen eine Einheit von Psyche und Materie nahelegen, hielt Jung die damit assoziierten Archetypen für ihrer Natur nach »psychoid«. Das heißt, sie strukturieren Psyche und Materie, überschreiten aber beide. Die Archetypen erlaubten es Jung, über eine rein subjektive und psychologische Untersuchung unserer Erfahrungen hinauszugehen. Sie eröffnen uns Möglichkeiten, unsere psychischen Grenzen zu überschreiten.

Mit anderen Worten, Jungs wiederholte Erfahrungen solcher sinngemäßer Verknüpfungen zwischen Geist und Materie zwangen ihn, den rein psychologischen Standpunkt zu verlassen und philosophisch und metaphysisch zu denken, wobei er eine allen Vorgängen zugrundeliegende einheitliche Wirklichkeit, den *Unus Mundus*, postulierte. Er tat das trotz seiner wiederholten Versicherung, es sei falsch, metaphysische Aussagen zu machen. So sagte er zum Beispiel: »Demgemäß behandelt die Psychologie alle metaphysischen Forderungen und Behauptungen als geistige Phänomene und betrachtet sie als Aussagen über den Geist und seine Struktur, welche letztlich aus gewissen unbewußten Dispositionen stammen.«[5] Oder an anderer Stelle: »daß unsere metaphysischen Begriffe zunächst einmal nichts anderes seien als anthropomorphe Bilder und Meinungen, welche transzendentale Tatsachen entweder gar nicht oder dann nur in sehr bedingter Weise ausdrücken.«[6] Ich werde Jung folgen und wie er selbst seine Warnung vor metaphysischen Aussagen in den Wind schlagen, wenn ich in einem späteren Kapitel seinen Begriff des *Unus Mundus* weiterentfalte.

Intellektuelle Hindernisse beim Verständnis der Synchronizität

Wenn die Außenwelt mit der Psyche in Verbindung tritt, sind wir im allgemeinen davon überzeugt, es handle sich um eine kausale Beziehung. Das heißt, äußere Ereignisse sind kausal mit meiner Psyche verknüpft, da sie unmittelbar eine Antwort in mir auslösen. Ein einfaches Beispiel für diese Auffassung ist die weitverbreitete Ansicht, wir empfingen Sinneswahrnehmungen aus der Außenwelt, die dann in unserer Seele in Wahrnehmungsbilder verwandelt werden. Doch eine nichtkausale oder akausale Sinnbeziehung zwischen der Welt und meiner Psyche, bei der weder das äußere Ereignis den psychischen Zustand verursacht noch der psychische Zustand das äußere Ereignis, ist sehr schwer zu verstehen, und nur zögernd wollen wir ihr Realität oder Authentizität zugestehen. Denn wir pflegen die Realität eines Gegenstandes schon in Frage zu stellen, wenn wir seine kausalen Wurzeln nicht entdecken können, ja schon der Begriff »Erklärung« geht normalerweise von einer kausalen Basis aus. Deshalb fällt es uns schwer, uns auf Synchronizität und Quantenmechanik überhaupt einzulassen und sie in unser normales Weltbild einzuordnen, trotz überzeugender empirischer Beweise, die unsere tief eingewurzelten Vorurteile über die Vorherrschaft der Kausalität ins Wanken bringen.

Die moderne wissenschaftliche Sichtweise, die im sechzehnten Jahrhundert mit Kepler und Galilei begann, entwickelte eine Auffassung von Kausalität als eines Vollzugs unerbittlicher, unpersönlicher, mechanischer Gesetze. Diese Sicht erwies sich als erstaunlich erfolgreich bei der Beschreibung eines großen Spektrums von Phänomenen, von den Planetenbewegungen bis zur Arbeitsweise der Maschinen der industriellen Revolution. Und als diese Auffassung von Kausalität sich immer mehr befestigte, fand sich der Mensch plötzlich eingeschlossen in einem mechanistischen Universum ohne Sinn. Wir haben den Begriff der Kausalität entwickelt und wurden dann von ihm gefesselt. Wir haben uns unsere eigenen Ketten geschmiedet. Und obwohl es sich bei diesen Ketten nur um Begriffe handelt, bestimmten sie zunehmend, was als sinnvolle Erklärung gelten konnte. Albert Einstein selbst fühlte sich der Kausalität zutiefst verpflichtet, und doch erkannte er, daß »Begriffe, die sich bei der Ordnung der Dinge als nützlich erwiesen haben, leicht eine solche Gewalt über uns gewinnen, daß wir ihren Ursprung im Menschen vergessen und sie als unveränderlich ansehen«.[7]

Einer von Jungs Hauptzwecken in seinem bahnbrechenden Essay war es, das Erklärungsprinzip Synchronizität nicht in Konkurrenz zur gewöhnlichen kausalen Erklärung, sondern in Ergänzung dazu zu etablieren. Er wollte einfach unsere Vorstellungen darüber, was eine zufriedenstellende Erklärung sein konnte, erweitern. Der Physiker Wolfgang Pauli hatte ihm ein Verständnis dafür vermittelt, daß Wellen und Partikel sich ergänzende Aspekte der Elementar-Quanten seien. Weder Wellen noch Partikel können für sich allein alle Phänomene erklären, noch kann ein Prinzip auf das andere zurückgeführt werden, noch können sie sich zugleich im selben System manifestieren. Doch beide sich ergänzende Auffassungen sind wesentlich für ein volles Verständnis der Quantenphänomene. In ähnlicher Weise suchte Jung nach einem Prinzip wie der Synchronizität, das die Kausalität ergänzen und in Kombination mit ihr

Intellektuelle Hindernisse beim Verständnis der Synchronizität

eine umfassendere Erklärung unserer Erfahrungen bieten konnte – eine Erklärung, die sich auf den akausalen Sinn miteinander verknüpfter innerer und äußerer Ereignisse gründete. Doch einige unserer am tiefsten verwurzelten Voreingenommenheiten blockieren eine solche Entwicklung.

Eines der hauptsächlichen Hindernisse neben unserer Eingeschworenheit auf die Kausalität ist der tiefe Glaube an die Spaltung zwischen Geist und Materie, an eine grundsätzliche Differenz zwischen der inneren Seelenwelt und der äußeren materiellen Welt. Diese Auffassung vom Geist als eines autarken, autonomen Prinzips, das der völlig von ihm verschiedenen mechanistischen materiellen Welt gegenübersteht, wurde mit voller Deutlichkeit zum ersten Mal im siebzehnten Jahrhundert von René Descartes formuliert. Er leitete die moderne Ära des rationalen Skeptizismus ein und vollzog die philosophische Grundlegung, auf der dann die klassische Naturwissenschaft aufbaute. Seine Hervorhebung des Bewußtseins als eines unabhängigen Zentrums der Vernunft, unterschieden vom Reich der äußeren Materie, sollte sich als überaus einflußreich und dauerhaft erweisen. Doch enthält eine ausschließliche Hinwendung zu dieser Auffassung in sich schon den Keim einer Entfremdung und Isolierung des Subjektes von der es umgebenden materiellen Welt, eine Entfremdung von der Natur, die sich in unserer Zeit schmerzhaft bemerkbar macht. Ja, noch mehr, eine solche Auffassung macht es unmöglich, akausale, sinngemäße Verknüpfungen zwischen Geist und materieller Welt zu verstehen oder zu begreifen, daß Synchronizität eine Einheit von Seele und Materie voraussetzt. Ob wir wollen oder nicht, dieses kartesianische Weltbild hat die meisten von uns stark geprägt. Wir glauben an die radikale Spaltung zwischen Geist und Materie. Und obwohl der Kartesianismus von vielen modernen Kritikern stark angegriffen wird, verhindert er, solange er uns weiter in seinem Bann hält, ein Verständnis der Synchronizität.

Ein anderes damit eng verbundenes Hindernis für ein adäquates Verständnis der Synchronizität betrifft unsere Vorstellung darüber, wie Objekte in der Welt existieren. Ich möchte das durch ein Beispiel illustrieren: Stellen Sie sich vor, Sie könnten einen philosophisch veranlagten Fisch bitten, Wasser zu beschreiben. Damit hätte er nun wirklich seine liebe Not. Nicht wegen etwaiger sprachlicher oder intellektueller Mängel, sondern weil ihn Wasser in jedem Moment seines Lebens umgibt. Das Medium Wasser ist ihm dermaßen vertraut, daß es seiner Aufmerksamkeit entgeht. Ähnlich nehmen wir keine Notiz von unserer Vorstellung, von unabhängig existierenden Objekten und Personen umgeben zu sein. Wir nehmen es als gegeben hin, daß solche Wesenheiten vollständig von ihrer Umgebung und ihren Beziehungen, ob untereinander oder zu uns, abgelöst werden können, und besonders, daß sie unabhängig vom Denken sind – daß sie vollständig unabhängig davon, ob jemand an sie denkt, existieren können. Ein auf diese Weise unabhängig existierendes Objekt betrachten wir gewöhnlich als ein »reales« Objekt.

Zum Beispiel werden die meisten Menschen einer Meinung darüber sein, daß der Computer, auf dem dieses Buch gerade geschrieben wird, ein unabhängig existierendes Objekt ist. Es ist reiner Zufall, daß er mir gehört, daß er an einem bestimmten Platz in meinem Büro steht oder daß er mit meiner Software geladen wird, die meine Fingerspitzen eintippen. Sein eigentliches Wesen würde sich nicht ändern, auch wenn er jemand anderem gehörte, in ein anderes Büro transportiert und mit von anderen Fingerspitzen eingetippter Software geladen würde.

Wenn wir nun einmal nachzudenken begännen, wie wir es unseren Philosophen-Freund im Aquarium gebeten haben, würden wir wohl in der überwiegenden Mehrzahl der Meinung sein, daß Objekte natürlich Beziehungen zu anderen Objekten besitzen, daß diese Beziehungen aber nicht das Primäre sind, nicht ebenso wesentlich, wie das isolierte Sein des Objektes. Mit anderen Worten, wir glauben unkritisch, die Essenz eines Dings, seine eigentliche Natur, sei frei von Beziehungen oder seine Beziehungen seien zumindest von einer weit unwesentlicheren Realität als seine Existenz an sich. Klammern wir uns aber an diesen Glauben an eine isolierte, unabhängige Existenz der Dinge, so werden wir uns bei der Synchronizität, die ja gerade von Beziehungen lebt und eine grundsätzliche Einheit zwischen Seele und Welt voraussetzt, fühlen wie ein »Fisch außerhalb des Wassers«.

Aber ich werde zeigen: Die Analyse des Prinzips der Nicht-Trennbarkeit in der Quantenmechanik ergibt, daß häufig die Beziehungen, die Verknüpfungen, die Abhängigkeiten bedeutsamer, realer sind, als die isolierte, unabhängige Existenz. Das ist das vollkommene Gegenteil unserer normalen Überzeugung – unseres Haftens an der Ideologie einer separierten Existenz. Die versklavt uns an die Kausalität und macht es überaus schwierig, sowohl Quantenmechanik als auch Synchronizität zu begreifen.

Die Wurzeln des Wortes *Synchronizität* und einige von Jungs Bemerkungen könnten nahelegen, Gleichzeitigkeit sei ein entscheidendes Merkmal der Synchronizität. Doch ist Gleichzeitigkeit, wie Jung mehrere Male verdeutlichte und wie die noch folgenden Beispiele zeigen werden, in Wirklichkeit sekundär. Synchronizitäts-Erfahrungen verletzen vielmehr häufig unseren normalen Zeit- oder Abfolgesinn (Ursache kommt vor Wirkung) und lassen wegen des »absoluten Wissens«, das bei ihnen zum Ausdruck kommt, zumindest eine extreme Elastizität in bezug auf Zeit und Raum vermuten. Doch fast alle hängen wir immer noch dem sehr

Intellektuelle Hindernisse beim Verständnis der Synchronizität

Newtonschen Glauben an, Zeit und Raum seien absolute Größen. Unbewußt glauben wir an eine starre, fixe Zeit, die uns von genau gehenden digitalen Uhren diktiert wird, und einen ebenso starren Raum, gemessen in irgendeinem Pariser Eichinstitut mit Hilfe von genau einem Meter langen Platinstäben, die in Vakuumgefäßen aufbewahrt werden.

In den folgenden Kapiteln werde ich auf all diese intellektuellen Hindernisse immer wieder eingehen und zeigen, daß der bunte Teppich der Synchronizität reich mit Fäden des Sinns, der raumzeitlichen Transzendenz, der Akausalität und der Einheit von Psyche und Materie durchwoben ist. Und diese Fäden werde ich zu dicken Seilen drehen, in denen psychologische, physikalische und philosophische Analysen eine Verbindung miteinander eingehen.

Auch auf die Gefahr hin, den Zusammenhang zu zerreißen, werde ich immer wieder synchronistische Beispiele mit dem jeweils folgenden theoretischen Kapitel verweben. Ich hoffe, dies führt zu einer lebendigen Vorstellung, die uns stets daran erinnert, daß wir es hier mit einer empirischen Untersuchung zu tun haben, und wach hält, was das Ziel dieser Untersuchung ist. Und damit eine wirkliche Harmonie entsteht, muß ja auch der Sopran seinen inspirierenden Einfluß auf Bariton und Baß fortwährend zur Geltung bringen können.

Die in diesem Buch beschriebenen Synchronizitäts-Erfahrungen sind ungewöhnliche Ereignisse. Nur wenige Menschen haben Erfahrungen dieser Art gemacht, und selbst bei jenen, die sie kennen, sind es im allgemeinen seltene, sehr besondere Erlebnisse. Für viele Menschen sind ähnliche, nicht so bedeutende, oft aber sehr faszinierende psychische Erlebnisse alltäglich. Doch handelt es sich dabei nicht um so überwältigende und wichtige Erfahrungen wie die in diesem Buch geschilderten. Warum einige von uns so auffällige Synchronizitäts-Erlebnisse, in denen sich der Individuationsprozeß ausdrückt, haben und andere nicht, kann ich nicht sagen. Die Tatsache, daß jemand solche Erfahrungen macht, ist kein Hinweis auf seine psychische oder spirituelle Reife. Sollte es übrigens, weil sie so selten auftreten, nicht erlaubt sein, allgemeine Schlüsse aus ihnen zu ziehen? Ich meine doch. Psychologie und Mystik haben immer wieder versucht, das gewöhnliche Leben anhand seltener, außergewöhnlicher Phänomene zu verstehen, ob es sich dabei um psychotische Episoden oder mystische Erfahrungen handelte.

Die Brücke zur Physik

Ob wir uns an unsere eigenen Synchronizitäts-Erfahrungen erinnern oder die in diesem Buch beschriebenen vierzehn sehr verschiedenen Berichte lesen: Immer ist klar, daß es sich um ungemein spannende Ereignisse handelt. Es kann plötzlich ein Skarabäus ins Zimmer geflogen kommen oder in einem mysteriösen Augenblick ein Ring aus der Kindheit auftauchen – wir sind uns dessen bewußt, daß sich hier etwas Seltsames und Wesentliches ereignet, daß sich ein höherer Sinn bemerkbar macht. Doch außer der unmittelbaren und häufig numinosen Erfahrung einer unbewußten Kompensation hinterfragt die Synchronizität auch unsere Auffassungen darüber, was die Welt im Innersten zusammenhält. Sie zwingt uns, viele unserer unbewußten vorgefaßten Meinungen über die Welt (die sich manchmal als wissenschaftliche Tatsachen maskieren) und unsere Beziehungen zu ihr genauer unter die Lupe zu nehmen.

Die Synchronizität stellt unsere Auffassungen über Sinn, Kausalität, Raum und Zeit und ob Gegenstände für sich in der Welt existieren, in Frage – Auffassungen, die weitgehend von unseren wissenschaftlichen Überzeugungen und Engagements konditioniert sind. Viele von uns interpretieren die Welt unbewußt mit den Augen der klassischen oder Newtonschen Physik. Das heißt, wir glauben an eine universelle Gültigkeit der Objektivität, der strengen Kausalität, des absoluten, fixen Raumes und der Zeit und an unabhängig existierende Objekte. Doch die moderne Physik zwingt uns, in all diesen Punkten unsere Auffassung zu revidieren, und das Verständnis für diese Revisionen kann dazu beitragen, daß wir ein besseres Gefühl für Synchronizität und die damit verbundenen Probleme bekommen. Aus diesem Grund möchte ich hier eine Brücke zwischen den Entdeckungen der modernen Physik und den Empfindungen der sich individuierenden Seele, die sich in Synchronizitäts-Erfahrungen zeigen, konstruieren. Das ist zwar eine schwere Aufgabe, aber ich habe mir nun einmal vorgenommen, diese Brücke zu bauen zwischen dem, was sich in den physikalischen Laboratorien abspielt, und dem, was in der Tiefe unseres Wesens vor sich geht, zwischen der strengen Schönheit der theoretischen Physik und dem Dunkel, in dem das sich entwickelnde Individuum herumtappt.

Die meisten Menschen mögen Brücken, doch einige leiden unter Schwindelgefühlen; andere haben Angst vor den Trolls, die so häufig unter den Brücken leben. Die Trolls laufen unter den Bezeichnungen *Abstraktion, Fremdheit der Begriffe und höhere Mathematik*. Ohne die Physik zu trivialisieren, habe ich deshalb doch versucht, sie hier so zu präsentieren, daß auch der Laie nicht von Schwindel ergriffen wird, von dem Gefühl, zu hoch über dem festen Erdboden der Alltagserfahrung zu schweben.

Die Brücke zur Physik

Den Troll der höheren Mathematik habe ich vollständig verbannt. Aber auch die Trolls »Abstraktion« und »Fremdheit der Begriffe« halte ich gut unter Kontrolle, obzwar man sich, wenn man über moderne Physik spricht, diese vertrackten Kobolde niemals ganz vom Hals halten kann.

Um dem Leser die Überquerung dieser Brücke von der Tiefenpsychologie zur Physik zu erleichtern, werde ich Methode und Inhalt der nächsten fünf Kapitel kurz umreißen. Ich hoffe, daß diese kurze Skizze als einfache Landkarte dienen kann, die unseren gemeinsamen Ausflug vergnüglicher und informativer macht und vielleicht sogar auch die Bedrohung durch die Trolle vermindert. Bevor ich aber diesen Abriß gebe, möchte ich, auf die Gefahr hin, durch Wiederholungen zu langweilen, noch einmal betonen, daß keine dieser wissenschaftlichen Auffassungen irgendeine Erklärung oder einen Beweis für die Realität bzw. Legitimität der Synchronizität gibt. Es ist vielmehr so, daß wir bei einer Revision unseres naturwissenschaftlichen Weltbildes auf die Preisgabe so mancher unserer hartnäckigsten Projektionen auf die Natur vorbereitet sein müssen, was uns allerdings ermöglicht, ein stimmigeres Weltbild zu entwerfen, das besser zur Synchronizität und dem einheitlichen Weltbild paßt, das ich hier aufzubauen versuche. Nun also zu dem knappen Abriß der folgenden fünf Kapitel.

In Kapitel 5, »Vom mittelalterlichen zum modernen Weltbild«, mache ich einen kleinen Ausflug in die Ideengeschichte des Westens und spreche über die wissenschaftliche Revolution, die uns aus der mittelalterlichen Welt der christlichen Kirche in die wissenschaftliche Welt der industriellen Revolution katapultiert hat. Als literarischen Rahmen benutze ich eine kurze Pilgerreise nach Florenz in Italien, um zwei berühmten Vertretern dieser Epochen, Dante und Galilei, meine Aufwartung zu machen. Das gibt mir die Möglichkeit, den Wandel in der Weltanschauung von Dantes geozentrischem, von Gott durchdrungenem Universum – das der Synchronizität entspricht – zum heliozentrischen, säkularisierten Weltbild, das von Galilei und anderen Forschern der wissenschaftlichen Revolution entworfen wurde, zu beschreiben. Das Kapitel beginnt mit einer Erörterung der Objektivität in der Wissenschaft und zeigt, wie dieser Begriff unsere Auffassungen über das Wesen der Sinnhaftigkeit prägt. Ich behaupte, daß wir, weil unsere Kultur völlig unreflektiert auf wissenschaftliche Objektivität eingeschworen ist, als real nur das betrachten, was wir in Objekte verwandeln, was wir zu Quantitäten wissenschaftlicher Forschung machen können. Entsprechend fassen wir subjektive Prinzipien, seien es archetypische Sinngehalte oder das nichtobjektivierbare Wesen des Geistes, als irreale Phantasien auf, die unser Interesse nicht verdienen. Zumindest haben derartige Vorstellungen in einer genau definierten »wissenschaftlichen Weltanschauung« keinen Platz. Es liegt auf der Hand, daß ein so strenger Begriff von Objektivität der Synchronizität und dem durch sie ausgedrückten Sinn nicht günstig ist.

In Kapitel 6, »Kausalität und Akausalität in der Natur«, untersuche ich die Vorstellung von Kausalität in der Newtonschen Physik. Ich zeige, daß die Vorstellungen von einer strengen Kausalität und von unabhängig existierenden Objekten in der Newtonschen Physik zur Entstehung einer unpersönlichen, maschinenartigen Welt geführt haben. Hier liegen die Wurzeln unserer gegenwärtigen Entfremdung von der Natur. Ich beschreibe weiter, daß die Quantenmechanik diese Anschauung drastisch verändert und eine neue begründet hat, bei der im Prinzip Ursachen für einzelne Ereignisse ausgeschlossen sind und Objekte nur dadurch in Erscheinung treten, daß der Mensch mit ihnen interagiert. Ich stelle dar, daß die Akausalität in Quantentheorie und Synchronizität eine gleich wichtige Rolle spielt. Deshalb können die Lehren, die sich aus der Akausalität in der Quantenmechanik ziehen lassen, sehr zu einem Verständnis der Synchronizität beitragen.

In Kapitel 7, »Elastizität von Raum und Zeit«, unternehmen wir eine interessante Exkursion nach Las Vegas. Anhand einiger verlorener Wetten mit »Raumzeit-Sam« lernen wir etwas über die modernen Mysterien von Raum und Zeit. Wir entdecken, daß unsere starren Begriffe von Raum und Zeit vollkommen ungeeignet sind, die von Einstein im zwanzigsten Jahrhundert ausgelöste Revolution zu begreifen, eine Revolution, die zum Teil auch Jungs Vorstellungen über Synchronizität beeinflußt hat. Ein genaues Verständnis dessen, was Relativität von Raum und Zeit bedeutet, hilft uns, mit der erstaunlichen Elastizität dieser beiden Prinzipien bei vielen Synchronizitäts-Erfahrungen klarzukommen.

In Kapitel 8, »Ein partizipatorisches Quanten-Universum«, untersuche ich eine berühmte Gruppe von Experimenten, die die Komplementärnatur der Quantensysteme beweisen. Wir begeben uns ins Herz der Quantenmysterien und beschäftigen uns mit der Welle-Korpuskel-Komplementarität. Wir werden entdecken, daß wir nicht in einer von unabhängig existierenden, isolierten Wesenheiten bevölkerten Welt leben, sondern selbst an der Definition unserer Welt, an ihrer Entfaltung in Raum und Zeit, beteiligt sind. Dieses partizipatorische Universum, bei dem Wert darauf gelegt wird, daß es von unseren Interaktionen mit der Natur abhängt, ist himmelweit von den kausalen Interaktionen zwischen unabhängig existierenden Entitäten entfernt, wie sie in Kapitel 6 in der Newtonschen Physik untersucht wurden.

Kapitel 9, »Nicht-Lokalität in der Natur«, ermöglicht einerseits von allen Kapiteln über Wissenschaft die weitreichendsten Folgerungen, birgt aber andererseits auch das Risiko für Trollangriffe. Deshalb habe ich den fachspezifischen Teil in einen Anhang zum Buch verbannt, wo ich, ohne mehr Mathematik als bloßem Zählen, eine spezielle Version der Bellschen Ungleichungen darstelle. Für viele sind die Bellschen Ungleichungen die einschneidendste Entdeckung in dem schon so lange währenden Versuch der Wissenschaft, die begrifflichen Grundlagen der Physik zu verstehen. Normalerweise sind wir alle unbewußt davon überzeugt, daß Objekte innerhalb genau umrissener Grenzen von Raum und Zeit lokalisiert werden können und daß ihre Existenz auf endliche Bereiche begrenzt werden muß. In diesem Kapitel aber stelle ich physikalische Experimente vor, die beweisen, daß das nicht immer so sein kann. Es stellt sich heraus, daß *unabhängig von der gegenwärtigen Formulierung der Quantenmechanik die Natur nicht-lokal ist.* Die Verknüpfungen und gegenseitigen Abhängigkeiten von Objekten sind dermaßen unmittelbar und umfassend, daß die Beziehungen zwischen den Objekten wichtiger sind als ihre jeweilige isolierte Identität. Die experimentelle Entdeckung der Nicht-Lokalität bringt uns auf eine völlig neue Ebene der Interdependenz und gegenseitigen Verknüpfung von Objekten, die wir mittels der aus der klassischen Physik bezogenen Vorstellungen nicht verstehen können. Dieser unzweideutige Beweis für eine überall existierende Nicht-Lokalität legt nahe, daß wir unsere alten Begriffe von »Objekten« und »Objektivität« von Grund auf ändern müssen.

5
Vom mittelalterlichen zum modernen Weltbild

... Mit sich im Einklang sind
Die Dinge allesamt: Das ist das Wesen,
Dadurch das All Gottähnlichkeit gewinnt.
                              DANTE[1]

Die Philosophie steht in diesem großen Buch des Weltalls geschrieben, das unseren Blicken fortwährend geöffnet ist. Doch läßt sich das Buch nicht begreifen, ehe man die Sprache zu verstehen und das Alphabet zu lesen lernt, in denen es verfaßt ist. Es ist geschrieben in der Sprache der Mathematik, und ihre Buchstaben sind Dreiecke, Kreise und andere geometrische Figuren, ohne die es dem Menschen nicht möglich ist, auch nur eins seiner Worte zu verstehen. Ohne sie wandert man in einem dunklen Labyrinth umher.   GALILEI[2]

Pilgerfahrt nach Florenz: Dante (1265–1321)

Um ein Gefühl für den enormen Wandel im Weltbild, den die einleitenden Zitate Dantes und Galileis bezeichnen, zu bekommen, unternehmen wir eine kurze Wallfahrt zur Kirche Santa Croce in Florenz. Der Eintritt aus der hellen italienischen Sonne ins gedämpfte Licht eines gotischen Innenraums macht uns für Augenblicke blind. Aber schon bald bemerken wir aus hohen Fenstern einfallende Lichtbündel, die mehrere Gräber beleuchten: angefangen von Machiavellis Grab bis zu dem Michelangelos. Gedämpftes Gemurmel von Pilgern, die die sakrale Kunst bewundern, hallt von der hohen Deckenwölbung. Wir begeben uns zum Grab Dantes. Sein Körper liegt allerdings nicht hier, sondern in Ravenna. Sein Grabmal zeigt einen trauernden, in sich gekehrten Dante mit einer ebenfalls trauernden Animagestalt im Vordergrund. Vielleicht ist er wegen des zwanzigjährigen Exils aus seinem geliebten Florenz so bekümmert. Er mußte die Stadt verlassen, weil er sich in einem politischen Machtkampf auf der Verliererseite wiederfand. In seiner »Göttlichen Komödie« bezieht er sich auf das Exil in *Paradiso* XVII, 55-60:

> Du mußt von allem, was du lieb hast, scheiden,
> Und was dir wert: So trifft der erste Pfeil
> Vom Bogen dich des Baums mit scharfer Schneiden;
> Wirst schmecken dann, wie Bitternis dein Teil,

Wie hart das fremde Brot und wie die Stiegen
Der Freunde, auf und nieder, ach, so steil!

Mag sein, daß Dantes Exil der Grund für seine Melancholie ist. Doch ein paar Seiten weiter erörtere ich die Möglichkeit, daß es vielleicht noch tiefere Ursachen gibt. Sprechen wir zunächst kurz von Dantes größter literarischer Schöpfung.

Dantes majestätisches, episches Gedicht, »Die Göttliche Komödie«, Synthese des klassischen griechischen Denkens – der aristotelisch-ptolemäischen Wissenschaft – mit der christlichen Theologie, schwang sich zu bisher ungeahnten Höhen künstlerischer Gestaltung auf. Für die damalige gebildete Welt wie auch für das einfache Volk war Dantes In-Eins-Setzung Gottes mit Kosmos und Menschheit ein vollgültiger Ausdruck des mittelalterlichen Weltbildes. Dabei stützte sich Dante auf Thomas von Aquin, der das Erbe der griechischen Vernunft mit dem christlichen Glauben verbunden hatte. Doch ging Dante noch viel weiter als der Aquinate, indem er diese Synthese von Vernunft und Offenbarung dichterisch mit der aristotelisch-ptolemäischen Astronomie seiner Tage verschmolz. Dieses geozentrische Modell des Universums bot eine überzeugende naturwissenschaftliche Erklärung für unsere Alltagserfahrung, daß die Erde feststeht und die Himmelssphären sie umkreisen. Obwohl das Modell komplizierter Konstruktionen von geometrischen Kurven, Äquanten und Abweichungen vom Mittelpunkt bedurfte, um den detaillierten astronomischen Beobachtungen zu entsprechen, besaß es innere Geschlossenheit und ließ genügend genaue astronomische Voraussagen zu.

In Dantes Vision waren die traditionellen Kristallsphären, welche die Elemente, Planeten und Sterne enthielten, jeweils mit den ihnen entsprechenden himmlischen Gestalten bevölkert. In jeder Sphäre spielten sich Szenen aus Dantes zeitgenössischer und der antiken Welt ab. Die jeweils neun Kreise im Inferno und im Purgatorium waren mit bestimmten Typen von Sündern angefüllt, die dort ihre gerechte und schreckliche Strafe und Reinigung erhielten. Niemals vorher und niemals seitdem war im Westen ein astronomisches Modell des Universums so eng mit einer religiösen Weltanschauung verbunden gewesen. Dichtung, Theologie, Ethik, aristotelische Wissenschaft und geozentrische Astronomie vermischten sich mit tiefer psychologischer Einsicht, und das Ganze ergab eine erhabene Vision von dramatischen, dynamischen Geschehnissen.

Für Dante ist der gesamte Kosmos, einschließlich aller Geschöpfe und der Menschheit, Ausdruck des Göttlichen. Wie er im Einleitungszitat zu diesem Kapitel sagt: »Mit sich im Einklang sind die Dinge allesamt: Das ist das Wesen, dadurch das All Gottähnlichkeit gewinnt.« Die aufeinander aufbauenden Kristallsphären der Himmel, die neun Kreise des Läuterungsberges und die neun Kreise der Hölle, von denen jeder besondere Erfahrungen für den Menschen, je nach seinen Taten auf Erden, bereithält, sie alle sind Ausdruck der göttlichen Ordnung. Wie das geozentrische Weltbild fordert, projizierten sich diese differenzierte Struktur und Ordnung hier auf der Erde, um die Menschheit zu entwickeln und spirituell zu erziehen.

Die letzten Verse des Gedichtes beschreiben eine erstaunliche Vision Dantes. Gottes Wesen enthält das Bildnis der Menschheit. Wir sind im Bild Gottes gemacht. Wie tief wir auch sinken mögen, unser Wesen ist und bleibt ein Ausdruck der Göttlichkeit, ebenso wie alle Strukturen und Bewegungen im Universum. Die Eröffnungszeilen des *Paradiso* erklären: »Die Herrlichkeit des, der das All läßt schwingen, strahlt aller Welt, und wider strahlt ihr Licht, hier mehr, dort minder.« Von unserem innersten Wesenskern bis zum fernsten Himmel ist alles verkörperte Göttlichkeit. So singt Dante in *Paradiso* XXIV, S. 130-47:

> Ich glaub an *einen* Gott, der reget,
> Die Himmel all durch Liebe und Verlangen,
> Der Ewig-Eine, selber unbewegt.
> . . . .
> Das ist der Ursprung, ist der Grund vom Grunde,
> Der Funke, der, zur Flamme hell entfacht,
> In mir erglänzt wie Stern am Himmelsrunde.

Auf diese Weise umhüllt uns der liebende Schoß Gottes. Die ganze Natur hat ihren Sinn, jede Bewegung hat einen Zweck, auch wenn wir nicht weise genug sind, ihn zu verstehen. Die »Göttliche Komödie« entrollt diesen kosmischen Teppich in verständlicher Sprache, da Dante anders als andere Dichter seiner Tage nicht lateinisch, sondern in der Volkssprache schrieb. Mögen wir auch keinen tüchtigen Florentiner Astrologen mehr bei uns haben, der uns die Weisheit der Himmel demonstriert, oder eine Seelenführerin wie Beatrice, um uns die mystischen Wahrheiten zu enthüllen – wenn Dantes lichtvolle Dichtung uns inspiriert, kann sie uns, gemeinsam mit ihm, zu einem Zustand erheben, in dem wir einen Blick auf dieses göttlich geordnete Universum, diese Entfaltung und wieder Einfaltung von Gottes Weisheit und Liebe zu werfen vermögen.

Die mittelalterliche Kirche erkannte die Gültigkeit der Astrologie[4] an, weshalb die Denker dieser Epoche eine kontinuierliche, sinnhafte Entsprechung zwischen den Bewegungen der Planetensphären und unseren inneren Zuständen annahmen. Wenn freilich die Planeten als kausale Verursacher unserer inneren Zustände angesehen wurden, handelte es sich nicht um Synchronizität im strikten Sinn des ursachelosen Angeordnetseins. Interpretierten die Astrologen die Planetenstellungen jedoch symbolisch, in der Weise, daß diese den kosmischen oder archetypischen Sinn anzeigten, wie er sich sowohl in der Innen- als auch in der Außenwelt manifestierte, dann war Dantes Universum ein kontinuierlicher Ausdruck der Synchronizität. Ist sich das Individuum des sich manifestierenden Sinns nicht bewußt, so ist die Astrologie nur Ausdruck des »allgemeinen ursachelosen Angeordnetseins«. Wird der Sinn dem Individuum aber bewußt, so wird Astrologie mit ihren objektiven Ereignissen (den Planetenstellungen) und den damit in Beziehung stehenden inneren psychischen Zuständen der Persönlichkeit zum Ausdruck der Synchronizität.

Wie auch immer Dante und seine Zeitgenossen die Astrologie auffaßten – klar ist, daß in einem von Gottes Intelligenz durchdrungenen Weltall das ursachelose Angeordnetsein die Regel, nicht die Ausnahme war. Abschnitt C von Jungs Synchronizitäts-Abhandlung betitelt, »Die Vorläufer der Synchronizitätsidee«, spielt unablässig auf die hier skizzierte Weltsicht an. Sie entsprach offensichtlich Jungs Denken sehr genau, und häufig ließ er sich von ihr inspirieren.

Pilgerfahrt nach Florenz: Galilei (1564 – 1642)

Unweit von Dantes Grab liegt auch das Galileis. Anstelle der grübelnden Gestalt Dantes mit einer melancholischen Animafigur sehen wir hier einen prometheischen Galilei, der triumphierend zwischen seinen Büchern und Fernrohren thront. Galilei hatte wie Dante von den politischen Instanzen seiner Zeit viel zu leiden. Weil er das kopernikanische, heliozentrische Weltbild unterstützte, wurde er im letzten Lebensjahrzehnt unter Hausarrest gehalten, da ihn die römische Inquisition der Häresie verdächtigte. Aber trotz dieser schweren Strafe seitens der Kirche, die er doch nie aufhörte zu lieben, zeigt das Grab einen Galilei in Siegerpose, was in scharfem Kontrast zu dem düsteren Porträt Dantes steht. Ich werde sogleich einen Vorschlag machen, wie man diesen Kontrast interpretieren könnte, möchte aber zuerst noch über einige von Galileis wichtigsten Leistungen sprechen. Ich beginne mit dem Bericht über einen berühmten Vorfall in Galileis Karriere als Wissenschaftler.

Galilei saß eines Tages in der Kirche (vielleicht war es sogar Santa Croce) und beobachtete einen schwingenden Kronleuchter. Möglicherweise war es ein besonders langweiliger Gottesdienst. Jedenfalls maß Galilei die Schwingungen des Kronleuchters mit Hilfe seines Pulses. Er war so kühn, über die dogmatischen Spekulationen des Aristoteles hinauszugehen, die die damalige Wissenschaft beherrschten und besagten, alle Bewegung sei letzten Endes auf den »Ursprünglichen Beweger« in der neunten Himmelssphäre zurückzuführen. Galilei war davon überzeugt, in der Wissenschaft sei es produktiver, sich unmittelbar auf die sorgfältige Beobachtung der Natur und mathematische Analyse zu verlassen als auf metaphysische finale Ursachen. Stellen wir uns also vor, er zählte die Anzahl seiner Pulsschläge während fünf vollständiger Schwingungen des Kronleuchters (eine vollständige Schwingung ist die Bewegung von einer Außenposition zur anderen und dann wieder zurück zur ersten Position). Teilte er dann die Gesamtzahl der Pulsschläge durch fünf, so hatte er einen guten Schätzwert für die Zahl der Pulsschläge pro vollständiger Schwingung, der sogenannten Schwingungsperiode. Nach mehreren Messungen bemerkte er, daß die Schwingungsperiode sich mit der Amplitude der Schwingung nicht veränderte. Mit anderen Worten, auch wenn der Kronleuchter kaum noch schwang, war die Periode genauso groß, wie wenn er sich weit vom Ruhezustand entfernte. Nachdem Galilei die Kirche verlassen hatte, baute er eine noch weit genauere Experimentiervorrichtung auf, um seine Entdeckung zu bestätigen. Statt mit Hilfe seines Pulsschlages zu messen, erfand er eine geniale, die Strömung des Wassers ausnützende Uhr. Später zog er aus den Resultaten dieser Pendelversuche seine Schlüsse und entwickelte grundsätzliche Vorstellungen über die Mechanik der Bewegung.

An diesem Pendelbeispiel lassen sich drei wesentliche charakteristische Merkmale Galileis ablesen. Erstens lehnte er, in starkem Gegensatz zu Dante, alle Autoritäten wie etwa Aristoteles ab und trennte die Wissenschaft streng von Theologie und Philosophie. So weist der Doyen der Galilei-Forschung, Stillman Drake[5], überzeugend nach, daß es nicht Galileis eifriges Eintreten fürs kopernikanische Weltbild war, das ihn mit der Inquisition aneinandergeraten ließ, sondern sein Bestreben, die Wissenschaft vollständig von der Autorität der Philosophie und Theologie zu lösen.

Nach Drake hatte Galilei dabei sogar die Absicht, die Kirche zu schützen. Er wollte sie vor all den Schwierigkeiten bewahren, die sich ergaben, wenn man Theologie und Wissenschaft nicht trennte. Das mag dahingestellt sein, sicher ist aber, daß Galilei als Wissenschaftler auf diese Trennung Wert legte und versuchte, sie auch durchzusetzen. Doch glückte ihm das nicht immer. Zum Beispiel hielt er zu Beginn seiner wissenschaftlichen Laufbahn 1588 zwei Vorlesungen über den Ort, Umfang und Aufbau der Hölle in Dantes Inferno.[6]

Zweitens war Galilei ein außergewöhnlich gewissenhafter und einfallsreicher Experimentator. Im Gegensatz zur spekulativen und deduktiven Methode, deren sich die aristotelischen Naturphilosophen bedienten, verließ er sich unmittelbar auf sorgfältige Messungen. 1605 bemerkte er ironisch: »Was hat schon Philosophie mit Messung zu tun!«[7]

Drittens nahm Galilei, wie geschickt er seine Messungen auch durchführte, immer die Mathematik zu Hilfe, um seine Beobachtungen zu quantifizieren und die sie bestimmenden Bewegungsgesetze zu formulieren. Denn wie er im Einleitungszitat zu diesem Kapitel sagt: »Ohne Mathematik wandert man in einem dunklen Labyrinth umher.« Auch bediente er sich der Mathematik in ihrem quantitativen Aspekt, um die Naturgesetze zu beschreiben, und vermied die mehr mystische und symbolische Vorgehensweise der Platoniker, die mit Hilfe der Mathematik archetypische Wahrheiten über das Göttliche erfassen wollten. Diese drei Prinzipien – Freiheit von Autoritäten, Vorgehen mit Hilfe sorgfältiger, wiederholbarer Messungen und mathematische Quantifizierung der Resultate – sind Ecksteine der naturwissenschaftlichen Methode, die Galilei mit aufbauen half.

Nach heutigen Begriffen ist die von Galilei entdeckte Unabhängigkeit der Pendelperiode von ihrer Amplitude nur ein winziges Stückchen aus der Gesamtmenge unseres Wissens. Trotzdem macht Galileis in diesem Beispiel sich beweisender Genius auch auf heutige Wissenschaftler noch den stärksten Eindruck, besonders weil er einer der ersten war, der mit Spekulation und Dogma brach und sich zur Erforschung der Natur sorgfältiger quantitativer Messungen bediente. Durch Beobachtung und Anwendung mathematischer Methoden brachte er objektive Wahrheiten über die Natur ans Licht. Unter objektiver Wahrheit verstehe ich eine Wahrheit, die unabhängig von Galileis oder sonst jemandes Vorlieben und Tätigkeiten ist. Weiter spielt es keine Rolle, ob sich das Pendel in einer Kathedrale in Florenz, Italien oder in einem Laboratorium in Hamilton, New York, für beginnende Physikstudenten befindet. Solange das Pendel keinen störenden Einflüssen ausgesetzt ist (etwa Wind oder Reibung an der Aufhängung), ist sein Verhalten unabhängig von der Umgebung und davon, ob es gemessen und beobachtet wird oder nicht.

Es war also in einer Kirche, wo Galilei, während er den alten christlichen Gott verehrte, die Grundlagen für den neuen Gott der modernen Naturwissenschaft legte, einen Gott, dessen Gottesdienst in genauester Beobachtung, ergänzt durch mathematische Quantifizierung, besteht. Galilei entzündete die Revolution, die das wissenschaftliche Zeitalter heraufführte. Entscheidend für diese Revolution ist die Objektivität der Ergebnisse. Wir brauchen nicht denselben Glauben oder ähnliche religiöse und philosophische Überzeugungen wie Galilei zu haben, sondern nur eine entsprechende Ausbildung, um seine Analysen wiederholen zu können und dieselben objektiven Fakten zu bekommen (Johannes Kepler entwickelte eine ähnliche Methode zur Untersuchung der Planetenbewegungen). Im Gegenteil! Wir müssen Glauben, heilige Schriften, Dogmen, Spekulation und Subjektivität im Feuerbrand der genauen Beobachtung und der Mathematik opfern, um die wissenschaftliche Wahrheit über die Welt, über die objektive Natur, erkennen zu können.

Ein anderes wichtiges Prinzip, das sich aus Galileis Arbeiten ergab, besonders aus seinen teleskopischen Beobachtungen der Sonnenflecken, der Phasen der Venus und der Mondkrater, war, daß die Himmelsmaterie dieselbe ist wie die Erdmaterie – sie weist Unregelmäßigkeiten und Unvollkommenheiten auf und ist dem Wandel unterworfen. Im Gegensatz dazu hatten Dante und seine Zeitgenossen geglaubt, die Materie in den Planetensphären sei vollkommen, unveränderlich und absolut verschieden von der unvollkommenen Materie, wie sie sich hier im »sublunaren Bereich« befindet. Galilei leugnete jeden Unterschied zwischen himmlischer und irdischer Materie, was die Bahn für Isaak Newton ebnete, seine Gesetze der Mechanik – die, wie man wußte, für die irdische Materie galten – auch auf die Bewegungen der himmlischen Materie, der Planeten, auszudehnen.

Mit dieser kurzen Hommage an Galilei möchte ich schließlich noch auf eine weitere Leistung hinweisen: seine Unterscheidung zwischen den erscheinenden Sinnesqualitäten und den wahren Eigenschaften der von der Wissenschaft untersuchten Objekte. Galilei sagt: »Ich glaube, daß Geschmacksempfindungen, Gerüche, Farben, usw., was die Objekte betrifft, an denen wir sie lokalisieren, nicht mehr als bloße Namen sind und daß sie sich nur in unserem Bewußtsein befinden. Würde man alle Lebewesen entfernen, so würden auch all diese Eigenschaften ausgelöscht und vernichtet.«[8] Galilei unterschied also scharf zwischen primären und sekundären Eigenschaften von Objekten, wie John Locke das später nennen sollte. Die wahren, primären Objekteigenschaften waren für Galilei jene, die wir messen und quantifizieren können, wie Umfang, Gestalt, Zahl, Position und Geschwindigkeit, während es sich bei den sekundären, subjektiven Merkmalen um Wahrnehmungen wie Geschmack, Farbe usw. handelte. Die »eigentlichen Realitäten« der Natur sind seit Galilei nicht mehr unsere Sinneswahrnehmungen, sondern die Objekte der mathematischen Physik, materielle Strukturen, die für die Sinne nicht immer wahrnehmbar, doch nach Maßgabe physikalischer Gleichungen vollkommen determiniert sind. Es wäre nicht fair zu behaupten, daß Galilei durch diese Unterscheidung die Wissenschaft total vom subjektiv Menschlichen abtrennte, aber gewiß trug er zu diesem Prozeß bei. Er legte Wert auf die Überlegenheit objektiver, quantifizierbarer Eigenschaften und materieller Objekte der mathematischen Physik über die subjektiven Sinnesdaten.

Um Galileis große Leistungen, insbesondere seine Beobachtung der Jupiter-Monde, zu würdigen, wurde eine interplanetare Raumsonde nach ihm benannt. Als diese Sonde sich aus dem Schwerkraftfeld der Erde löste und auf den Jupiter zuflog, war niemand überrascht, daß kein Geräusch vom zersplitternden Kristall der Kristallsphären, die nach Dantes Glauben die Erde umgaben, zu hören war.

Ich bin ein großer Verehrer Dantes, aber in vielen Aspekten seines Weltbildes irrte er sich gewaltig – besonders in der Art, wie er Theologie mit Philosophie und Wissenschaft verband. Aus seinen Fehlern können wir zumindest zwei wichtige Lehren ziehen. Erstens sollten wir bei irgendwelchen Verknüpfungen oder Brückenschlägen zwischen Wissenschaft und Weltanschauungen, seien sie religiös oder philosophisch, extrem vorsichtig sein. Die Wissenschaft ist wie ein bewegliches, dauernd sein Aussehen änderndes Ziel. Deshalb läßt sich jeder mit den Details einer bestimmten Wissenschaftsdisziplin eng verbundenen Weltanschauung ein baldiges Ende voraussagen, da die nächste wissenschaftliche Revolution niemals lange auf sich warten läßt. Zweitens muß man sich davor hüten, das Psychische und das Physische miteinander zu verwechseln, das Symbolische und das Konkrete miteinander zu vermischen. Sicher, wir selbst sind der Mittelpunkt unserer Erfahrung, und wie Jung und andere uns lehren, beziehen sich alle Ereignisse im Leben letzten Endes auf unsere persönliche Entwicklung. Trotzdem sollten wir diese psychologischen und moralischen Tatsachen nicht auf unser physikalisches Weltbild projizieren und zu einer geozentrischen Vorstellung ummünzen. Ich werde mich an diese Lehren halten, wenn ich im folgenden versuche, den psychologischen Sopran, den wissenschaftlichen Bariton und den philosophischen Baß miteinander in Einklang zu bringen.

Zum Abschluß unserer Pilgerfahrt zu diesen Koryphäen des geistigen Lebens möchte ich noch ein paar Worte zu ihren so sehr voneinander abweichenden Skulpturen auf den Gräbern sagen. Ich stelle mir vor, Dante ahnte schon voraus, daß sein Weltbild nach der wissenschaftlichen Revolution zusammenbrechen würde und daß dies der Grund ist, weshalb er auf seinem Grab so deprimiert dreinschaut. Im Gegensatz dazu war Galilei Sieger geblieben, einer der Hauptarchitekten der wissenschaftlichen Revolution, die heute ein anerkanntes Faktum ist. Mit seinem Werk legte er die Grundlagen für René Descartes und Isaak Newton, die ein überzeugendes, umfassendes materialistisches und mechanistisches Weltbild entwickelten. Mit ihnen wurde aus dem Weltall für Jahrhunderte eine gigantische, von mathematischen Gesetzen regierte Uhr, von der sich, nachdem alles einmal in Gang gesetzt war, der göttliche Uhrmacher zurückgezogen hatte. Und mit der zunehmenden Säkularisierung des abendländischen Denkens interessierte man sich immer weniger für diesen Uhrmacher – zumindest in Kreisen der Wissenschaft. Vielleicht sah Dante auch dies voraus – was seine Depressionen noch verstärkt haben mag.

Unsere gegenwärtige Kosmologie hat uns nicht nur aus dem Mittelpunkt eines noch weit größer als damals gewordenen Universums vertrieben, sondern sieht uns auch, dank der Darwinschen Evolutionstheorie, als kleines Rädchen in einer weit größeren biologischen Evolution. Im ersten Kapitel habe ich Robert Frost zitiert, der die Menschheit betrachtet als »Mikroben nur, wie die einer vorübergehenden Epidemie/Die man mit einem guten Glas kann wimmeln sehen/in der Patina des Unbedeutendsten der Himmelskörper«. Ein materielles Universum, bevölkert von mathematischen Abstraktionen und regiert von unpersönlichen, mechanischen Gesetzen, hat Dantes vergöttlichten organischen Kosmos ersetzt. Und nicht nur ist die Menschheit aus dem Brennpunkt dieses Kosmos verbannt, sondern wir erkennen auch, daß unsere normalen Arten der Sinneswahrnehmung sekundär und ungeeignet sind, die tieferen mathematischen Realitäten der Natur – die objektiven Fakten der Wissenschaft – zu begreifen. Seit Descartes' Überlegungen, die einen so großen Einfluß haben sollten, eine radikale Trennung zwischen Geist und Materie vornahmen und den philosophischen Hintergrund für die klassische Naturwissenschaft abgaben, sind wir noch gründlicher von dem objektiven, materiellen Kosmos, der uns umgibt, abgeschnitten. Kein Wunder, daß Dante so deprimiert ist!

Es ist Mode in der modernen Philosophie geworden, Descartes' radikale Trennung zwischen dem denkenden, wissenden Subjekt und dem mechanisch-materiellen Universum, einschließlich unserem Körper, zu kritisieren. Es ist zwar richtig, daß Descartes' Untersuchungen zahlreiche schwer zu lösende philosophische Probleme aufwarfen, doch legte er, wie gesagt, das Fundament für das philosophische Weltbild, das der Entwicklung der klassischen Naturwissenschaft zugrunde lag. Zugleich führte seine Methode zur modernen, kritisch-analytischen Philosophie. Wir verdanken ihm also offensichtlich viel. Trotzdem ist seine radikale Trennung des Geistes oder des denkenden Subjektes von der Natur bzw. von unserem Körper und der uns umgebenden Welt ein höchst problematisches Erbe. Dieser kartesianische Dualismus, dieses Erbe der klassischen Naturwissenschaft, in dem wir bewußt und unbewußt beheimatet sind, macht es fast zu einem Ding der Unmöglichkeit, die Synchronizität zu verstehen. In späteren Kapiteln werde ich eine einheitlichere Sicht von Geist und Materie entwickeln, doch für den Augenblick genügt es, sich daran zu erinnern, welchen Einfluß diese Spaltung auf die Entwicklung der Wissenschaft gehabt hat und daß sie uns immer noch beherrscht.

Die Naturwissenschaft des zwanzigsten Jahrhunderts modifiziert das Weltbild der klassischen Physik, das Descartes so viel zu verdanken hat, ganz entscheidend. Aber trotz dieser Modifikationen durch die moderne Wissenschaft sind wir noch weit von Dantes einheitlichem organischen

Universum entfernt. Trotzdem müssen wir die akausalen sinngemäßen Verbindungen innerhalb des komplexeren, problematischeren modernen Weltbildes – nicht des mittelalterlichen, das der Synchronizität so gut entspricht – zu verstehen suchen.

Die Hegemonie der Wissenschaft über unser Denken ist fast ebenso vollständig geworden wie die Dominanz von Wissenschaft und Technik über die Religion. So beherrscht zum Beispiel das von Galilei entwickelte und empfohlene objektive analytische Vorgehen, das moderne Denken so sehr, daß etwas, was nicht objektiviert und dem Bereich wissenschaftlicher Objekte zugeordnet werden kann – das heißt, nicht quantifiziert werden kann –, entweder pauschal abgewertet oder in seiner Existenz überhaupt geleugnet wird. Mit anderen Worten, die Abspaltung des Geistes von der Materie hat zu einer durchgehenden Leugnung der Realität jedes subjektiven Prinzips geführt. Das ist eine fast automatische Folge des Szientismus, des Glaubens, wir müßten die Prinzipien und Methoden der Naturwissenschaft auch auf alle anderen Bereiche des Wissens übertragen. Ein besonders verderblicher Auswuchs des Szientismus zeigt sich in dem Schlagwort: »Was nicht objektiviert werden kann, existiert nicht.« Dieses Vorurteil steht in direktem Gegensatz zu so subtilen Themen wie dem Wesen des Geistes und den archetypischen Sinngehalten, die sich in der Synchronizität manifestieren. Jung war sich sehr wohl bewußt, daß es in der Tiefenpsychologie zahlreiche Themen gab, die nicht völlig objektiviert werden konnten. Deshalb entwickelte er die symbolische Methode. Mit Hilfe der Symbolik läßt sich Wissen über Prinzipien wie zum Beispiel Archetypen gewinnen, die an sich schon die Psyche überschreiten und unobjektivierbar sind. Ich kenne zwar niemanden, der wirklich nach dem Slogan »Was nicht objektiviert werden kann, existiert nicht« lebt. Trotzdem werde ich im nächsten Abschnitt einige weitverbreitete Ergebnisse dieser exzessiven Verehrung des »Gottes der Objektivität« darstellen.

Übertreibungen der wissenschaftlichen Objektivität

Die Effektivität der von Galilei und anderen propagierten Methode war dermaßen groß und schien so nachahmenswert zu sein, daß auch viele andere, ganz außerhalb der Physik stehende Disziplinen deren Grundsätze und Arbeitsweisen zu übernehmen begannen. Dies findet auch heute noch statt, und es besteht kaum ein Zweifel, daß es reiche Früchte trägt. Trotzdem ist es eine Tatsache, daß wesentliche Wahrheiten übersehen werden oder ganz verlorengehen, wenn wir ausschließlich auf dem Altar der Objektivität unsere Opfer bringen. Diese Wahrheiten zu übersehen, vermindert unsere Fähigkeit, die Synchronizität zu verstehen. Einseitigkeit, ob psychologisch oder philosophisch, macht immer blind für gewisse Wahrheiten. Aber die Probleme, die sich aus dieser Blindheit ergeben, zwingen schließlich dazu, das Ungleichgewicht wieder aufzuheben. Betrachten wir einmal zwei Beispiele für eine Übertreibung der wissenschaftlichen Objektivität in zwei voneinander verschiedenen, doch miteinander verknüpften Bereichen: der modernen Bewußtseins-Philosophie (ein philosophischer Zweig, der das Bewußtsein wissenschaftlich und unter biologischen Voraussetzungen untersucht) und der künstlichen Intelligenz (der Wissenschaft vom Bau komplexer Maschinen, die über menschliche Intelligenz zu verfügen scheinen).

Moderne Bewußtseins-Philosophie

Ich bin hier weder daran interessiert noch dazu imstande, die umfangreiche moderne Literatur über die Bewußtseins-Philosophie zu rekapitulieren und zu zeigen, wie tief sie den objektiven Annahmen der klassischen Naturwissenschaft verpflichtet ist. Zwar unterschreiben nicht alle Bewußtseins-Philosophen den Objektivismus uneingeschränkt, doch wollen wir einmal einen Blick auf ein sehr einflußreiches Beispiel des modernen Denkens, das Buch »Consciousness Explained« (»Bewußtsein erklärt«) von Daniel Dennett[9] werfen. Dennett versucht eine umfassende Erklärung des Denkens und seiner höheren Funktionen, zum Beispiel des Bewußtseins, zu geben, wobei er allein von den Funktionen des Gehirns ausgeht – also eine materialistische Erklärung versucht. Für Dennett gibt es kein für sich bestehendes geistiges Prinzip. Alles, was wir als geistige Funktion ansehen, ist Erzeugnis von Gehirnfunktionen.

Ein wesentlicher Faktor in Dennetts Erklärung ist die »Heterophänomenologie« des Bewußtseins. Dieser Fachausdruck bedeutet einfach, daß wir uns einmal versuchsweise ein Inventar mentaler Inhalte anlegen, und zwar aus eigenen oder den Berichten anderer darüber, was sich im Bewußtsein abspielt. Dabei beurteilen wir die Aussagen der Berichterstatter nicht und schränken sie auch nicht ein. Der wörtliche Text ihrer Berichte, einschließlich ihrer subjektiven Reaktionen, ist unser Datenmaterial, das wir keinen theoretischen Beschränkungen oder Urteilen über das, was wirklich ist, unterwerfen. Wir lassen uns also die Erfahrungen der Berichterstatter, ohne selbst Einschränkungen zu machen, erzählen. Auf der Grundlage dieser Daten ziehen wir dann unsere Schlüsse und erstellen unsere Modelle des Bewußtseins. Dennett sagt: »Man kann den Schädel von Versuchspersonen öffnen (chirurgisch oder mittels Gehirnscanner) und feststellen, was in ihrem Gehirn vor sich geht. Doch ist es nicht erlaubt, Vermutungen über das, was in ihrem Bewußtsein vor sich geht, anzustellen, denn darüber lassen sich, solange man die intersubjektiv verifizierbaren Methoden der Naturwissenschaft anwendet, keine Daten gewinnen.«[10]

Auf den ersten Blick nimmt sich das wie eine sehr großzügige, unvoreingenommene Methode zur Erforschung höherer Mentalfunktionen wie des Bewußtseins aus. Dennett fordert uns auf, unsere theoretischen Vorurteile zu minimieren und uns eng an die von unseren Versuchspersonen berichteten Daten zu halten. Selbst wenn eine Person erzählt: »Meine subjektive Reaktion auf dieses Ereignis ist die und die ...«, nehmen wir es einfach zur Kenntnis und arbeiten ohne Vorurteil damit. Doch verbirgt sich hier ein großes Problem, weil Dennett bei seiner Heterophänomenologie von einer bedeutsamen theoretischen Annahme über Objektivität ausgeht. Einige der wesentlichsten Aspekte des Bewußtseins lassen sich nämlich nicht verbal artikulieren. Aufgrund ihrer durch und durch subjektiven Natur können sie in keiner Weise objektiviert werden. Doch Dennett verlangt von uns, unsere unpersönliche Perspektive der dritten Person beizubehalten und uns trotzdem der »intersubjektiv verifizierbaren Methoden der Naturwissenschaft zu bedienen«. Mit anderen Worten, alle Aspekte des Bewußtseins sollen objektivierbar sein.

Um das durch seine Methode aufgeworfene Problem zu veranschaulichen, möchte ich einmal ein Bild vom Bewußtsein skizzieren, das von der Heterophänomenologie nicht voll erfaßt werden kann. Dieses Bild vom Bewußtsein werde ich in späteren Kapiteln noch weiter ausführen. Hier bitte ich den Leser um Nachsicht, daß es sich nur um eine grobe Skizze handelt. Doch für den gegenwärtigen Zweck reicht es aus, sich einige einfache Gedanken zu machen, um zu erkennen, daß eine rein objektive Methode Bewußtsein niemals adäquat erfassen kann.

Um einen ersten Eindruck von einer Bewußtseinsauffassung zu erhalten, die mit dem objektiven Standpunkt unvereinbar ist, braucht man sich nur die Träume anzuschauen. Ich bin hier nicht am psychologischen Aspekt der Träume als symbolisches Fenster zum Unbewußten interessiert, sondern nur daran, was sie uns bei unserem Erkenntnisprozeß lehren können. Ich betrachte Träume also erkenntnistheoretisch, im Hinblick auf die Art, wie wir uns Wissen erwerben.

Stellen Sie sich also einen Traum vor, in dem Sie einer der ersten Christen sind, der den Löwen im römischen Kolosseum vorgeworfen wird. Die Menge brüllt, die Löwen wandern blutdürstig in ihren Käfigen auf und ab, und Sie denken an das Ihnen bevorstehende Märtyrertum. Wie gesagt, ich bin nicht an der eventuellen psychologischen Bedeutsamkeit dieses Traums interessiert, sondern will nur die in diesem Traum anwesenden oder existierenden Objekte untersuchen. Alles in dem Traum, von der sensationslüsternen Menge bis zu den knurrenden Löwen, ist ein

Komplex von Bildern oder Gedankenkonstruktionen im Bewußtsein des Träumers. Natürlich ist das dem Träumer nicht klar, solange er träumt, doch beim Aufwachen bemerkt er es. Es gab weder einen Löwen noch ein Kolosseum. Alles war, trotz der Lebhaftigkeit des Traums, nur eine Gedankenkonstruktion, eine Schöpfung der Phantasie. Ja noch mehr, auch jede Person in diesem Traum, wie etwa der zitternde Christ einschließlich seiner innersten Gedanken und Gefühle, ist ebenfalls ein Bild oder eine mentale Konstruktion. Mit einem Wort, alle subjektiven und objektiven Phänomene im Traum sind nichts anderes als Gedankenschöpfungen – komplexe Bilder im Bewußtsein.

Während der Traum vor sich geht, bildet er eine vollständige, in sich geschlossene Welt. Wir wollen hier die Angelegenheit nicht dadurch komplizieren, daß wir auch sogenannte luzide Träume miteinbeziehen, wo sich der Träumer zumindest teilweise bewußt ist, daß er träumt, das Geschehen in gewisser Weise steuern und sich selbst von seinem Traum distanzieren kann. Stellen wir uns statt dessen vor, daß in diesem normalen Traum der römische Centurio Sie, den künftigen Märtyrer, fragt, ob es noch eine andere Welt oder noch einen anderen Bewußtseinszustand außer dem, den Sie gerade im Kolosseum erleben, gibt. Sie können dann versuchen, sich eine solche Welt oder einen solchen Zustand vorzustellen, aber allein schon der Akt des Darüber-Nachdenkens bezieht ihn in den soeben vor sich gehenden Traum mit ein. Während der Traum weiter abläuft, ist alles in ihn eingeschlossen. Es gibt nichts außerhalb. Alles, was sich der künftige Märtyrer als außerhalb vorstellt, ist auch Teil des Traumes.

Stellen wir uns jetzt vor, daß, *ebenfalls in diesem Traum*, die Szene, gerade als die Löwen Sie zerreißen wollen, zu Daniel Dennett überwechselt, der Ihnen erklärt, Sie seien Teil eines Experiments der Bewußtseins-Philosophie. Er erzählt Ihnen, in Wirklichkeit erlebten Sie soeben eine computererzeugte virtuelle Realität, zwar voller lebhafter Bilder und Töne, aber vollständig aus computergesteuerten Inputs hergestellt. Sie sind überrascht und erleichtert. Dann bittet Dennett Sie, alles, was Sie erlebt haben, zu berichten, all Ihre subjektiven Reaktionen und auch die Einzelheiten in bezug auf den Löwen usw. Er möchte, daß Sie ihm einen vollständigen heterophänomenologischen Bericht geben (all dies ist immer noch Teil des einen Traums).

Ich hoffe, es ist jetzt klargeworden, daß, gleichgültig welchen Bericht Sie als das Traumsubjekt dem Traum-Dennett geben, keine Möglichkeit besteht, daß das Bewußtsein des Träumers, das Prinzip also, das aus sich heraus das gesamte Drama vom Löwen über den künftigen Märtyrer bis zum Traum-Dennett erzeugt hat, Teil des heterophänomenologischen Berichtes sein kann. Sicher, alle in dem Bericht auftretenden Inhalte, Objekte, Subjekte und ihre gegenseitigen Beziehungen sind Ausdruck des Träumerbewußtseins, doch dieses Bewußtsein selbst, das Bewußtsein, das den ganzen Traum erzeugt und ihn in die Zeiträumlichkeit projiziert hat, kann niemals zu einem objektiven Inhalt, niemals zu einem Element der Heterophänomenologie werden. Einfacher ausgedrückt, wir können das Bewußtsein, den Geist des Träumers, das Bewußtsein, das sich als der Traum entfaltet, niemals vollständig objektivieren. Welche Möglichkeit besitzt also eine rein objektive Methode, das Bewußtsein, den Geist, der alle Objekte und Subjekte ins Dasein ruft, wirklich zu verstehen?

Wir wollen nun einmal, wie viele philosophische Schulen des Ostens und des Westens, annehmen, daß eine solch idealistische Auffassung des Bewußtseins auch für das Wachbewußtsein gilt. Mit anderen Worten, wir wollen einmal von der Vorstellung ausgehen, daß alle Erfahrungen, subjektive wie objektive, im Wach- und im Traumzustand nichts anderes sind als ein komplexes Gefüge von Bildern oder Gedanken in einem größeren Bewußtsein. Ich behaupte hier nicht, daß Erfahrungen des Wachbewußtseins Träume *sind*, sondern nur, daß *sie wie Träume sind, weil sie in ihrer Gesamtheit ein Gedankenexperiment sind*, also nichts als Gedanke. Sicher, es existieren außerhalb meines Körpers Objekte, aber sowohl mein Körper, als auch die Welt, mit der er in Beziehung tritt, werden von einem Bewußtsein, das umfassender als meine individuelle Persönlichkeit ist, ins Dasein *gedacht*. Sogar meine Persönlichkeit, meine individuelle Identität ist eine komplexe Gedankenreihe in diesem umfassenderen Bewußtsein. Ein größeres Bewußtsein »denkt« also in vollkommener Analogie zum Beispiel des Traums unsere Erfahrungen einschließlich unserer Seele und unseres Körpers ins Dasein. Ein solch umfassenderes Bewußtsein könnte niemals objektiviert werden, da jeder derartige Versuch nur einfach weitere Gedanken innerhalb dieses größeren Bewußtseins erzeugen würde. Ob Sie eine solche Auffassung vom Bewußtsein anspricht oder nicht, Sie werden zugeben müssen, daß Inhalt eines heterophänomenologischen Berichtes immer nur die von einem solchen Bewußtsein *ausgedrückten* äußeren objektiven Manifestationen sein könnten.

Man müßte noch viel weiter ausholen, um die Möglichkeit eines solchen Bewußtseins zu rechtfertigen und die vielen Fragen, die durch eine solche Annahme aufgeworfen werden, zu beantworten. Ich möchte das in späteren Kapiteln versuchen. Hier soll nur Klarheit darüber entstehen, daß das Wesen einer solchen kosmischen Intelligenz, die sich als meine innere und äußere Welt manifestiert, niemals objektivierbar wäre und niemals durch objektive Analyse erfaßt werden könnte. Ein solches Bewußtsein oder Geist kann verbalisiert werden, man kann *darüber* sprechen, es aber niemals vollständig objektivieren und infolgedessen auch niemals »erklären«, wie es Dennett in »Bewußtsein erklärt« versucht.

Künstliche Intelligenz

In dieser Kürze konnte ich Dennett nicht volle Gerechtigkeit widerfahren lassen und ihm auch keine Gelegenheit zur Widerlegung geben. Trotzdem möchte ich mich jetzt sofort einem anderen Beispiel dafür zuwenden, wie stark das moderne Denken im Bann der objektiven Einstellung der klassischen Physik steht. Dieses Beispiel ist dem Bereich der künstlichen Intelligenz (KI) entnommen, einem mit der modernen Bewußtseins-Philosophie verknüpften Bereich, der komplexe, die menschliche Intelligenz nachahmende Maschinen zu bauen versucht. Die Frage, wie realistisch ein solches Ziel letzten Endes sein kann, wird kontrovers diskutiert. Die optimistischere Richtung der KI glaubt, wenn solche Maschinen nur stark und komplex genug wären, könnten sie alles nachahmen, was wir als menschliche Intelligenz bezeichnen. Diese Vorstellung riecht nach materialistischem Reduktionismus. Einfach ausgedrückt besagt dieser, daß, da chemische und biologische Vorgänge nur komplizierte materielle Prozesse seien, auch die Psyche, die nach den Vertretern dieser Auffassung im wesentlichen nur aus elektrochemischen Vorgängen im Gehirn besteht, ganz auf materielle Prozesse rückführbar ist. Diese materiellen Gehirnprozesse seien grundsätzlich berechenbar. Wir könnten deshalb im Prinzip eine Rechenmaschine, einen Computer bauen, der zumindest so intelligent wie ein Mensch ist. Aus dieser Perspektive ist das Gehirn, das in seinen Funktionen dem denkenden Bewußtsein entspricht, nichts anderes als ein »Computer aus Fleisch«.[11]

KI benutzt den bekannten *Turing-Test*, um die menschliche Intelligenz zu definieren. Die moderne Version der Idee Alan Turings ist, daß man sich einen Menschen vorstellt, der über Computerbildschirm, Sprechgerät, Mikrophon, Schaltbrett und Anzeigegerät verfügt. Wir erlauben dann diesem Menschen, all diese Geräte auf beliebige Weise zu verwenden, um einer mit ihnen verknüpften Maschine Fragen zu stellen und in Gedankenaustausch mit ihr zu treten. Doch ist diese Maschine für unsere Versuchsperson unsichtbar in einem angrenzenden Raum aufgestellt. Wenn uns unsere Versuchsperson auch mittels beliebiger Serien raffiniertester und komplexester Interaktionen nicht sagen kann, ob in dem angrenzenden, für sie unsichtbaren Raum eine Maschine oder ein Mensch steht, dann, so behaupten die KI-Forscher, hat die Maschine die menschliche Intelligenz vollständig nachgeahmt. Die Überzeugung, daß der Mensch irgendwann einmal Maschinen mit solchen Fähigkeiten bauen kann, wird als die starke KI-Hypothese bezeichnet. In Anbetracht der Leistungsfähigkeit heutiger Maschinen und der der nächsten Zukunft, und angesichts der Fortschritte, die diese junge Wissenschaft bereits gemacht hat, erscheint die starke KI-Hypothese vielen Forschern enorm überzeugend.

Die starke KI-Hypothese setzt, ebenso wie die Heterophänomenologie, ein absolutes Vertrauen auf Objektivität voraus, das den Forscher gerade daran hindert, die tiefsten und grundlegendsten Aspekte bewußter Subjektivität oder Intelligenz zu untersuchen. Selbst wenn wir der Maschine die genialsten Fragen stellen würden und sie so intelligent gebaut wäre, daß sie uns die schönsten und menschenähnlichsten Antworten gäbe, hätten wir doch keinen direkten Beweis dafür, daß sie ein bewußtes inneres Leben führt, daß sie die unaussprechliche Erfahrung subjektiver Wahrnehmung machen kann, die die Wurzel jeder Intelligenz und des menschlichen Bewußtseins bildet. Niemals vermag die objektive Verfahrensweise dieses zentrale Faktum zu erfassen. Introspektion (so sehr geschmäht von der naturwissenschaftlichen Methode) ist der einzige Weg zur unmittelbaren Erforschung der tieferen Schichten der Subjektivität. Sicher, Bücher und sogar KI-Maschinen können uns bei unserer Suche helfen, aber die unmittelbare, lebendige Erfahrung des Kerns unseres bewußten Denkens, der subjektiven Wahrnehmung, ist nur der unmittelbaren Introspektion möglich. Eine solche erkennt nicht durch Objektivierung, sondern durch Vereinigung, also dadurch, daß sie zu dem wird, was sie erkennt – was übrigens auch das Ziel der fortgeschrittensten Meditationstechniken ist. Eine Erklärung oder Definition des Bewußtseins, das dessen unobjektivierbaren Kern nicht in Betracht zieht, vermag das Bewußtsein oder die Intelligenz, die es ausdrückt, nicht voll zu erklären. Natürlich kann ein in der Kunst der Konzentration, dem Festhalten eines Gedankens unter Ausschluß aller anderen, ungeübtes Denken eine solche introspektive Forschung niemals in geeigneter Weise durchführen. Doch auch das bestgeübte Denken kann es nicht, wenn es sich nur der objektiven Methoden, die die klassische Physik so erfolgreich anwendet, bedient. Infolgedessen bin ich mit Erwin Schrödinger davon überzeugt, daß wir mit Hilfe der gegenwärtigen objektiven naturwissenschaftlichen Methoden das eigentliche bewußte Subjekt niemals entdecken werden[12]. Ja, was noch schlimmer ist, das blinde Vertrauen auf die objektiven Methoden verhüllt uns die Existenz eines solchen Subjektes und leugnet sie sogar.

Aufrufen des Gegensatzes

Jung lehrt uns, daß wir immer, wenn wir uns zu ausschließlich mit dem einen Pol eines Gegensatzpaares identifizieren, unvermeidlich den anderen Pol aufrufen. Kultivieren wir zum Beispiel nur die männliche Seite unserer männlich-weiblichen Polarität, wird sich die weibliche Seite unweigerlich und hartnäckig zu Wort melden. Gewöhnlich macht sich der vernachlässigte Teil des Gegensatzpaares mit Rücksichtslosigkeit, wenn nicht gewaltsam bemerkbar, wobei dann kaum angepaßte, undifferenzierte affektbetonte Inhalte, über die wir wenig Kontrolle besitzen, auftreten. Kern jeder Individuation ist die Assimilation des vernachlässigten Teiles eines Gegensatzpaares. Das Problem der Gegensätze, ihre Ausdifferenzierung und Synthese stand im Mittelpunkt der Arbeiten Jungs.

Wie ich in diesem Kapitel darzustellen versucht habe, hat uns die wissenschaftliche Revolution ein neues, intensives Gefühl für den Wert objektiven Wissens geschenkt. Leider ist dann aber das Pendel zu weit ausgeschlagen und hat den Gleichgewichtszustand zwischen Objektivität und Subjektivität verlassen. Unsere Kultur hat die objektive Seite des Gegensatzpaares Objekt-Subjekt so stark betont, daß wir den subjektiven Prinzipien einen niedrigeren Status, eine geringere Realität zuschreiben. Wenn Jung recht hat, wird sich aber der unterdrückte Pol des Paares unbedingt wieder zu Wort melden, oft auf nicht sehr taktvolle und schmerzhafte Weise. Ich halte es für gar nicht so verkehrt, so manches leidenschaftliche Engagement für religiöse Kulte und ein gewisses undifferenziertes *New-Age*-Denken als die primitive Eruption der subjektiven Seite der Seele aufzufassen. Doch ebenso wie in der Individual-Psychologie kann, falls der vernachlässigte Pol des Gegensatzpaares eruptiv seine Assimilation betreibt, alles, was vorher mit so großer Mühe aufgebaut wurde, schwer erschüttert, ja sogar zerstört werden. Mit anderen Worten, wenn die subjektive Seite unserer Natur auf ihren Rechten besteht, kann es passieren, daß die Objektivität und alle damit verbundenen Werte entwertet und zerstört werden.

Ein so bedeutsames Unternehmen wie die Wissenschaft verdient, daß man es fortwährend kritisch unter die Lupe nimmt. Es gibt Kritik, die verantwortlich und tiefschürfend ist. Andererseits macht sich manchmal auch Kritik bemerkbar, die sich wie der emotionale Ausbruch des primitiven Bedürfnisses nach Assimilation eines lang vernachlässigten Pols eines Gegensatzpaares ausnimmt, hier des Bedürfnisses, auch den Wert des Subjektiven richtig zu würdigen. Ich käme hier von dem mir gesteckten Ziel zu weit ab, wollte ich diese unterschiedlichen Formen der Kritik der objektiven Verfahrensweise im Detail untersuchen. Doch möchte ich wenigstens ein besonders instruktives Beispiel geben.

Eins meiner verehrten Vorbilder, Vaclav Havel, furchtloser politischer Dissident, Gastgeber des Dalai Lama, Dichter, Dramatiker und seit einigen Jahren Präsident der tschechischen Republik, ist ein Anwalt des Subjektiven und kritisiert vehement unseren Kult der Objektivität, besonders in der Wissenschaft. In der Sonntagsausgabe der »New York Times« vom 1. März 1992[13] schrieb Havel einen Artikel mit dem Titel »Das Ende der modernen Ära«, in dem er ausführt:

> »Der Sturz des Kommunismus kann als Zeichen dafür aufgefaßt werden, daß das moderne Denken – auf der Voraussetzung beruhend, daß die Welt objektiv erkennbar ist und das so gewonnene Wissen absolut verallgemeinert werden kann – in eine entscheidende Krise geraten ist. Diese Ära hat die erste weltweite, sich auf den ganzen Planeten erstreckende technische Zivilisation mit sich gebracht, ist aber jetzt an die Grenze ihrer Möglichkeiten gestoßen, an den Punkt des ›bis hierher und nicht weiter‹. Das Ende des Kommunismus ist eine ernste Warnung an die ganze Menschheit. Es ist ein Signal, daß sich die Ära der überheblichen absolutistischen Vernunft ihrem Ende zuneigt und daß es höchste Zeit ist, Konsequenzen aus diesem Umstand zu ziehen … Die traditionelle Wissenschaft ist durchaus in der Lage, mit der ihr eigenen kalten Objektivität die Wege zu beschreiben, auf denen wir uns selbst zerstören können. Doch wirklich effektive und praktikable Hinweise darauf, wie sie zu vermeiden wären, kann sie uns nicht geben. …Wir reagieren auf die fatalen Folgen der Technik, als handelte es sich um einen technischen Defekt, der wiederum allein durch Technik beseitigt werden könnte. Wir halten nach einem objektiven Weg Ausschau, der uns aus der Krise des Objektivismus herausführen soll.«

Nachdem Havel weiter charakterisiert hat, was er die »Krise des Objektivismus« nennt, schlägt er vor, die Politiker sollten uns auf dem Weg zu einer Lösung dieses Problems »vorangehen«. Aber es fällt mir schwer, mir Politiker vorzustellen, die die Führung bei der von Havel befürworteten spirituellen Transformation übernehmen könnten. Immerhin sagt er:

> »Seele, individuelle Spiritualität, persönliche Einsicht aus erster Hand in die Dinge; Mut des Menschen zu sich selbst und den Weg zu gehen, den das Gewissen ihm weist; Bescheidenheit angesichts der geheimnisvollen Ordnung des Seins, Vertrauen in den natürlichen Ablauf dieser Ordnung und vor allem Vertrauen auf die eigene Subjektivität als das entscheidende Verbindungsglied zur Subjektivität der Welt – das sind die Eigenschaften, die die Politiker der Zukunft entwickeln sollten.«

Sicher, viele von Havels Vorschlägen sind klug und machen Mut. Aber wenn er den Politikern rät, vor allem auf ihre »eigene Subjektivität« zu vertrauen, zeigt sich doch sehr deutlich, daß hier offenbar der unterdrückte Pol eines Gegensatzpaares auf primitive, wenig gescheite Weise seine Rechte einfordert. Vorzuschlagen, daß die Menschen, besonders Politiker, die immer unter enormem Druck stehen, einfach auf ihre eigene Subjektivität vertrauen sollten, obwohl sie sich doch kaum selbst kennen und kaum über sich selbst nachdenken, wäre nur ein Rezept für alle möglichen Exzesse, Übel und Irrtümer. Ich stimme mit Havel überein, daß wir die Objektivität überbetont haben. Doch unüberlegte Appelle an die Subjektivität der Politiker dürften kaum der richtige Weg sein, das Gleichgewicht wiederherzustellen.

Havels harsche Kritik an der Wissenschaft und seine Reformvorschläge in einer Zeitung, die von vielen Wissenschaftlern in Amerika gelesen wird, sorgte natürlich für einige Aufregung. Im August 1993 war der Artikel Gegenstand einer Erwiderung in »Physics Today«, der Zeitschrift des Amerikanischen Instituts für Physik. Der bekannte Physiker Daniel Kleppner kommentierte Havels Ausführungen folgendermaßen: »Das Argument, der Sturz des Kommunismus sei ein Zeichen, daß die moderne Wissenschaft (die Annahme, ›daß die Welt objektiv erkennbar ist‹) in eine entscheidende Krise geraten sei, ist absurd. Der Sturz des Kommunismus ist ein Zeichen, daß ein tyrannisches Regime, das sich nur durch Unterdrückung der Freiheit am Leben erhält, weder eine funktionierende Wirtschaft noch eine lebenswerte Gesellschaft aufbauen kann.«[14] Ich bin mit Kleppner einer Meinung, daß der Kommunismus wegen seiner Tyrannei und ökonomischen Widersprüche zusammenbrach, aber Havels Behauptung hat dennoch einiges für sich, denn der Kommunismus beruht auf der Grundlage des dialektischen Materialismus, einer gewagten Übertragung der Prinzipien der klassischen Physik mit ihrem Hang zu objektiv existierenden Realitäten auf gesellschaftliche Sachverhalte.

Kleppner wundert sich über die Maßen, daß Havels Ideen von dem Kongreßmitglied George E. Brown Junior, Vorsitzender des Ausschusses für Raum, Wissenschaft und Technik des Repräsentantenhauses der Vereinigten Staaten, aufgegriffen wurden. In seinem Artikel »Die Krise der Objektivität« in der Septemberausgabe des »American Journal of Physics« von 1992 lobt der Abgeordnete Brown Havels Ausführungen und nimmt sie zum Anlaß, die Rolle der Wissenschaft in der Gesellschaft neu zu überdenken. So ist aus einem Vorgang, der früher Disput unter Intellektuellen über Grad und Ausmaß der Objektivität in der modernen Wissenschaft geblieben wäre, heute ein zentrales Thema der Wissenschaftspolitik auf höchster Ebene geworden. Die Anti-Objektivitäts- und Anti-Wissenschaftseinstellung dringt jetzt sogar in die Wissenschaftspolitik vor – was auch den letzten philosophischen Physiker vom Hocker reißt.

Ich bin bestimmt ein Anhänger sowohl der Kritik als auch der Neubewertung der Wissenschaft in der Gesellschaft. Doch meine ich, daß ein

Großteil dieser Kritik, besonders ihre Emotionalität und der unkritische Ruf nach Subjektivität, im Grunde dem hartnäckigen Bedürfnis entstammt, den subjektiven Pol unserer Erfahrung neu zu bewerten und zu begründen. Unsere Kollektivseele schreit nach einer ausgewogeneren Einstellung gegenüber dem Subjektiven, diesem Opfer eines überall verbreiteten unkritischen Hangs zur Objektivität des Szientismus. Und weil das Ungleichgewicht schon so groß geworden ist, erklingt dieser Schrei häufig angstvoll, primitiv, zwanghaft und unvernünftig. Wie sonst sollte unsere einseitige bewußte Einstellung durchbrochen und beantwortet werden?

Unsere Aufgabe ist aber, auf dieses Bedürfnis einer Neubewertung des Subjektiven zu antworten, ohne den Werten, positiven Eigenschaften und Errungenschaften des Objektiven, besonders seines Hauptbeispiels – der modernen Wissenschaft – Abbruch zu tun. Es wäre natürlich töricht zu glauben, schon die Erforschung der Synchronizität könnte diese Aufgabe erfüllen. Trotzdem konstituiert die Synchronizität einen einzigartigen Zusammenhang zwischen objektiven und subjektiven Faktoren, zwischen der Welt der Tatsachen und der Welt des Sinnes und der Subjektivität. Ein Verständnis dafür, wie die objektive Welt und die subjektive Welt mittels einer akausalen, sinngemäßen Verbindung vereinigt werden könnten, trägt vielleicht dazu bei, daß wir eine umfassendere, ganzheitlichere Einstellung zum ursprünglichen Dualismus des Subjektiven und Objektiven gewinnen. Ich werde versuchen, in diesem Buch immer wieder auf dieses Ziel, die Ansprüche der ursprünglichen Gegensätze miteinander zu versöhnen, hinzuweisen. Dies im Auge behaltend, wollen wir jetzt einige Synchronizitätsbeispiele untersuchen, die uns an die große Aufgabe erinnern, Synchronizität im Rahmen eines modernen, naturwissenschaftlichen Weltbildes zu verstehen.

Synchronizitäts-Zwischenspiel Nr. 1
Anerkennung und das Selbst

Ich war Mitte Vierzig, ohne Kontakte zu meiner örtlichen Berufsorganisation, glücklich mit meiner Arbeit und meiner Familie, hatte aber den Eindruck, nicht die von mir erwartete berufliche Anerkennung zu erhalten. Da ich mit diesem Problem nicht weiterkam, schwang ich mich, wie so häufig, auf mein Fahrrad und fuhr auf den Mulholland Drive hinaus, in der Hoffnung, eine lange Fahrt durch die Hügel würde mich wieder beruhigen. Tatsächlich fühlte ich mich schon nach ein paar Minuten besser. Da sah ich plötzlich einen alten Klassenkameraden vom Gymnasium, der mit seinem Hund spazierenging. Er war in dem Bereich, in dem auch ich arbeitete, berühmt geworden und lebte auf ziemlich großem Fuß. Ich hielt an, um mich ein wenig mit ihm zu unterhalten. Er erzählte mir, wie unzufrieden er mit seiner Ehe und seinen Angestellten sei und daß man ihn in einem europäischen Land, in dem er ein zweites berufliches Standbein hatte, betrogen habe. Während er redete, wurde mir klar, welches Glück ich doch in vieler Hinsicht hatte und wie hohl eigentlich seine Kontakte, seine Beziehungen und sein Leben waren. Jedenfalls empfand ich Mitleid mit ihm und war dankbar für diese Begegnung, gerade jetzt, wo ich so in meine Grübeleien versunken war. Das war offensichtlich eine Art »sinnhafter Koinzidenz«. Ich verließ ihn und fuhr weiter, fühlte mich schon viel besser, litt aber immer noch unter meiner beruflichen Isoliertheit und meinem Mangel an Anerkennung.

Etwa fünfzehn Minuten später befand ich mich Auge in Auge mit einem großen Hirsch. Nun hatte ich zwar schon gelegentlich Hirsche in den Bergen der Umgebung gesehen, aber nur, wenn ich dort wanderte. Und niemals hatte ich ein so großes Exemplar auf einer Straße gesehen, mit einem so ausladenden Geweih und so imponierender Gestalt. Ich stieg vom Rad, blieb einfach stehen und starrte den Hirsch an, tief bewegt von seinem prachtvollen Aussehen und seiner Gelassenheit. Ja, so berührt war ich innerlich, daß ich mich leicht vor ihm verneigte. Und – sah ich richtig? – er verneigte sich offenbar ebenfalls! Es kam mir so vor, als trüge er eine Art Krone auf dem Kopf. Nach ein paar Augenblicken verließ er gemessenen Schrittes die Straße zurück in die Hügel, und ich fühlte mich wieder gut und ganz.

Der Sinn dieses Erlebnisses war für mich nicht nur die Relativierung des Ruhms – die sich durch die Begegnung mit meinem alten Schulfreund ergeben hatte –, sondern mehr noch der Anblick des Hirsches. Inmitten des Stadtgebietes lebte er, einsam und unberührt von allem Sinnen und Trachten der Menschen, in Würde und Harmonie mit der Natur und dem

Gott der Natur. Er gab mir das Gefühl von Würde und Zufriedenheit zurück, ja ich empfand sogar ein bißchen die Größe, die darin lag, daß ich meinen eigenen Weg ging. Der Freund und der Hirsch – das fühlte sich nach einer echten Synchronizität an.

In dieser Erfahrung, daß es wichtigere Dinge gibt als die Anerkennung durch ein Kollektiv, daß die Individuation manchmal auch eine Entfremdung von den Werten der Gemeinschaft erfordert, wurde die unbewußte Kompensation durch einen majestätischen Hirsch, ein altes, wohlbekanntes Symbol für das Selbst, geliefert.

Ich möchte ganz kurz die Hirsch-Symbolik verdeutlichen. Unser Protagonist sagt: »Es kam mir so vor, als trüge er eine Art Krone auf dem Kopf.« Das Geweih oder die Krone bildet sich beim männlichen Hirsch nach seinem fünften Jahr heraus, danach gilt er als erwachsener Hirsch. Wir lesen im Alten Testament, Psalm 42:1: »Wie der Hirsch schreit nach frischem Wasser, so schreit meine Seele nach Dir, o Gott.« Hier symbolisiert der Hirsch unseren Durst nach dem Göttlichen. Er erinnert den Protagonisten intensiv an die Wichtigkeit des lebenden Wassers für das Selbst, besonders im Kontrast zu »meiner beruflichen Isoliertheit, meinem Mangel an Anerkennung«.

Diese Synchronizitäts-Geschichte ist dermaßen einprägsam, daß ich gleich noch eine andere, von derselben Person erlebte, hinzufügen möchte. Sie enthält Themen, die sich mit dem soeben angeführten Beispiel decken.

Synchronizitäts-Zwischenspiel Nr. 2

Liebe zur Gemeinschaft

Mein dreißigster Geburtstag näherte sich. Ich befand mich in Zürich, um mir den seit langen Jahren gehegten Wunsch zu erfüllen, am C.G. Jung-Institut mit einer Lehranalyse zu beginnen. Ich hatte bereits mehrere Wochen hinter mir, und die Sache ging gut voran. Da träumte ich, ich beobachtete einen Ameisenhaufen und sei tief beeindruckt von seinem Aufbau, dem Eifer und Fleiß der Ameisen. Bevor ich am nächsten Tag ins Büro meines Analytikers ging, setzte ich mich auf eine Parkbank in der Absicht, eine aktive Imagination mit diesem Traum durchzuführen. Doch als ich anfing, marschierte plötzlich eine lange Reihe von Ameisen über mein Träumenotizbuch. Darüber wunderte ich mich natürlich. Es war doch extrem unwahrscheinlich, daß so etwas passierte. Als ich dann ins

Büro meines Analytikers kam – es war Frühling –, gingen wir hinaus auf die Veranda, um dort zu arbeiten. Seine Wohnung mit Büro grenzte an ein kleines Wäldchen, obwohl sie mitten in der Stadt lag. Kaum hatte ich angefangen, ihm meinen Traum vorzulesen, sagte er: »Schauen Sie einmal!« Mehrere Ameisen marschierten über den kleinen Tisch zwischen uns. So etwas hatte er niemals zuvor erlebt.

Ich verstand dieses Ereignis so, daß ich mich hier an einem Platz befand, der wunderbar »ganz« für mich war. Gemeinschaftserfahrungen hatte ich bisher nur in meinen Sommerlagern zwischen zehn und sechzehn gemacht. Jetzt fühlte ich mich spirituell, emotional und physisch geeint, nicht nur im Hinblick auf Zürich, diese schöne europäische Stadt, sondern auch in bezug auf die vielen fremden Studenten im Institut und den tiefen Ernst, mit dem hier gearbeitet wurde. Außerdem war ich wieder einmal dabei, tief in meine Seele hinabzutauchen, was ich in den vergangenen zwei Jahren meines Aufenthalts in der Armee niemals mehr getan hatte. So brachten mir diese Jahre in Zürich mein bisher zweites Erlebnis der Einheit, sowohl mit dem inneren als auch dem äußeren Leben einer Gemeinschaft (wie dem Ameisenhaufen). Sie brachten mir auch harte Arbeit und intensive Hingabe an das »höhere Ziel«, nach dem ich strebte.

Beruflich und privat hatte der Betreffende sich sein ganzes Leben über mit den Freuden und Leiden einer Zugehörigkeit oder eines Ausschlusses aus der Gemeinschaft auseinandergesetzt. Die Beziehung zur Gemeinschaft ist ein Thema, mit dem er sich sogar in vielen seiner Veröffentlichungen beschäftigt. Diese bemerkenswerte Synchronizitäts-Erfahrung am Anfang seiner Lehranalyse (zu Beginn seiner beruflichen Laufbahn) war wie ein starker Kindheitstraum, der ein lebensbestimmendes Thema anschlägt. Die Synchronizitäts-Erfahrung symbolisiert das Thema, sowohl in der inneren als auch in der äußeren Welt, mittels einer der höchstorganisierten und betriebsamsten Gemeinschaftsformen auf diesem Planeten – den Ameisen. Eine isolierte Ameise ist eine Unmöglichkeit. Anders als bei einem Hirsch, der bis zur Geschlechtsreife völlig für sich selbst leben kann, hängt das Leben einer Ameise ganz von der Gemeinschaft und ihrer Rolle darin ab.

6
Kausalität und Akausalität in der Natur

Einstein seinerseits fragte uns scherzhaft, ob wir wirklich glaubten, der liebe Gott würfle, worauf ich entgegnete, wir müßten sehr vorsichtig sein – das hätten auch die alten Philosophen schon immer gesagt –, irgendwelche alltäglichen Vorgänge der göttlichen Vorsehung zuzuschreiben.   NIELS BOHR[1]

Gesetzmäßigkeit, Zufall und Schicksal

Gesetzmäßigkeit, Zufall und Schicksal – Themen von besonderem Interesse in diesem Buch – werden auf besondere Weise im *Mahābhārata*, dem längsten und für manche größten epischen Gedicht der Welt, dargestellt. Dieses alte Epos war in Indien einflußreicher als sogar die »Göttliche Komödie« im Abendland. In jedem indischen Dorf gibt es mehrere Menschen, die lange Passagen aus dem *Mahābhārata* auswendig hersagen können. In diesem klassischen Werk Indiens, voller Götter, außergewöhnlicher mythischer Wesen, Liebe, Kampf, Weisheit und Mystik wird dichterisch die Geschichte der Menschheit dargestellt. Die Pandava-Brüder, Nachkommen der Götter, beherrschen die Erde in einem Goldenen Zeitalter, bis sie in einem Würfelspiel um ihr gesamtes Reich betrogen werden. Nach Jahren des Exils im Dschungel gewinnen sie ihr Reich in einem Pyrrhus-Sieg wieder, bei dem Ströme von Blut auf beiden Seiten fließen. Dieser Titanenkampf wurde durch die *Bhagavad-Gītā* unsterblich, gewiß die größte religiös-philosophische Dichtung Indiens. Für mich ist das gesamte *Mahābhārata*, einschließlich der *Bhagavad-Gītā*, eine gewaltige Begegnung der großen Drei: Gesetzmäßigkeit, Zufall und Schicksal!

Das Thema Gesetzmäßigkeit durchzieht das ganze Epos. Sie verkörpert sich in dem indischen Gedanken des *Karma*, im Christentum ausgedrückt durch den Zusammenhang: »Was du säst, das wirst du ernten.« Karma ist das moralische Äquivalent zur Kausalität und zum Determinismus in der klassischen Mechanik – der Mechanik Galileis und Newtons. In der klassischen Mechanik regieren unbeugsame Gesetze die ganze Natur und legen die Ergebnisse der Evolution genauestens fest. Für viele setzt tatsächlich der Begriff »Gesetz« strenge Kausalität bzw. Determinismus voraus. Im *Mahābhārata* werden die Charaktere durch die unerbittlichen Mechanismen des Karma weitergejagt. Das Karma bestraft die Bösen und erhebt die Edlen. Der König der Könige, Oberhaupt des Pandava-Clans, ist ein eifriger Verfechter der Gesetzmäßigkeit.

Aber trotz seiner Liebe zur Gesetzmäßigkeit bzw. Kausalität erliegt der König immer wieder seiner einzigen Schwäche – dem Glücksspiel. Im Glücksspiel sind Ergebnisse vollkommen unvoraussagbar, akausal wie ein quantenmechanisches Experiment. Im Abendland besitzen wir, außer den amerikanischen Ureinwohnern, keinen dem *Mahābhārata* vergleichbaren Mythos, in dem auch Glücksspiele vorkommen. Unsere Jugendlichen müssen ihrer Verehrung des Zufallsprinzips dadurch Ausdruck geben, daß sie am Rückspiegel ihrer Autos Würfel aufhängen. So demonstrieren sie ihre Opposition gegen die ihnen von Eltern und Gesellschaft auferlegten Gesetze. Gesetzmäßigkeit und Zufall bilden also sowohl im Osten als auch im Westen ein ursprüngliches Gegensatzpaar. Das Verhalten des Königs erinnert uns wieder daran, daß jede exzessive Identifikation mit einem Pol eines Gegensatzpaares immer die Gegenseite aufruft – hier seine Verfallenheit ans Spiel, seinen Glauben an das Glück.

Das Spiel der Gegensätze ist entscheidend für die Individuation, für die Ganzwerdung, für die Erfüllung unseres Schicksals. Dieses dritte Prinzip der großen Drei, das Schicksal, zwingt den König, sich dem Glücksspiel hinzugeben. Die Feinde des Königs arrangieren ein Würfelspiel, sein Lieblingsspiel, das »Tor zum Paradies«. Durch dieses Würfelspiel und die Heimtücke seiner Feinde verliert er sein gesamtes Reich. Alles ist verloren – Reichtum, Söhne, Freiheit und sogar das geliebte Weib seiner fünf Söhne. Das Schicksal aber bestimmt die Rückkehr seiner fünf Söhne, der Frau, die ihnen allen gemeinsam gehört, und die Wiedergewinnung seiner eigenen Freiheit. Doch Schicksal und Karma zwingen den König auch, dies alles in einem zweiten Glücksspiel zum zweiten Mal aufs Spiel zu setzen. Er meint, er müsse seinen Feinden, den Betrügern (die das Gesetz dadurch brechen, daß sie Glücksspiele betreiben), eine zweite Gelegenheit geben, andernfalls hätten sie keine Möglichkeit, sich von dem schrecklichen Schicksal, das sie aufgrund des gnadenlosen Karma erwarten würde, zu erlösen.

Er verliert auch das zweite Spiel und verbringt viele leidvolle Jahre des Exils im Dschungel mit seinen Söhnen und ihrer Frau, wonach die drei großen Prinzipien – Gesetzmäßigkeit, Zufall und Schicksal – sich auf dem blutgetränkten Schlachtfeld ein Stelldichein geben.

In den Kapiteln zuvor habe ich das Prinzip des Schicksals anhand der Jungschen Gedanken der Individuation besprochen. Jetzt möchte ich das große Prinzip der Gesetzmäßigkeit oder Kausalität in der klassischen Physik untersuchen und ausführen, daß wir intellektuell so an die Kausalität versklavt sind, daß es uns fast unmöglich ist, das andere große Prinzip, die Akausalität, in der Quantenmechanik oder Synchronizität zu seinem

Recht kommen zu lassen. So wie das *Mahābhārata* alle Bereiche der indischen Kultur durchdrungen hat, haben die Grundsätze der klassischen Physik die Kollektivseele des Westens durchdrungen. Doch während die Ehrfurcht der Inder vor dem *Mahābhārata* mit seinen so entscheidenden Glücksspielen deutlich macht, wie sehr sie andererseits auch der Akausalität huldigen, sind wir uns unseres Götzendienstes in bezug auf Determinismus oder Kausalität weitgehend unbewußt. Schon ein wenig Nachdenken zeigt, daß es unser jüdisch-christliches Erbe mit seiner politischen Komponente des römischen Rechtes ist, das sich so intensiv in der Kausalität der klassischen Physik verkörpert hat. Unsere Verehrung der Kausalität ist so stark und so unbewußt, daß wir die größte Mühe haben, uns davon zu befreien und die Akausalität ernst zu nehmen. Es fällt uns sehr schwer, die Möglichkeit in Betracht zu ziehen, daß es keine bestimmte Ursache, kein Ursachenbündel für jedes Ereignis geben soll – »daß Gott würfelt« und daß psychische Ereignisse durch akausalen Sinn, wie Jung behauptete, verknüpft sein könnten.

Unsere exzessive westliche Identifikation mit der Kausalitätsseite des Kausalitäts-/Akausalitäts-Gegensatzpaares zeigt sich in unserer starken emotionalen Reaktion und unserem Widerstand gegenüber der Akausalität in Quantenmechanik und Synchronizität. So wie des Königs exzessive Neigung zur Gesetzmäßigkeit seine Verfallenheit ans Glücksspiel begünstigte, so fordert uns aber unser obsessives Kausalitätsdenken auf, uns mit der Akausalität, der Quantenmechanik und Synchronizität auseinanderzusetzen. Jung bemerkt, daß bei Kants »Kritik der reinen Vernunft« die Ergänzung durch die Erkenntnisse der modernen Physik fehle. Die Axiome der Ursache seien bis zu ihren Grundmauern erschüttert.«[2]

Wie ich bei der Beschreibung von Dantes Kosmologie betont habe, würde eine zu enge Verknüpfung der Synchronizität mit der Wissenschaft garantiert dazu führen, daß jede Theorie der Synchronizität schnell veralten würde. Denn Wissenschaft entwickelt sich fortwährend weiter.

Jung zum Beispiel spekulierte wiederholt, es müsse ein tiefliegender Zusammenhang zwischen Tiefenpsychologie und Quantenmechanik bestehen. Konkretisierte ich nun seine Spekulation mittels Theoriebildung, was würde dann aus meinen Hypothesen werden, wenn die Quantenmechanik durch eine umfassendere Theorie ersetzt werden würde, wie es ja unvermeidlich einmal geschehen muß? Wären wir dann besser dran als Dante mit seinem geozentrischen Weltbild? Wenn wir vermeiden wollen, daß unsere Theorien schnell veralten, dürfen wir keine intellektuellen Sandkastenspiele veranstalten, die von der Flut neuer Wissenschaftsentwicklungen schnell wieder weggespült werden würden.

Doch ist etwa in den letzten zehn Jahren möglich geworden, was der hervorragende Physiker und Philosoph Abner Shimony[3] »experimentelle

Metaphysik« nennt, nämlich Laboratoriumsversuche und damit verbundene theoretische Analysen metaphysischer Prinzipien, *unabhängig von jeder Formulierung der Quantenmechanik*. Das heißt, wir können heute feststellen, ob die Natur bestimmte metaphysische Eigenschaften besitzt, derart, daß sie in *jeder* empirisch belegten naturwissenschaftlichen Theorie auftreten müssen, heute oder in der Zukunft. Ein solcher außergewöhnlicher, bisher nie dagewesener Durchbruch war aufgrund der theoretischen und experimentellen Entwicklungen im Zusammenhang mit den Bellschen Ungleichungen möglich – Arbeiten, die sich in Reaktion auf Albert Einsteins lebenslange Kritik der Quantenmechanik ergaben. Dieses Kapitel skizziert einen historischen und philosophischen Hintergrund für die Theorie der Bellschen Ungleichungen, die dann später mehr im Detail ausgeführt werden soll.

Kausalität in der klassischen Physik

Es gibt zwei große Denkströmungen in der Physik. Der erste und ältere Strom, der der klassischen Physik, ist die Galilei-Newtonsche Mechanik, wobei Thermodynamik und Elektrodynamik seine größeren Nebenflüsse bilden. Dieser große Strom trug uns durch die industrielle Revolution und kulminierte in Einsteins allgemeiner Relativitätstheorie.

Newton blendete die gebildete Welt mit seiner Mechanik, einer Theorie, die bis ins einzelne gehend quantitativ den Fall eines Apfels, den Umlauf des Mondes um die Erde und die Anwesenheit unsichtbarer Planeten voraussagt. Sie stellt die denkerische Basis für alle anderen Teile der klassischen Physik dar, und ihr Kausalitätsbegriff, besser ihr Determinismus, hat sich in unsere Kollektivseele gleichsam eingebrannt. In der Newtonschen Mechanik wirken voneinander getrennte und unabhängig voneinander existierende Objekte auf voll vorhersagbare Weise aufeinander ein. Eine genau bestimmte Ursache erzeugt unweigerlich und vorhersagbar eine genau bestimmte Wirkung. Wenn die geeigneten Bedingungen und Ursachen vorliegen, muß die Wirkung immer erfolgen, und ohne Ursache gibt es keine Wirkung. Kühlt man reines, flüssiges Wasser auf eine Temperatur unter 0° Celsius ab, so gefriert das Wasser *immer*, und es gefriert nicht, wenn die Temperatur über 0°C bleibt.

In der Newtonschen Mechanik ist der fundamentalste Gegenstand das objektiv existierende unsichtbare kleinste Teilchen. Wenn wir Position und Geschwindigkeit einer Anzahl kleinster Teilchen zu einer bestimmten Zeit (die Anfangsbedingungen) und die zwischen ihnen wirkenden Kräfte kennen, sagt die Theorie die weitere Entwicklung des Systems präzise voraus. Die klassische Physik ist eine vollkommene Verkörperung des

Determinismus – daß dieselben Anfangsbedingungen und Kräfte immer zur selben Entwicklung führen. Lange Zeit ist der in der klassischen Physik verkörperte Determinismus das große Paradigma der Wissenschaft und Ziel aller wissenschaftlichen Erklärung gewesen. Für manche sind tatsächlich auch heute noch deterministische Theorien das eigentliche Ziel der Wissenschaft.

Unter den großen Namen der klassischen Naturwissenschaft kam Pierre Simon de Laplace, ein Gigant der theoretischen Physik und Mathematik, gleich hinter Newton. Er vertiefte Newtons Arbeiten über Mechanik, baute sie aus und entfernte die allenfalls noch vorhandenen Zweideutigkeiten und Anomalien der Newtonschen Theorie, wodurch er den Glauben an sie verstärkte. Seine Abhandlung über Himmelsmechanik widmete er Napoleon Bonaparte. Der Kaiser, selbst ein beachtlicher Mathematiker, fragte, warum in dem Buch Gott nicht vorkomme. Laplace antwortete: »Sire, eine solche Annahme brauche ich nicht!« Vor Laplace verstanden die großen Naturphilosophen, wie im letzten Kapitel erwähnt, die Welt als gigantische, majestätische Uhr, von Gott als dem großen Uhrmacher erbaut und in Gang gesetzt, dann aber sich selbst und ihren eigenen Gesetzen überlassen. Die Uhren-Metaphorik war das Prinzip, das das Selbstverständnis dieser Zeit bestimmte. Die Menschheit ist immer geneigt gewesen, die Natur, und besonders sich selbst, mittels der jeweils herrschenden Technik zu definieren.[4]

Heute entwerfen wir Modelle des Gehirns und des Denkens mit Hilfe des Computers, ebenfalls deterministisch im klassischen Sinn. Unter denselben Voraussetzungen – dem anfänglichen Input und den jeweiligen Rechenschritten – gerät der Computer immer in denselben Zustand. Dieses unbelebte, deterministische Gehirnmodell, das für seine Vertreter ein Synonym für Bewußtsein ist, ist gewiß die moderne, sehr beliebte Analogie zur Uhr. Und obwohl dieses Newtonsche Uhrwerk-Universum und seine Beziehung zum Göttlichen gewaltige philosophische und theologische Probleme aufwarf, verlor es seinen Einfluß doch niemals. Laplace erkannte: Es bedurfte nur noch eines kleinen Schrittes, um auch den Uhrmacher, Gott, der für den mittelalterlichen Menschen Sinngebung und Hilfe bereitgestellt hatte, aus dem Modell zu entfernen.

Laplace trug seine Argumente über die Kausalität in der Newtonschen Mechanik mit bemerkenswerter Konsequenz vor:

> »Wir müssen also den gegenwärtigen Zustand des Weltalls als die Wirkung seines früheren und als die Ursache des folgenden Zustands betrachten. Eine Intelligenz, welche für einen gegebenen Augenblick alle in der Natur wirkenden Kräfte sowie die gegenseitige Lage der sie zusammensetzenden Elemente kennte und überdies umfassend genug wäre, um diese gegebenen Größen der Analysis zu unterwerfen, würde in derselben Formel die Bewegungen

der größten Weltkörper wie des leichtesten Atoms umschließen, nichts würde ihr ungewiß sein, und Zukunft wie Vergangenheit würden ihr offen vor Augen liegen.«[5]

Laplace wollte aber mit diesen Worten keineswegs eine große, gottgleiche kosmische Intelligenz »hinter der Uhr« konstatieren. Es ging ihm nur ums Prinzip – daß das Modell eines streng deterministischen Uhrwerks die ganze Welt umfaßte, einschließlich aller darin enthaltenen Individuen. Für diesen imaginären Supercomputer »gäbe es keine Ungewißheit mehr, und Zukunft wie Vergangenheit lägen wie ein offenes Buch vor ihren Augen«. Mit einem einzigen Hieb zerstörte Laplace den freien Willen. Nach ihm ist selbst unser Unbehagen bei dem Gedanken, es gäbe keinen freien Willen, determiniert. Wir machen uns nur die Illusion einer echten Wahl, aber auch dies ist lediglich ein komplexes Produkt der deterministischen Naturgesetze. Das von der klassischen Mechanik freigelassene Ungeheuer des Determinismus hatte den Kosmos verschlungen.

Heute haben die meisten von uns eine etwas subtilere Auffassung von Kausalität, teilweise weil dem großen Ungeheuer vom Indeterminismus der Quantenmechanik die Zähne gezogen wurden. Die neue Chaos-Forschung zeigt, daß sogar innerhalb der klassischen Physik ganz einfache mechanische Systeme in der Praxis indeterministisch sind.[6] So befand sich also Laplace trotz seines ungeheuren Einflusses in einem schweren Irrtum. Dennoch braucht man nur zu beobachten, welchen Widerstand viele moderne Physiker der Akausalität entgegensetzen, um zu erkennen, daß der Determinismus auch heute noch in bemerkenswertem Umfang seine Herrschaft behauptet. Vom psychologischen Standpunkt aus gesehen folgt das aus der archetypischen Natur des Determinismus. Das Denken ist prädisponiert, sich aufgrund einer a-priori-Tätigkeit des Verstandes eine deterministische Welt vorzustellen. Kant, tief beeinflußt von der Newtonschen Mechanik, argumentierte, Kausalität sei eine fundamentale Kategorie des Denkens, die in jedem Denkakt zum Vorschein komme. Mit anderen Worten, ebenso wie das Denken seine Wahrnehmungen in Zeit und Raum hinausverlegen muß, muß es auch zwangsläufig die Kategorie der Kausalität anwenden. Ist es da ein Wunder, daß wir mit diesem klassischen Erbe und dieser psychischen Prädisposition nichtkausalen Theorien wie der Quantenmechanik und Synchronizität Widerstand leisten? Ist es überraschend, daß wir uns gegen Denker wie Jung und Niels Bohr wehren, die versuchen, Akausalität als komplementäres Prinzip zur Kausalität einzuführen?

Akausalität in der Quantenphysik

Die andere große Denkströmung in der Physik ist die Quantenmechanik mit der von mehreren Forschern Ende der zwanziger Jahre entwickelten nichtrelativistischen Version als ihrem Hauptstrom. Größere Nebenflüsse sind die relativistische Quantenmechanik, die Quantenstatistik, verschiedene quantisierte Feldtheorien usw. Dieser Strom speiste die Technik der Kommunikations- und Informationsrevolution unserer gegenwärtigen Ära. Streng genommen hinkt hier aber meine Fluß-Metaphorik etwas, weil sich die Quantenmechanik aus der klassischen Physik entwickelt hat und diese weiterführt. Trotzdem ist es sinnvoll und lohnend, die beiden Strömungen als getrennte Phänomene aufzufassen, weil sich das Weltbild der Quantenmechanik doch stark von dem der klassischen Physik unterscheidet.

Wie wir im nächsten Kapitel sehen werden, behauptete Jung stets, die Relativitätstheorie, Teil der klassischen Strömung, habe seinen Gedanken der Synchronizität stark beeinflußt. Aber noch wichtiger für Jungs Formulierung der Synchronizität war seine Sympathie für die nichtkausale Natur der Quantenmechanik. Das Verständnis dafür entwickelte er aufgrund seiner langen, engen Freundschaft mit Wolfgang Pauli, einem der Begründer der Quantenmechanik. Tatsächlich stand die erste Veröffentlichung von Jungs Synchronizitäts-Abhandlung auf Deutsch und Englisch neben Paulis Essay über archetypisches Denken bei Johannes Kepler in ihrem gemeinsamen Buch mit dem Titel »Naturerklärung und Psyche«.[7] In seiner Synchronizitäts-Abhandlung bedankt sich Jung wärmstens bei Pauli für die wichtigen Gespräche, die er mit ihm über »prinzipielle Fragen« geführt hatte.[8]

Jung beginnt seine Synchronizitäts-Abhandlung mit Ausführungen über Akausalität in der Quantenmechanik und führt in der ganzen Schrift immer wieder Parallelen zur Physik an. Sein Text illustriert den Einfluß, den die Quantenmechanik auf ihn ausübte, aber ebenso, wie unklar ihm fundamentale Probleme der Physik noch waren. Doch will ich hier auf diese Mißverständnisse nicht weiter eingehen, sondern nur über Akausalität in der modernen Physik sprechen.

Seit ihrer Konzeption Ende der zwanziger Jahre hat die Quantenmechanik den Determinismus stets abgelehnt. Im Bereich der Quantenphysik, bei dem es sich gewöhnlich um den atomaren Bereich handelt, verliert Kausalität, wie sie sich noch Newton, Laplace, Kant und so viele andere vorgestellt hatten, einfach ihre Gültigkeit. (Heute wissen wir, daß quantenmechanische Effekte sogar für makroskopische Systeme von Bedeutung sind, und wenden quantenmechanische Theorien auch auf die Kosmologie, also die Erforschung der Struktur und Evolution des gesamten Universums an). Man betrachte im atomaren Bereich zum Beispiel einen radioaktiven Kern. Die Quantentheorie kann nicht voraussagen, wann der Zerfall eines bestimmten Kerns eintritt. Die Theorie behauptet, schon *im Prinzip* sei es nicht möglich zu wissen, wann ein bestimmter Zerfall eintritt. Es gibt keine noch tieferliegende Ebene, von der aus der geheime Zeitpunkt eines Kernzerfalls bestimmt würde. Alles, was wir jemals wissen können, ist der statistische Durchschnitt, wie viele Zerfallsakte in einem gegebenen Zeitraum, in der sogenannten Halbwertzeit, eintreten.

Diese notgedrungene Ablehnung des Determinismus für Einzelereignisse ist ein revolutionärer Gedanke, vor allem im Licht der klassischen Physik. Der Verstand schreckt vor dem Gedanken zurück, daß schon *im Prinzip* keine Kausalerklärung gefunden werden könne. Eine solche Vorstellung verletzt die westliche Heiligsprechung des Rationalismus, der Grundlage der Wissenschaft und des analytischen Denkens im allgemeinen, sei es in der Philosophie, sei es in der Literaturwissenschaft. Wir fragen sofort: Es ist doch unmöglich, daß es nicht irgendeinen Mechanismus, irgendeinen physikalischen Prozeß auf einer tieferen oder umfassenderen Ebene gibt, der das Geheimnis enthält, warum dieser Atomkern gerade zu diesem Zeitpunkt zerfiel.

Zum großen Teil aufgrund seiner Verbindung mit Pauli wurde Jung mit aller Deutlichkeit bewußt, welch einschneidende Entwicklung die Preisgabe des strikten Kausalitätsprinzips in der Geistesgeschichte bedeutete. Max Planck zum Beispiel, der Physiker, der mit der Entdeckung der unstetigen Natur elektromagnetischer Strahlung die Quantenrevolution auslöste, sagte: »Sobald wir uns einmal dafür entschieden haben, daß das Kausalitätsgesetz im Vorgang des menschlichen Denkens keineswegs ein notwendiges Element ist, haben wir uns eine Möglichkeit geschaffen, die Frage seiner Gültigkeit in der Welt der Realität zu klären.«[9] Jung erkannte, daß die Physik den Weg bahnte, akausale Prozesse auch in anderen Bereichen menschlicher Erfahrung zu untersuchen. Die Quantenmechanik hat uns aus der Sklaverei der Newtonschen Kausalität erlöst. Wir verstehen Kausalität heute nicht mehr als ein unbeschränkt geltendes Naturgesetz, sondern können sie als *einen*, nicht den einzigen Weg sehen, auf dem wir unser Weltverständnis strukturieren. Oder in den Worten von Niels Bohr: »Wir können Kausalität als *eine* Art der Wahrnehmung auffassen, mit deren Hilfe wir unsere Sinneseindrücke ordnen.«[10]

Trotz dieser Aussagen führender Physiker widerstrebt die Akausalität den tiefsten Überzeugungen vieler Menschen über das Wesen der Welt (oder, wie wir heute wissen, unseren liebsten Projektionen auf die Welt!), und auch einige hervorragende Naturwissenschaftler wehren sich heftig gegen diesen Gedanken. Berühmt ist die Überzeugung Einsteins, die Akausalität sei keine fundamentale Tatsache in der Natur, sondern eine

Art Grenzfall, eine Unvollständigkeit innerhalb unserer gegenwärtigen Formulierung der Quantenmechanik. Sein häufig zitierter Ausspruch »Gott würfelt nicht« zeigt einerseits, wie sehr er sich der Rationalität verpflichtet fühlte, andererseits, daß er die gegenwärtige Formulierung der Quantenmechanik ablehnte.

Diese mit so großer Hartnäckigkeit festgehaltenen Überzeugungen führten zu alternativen Formulierungen der gängigen Quantenmechanik – sogenannten »Theorien der verborgenen Variablen«, die von einer noch tieferliegenden Ebene der Realität ausgehen. Hier soll die Natur zum Beispiel den genauen Zeitpunkt eines Kernzerfalls angeben. Wir könnten uns das bildlich so vorstellen, daß auf einer solchen tieferen Ebene ein kleiner Wecker steht, der genau anzeigt, wann ein gegebener Kern zerfällt. Die Überlegung dabei ist, daß unsere heutige Version der Quantenmechanik uns keinen Zugang zu dieser Ebene gewähre und uns deshalb nur den Durchschnitt dieser kleinen Weckeranzeigen liefern könne. Diese Hypothese behauptet, im Prinzip sei der Zeitpunkt jedes Zerfalls sehr genau bestimmt und existiere objektiv in der Natur.

Es ist die Beziehung zwischen der klassischen Thermodynamik und der statistischen Mechanik, die diese Art zu denken inspiriert hat. Die Thermodynamik befaßt sich mit makroskopischen Quantitäten wie Druck, Temperatur und Energie eines Gases und vermittelt dabei keine Einzelheiten über irgendwelche Strukturen auf tieferen Ebenen. Im Gegensatz dazu konzentriert sich die statistische Mechanik auf die detaillierten statistischen Eigenschaften der Menge der Partikel, die das Gas ausmachen. Zum Beispiel richtet die statistische Mechanik ihre Aufmerksamkeit auf die Verteilung der Geschwindigkeiten der Gaspartikel – welche Prozentanteile von Partikeln welche Geschwindigkeiten haben. Aus dieser Geschwindigkeitsverteilung lassen sich dann die makroskopischen Quantitäten in der Thermodynamik mit Hilfe von Durchschnittswerten genau bestimmter Zustände großer Partikelmengen ableiten. Man könnte, die klassische Physik und die Sozialwissenschaften karikierend, sagen, die Thermodynamik gleiche der soziologischen Methode, bei der die Betonung auf dem Gruppenverhalten und weniger auf der Individualpsychologie liegt, während die statistische Mechanik der Psychologie zu vergleichen wäre, die individuelles und Gruppenverhalten durch Untersuchung individueller Eigenschaften erklärt.

Das Argument für diese alternativen Fassungen der herrschenden Theorie der Quantenmechanik ist, daß unsere gegenwärtigen Theorien, ebenso wie die Thermodynamik, nur der Durchschnitt wesentlich fundamentalerer, »verborgener« Variablen seien, die aber einen genau bestimmten objektiven Wert in der Natur besitzen. Diese »Theorien der verborgenen Variablen« versuchen, sowohl die Kausalität (Determinismus) als auch die Quantenobjekte als mit genau bestimmten Eigenschaften existierend, die von Messungen total unabhängig sind, aufzufassen.

Doch dank der jüngsten Forschungen wissen wir heute, daß Einstein und viele andere sich einfach geirrt haben. Es existiert keine tiefere Ebene der Natur mit Determinismus und unabhängiger Existenz von Teilchen. Und dabei handelt es sich nicht um eine bloße Begrenztheit unserer gegenwärtigen Formulierung der Quantentheorie, sondern das gilt für jede empirisch belegte naturwissenschaftliche Theorie – heute und in Zukunft. Die Götter der starren Rationalität sind auf dem Rückzug. Auf der Quantenebene existiert keine genau bestimmte Ursache, weshalb ein Atom zu einer bestimmten Zeit zerfällt. Und es wird auch niemals eine gefunden werden. Es gibt keine »Relativität« der hier beteiligten Gesetze, wie Jung sagen würde. Es existiert kein Gesetz für individuelle Ereignisse. Was für ein Affront gegen den jüdisch-christlichen Kult der Vernunft!

Einsteins große Kritik[11] an der begrifflichen Grundlegung der Quantenmechanik begann 1927. 1935 verfaßten er, Podolsky und Rosen ein Werk mit starken Einwänden gegen die Quantenmechanik.[12] Niels Bohr[13], die einflußreichste Stimme bei der Interpretation der Quantenmechanik, widerlegte diese Schrift umgehend, und die meisten Physiker schlossen sich seiner Auffassung an, die schließlich zur herrschenden Quantentheorie wurde. Doch einige der wichtigsten Begründer der Theorie, wie Schrödinger und De Broglie, hielten weiterhin zu Einstein. Nach der Flut von Schriften über die Interpretation der Quantenmechanik und der Hitze der Debatte zu urteilen, sind die Grundprobleme heute immer noch nicht vollends geklärt.

Der Unterschied zwischen Zufall und Akausalität

Zufall und Akausalität werden häufig als austauschbare Begriffe verwendet, doch in Wirklichkeit beziehen sie sich auf sehr verschiedene Vorstellungen und Einstellungen. Ich mache hier einen Unterschied zwischen Zufall und Akausalität sowohl in der Physik als auch in der Psychologie. Zuerst zur Physik. Werfen wir eine gewöhnliche Münze zehnmal hintereinander in die Luft, so besteht nur eine Chance von 1:1024, daß in einer Folge von zehn Würfen zehnmal Kopf kommt ($1/2^{10} = 1/1024$ ist die Wahrscheinlichkeit, daß genau zehnmal Kopf hintereinander auftritt). Stellen wir uns nun vor, ein klassischer Physiker käme in mein Büro, er würde eine Münze zehnmal hintereinander in die Luft werfen, und es käme immer Kopf heraus. Er sagt dann: »Das war Zufall.« Er meint damit: Wenn wir den genauen Weg, den die Münze genommen hat, in allen Einzelheiten untersuchen könnten – wie sie sich drehte, welche Luftströmungen im Zimmer herrschten, irgendwelche Defekte im Aufbau der Münze usw., könnten wir genau erklären, warum zehnmal Kopf kam. Es war einfach eine ungewöhnliche Folge von Ereigniskombinationen, die kausal die unwahrscheinliche Reihenfolge von Köpfen verursachte. Es war einfach Zufall. Wir sehen daher, daß sich im gewöhnlichen Gebrauch des Wortes »Zufall« eine tiefe Bindung an die Kausalität versteckt.

Als nächstes kommt ein Quantenphysiker, ein Anwalt der Akausalität, mit einem Geigerzähler in mein Büro, einem Gerät, das die natürliche Radioaktivität in den Betonwänden und dem Erdboden unter dem Gebäude aufspürt. Er behauptet, auch mit dem größten Forschungsaufwand könne man weder im Prinzip noch in der Praxis den exakten Zeitpunkt individueller Zerfallsereignisse bestimmen. Es gebe keine spezielle Ursache oder Ursachen für individuelle Ereignisse. Sie seien akausal. Seine Auffassung enthält weder implizit noch explizit irgendeine Bindung an die Kausalität.

In der Physik bedeutet der Ausdruck »etwas geschieht per Zufall« nur, daß wir die dem Ereignis zugrundeliegenden Kausalmechanismen nicht kennen. Manchmal wird unsere Unkenntnis der Details mit Hilfe von Wahrscheinlichkeitsaussagen wiedergegeben, wie in dem Beispiel mit der Münze. Doch wenn wir sagen, Quantenereignisse seien akausal, so meinen wir, es gebe keine kausale Struktur, die für das individuelle Ereignis verantwortlich wäre. Es ist zwar richtig, daß auch in solchen Zusammenhängen Wahrscheinlichkeitsaussagen gemacht werden. Doch hier gibt die Wahrscheinlichkeit nur die aus einer großen Anzahl von identischen Messungen erwarteten Durchschnittsergebnisse wieder. Wenn zum Beispiel ein sich gleichbleibendes System immer wieder auf identische Weise angeordnet und auf eine sich gleichbleibende Weise gemessen wird, würde sich bei einer sehr großen Anzahl von Messungen am Ende die Wahrscheinlichkeitsverteilung ergeben. In der Quantenmechanik ist die Wahrscheinlichkeit nicht Ausdruck unserer Unkenntnis der kausalen Einzelheiten, sondern die maximale Aussage, die wir über ein System machen können.

Nun zur psychologischen Verwendung dieser Begriffe. Verwendet man das Wort »Zufall« so, wie in dem Satz »es war ein zufälliges Zusammentreffen, daß der Skarabäus ans Fenster prallte, während die Frau Jung ihren Traum erzählte«, so ist eine implizite, verborgene Bindung an die Kausalität mit im Spiel. Die implizite Überzeugung dabei ist, daß im Grunde sowohl der Käfer als auch die Frau durch die Kausalität regiert werden und daß es lediglich ein ungewöhnliches Zusammentreffen voneinander unabhängiger Umstände in diesem besonderen Moment war, aus dem Jungs Musterbeispiel für Synchronizität entstand. Ein klassischer Physiker wäre sehr glücklich mit dieser Interpretation. Er würde sagen, es handle sich nur um einen komplizierteren Vorgang von der gleichen Art, wie daß man zehnmal Kopf bei zehn Münzwürfen erhält – einfach eine ungewöhnliche Kombination kausaler Ereignisse.

Doch wenn Jung sagt, die Erfahrung mit dem Skarabäus sei akausal, so meint er, es sei keine kausale Erklärung (weder vertikal noch horizontal) für das Ereignis möglich. In diesem Sinn denkt er wie die Quantenphysiker. Doch wenn er dann sagt, Synchronizität sei ein akausaler Ausdruck des Sinns, ist eine finale Ursache, eine gewisse Teleologie mit impliziert. Sicher, seit den Zeiten Galileis haben wir finale Ursachen aus der Wissenschaft verbannt, so daß hier ein deutlicher Unterschied besteht. Deshalb konnte sich Jung ja auch von der Quantenmechanik inspirieren lassen, besonders, weil sie uns von der strengen Kausalität, von der ausschließlichen Knechtschaft gegenüber dem Determinismus befreit. Geht er dann aber noch weiter in seinen Überlegungen, ist es ihm nicht mehr möglich, sich zur Untermauerung seiner Auffassung von Synchronizität auf die Akausalität in der Physik zu stützen. Einfach gesagt, keine Physik, ob klassisch oder quantenmechanisch, kann uns ein vollständiges Verständnis der Synchronizität vermitteln. Doch können sowohl Relativitätstheorie als auch Quantenphysik dazu beitragen, daß wir dieses Mysterium verstehen. Dadurch nämlich, daß sie uns von der Bindung an eine Verabsolutierung der Raumzeit, der Kausalität und einer übertrieben objektiven Einstellung zur Natur befreien – was alles ein Erbe der klassischen Physik ist.

Eine Parallele aus der Quantenphysik zu den Archetypen in der Synchronizität

In der Quantenmechanik ist diejenige mathematische Struktur, die uns die größtmögliche Information über ein System verschafft, die Wellenfunktion Psi (Ψ). Die Gleichungen der Quantenmechanik, etwa die Schrödinger-Gleichung, beschreiben, wie sich Ψ in einem gegebenen System mit der Zeit entwickelt. Ψ bezieht sich akausal auf Ereignisse in der Raumzeit. Es verursacht in keiner Weise irgendwelche individuellen Ereignisse oder Reihen von Ereignissen, doch der absolute Wert von Ψ, ins Quadrat gesetzt, gibt die Wahrscheinlichkeitsverteilung für jede mögliche Messung an. Obwohl Ψ etwas viel Abstrakteres ist als eine gewöhnliche Welle, etwa eine Wasserwelle, nennen wir es häufig Wellenfunktion oder Wahrscheinlichkeits-Welle, da es zahlreiche mathematische Gemeinsamkeiten mit Wellen besitzt. Es bezieht sich nicht auf objektive Gegenstände in der Raumzeit, sondern auf Möglichkeiten oder Wahrscheinlichkeiten für objektive Ereignisse, die bei einer Messung auftreten können. Obwohl Ψ keine Ereignisse verursacht, da es in der Quantenmechanik keine Ursachen für individuelle Ereignisse gibt, ist es trotzdem akausal an diese ge-

Eine Parallele aus der Quantenphysik zu den Archetypen in der Synchronizität

knüpft, da es die allen Ereignissen zugrundeliegende Wahrscheinlichkeitsstruktur bzw. die sich in ihnen ausdrückende Ordnung darstellt. Die Theorie zu verifizieren bedeutet, eine große Anzahl von identischen Messungen vorzunehmen und die Ergebnisse mit den von Ψ abgeleiteten Wahrscheinlichkeitsaussagen zu vergleichen. Ψ repräsentiert also die maximale Spezifizierung eines Systems, doch läßt es sich niemals direkt messen und niemals direkt beobachten. Es stellt vielmehr eine akausale Wahrscheinlichkeitsstruktur dar, die sich auf Möglichkeiten der Messung bezieht.

In Jungs Tiefenpsychologie sind die Archetypen die nicht weiter rückführbaren Grundelemente. Sie vermitteln uns die wesentlichen Sinngehalte und strukturieren unser Verhalten und Denken. Außer daß sie Sinn stiften, können aber die Archetypen bei manchen psychologischen Phänomenen auch kausal wirken – allerdings nicht in Synchronizitäts-Erfahrungen. Wir könnten zum Beispiel sagen: »Der Mutter-Archetyp hat Denken und Handeln der Frau verändert.« Indessen erleben wir die Archetypen niemals unmittelbar, da es sich um universelle transzendente Prinzipien handelt, doch leben sie sich durch uns aus. Wir schließen auf die Existenz der Archetypen durch transkulturelle Untersuchungen von Mythen und Ritualen sowie unzählige Träume von Menschen überall auf der Welt. Mit anderen Worten, aus zahllosen indirekten Erfahrungen mit dem Archetypus schließen wir auf seine Natur, obwohl wir ihn niemals direkt und an sich erleben können.

Die Rolle des Archetypus in der Synchronizität ist eine Parallele zur Rolle der Wellenfunktion Ψ in der Quantenmechanik. Jung warnt uns vor der Versuchung, die Archetypen als in der Synchronizität wirkende Kausalfaktoren aufzufassen, und sagt: »Der Archetypus stellt die *psychische Wahrscheinlichkeit* dar.«[14] (Hervorhebung von Jung) Jungs Verwendung des Adjektivs »psychisch« hat hier nichts mit paranormalen oder ESP-Phänomenen zu tun. Er besagt lediglich, ein Archetypus sei eine Wahrscheinlichkeits-Struktur in der Psyche, er manifestiere sich also im Sinne einer Wahrscheinlichkeit und nicht im Sinne der Kausalität. Obwohl somit der Archetyp den einem Synchronizitäts-Ereignis zugrundeliegenden Sinn, bzw. dessen Struktur, zur Verfügung stellt, ist er nicht der verursachende Faktor. Ich habe bereits darauf hingewiesen, daß sich der einem Archetypus inhärente Sinn in einem großen Spektrum der unterschiedlichsten Erfahrungen manifestieren kann. Doch können es andererseits auch nicht x-beliebige Erfahrungen sein, da sie sich dafür eignen müssen, den in dem Archetypus enthaltenen Sinn zu verkörpern. So stellt »der Archtypus ... die *psychische Wahrscheinlichkeit* dar«. Ähnlich wie Ψ die akausale mathematische Struktur für eine bestimmte Reihe möglicher Messungen ist, so stellt der Archetypus akausal den Sinn für eine Reihe

107

möglicher Synchronizitäts-Erfahrungen zur Verfügung. Trotzdem sind weder Ψ noch die Archetypen unmittelbar beobachtbar.

Es gibt aber auch einen entscheidenden Unterschied zwischen dem Verhältnis der Wellenfunktion zu akausalen Quantenereignissen einerseits und dem Archetypus in den Synchronizitäts-Erfahrungen andererseits. Bei den Quantenphänomenen gibt es, da wir dabei von »allgemeinem ursachelosen Angeordnetsein« sprechen, keinen besonderen Sinn nach Art der unbewußten Kompensation. Wir betrachten lediglich ein unpersönliches Naturgesetz, ein akausales Beispiel, das eben so ist, wie es ist. Wenn sich im Gegensatz dazu ein Archetypus in einer Synchronizitäts-Erfahrung manifestiert, so ist der Sinn der springende Punkt dabei. Und dieser Sinn ist sowohl transpersonal, weil er im Archetypus wurzelt, als auch aufgrund seiner Verbindung mit der Individuation zutiefst persönlich. Ich bezweifle, daß Jung an die Wellenfunktion gedacht hat, als er die Rolle des Archetypus in der Synchronizität zu beschreiben versuchte. Nichtsdestoweniger besteht eine Parallele zwischen den beiden akausalen Strukturen.

In der nun folgenden Synchronizitäts-Geschichte können wir beobachten, daß sich der Archetypus des Selbst akausal manifestiert, und zwar sowohl psychologisch als auch physikalisch, um eine notwendige unbewußte Kompensation herbeizuführen. Da Archetypen keine Kausalfaktoren sind, hätte auch ein ganz anderes Gefüge äußerer oder innerer Ereignisse die Möglichkeit für die unbewußte Kompensation schaffen können. Der Sinn muß indessen derselbe bleiben. Parallel dazu regiert ein System mit demselben Ψ eine große Reihe möglicher experimenteller Ergebnisse, aber in allen drückt sich dieselbe Struktur bzw. Ordnung aus.

Synchronizitäts-Zwischenspiel Nr. 3

Allgegenwärtigkeit des Selbst

Aus bloßem Eigensinn hatte ich meine Suche immer noch nicht aufgegeben. Ich ließ meine Motive noch einmal Revue passieren – ich meditierte, studierte, versuchte ein ethisch einwandfreies Leben zu führen –, aber es gab keinen merklichen Fortschritt, keine Einsicht, kein Anzeichen für eine sinnvolle Transformation. Stagnation und Verwirrung waren meine treuen Gefährten. Ich war blockiert in der Innen- und der Außenwelt, wo ich vergeblich versucht hatte, meine Intuitionen zu konkretisieren. Ich hätte mich gescheut, meinen inneren Zustand pathetisch als »finstere Nacht der Seele« zu bezeichnen, aber ich steckte jedenfalls in einem ganz tiefen Loch. Ich war wie der schwache, müde, alte König im Märchen. Nichts freute mich mehr, nichts konnte mir helfen. Und dieser Zustand dauerte schon so lange, daß ich glaubte, es würde immer so weitergehen. Ich hatte einfach resigniert. Da ereignete sich der folgende Traum.

Anthony, mein verstorbener Lehrer, besuchte mich. Ich war überglücklich, ihn zu sehen. Wir sprachen in bestem Einvernehmen über philosophische Themen und meine persönliche Entwicklung. Ich badete mich in seiner Güte und Fürsorglichkeit. Dann verschwand er wieder, und meine Frau betrat den Schauplatz. Aufgeregt erzählte ich ihr: »Anthony war hier! Es war kein Traum und keine Vision. Sieh mal, du kannst sicher sein, daß er hier war, er hat nämlich eine zerknüllte Serviette in der Kaffeetasse rechts von seinem Stuhl hinterlassen.«

Dankbar, froh und mit einem starken Gefühl von Anthonys Gegenwart wachte ich auf. Ich hatte zwar schon früher Träume gehabt, in denen Anthony auftrat, doch der Gedanke »Anthony war hier!« war schon besonders faszinierend. Was bedeutete das? Warum war ich so angetan von dem Traumgedanken, daß er wirklich hier war? Auf meiner langen Fahrt zur Arbeit an diesem Morgen entschloß ich mich, ein Band mit einem von Anthonys Vorträgen abzuhören. Ich wollte einfach seine Stimme hören und die wunderbare Stimmung meines Traumes noch intensiver genießen. Ich hatte mir vor kurzem fünfzehn mir noch unbekannte Neunzig-Minuten-Bänder von Anthonys Unterricht bei seiner anderen Gruppe in Kolumbus, Ohio, ausgeliehen, suchte mir aufs Geratewohl ein Band aus und hoffte auf eine Art Zusammenfassung. Das Band begann unmittelbar mit Anthonys Kommentar zu Herbert Gunthers Artikel über Kuntu bzang-po[1]. Anthony sagte: »Vergeßt erst einmal alles, was ich früher gesagt habe, und hört gut zu, was ich euch jetzt erzähle. Es ist äußerst wichtig.« Das erregte natürlich mein Interesse. Er las dann ein Stück von einer Übersetzung Kun-tu bzang-pos, des großen buddhistischen Gurus aus Tibet, vor.

Hierauf erläuterte Anthony, unser Glaube, der Guru, die Symbolisierung unseres höheren Selbst, sei auf seine zeiträumliche Form beschränkt, sei genau die Vorstellung, die uns daran hindere, uns vom *Samsāra*, dem endlosen Kreislauf von Geburt, Leiden und Tod, frei zu machen. Da verstand ich mit einem Schlag die Bedeutung meines Traums, besonders des »Anthony war hier«. Ich war verblüfft. Wie war es möglich, daß ich gerade diesen Zehn-Minuten-Abschnitt aus etwa zwanzig Unterrichtsstunden genau zu diesem Augenblick hatte abspielen lassen?

Obwohl ich es sehr eilig hatte, zur Arbeit zu kommen, weil es wie gewöhnlich schon spät und viel zu tun war, wollte ich das Band doch noch einmal ohne Straßenlärm hören, da die Bänder teilweise schlecht zu verstehen waren. Ich sprang in einen Doughnut-Laden, holte mir einen Kaffee und einen Doughnut und hörte am Parkplatz noch einmal diese entscheidenden zehn Minuten ab. Die Botschaft meines Traums und die des Bandes waren identisch! Das höhere Selbst ist allgegenwärtig. Seine Verkörperung ist nicht auf die raumzeitliche Form des Gurus beschränkt – gerade diese Vorstellung kettet uns an Samsāra. Plötzlich fiel mein Blick auf meine zerknüllte Serviette in der Kaffeetasse rechts von meinem Sitz. Obwohl ich sie selbst zerknüllt hatte, schien mir das ebenfalls ein kleines Zeichen für die Botschaft des Traums zu sein. Ich war von tiefer Dankbarkeit und Verwunderung erfüllt.

Seitdem hat sich meine düstere Stimmung merklich aufgehellt. Natürlich bedrücken mich die üblichen Frustrationen und Enttäuschungen weiter, aber diese Erfahrung hält an, und in meinem inneren und äußeren Leben geht es vorwärts. Es ist nicht leicht, aber ich versuche den Gedanken in mir zu stärken, daß der wahre Lehrer sowohl in der Innen- als auch in der Außenwelt ununterbrochen gegenwärtig ist.

Diese sinngemäße Verknüpfung zwischen dem numinosen Traum und dem äußeren Ereignis des »zufälligen« Abspielens eines Zehn-Minuten-Abschnitts aus zweiundzwanzig Stunden Bandaufnahmen und der »Epiphanie« der Serviette in der Kaffeetasse stellte ein starkes Erlebnis der Allgegenwärtigkeit des Selbst dar, eines Archetypus im Herzen der Synchronizität. Eben diese Fähigkeit der Archetypen, sinnvoll in der inneren und äußeren Welt zu wirken, ist der Grund, weshalb sie Jung als psychoid – als Seele und Materie strukturierend – betrachtete.

Solche Synchronizitäts-Erfahrungen konfrontieren uns mit den Grenzen der Kausalität, auf die im vorigen Kapitel hingewiesen wurde. Aber daneben ist der auffälligste Aspekt, daß sie unsere tiefsten Überzeugungen über die Welt und unsere Beziehungen zu ihr in Frage stellen. Es fällt uns schwer, anzuerkennen, daß das Selbst nicht bloß eine schattenhafte Realität ist, die nur indirekt in den Tiefen unseres Wesens arbeitet. Die lebhafte Wahrnehmung seiner immer gegenwärtigen Realität, sowohl in der Außen- als auch in der Innenwelt, setzt viele unserer naiven Überzeugungen über die Trennung zwischen uns und der Welt außer Kraft. Wie der in Kapitel 4 untersuchte philosophische Fisch leben wir unbewußt im Glauben an die Getrenntheit von Objekten und Subjekten in der Welt und an ihre Unabhängigkeit voneinander. In einer späteren philosophischen Erörterung werde ich darauf noch einmal zurückkommen.

7
Die Elastizität von Raum und Zeit

Professor Einstein war damals mehrere Male bei mir zu Gast, d.h. zum Abendessen ... Dies war sehr früh, zur Zeit, als Einstein eben seine erste Relativitätstheorie entwickelte ... Es ist Einstein, der mir den ersten Anstoß gab, an eine mögliche Relativität von Zeit sowohl wie Raum und ihre psychische Bedingtheit zu denken. Mehr als 30 Jahre später hat sich aus dieser Anregung meine Beziehung zu dem Physiker Professor W. Pauli und zu meiner These der psychischen Synchronizität entwickelt.
C.G. Jung[1]

Raum und Zeit sind in der ursprünglichen Anschauung (das heißt bei den Primitiven) eine höchst zweifelhafte Sache. Sie sind erst im Laufe der geistigen Entwicklung zu »festen« Begriffen geworden, und zwar durch die Einführung der Messung. An sich bestehen Raum und Zeit aus Nichts. Sie gehen als hypostasierte Begriffe erst aus der diskriminierenden Tätigkeit des Bewußtseins hervor und bilden die für die Beschreibung des Verhaltens bewegter Körper unerläßlichen Koordinaten. Sie sind daher wesentlich psychischen Ursprungs ...
C.G. Jung[2]

Unsere Einstellung zur Synchronizität ist stark von unserem Verständnis von Raum und Zeit bestimmt, das wiederum größtenteils von Wissenschaft und Technik geprägt ist. Nolens volens sind wir, bewußt oder unbewußt, Jünger Newtons. Das heißt, wir halten Raum und Zeit für etwas Absolutes – etwas Fixes, für jedermann an allen Orten und zu allen Zeiten gleich. Zum Beispiel sind wir davon überzeugt, daß eine Stunde für mich dasselbe ist wie für dich und präzise auf unseren identisch gehenden Digitaluhren abgelesen werden kann. Oder wenn ich sage, Ereignis A geschieht vor Ereignis B, so muß das für jeden beliebigen Beobachter gelten. Unsere Erfahrungen mit den Produkten der Technik, sei es dem Kilometerzähler in meinem Wagen, der Armbanduhr an meinem Handgelenk oder dem Glockenturm auf dem Campus, der die Stunden schlägt, bestärken uns fortwährend in diesem Glauben.

In diesem Kapitel gebe ich eine auch für den Laien verständliche Darstellung der speziellen Relativitätstheorie mit Hilfe eines wohlbekannten, gemeinhin Einstein zugeschriebenen Paradoxes. Vielleicht diskutierten Einstein und Jung in ihren jungen Jahren, als sie miteinander essen gingen, tatsächlich über dieses Paradox. Nach der Erörterung dieses kleinen Paradoxes und seiner Auflösung können wir entscheiden, ob die moderne Physik Jungs die radikale Auffassung von Raum und Zeit, wie sie in dem Einleitungszitat enthalten ist, bestätigt. Würde die Physik den Sätzen zustimmen: »An sich bestehen Raum und Zeit aus *Nichts*. Sie gehen als hypostasierte Begriffe erst aus der diskriminierenden Tätigkeit des Bewußtseins hervor ... Sie sind daher wesentlich psychischen Ursprungs.«? Vielleicht erfahren wir die Antwort auf diese Frage in Las Vegas.

Eine sichere Wette in Las Vegas

Kausalität, Zufall und Träume – für so etwas interessieren sich sowohl die Freunde der Tiefenpsychologie als auch die regelmäßigen Kasinobesucher im Wüstenkönigreich der Spieler – in Las Vegas. (Vielleicht hätte sogar der Pandava-König aus dem *Mahābhārata* seine Freude an den Glücksspielen in Las Vegas.) Diese Stadt der Neonlichter, des Blackjack, der zwanghaften Spielsucht, des unheilbaren Optimismus und der ausschweifenden Romantik wird nun zum Schauplatz einer ziemlich verdächtigen Geschichte über Glücksspiel und Raumzeit. In einem der berühmtesten Kasinos, in dem sich unterirdisch eine lebensgroße Nachbildung von Michelangelos David befindet, treffen wir auf Raumzeit-Sam. Wir wissen zwar, daß heftig auf uns einredende, nach Eau de Cologne riechende Gestalten in maßgeschneiderten Polyesteranzügen nicht unbedingt vertrauenswürdig sind, finden ihn aber doch sehr nett und meinen, es könne nichts schaden, sich ein bißchen mit ihm zu unterhalten.

Sam hat einen Spazierstock und eine kleine Schachtel, etwa so groß wie ein Päckchen Spielkarten, in der Hand. An beiden Enden der Schachtel sind Türen angebracht, die sich mit Ultra-Hochgeschwindigkeit öffnen und schließen lassen. Der Spazierstock ist einen Meter lang, die Länge der Schachtel beträgt ein Zehntel davon, also 0,1 Meter. Abbildung 6 zeigt eine Skizze von Sams Stock und Schachtel. Er möchte mit uns eine Wette abschließen, daß er, ohne Schachtel oder Stock irgendwie zu beschädigen, abzuschneiden oder zu verbiegen, den ganzen Stock in die kleine Schachtel hineinbringen und beide Türen der Schachtel, wenn sich der Stock in voller Länge drinnen zwischen ihnen befindet, zu gleicher Zeit schließen kann! Da wir gerade am Roulettetisch gewonnen haben und viel Geld in unseren Taschen klimpert, sind wir bereit, einen kleinen Einsatz mit Sam zu wagen. Zumal der Ausgang dieser Wette sicher scheint, besonders, da Sam eingewilligt hat, uns das Experiment mit unserer Spezial-Hochgeschwindigkeits-Videokamera aufnehmen zu lassen.

Was hat Sam vor? Sicher muß ein Mann, der so etwas behauptet und seine sieben Sinne beisammen hat, irgendeine Möglichkeit haben, den einen Meter langen Stock, ohne Stock oder Schachtel zu beschädigen, in

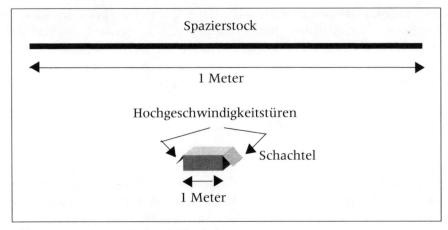

Abb. 6 *Raumzeit-Sams Stock und Schachtel*

eine zehn Zentimeter lange Schachtel hineinzupraktizieren. Abgesehen von seinen vielen sonstigen Fähigkeiten brüstet sich Sam damit, Experte in Einsteins spezieller Relativitätstheorie zu sein – in dessen »erster Relativitätstheorie«, wie sie Jung im Einleitungszitat nennt.

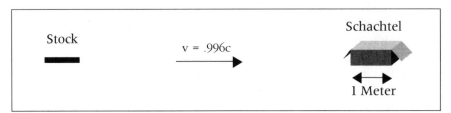

Abb. 7 *Von der Schachtel aus gesehen*

Zu Füßen von Michelangelos David stellt jetzt Sam die Schachtel so hin, daß ihre Längsachse parallel zum Stock verläuft. Er bewegt hierauf den Stock auf die Schachtel zu, mit einer Geschwindigkeit größer als 99,5% der Lichtgeschwindigkeit, also größer als 0,995 c. Diesen Vorgang zeigt Abbildung 7. Hier ist c die Lichtgeschwindigkeit. (Machen Sie sich keine Gedanken darüber, wie es Sam gelingt, den Stock so schnell zu bewegen. Er hat Beziehungen zu Physikerkreisen, und für sie ist es etwas Alltägliches, Partikel in noch viel schnellere Bewegung zu versetzen. Bei dieser Geschwindigkeit ist der Stock, *von der Schachtel aus gesehen*, nicht so lang wie die Schachtel. Sam bekommt daher den Stock ohne Schwierigkeiten in seiner ganzen Länge in die Schachtel hinein. Und das geht, ohne daß Stock oder Schachtel beschädigt werden! Der Stock verläßt dann die Schachtel wieder durch die der Eingangstür gegenüberliegende Tür. Sicher, er war in seiner ganzen Länge nur für den winzigsten Bruchteil einer Sekunde in der Schachtel gewesen, doch wenn wir schnell waren, konnten wir das Schließen der Türen und den Stock, der sich für einen Augenblick ganz im Innern befand, mit unserer Kamera aufnehmen.

Mißmutig zahlen wir Sam, was wir ihm schuldig sind, während wir über die horrenden Kosten höherer Ausbildung nachdenken. Mit breitem, selbstgefälligem Lächeln erklärt nun Sam, Länge sei nichts so Einfaches, wie es sich Newton und seine absolutistischen Nachfolger dachten. Die Länge eines Objektes, die wir messen, hängt unmittelbar von der Bewegung des Objektes relativ zum Beobachter ab. Wenn keine Bewegung des Objektes relativ zum Beobachter erfolgt, messen wir die Länge des Objektes in Ruhe, normalerweise als L_0 notiert. Bewegt sich das Objekt aber mit einer Geschwindigkeit relativ zum Beobachter, erscheint diesem der Gegenstand um einen Faktor, der von der relativen Geschwindigkeit abhängt, kleiner.[3] Wenn sich zum Beispiel Sams ein Meter langer Stock mit 0,7c an ihm vorbeibewegt, mißt er eine Stocklänge von 0,5 Metern.

Das Außergewöhnliche dabei ist, daß jede Längenmessung gleiche Gültigkeit besitzt, das heißt, von jeder kann man mit gleichem Recht behaupten, sie zeige die »wirkliche« Länge an. Nur aus Gründen der Konvention und Bequemlichkeit bevorzugen wir die Ruhelänge von Objekten. Aber die Ruhelänge ist nichts Absolutes. Nach der Relativitätstheorie wäre es falsch zu denken, die Ruhelänge sei irgendwie die wirkliche oder absolute Länge und alle anderen Messungen seien optische Täuschungen oder Taschenspielereien der Natur. Die Länge eines Objektes ist eine tatsächlich relative Eigenschaft, abhängig von der relativen Bewegung zwischen Objekt und Beobachter. *Länge ist nicht »intrinsisch«, vom Beobachter nicht völlig unabhängig.*

Sam ist nun der Meinung, er müsse unsere absolutistischen Anschauungen noch mehr erschüttern, obwohl er weiß, wir werden nicht mehr mit ihm wetten. Er wiederholt also das Experiment noch verschiedene Male und zeigt, daß sich der Stock tatsächlich für einen kurzen Augenblick innerhalb der Schachtel befindet. Seine Selbstgefälligkeit geht uns allmählich auf die Nerven.

Er sagt: »Also, Geschwindigkeit ist relativ. Stimmt's? Ich meine, betrachten wir einmal ein Auto, das mit 100 km pro Stunde fährt. Für einen Insassen des Autos eilt der Telefonmast an der Straße mit 100 km/h auf ihn zu.«

»Sicher, Sam«, antworten wir und sind sehr auf der Hut. »Aber in Wirklichkeit bewegt sich ja das Auto. Es sieht nur so aus, als ob sich der Telefonmast bewege.«

»Nein!«, ruft Sam. »Jeder Standpunkt besitzt die gleiche Gültigkeit, die gleiche Richtigkeit! Das ist eine zentrale Aussage der Relativitätstheorie. Für den Insassen des Autos bewegt sich der Mast tatsächlich mit 100 km/h auf ihn zu.«

Sam fuchtelt heftig mit den Armen. Es wird uns allmählich schon peinlich, weil sogar Spieler unterwegs zu ihrem Götzendienst uns anzustarren beginnen. Nach einem hitzigen Wortwechsel geben wir schließlich zu, daß, da kein absolutes Maß für Ruhe existiert, *alle Geschwindigkeiten relativ sind*.

»Gut, das bedeutet also, daß eine an dem Stock befestigte Videokamera, die sich auf die Schachtel zubewegt, den Eindruck hätte, die Schachtel bewege sich mit 0,996c auf sie zu«, sagt Sam listig lächelnd.

»Ja, könnte sein«, sagen wir, froh, keine Wette abgeschlossen zu haben.

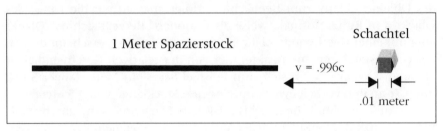

Abb. 8 *Vom Stock aus gesehen*

Sam fährt fort: »Somit sieht die Kamera die Schachtel mit einem Zehntel ihrer Ruhelänge, also 0,01 m lang, während der Stock weiterhin 1 m lang ist (siehe Abb. 8). Gut, aber hier ist jetzt der Haken. Wir sahen, daß der Stock für einen Augenblick ganz in der Schachtel verschwunden war. Stimmt's? Das war richtig so. Ihr habt es sogar mit der Kamera aufgenommen.«

»Ja, Sam, aber was willst du damit sagen?«

Da führt Sam den entscheidenden Schlag, grinst und sagt: »Aber wie paßt ein 1 Meter langer Stock vollständig in eine 0,01-Meter-Schachtel? Da jeder Standpunkt gleich gültig ist und Spieler und Videokameras in Ruhe relativ zur Michelangelo-Statue registrieren, daß der Stock vollständig in die Schachtel paßt, warum sieht dann die mit dem Stock reisende Kamera nicht den gleichen Vorgang?«

»Also jetzt kenne ich mich wirklich nicht mehr aus. Es ist richtig, daß innerhalb des Bezugsrahmens, den das Casino darstellt, der Stock vollkommen in die Schachtel paßt. Es ist ebenso richtig, daß die Kamera am Stock die Schachtel mit 0,01 Meter Länge sieht, während der Stock in diesem Bezugsrahmen immer noch 1 Meter lang ist. So scheint es echt unmöglich zu sein, daß der Stock innerhalb dieses Bezugsrahmens in die Schachtel paßt. Doch es passiert offenbar wirklich.«

Wenn wir Absolutisten über dieses Problem nachdenken, bereitet es mehr Kopfzerbrechen als das ursprüngliche Problem, wie man einen 1

Meter langen Stock in eine 0,01 Meter lange Schachtel bekommt. Wie läßt sich dieses Paradox lösen?

Relativität der Simultaneität

Die Lösung des Paradoxes entspringt der Erkenntnis, daß auch Simultaneität relativ ist. In dem Bezugsrahmen, in dem die Schachtel sich in Ruhe befindet (nennen wir ihn den Casino-Bezugsrahmen), gibt es einen Augenblick, an dem beide Hochgeschwindigkeitstüren der Schachtel geschlossen sind und den Stock einschließen. Jede Tür schließt sich im gleichen Augenblick (simultan) und öffnet sich zu einem ein klein bißchen späteren Zeitpunkt – sie öffnen sich also wieder gleichzeitig.

Ereignisse, die im Casino-Bezugsrahmen simultan sind, sind aber nicht simultan im Stock-Bezugsrahmen. Simultaneität ist relativ, genauso wie Länge, Masse, Zeitintervall und viele andere physikalischen Eigenschaften. Deshalb sieht die mit dem Stock reisende Kamera niemals den ganzen Stock zu einem bestimmten Zeitpunkt in der Schachtel. Das ist sehr günstig, denn in diesem Bezugsrahmen ist der Stock 1 Meter lang, während die Schachtel 0,01 Meter lang ist (achten Sie darauf: ich sage nicht »scheint zu sein«, sondern »ist 0,01 Meter lang«. Relativität bezieht sich nicht auf den Schein, sondern auf die tatsächlichen Eigenschaften des Stockes in einem gegebenen Bezugsrahmen).

Die Relativität der Simultaneität gibt uns auch einen Eindruck davon, wie sehr Raum und Zeit miteinander verquickt sind. Zum Beispiel sind im Casino-Bezugsrahmen die Ereignisse der Türöffnungen um 0,1 Meter und Null Zeit voneinander getrennt (sie sind simultan, aber räumlich um 0,1 Meter getrennt). Im Stock-Bezugsrahmen sind dieselben Ereignisse mit einer anderen Distanz (0,01 Meter) und auch um eine endliche Zeitspanne voneinander getrennt. (Sie sind in diesem Bezugsrahmen nicht mehr simultan.) Mit anderen Worten, ein Ereignispaar in einem Bezugsrahmen, bei dem nur eine räumliche, aber keine zeitliche Trennung auftritt (Simultanereignisse) ist in einem anderen Bezugsrahmen sowohl räumlich als auch zeitlich getrennt. Raum und Zeit bei denselben Ereignissen sind miteinander verquickt, wenn die Ereignisse in verschiedenen Bezugsrahmen beobachtet werden. Tatsächlich zeigt die Relativitätstheorie eine so enge Verquickung von Raum und Zeit, daß die Physiker deren Einheit betonen und sie mit einem Wort bezeichnen – Raumzeit.

In anderen Büchern habe ich darauf hingewiesen, daß in der speziellen Relativitätstheorie nicht alles relativ ist. Aber Raum- und Zeitintervalle (einschließlich des Null-Zeit-Intervalls oder der Simultaneität) sind in einem bestimmten Bezugsrahmen aus der Perspektive eines bestimmten

Beobachters relativ. Bestätigt das Jungs Behauptung: »An sich bestehen Raum und Zeit aus *Nichts*«? Vom Standpunkt eines Physikers aus ginge das nun doch zu weit und wäre zu kategorisch. Aber selbst aus dieser kurzen, recht verdächtigen Geschichte sollte sich schon ergeben, daß Raum und Zeit nicht die starren, absoluten Werte sind, für die wir sie so unreflektiert halten. Die Relativitätstheorie sagt uns genau, wie lang ein Objekt in einem bestimmten Bezugsrahmen ist, zieht aber keinen Bezugsrahmen einem anderen vor. *Es gibt keine intrinsischen, bevorzugten Bezugsrahmen. Auch gibt es keine intrinsischen, bevorzugten Längen- oder Zeitwerte für ein gegebenes Objekt.* Das ist bittere Medizin für unsere absolutistischen Anschauungen. Es ist nur eine Konvention, daß wir die Werte des Ruhe-Bezugsrahmens zur Charakterisierung eines Objekts heranziehen. Nur weil wir das so gewöhnt sind, vergessen wir, daß auch diese Werte Bezugswerte sind – Werte, die nur in einem bestimmten Bezugsrahmen gelten. Viele Eigenschaften, die uns den Objekten inhärent erscheinen, haben nur ein Beziehungsdasein, dessen Wert von dem Bezugsrahmen, in dem es beobachtet wird, abhängt.

Eine der interessantesten Bedeutungen der relativen Simultaneität ist, daß auch das, was wir den gegenwärtigen Augenblick nennen, relativ zu einem gegebenen Bezugsrahmen ist. Mit anderen Worten, auch was wir »jetzt« nennen, ist systemabhängig. Ich möchte »jetzt« einmal genau definieren, nämlich als all jene Ereignisse, die sich im gegenwärtigen Augenblick überall auf der Welt ereignen. Das ist einfach eine logische Ausweitung unseres konventionellen Begriffs des »gegenwärtigen Augenblicks«. Genau das meinen wir zum Beispiel, wenn wir sagen: »Sie kommt genau jetzt am Flughafen in Tokio an.« Nehmen wir der Einfachheit halber ein ganz besonderes Universum an, das nur aus einer Milliarde synchronisierter, über die Milchstraßen verteilter Uhren besteht. Dann zeigen sie in ein und demselben Bezugsrahmen zu jedem Augenblick alle dieselbe Zeit an, selbst wenn sie Milliarden Lichtjahre auseinanderliegen. (Natürlich reist das Signal, das mir sagt, welche Zeit eine entfernte Uhr anzeigt, immer noch mit Lichtgeschwindigkeit.) In diesem vereinfachten Universum bedeutet »jetzt« die Gesamtheit aller identischen Uhren, die dieselbe Zeit in einem beliebigen Augenblick anzeigen.

Betrachten wir zum Beispiel den Augenblick, in dem alle Uhren simultan genau 12.00 Uhr mittags anzeigen. Dann ist diese Gesamtheit von Ereignissen simultan nur für ein und denselben Bezugsrahmen. Betrachten wir im Gegensatz dazu einen anderen Beobachter, der mit einem signifikanten Bruchteil der Lichtgeschwindigkeit an unserem ersten Beobachter vorbeifliegt. Für diesen zweiten Beobachter werden nur sehr wenige Uhren dieselbe Zeit anzeigen – einige Zeiger stehen vor 12.00 Uhr mittags, andere danach. *Da Simultaneität relativ ist, ist das »Jetzt« dieses zweiten Beob-*

achters sein gegenwärtiger Augenblick, eine andere Gesamtheit simultaner Ereignisse, selbst wenn die beiden Beobachter, während sie ihren Vergleich anstellen, denselben Punkt im Raum einnehmen. Ich werde gegen Ende dieses Buches noch einmal auf diese irritierende Relativität des gegenwärtigen Augenblicks zurückkommen. Aber zurück zur Synchronizität.

Untermauert die spezielle Relativitätstheorie mit ihrem elastischen Raum- und Zeitbegriff die Synchronizität? Nicht direkt. Doch sind die Begriffe von Raum und Zeit, die sich aus der Relativitätstheorie ergeben, ganz gewiß elastischer, relativer, weniger fix und entsprechen daher den in der Synchronizität so häufig vorkommenden Zeit und Raum überschreitenden Aspekten besser.

Psychologisch ausgedrückt heißt das, daß wir Festigkeit und Absolutheit auf Raum und Zeit projizieren, obwohl es dergleichen in Wirklichkeit nicht gibt. Es existiert nicht einmal ein »Aufhänger« für unsere Projektion. Sicher, unter den meisten nicht-relativistischen Bedingungen, wo weit geringere Geschwindigkeiten als die des Lichtes auftreten, wirft dieser Irrtum keine Probleme auf. Doch im Prinzip sind Raum und Zeit relativ zu einem bestimmten Bezugsrahmen, zu einem bestimmten Beobachter. In diesem Sinne sind sie »wesentlich psychischen Ursprungs«. Aufgrund unserer absolutistischen Gewohnheiten errichten wir innere Barrieren vor dem Verständnis der Synchronizität und verlieren so unser Geld an Raumzeit-Sam.

In dieser Erörterung über die Relativität habe ich vor allem die Bezugsrahmen-Abhängigkeit von Raum und Zeit betont, die außergewöhnliche Elastizität selbst solcher Dinge wie Simultaneität. Bevor wir fortfahren, sollte man sich klarmachen, wie die objektive Einstellung, die seit Galilei die Wissenschaft charakterisiert hat, von der Relativitätstheorie in Frage gestellt wird. Viele Quantitäten, die Galilei und seine Nachfolger für primär hielten (Umfang, Gestalt, Masse usw.), sind für uns heute systemabhängig, engstens mit einem bestimmten Standpunkt verknüpft und nicht mehr vollständig objektiv. Wie sich in den nächsten beiden Kapiteln erweisen wird, ist die Quantenphysik in dieser Verneinung der objektiven Einstellung der klassischen Physik noch weitergegangen. Noch stehen wir vor der Aufgabe, diese großen Wahrheiten in unserer Kollektivseele zu assimilieren. Doch bevor ich mich wieder der Quantenmechanik zuwende, möchte ich eine starke Synchronizitäts-Geschichte präsentieren, die außer ihrem Bedeutungsreichtum überzeugend darstellt, wie wir tatsächlich hin und wieder die normalen Bedingungen von Raum und Zeit überschreiten. Wir haben hier ein anschauliches Beispiel von Raum und Zeit für Jungs Relativitätsbegriff.

Synchronizitäts-Zwischenspiel Nr. 4

Eine Traum-Hochzeit

Mein Beispiel für Synchronizität hat die Gestalt eines Traumes, der ein wichtiges Ereignis in meinem Leben präfigurierte. Vor etwa zwanzig Jahren, zwei Jahre, nachdem ich die Universität verlassen hatte, hatte ich eine Liebesbeziehung zu einem Kommilitonen aus Indien, einem Land, dessen Kultur mich faszinierte. Die Angelegenheit zog sich schon über zwei Jahre hin. Wir dachten bereits an Heirat, scheuten aber die Auseinandersetzung mit unseren Familien, die ganz verschiedenen religiösen und kulturellen Traditionen verpflichtet waren.

Mitte Dezember besuchte mein Freund seine Familie zum erstenmal nach sechs Jahren und versprach mir, in ein paar Wochen zurückzukommen. Langsam verstrich der Januar, doch er kam nicht zurück, und ich hörte nichts von ihm.

In der Nacht zum 2. Februar oder früh am Morgen wachte ich mit einem bestürzenden Traum auf. Er hatte zwei Teile.

Zuerst befand ich mich in einer großen Halle und versuchte die Tische für ein Fest zu decken. Es handelte sich um meine Hochzeit. Aber wie ich es auch anstellte, die Tassen fielen immer wieder um, und das Besteck wollte einfach nicht so liegenbleiben, wie ich wollte. In dieser Not betrat mein Philosophie-Lehrer Anthony im Narrenkostüm den Saal und begann Kunststücke mit großen numerierten Karten zu machen. Er hielt eine Karte mit der Nummer sieben in die Höhe und erklärte mir: »Die nächste Hochzeit ist am siebten.«

Dann wechselte die Szene, und ich lag auf einem Operationstisch unter den Händen grausamer Nazi-Ärzte. Sie zeigten mir eine große Karte mit kolorierten Anatomiezeichnungen und erklärten mir, welchen operativen Eingriff sie vornehmen wollten. Ich erkannte, daß sie meine inneren Organe auf ganz seltsame Weise neu anordnen wollten, was sehr weh tun und vielleicht sogar tödlich verlaufen würde. Irgendwie gelang es mir, ihnen zu entkommen.

Am Morgen erzählte ich den Traum meiner besten Freundin Jayne, die die Nacht bei mir verbracht hatte, aber beide hatten wir keine Ahnung, was er bedeuten könnte. Ich konnte mir nicht vorstellen, was eine Hochzeit am siebten mit mir zu tun haben sollte. Und so tappte ich in den nächsten fünf Tagen im Dunkeln, erfüllt nur von Angst wegen des zweiten Teiles des Traums, die sich nicht zum Schweigen bringen lassen wollte. Ständig fragte ich mich, ob irgend etwas Besonderes am siebten passieren würde.

In der nächsten Woche, am siebten Februar, erhielt ich den lang erwarteten Brief aus Indien, dessen Adresse mit einer mir vertrauten Handschrift geschrieben und der am dritten Februar abgestempelt war. Unerklärlicherweise enthielt aber der Umschlag eine gedruckte Einladung zu einer Hochzeit, die genau an diesem Tag in Indien stattfinden sollte. Ich las die Namen der Beteiligten, las sie noch einmal – war nicht der Name des Bräutigams auf der Einladung der meines Freundes? Das konnte doch nur ein Irrtum sein? Wieder und wieder las ich die gedruckten Worte und versuchte die Nachricht zu verdauen, während ich sie gleichzeitig los sein wollte. War es vielleicht sein Bruder, dessen Namen ich nicht richtig gelesen hatte und der plötzlich den Entschluß gefaßt haben mußte zu heiraten?

Der Einladung beigefügt fand sich ein handgeschriebener Brief meines Freundes, in dem er erklärte, sein Besuch zu Hause sei sehr problematisch verlaufen. Seine Familie sei, trotz seiner Erfolge in Studium und Beruf, gar nicht glücklich mit seinem amerikanisierten Verhalten gewesen und übte erheblichen Druck auf ihn aus, zu Hause zu bleiben. Schließlich gelang es seinen Angehörigen durch alle möglichen Drohungen, ihn zu einer schnell arrangierten Heirat mit der Tochter einer befreundeten Familie zu zwingen, einer Heirat, die er vor seiner Abreise unmöglich hatte voraussehen können. Er bat um Vergebung, versprach mir, er würde natürlich immer an mich denken, und freue sich darauf, mich zu besuchen, wenn er in einigen Wochen mit seiner neuen Braut in die Vereinigten Staaten zurückkehre.

Ich war durch diese Nachricht wie zerschmettert. Gleichzeitig staunte ich aber über die genaue Voraussage des Traums. Ich träumte am gleichen Tag, an dem der Brief aufgegeben worden war, und das im Traum angegebene Datum war das Ankunftsdatum des Briefes und der Termin der schicksalhaften Heirat. So empfing ich nicht nur einen, wie es mir vorkam, tödlichen Schlag, sondern wurde zugleich auch ungemein deutlich und klar mit der Existenz einer übersinnlichen Welt konfrontiert, die die harten physischen Realitäten des Alltags außer Kraft setzte. Bis zu diesem Zeitpunkt war »übernatürliches« Wissen für mich entweder bloße Theorie oder purer Aberglaube gewesen. Jetzt sah ich mich gezwungen, ernst zu nehmen, was ich bisher aus der Philosophie, der Jungschen Psychologie und der Mystik über die schöpferischen und projektiven Fähigkeiten des Geistes gelernt hatte.

Kurz darauf erzählte mir auch meine rationale, skeptische Freundin Jayne, welch starken Eindruck die Aussagekraft und Authentizität des Traums auf sie gemacht hatte. Ich für meinen Teil hatte das Gefühl, daß ich mich, wäre sie nicht Augenzeugin gewesen, zu der Überzeugung überredet hätte, der Traum, obwohl er so lebhaft gewesen war, sei eine bloße Einbildung von mir.

Als mir der Inhalt des Briefs allmählich klar zu Bewußtsein kam, erkannte ich, daß ein schwerer Weg vor mir lag. Ich war hin- und hergerissen zwischen den beiden Extremen eines Paradoxes. Ein Freund verwandelt sich mit einem Schlag in einen Exfreund – ein Paradox, das im Reich des Eros etwas Alltägliches ist. Und niemandem konnte ich wegen dieser schmerzlichen Erfahrung Vorwürfe machen: Mein Freund hatte einfach seine Familienpflichten erfüllt. Seine Familie wünschte nur das Beste für ihn, und seine neue Frau war erst recht unschuldig, und ganz gewiß nicht böswillig. Ich konnte jetzt nur in mich hineinschauen und mich über die Gewalt meiner Projektion wundern, die so heftig gegen mich zurückgeschleudert wurde. Ich stand vor einer unlösbaren Aufgabe – alles, was ich vorher als »draußen« empfunden und an einem anderen Menschen geschätzt hatte, wieder in mich zurückzuholen, ohne ein liebesleeres Wesen zu werden. Dem Verstand nach war mir schon klar, ein wie großer spiritueller Segen darin lag zu erkennen, daß der Wert der eigenen Seele größer ist als jeder Gegenstand oder jeder Mensch in der Welt draußen. Doch diesen Inhalt wieder in mein Wesen zu integrieren lief darauf hinaus, daß ich die enggewobenen Fäden des ganzen Gewebes meiner Existenz durchschneiden mußte.

Das emotionale Chaos und die innere Neuordnung, die in den nächsten paar Monaten erfolgten, waren wohl vom zweiten Teil meines Traums schon symbolisch dargestellt worden. Ich geriet in eine Phase der Traurigkeit, wo die Welt jeden Reiz für mich verlor, das Leben wie automatisch und tot ablief und mich nur ein elementarer Instinkt im Dasein erhielt. Es war ein einsamer Kampf, trotz der Hilfe guter Freundinnen. Ich fühlte mich sonderbar zerstückelt, zum Teil Heldin eines platten Melodrams, zum Teil um die Einsicht kämpfend, daß in diesem Wahnsinn doch irgendeine Methode stecken mußte. Auch die Tatsache setzte mir zu, daß ich das Opfer von Umständen war, für die ich aufgrund meiner romantischen Illusionen in gewisser Hinsicht selbst verantwortlich war. Im Rückblick fällt es mir schwer zu begreifen, wie mich ein aufgelöstes Liebesverhältnis in solche Verzweiflung stürzen konnte. Ich hätte mir einfach klarmachen müssen, daß diese Liebe ohnehin niemals von Dauer gewesen wäre und daß mein Leben damals einfach eine andere Richtung nehmen mußte. Aber es gab noch andere Aspekte zu dieser Zeit, die mich verwundbar machten: Ich war gerade in eine eigene Wohnung umgezogen und hatte einen neuen Ganztags-Job angetreten. Doch die Tiefen, durch die ich ging, wiesen sicher noch auf etwas anderes, Weitergehendes hin. Es gibt eine Art dunkler Gegenseite im Prozeß des Seelenwerdens, eine Seite, die Sterben und Verfall bedeutet, die alchemische *Nigredo*, die bei der Neuordnung der Seele nicht fehlen darf, lange bevor deren schließliche Verwandlung in Gold vollendet ist.

Vor kurzem forderte Vic Mansfield mich auf, mir zu überlegen, warum dieser Traum und die Synchronizität dieser Ereignisse passiert sein mochten. Seltsamerweise fand unser Gespräch auf der Hochzeit eines Freundes statt, während wir an langen Tischen saßen, ähnlich jenen in meinem Traum.

Vielleicht war der Traum eine Warnung oder ein Versuch, mich auf das Kommende vorzubereiten, obwohl mir das nicht bewußt wurde. Möglicherweise erhöhte oder intensivierte er die auf mich zukommende Erfahrung auch. Der Traum kündigte eine bedeutsame Veränderung in meinem seelisch-geistigen Leben an. Und wenn die abrupte Beendigung meines Liebesverhältnisses noch nicht ausgereicht hätte, diese Veränderung auszulösen, wollte mich der Traum auf den Knackpunkt hinweisen. Doch gab er mir auch ein deutliches Zeichen, daß meiner Erfahrung ein höheres Prinzip zugrundelag. Ich war nicht nur bloßes Opfer zufälliger Wirkungen in einem chaotischen Universum, sondern es gab einen Sinn für all das Leid, und es gab die Verheißung, daß mein Leben einen neuen Kurs einschlagen würde. Dieser Sinn gab mir ein Gefühl für Richtung, das mir half, mich durch die emotionale Auflösung und die Depressionen hindurchzufinden.

Und schließlich zeigte mir das dramatische Erlebnis der Synchronizität an sich – abgesehen von den Inhalten –, daß so etwas wie eine Psyche, eine Seele oder ein Selbst kraftvoll existiert. Eine einzige Erfahrung dieser Art kann den Menschen von der Tatsache der Seele besser überzeugen, als es Unmengen religiöser, philosophischer oder psychologischer Texte und Beschreibungen paranormaler Phänomene vermögen. Doch war wahrscheinlich auch der Inhalt des Erlebnisses – in seiner Verbindung mit Eros – instrumental insofern, als er als Katalysator für den Individuations-Prozeß und als Form für die Entwicklung der Seele diente. Jung zitiert Albertus Magnus mit dem Satz, »daß jeder alles magisch beeinflussen kann, wenn er in einen großen Exzeß gerät«.[2] Mit anderen Worten, meine übertriebene Verliebtheit und die Intensivierung bzw. Bündelung der Energie, die sie verursachte, war zum Teil für die bestürzende Offenbarung des Traums verantwortlich, die dann umgekehrt mein Erlebnis weiter intensivierte. Gemeinsam hatten der Traum, das Erlebnis des Verlustes und sogar – im Rückblick – das gesamte vorangehende Liebesverhältnis offenbar mit großer Heftigkeit eine plötzliche Bresche in mein Innenleben geschlagen, durch die ich die Existenz und schöpferische Macht der Seele lebhaft spüren konnte. Die chaotische emotionale Gegenseite diente als Öffnung, durch die nach Anerkennung verlangende unbewußte Elemente eindringen konnten.

Es kann die Arbeit eines ganzen Lebens bedeuten, einen solchen Blick ins Geheimnis der Welt zu werfen und seine philosophischen und ethischen Implikationen zu begreifen, zu integrieren und zu formulieren. Ich möchte deshalb gerne glauben können, daß sich die Hochzeitsankündigung des Traums nicht nur auf die aktuelle Heirat am 7. Februar bezog, sondern noch eine weitere Bedeutung für mich hat, die sich über einen größeren Zeitraum erstreckt. Vielleicht bedeutet die Heirat am siebten meinen ersten Schritt in Richtung auf eine höhere Einheit, den Weg, auf dem die emotionalen, intellektuellen und praktischen Aspekte des Lebens immer besser aufeinander abgestimmt werden müssen.

8
Ein partizipatorisches Quanten-Universum

Wenn einmal die Geschichte dieses Jahrhunderts geschrieben werden wird, wird sich herausstellen, daß nicht die Politik – trotz ihrer gewaltigen Kosten an Menschenleben und Geld – das Entscheidende gewesen ist. Das Entscheidende ist vielmehr die erste menschliche Begegnung mit der unsichtbaren Welt der Quanten und die darauf folgende biologische und Computer-Revolution.

HEINZ PAGELS[1]

So nützlich es unter Alltagsbedingungen ist, zu sagen, die Welt existiere unabhängig von uns »dort draußen« – diese Sicht läßt sich heute nicht länger aufrechterhalten. Unter einer anderen, sehr ungewohnten Perspektive handelt es sich nämlich um ein »partizipatorisches Universum«.

JOHN WHEELER[2]

Unabhängige Existenz als Maß für das Wirkliche

Stellen Sie sich vor, eine finstere Straße sei nur von zwei mehrere Blocks auseinanderliegenden Straßenlampen erhellt. In einer besonders dunklen Nacht wandert ein Mann aus dem Lichtbereich der einen Lampe in den der anderen. Es besteht kein Zweifel für uns, daß, obgleich wir ihn nicht sehen können, seine Identität und sein Weg durch die Dunkelheit genau definiert und von unserer Beobachtung unabhängig sind. Er ist objektiv. Ja, wir projizieren innerlich vielleicht alles mögliche auf ihn: Was tut dieser geheimnisvolle Mann hier in dieser dunklen Straße? Ist es ein Polizist, ein Gangster, ein ganz normaler Arbeiter auf dem Nachhauseweg? Wir sind, wie wir innerlich auf diesen Mann auch reagieren müssen, davon überzeugt, er besitze ein genau definiertes Wesen und sein Weg zwischen den beiden Lichtquellen sei genau bestimmt – eine objektive Existenz. Mit anderen Worten, wir gehen davon aus, er habe seit jeher existierende Eigenschaften, die nur darauf warten, von unserer Beobachtung entdeckt zu werden. Diese Voraussetzung ist uns etwas so Natürliches, daß wir sie nur selten in Worte kleiden. Ersetzen wir nun aber diese Person durch ein Elementarteilchen, etwa ein Elektron oder Photon, können wir nicht mehr davon ausgehen, daß das Objekt ein genau definiertes Wesen besitzt und einen ebensolchen Weg zwischen zwei Beobachtungspunkten zurücklegt. Unbeobachtete Objekte der Quantenmechanik sind von vornherein ungenau definiert, und es ist schwierig, sie überhaupt als Objekte im normalen Sinn zu charakterisieren. Sie besitzen keine von vornherein existierenden, genau definierten Eigenschaften vor jeder Messung. Wie wir im vorigen Kapitel gesehen haben, stellt die Relativitäts-Physik unsere absolutistischen Auffassungen von der Raumzeit in Frage und attackiert unsere naive, realistische Weltanschauung unnachsichtig. In diesem Kapitel werden wir sehen, daß es notwendig ist, bei der Definition von Objekten mittels Messung unsere eigene Partizipation mit einzubeziehen – was eine noch viel weitgehendere Zerstörung unseres naiven, realistischen Weltbildes bedeutet.

Für die meisten von uns behauptet sich das Wirkliche, das Objektive in voller Unabhängigkeit – im wesentlichen frei von Beziehungen zu uns oder anderen Objekten der Welt. Ob wir die Schrecken einer vor dem Ausbruch stehenden Psychose oder eines bösen Traums abwehren, immer suchen wir Aspekte der Realität, die uns Stabilität und Unabhängigkeit vermitteln. Solche wirklichen Objekte verändern ihre Natur nicht wesentlich, wenn wir sie unter etwas anderen Umständen betrachten, sei es unter anderem Licht und aus einem anderen Blickwinkel, sei es, daß wir uns in anderer Stimmung befinden. Auf der anderen Seite können Wesen ihre Natur auf die schrecklichste Weise verändern, wenn sie aus einer nur leicht veränderten Perspektive gesehen werden – der Geliebte verwandelt sich in ein menschenverschlingendes Ungeheuer, der Freund in einen unversöhnlichen Feind. Sicher, wir sind uns bewußt, daß wir, wenn wir einen anderen Menschen durch unsere Beziehung zu ihm definieren, an diesem Vorgang »partizipieren«. Aber wir sind doch fest davon überzeugt, daß jeder von uns einen Kern unabhängiger, objektiver Wirklichkeit besitzt. Würde man uns »Chamäleon« oder »Unbeschriebenes Blatt« nennen, so würde unser geheiligtes Gefühl, eine unabhängige Identität zu sein – was nach unserer Auffassung unsere wirkliche Natur ist – in Frage gestellt. In dieser sich dauernd verändernden, schwankenden Welt des Wandels klammern wir uns an Dinge, die von uns unabhängig sind und ihre eigene Natur haben. Das ist es, was wir normalerweise als objektiv bezeichnen oder, wie es Wheeler in dem Eingangszitat zu diesem Kapitel ausdrückt, »die Welt existiert unabhängig von uns ›dort draußen‹«.

Der Glaube an eine unabhängig von uns existierende Welt ist eins der großen Hindernisse beim Versuch, die Synchronizität zu verstehen. Denn wenn sie wirklich unabhängig von uns ist, wie kann sie sich dann sinnhaft auf unseren inneren psychischen

> »Die Grenze im Hinblick darauf, von Phänomenen als objektiv existierend zu sprechen, die uns die Natur selbst gesteckt hat, findet, soweit ich sehen kann, ihren Ausdruck in der Formulierung der Quantenmechanik.«
> NIELS BOHR[3]

Zustand beziehen? Da wir diese Frage nicht beantworten können, liegt es nahe, Synchronizität als bloß zufälliges Zusammentreffen aufzufassen, als ein Wunder, eine Laune der Natur oder eine Art der Selbsttäuschung. Doch möchte ich jetzt ein einfaches Gedankenexperiment besprechen, welches genau zeigt, was John Wheeler meint, wenn er sagt, wir befänden uns in einem »partizipatorischen Universum«. Sich klarzumachen, was an unserem Universum »partizipatorisch« ist, erklärt zwar nicht die innere Wirkungsweise der Synchronizität und jagt uns auch keinen Schrecken ein wie bei der Vorstellung, daß sich ein geliebtes Wesen plötzlich in eine Bestie verwandelt. Doch stellt es uns einen signifikant besseren Bezugsrahmen zum Verständnis der Synchronizität zur Verfügung – es entfernt nämlich falsche Vorstellungen über Objektivität, die wir in die Natur hineinprojizieren. Ich möchte beginnen mit der Untersuchung der Natur des Lichtes: zuerst als einer Welle, dann als Partikel. Diese berühmte Welle-Teilchen-Dualität versetzt uns mitten in die geheimnisvolle Quanten-Welt.

Die Wellen-Natur des Lichtes

Ein Standardgerät in jedem physikalischen Laboratorium ist ein, wie in Abbildung 9 gezeigtes, Interferometer. Die Lichtquelle ist hier im allgemeinen ein Laser, der ein stark monochromatisches, einfarbiges Licht aussendet, das sich leicht bündeln läßt. Zwei Arten von Spiegeln werden da-

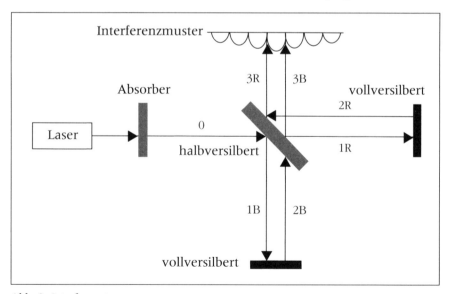

Abb. 9 *Interferometer*

bei verwendet: ein vollversilberter Spiegel, der alles auf ihn fallende Licht wie der uns jeden Morgen im Badezimmer begrüßende Spiegel reflektiert, und ein halbversilberter Spiegel, der nur die Hälfte des auf ihn auftreffenden Lichtes reflektiert und die andere Hälfte durchläßt, wie manche reflektierenden Sonnenbrillen.

Um das Interferometer zu verstehen, fangen wir am besten bei dem Laser links auf Abbildung 9 an. Das Licht geht zuerst durch einen Absorber, der die Lichtintensität des mit 0 bezeichneten Strahls reduziert. Dieses Licht trifft dann auf den halbversilberten Spiegel, der im 45°-Winkel zu dem einfallenden Strahl angebracht ist. Die Hälfte dieses einfallenden Lichtes von Strahl 0 wird in Strahl 1U nach unten reflektiert und trifft auf den vollversilberten Spiegel unten in der Figur (das »U« in 1U bezeichnet den von dem vollversilberten Spiegel unten reflektierten Strahl). Von dem vollversilberten Spiegel wird das Licht in Strahl 2U wieder zurückreflektiert, der aus Gründen der besseren Sichtbarkeit in der Figur etwas nach rechts gerückt ist. Strahl 2U spaltet sich sodann im halbversilberten Spiegel und durchdringt diesen zur Hälfte als Strahl 3U, während die andere Hälfte zum Laser zurückreflektiert wird. Diesen zum Laser zurückreflektierten Strahl zeigt uns die Figur nicht, da wir uns mit ihm nicht weiter zu beschäftigen brauchen. Da Strahl 3U aus einem zweimaligen Durchgang durch den halbversilberten Spiegel resultiert und bei jedem Durchgang seine Intensität halbiert wurde, ist er nur noch ein Viertel so stark wie der ursprüngliche Strahl 0. Jetzt gehen wir wieder zu Strahl 0 zurück und folgen diesmal dem halben Strahl, der durch den halbversilberten Spiegel geht und zu Strahl 1R wird. (»R« steht für Reflexion am rechten vollversilberten Spiegel.) Nach seiner Reflexion am rechten vollversilberten Spiegel wird er zu Strahl 2R, der ebenfalls aus Gründen der besseren Sichtbarkeit in der Abbildung nach oben gerückt ist. Strahl 2R spaltet sich am halbversilberten Spiegel, die eine Hälfte wird nach oben in Gestalt von Strahl 3R reflektiert, die andere Hälfte geht zurück zum Laser. Dieser letzte Strahl ist nicht dargestellt, weil wir uns auch mit ihm nicht zu beschäftigen brauchen. Da auch Strahl 3R das Resultat zweier Interaktionen am halbversilberten Spiegel ist, ist er ebenfalls nur ein Viertel so stark wie der ursprüngliche Strahl 0. Strahl 3U und 3R bilden ein Interferenzmuster, dargestellt oben in der Abbildung. Wir wollen es jetzt untersuchen.

Eine charakteristische Eigenschaft von Wellen, seien es Wasserwellen, Klangwellen oder Lichtwellen, ist ihre Fähigkeit zu interferieren – sich aufzusummieren entsprechend ihren Phasenbeziehungen. Nehmen wir den Fall zweier Wellen, die in Phase sind – sie besitzen eine 0-Phasen-Differenz. Dann erscheinen zwei Wellenberge (maximale Amplituden) gleichzeitig am selben Punkt, und die Amplituden summieren sich und werden zur Gesamtamplitude. Man bezeichnet das als konstruktive Interferenz. Wenn im Gegensatz dazu zwei Wellen um 180° außer Phase sind, treffen sich ein Wellenberg der einen Welle und ein Wellental (minimale Amplitude) der anderen Welle gleichzeitig am selben Punkt. Dann subtrahieren sich ihre Amplituden oder heben sich ganz auf. Das heißt, die resultierende Gesamtamplitude ist die Differenz zwischen den einzelnen Amplituden. Das ist destruktive Interferenz. Wenn also die ursprünglichen Wellen dieselbe Amplitude hätten, wäre ihre Differenz 0 – sie würden sich vollständig aufheben. Architekten von Konzertsälen müssen vermeiden, daß die Musik von den Wänden und Decken zurückhallt und um 180° außer Phase zu den Sitzen der Zuhörer gelangt. Solche Stellen destruktiver Interferenz wären besser zum Schlafen geeignet als zum Musikhören.

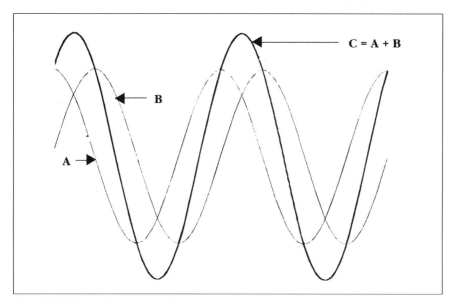

Abb. 10 *Wellen teilweise außer Phase*

Natürlich gibt es auch eine ganze Reihe dazwischenliegender Fälle, wo sich die Phasendifferenz sich zwischen 0° und 180° bewegt. Dann kommt es nur zu teilweiser Summierung oder Aufhebung. Abbildung 10 zeigt einen solchen Fall. Es werden drei Wellen gezeigt: A und B mit gleicher Amplitude, doch B ist um 90° außer Phase in bezug auf A. Die Wellen A und B summieren sich zu C.

Zurück zu unserem Interferometer. Wir untersuchen die Strahlen 3U und 3R, die das Interferenz-Muster oben am Gerät bilden. Ist die Anordnung der vollversilberten Spiegel so, daß die beiden Strahlen dieselbe

Gesamtstrecke bis zu einem bestimmten Punkt im Interferenzmuster zurücklegen, so werden sich die Lichtwellen an diesem Punkt exakt in Phase befinden und die Strahlen dort konstruktiv interferieren. Mit anderen Worten, es tritt konstruktive Interferenz auf, wenn die von den Strahlen 1U, 2U und 3U zurückgelegte Strecke gleich der von 1R, 2R und 3R ist. Ist das der Fall, so finden wir ein Lichtband hoher Intensität, das in dem Diagramm durch einen Berg im Interferenzmuster dargestellt wird. Konstruktive Interferenz tritt ebenfalls auf, wenn die Differenz zwischen den von den beiden Strahlen zurückgelegten Strecken aus einer ganzzahligen Anzahl von Wellenlängen besteht. Unterscheiden sich die von den Strahlen zurückgelegten Wege um eine halbe Wellenlänge, kommen sie um 180° außer Phase beim Interferenzmuster an und interferieren dort destruktiv. Das ergibt eine dunkle Stelle, die sich im Interferenzmuster als Tal zeigt. Verschiebt man einen oder beide der vollversilberten Spiegel ein wenig, so rückt das Interferenzmuster etwas nach links oder nach rechts, verändert sein Aussehen aber nicht grundsätzlich. Das Weiterrücken tritt deshalb auf, weil sich durch das Verschieben der Spiegel die von den Strahlen zurückgelegten Wege ändern. In der Praxis wird das genaue Interferenzmuster häufig dadurch festgehalten, daß eine fotografische Platte oben an Abbildung 30 angebracht wird. Solch eine Platte registriert die sich je nach Position ergebenden Veränderungen in der Lichtintensität ganz genau.

Das Interferenzmuster und seine Veränderbarkeit durch die Plazierung der vollversilberten Spiegel stellen ein vorzügliches Beispiel für die Wellen-Natur des Lichtes dar. Das Interferenzmuster in diesem einfachen Gerät reagiert so sensibel auf die Position der Spiegel, weil die Wellenlänge des sichtbaren Lichtes annähernd 0,005 cm beträgt – klein im Vergleich zu makroskopischen Dimensionen.

Die Teilchen-Natur des Lichtes

Ideale Wellen können unendlich weit reisen und Amplituden jeden Umfangs besitzen, während ideale Partikel einen Ort, doch keine Ausdehnung haben und feste Massen besitzen. Es gibt keine gegensätzlicheren Wesen in der Natur (einschließlich Dr. Jekyll und Mr. Hyde), und doch müssen wir anerkennen, daß Licht sowohl Teilchen- als auch Wellen-Natur besitzt. Welchen dieser Aspekte wir kennenlernen wollen, ist uns überlassen. Wir müssen »partizipieren«, wenn wir das Universum definieren wollen. Am Interferometer können wir genau sehen, wie diese Partizipation vor sich geht.

Stellen wir nämlich einen sehr starken Absorber vor den Laser, wird der

Die Teilchen-Natur des Lichtes

Lichtstrahl so schwach, daß sich auch seine Teilchennatur offenbart. Wir können einen Fotodetektor, ein elektronisches Gerät, das einzelne Photonen oder Lichtenergie-Quanten zählt, in den Strahl stellen, das Signal durch unseren Stereoverstärker schicken und dann von Lautsprechern wiedergeben lassen. Bei jedem entdeckten Photon hören wir ein scharfes Klicken, das vollkommen unkalkulierbar ertönt. Aus Intervallen, oft weit größer als die zwischen den einzelnen Klicks vergehende Durchschnittszeit, läßt sich ein genauer Durchschnittswert feststellen. Manchmal gibt es lange Pausen zwischen den Klicks, dann häufen sie sich und folgen einander so schnell, daß man mit dem Zählen kaum noch nachkommt. Es ist eine Verteilung wie beim Platzen von Popcorn. Aber es besteht doch ein Riesenunterschied. Die meisten Menschen sind der Ansicht, wir könnten, wenn wir nur jedes Popcorn-Körnchen genügend genau untersuchen würden, voraussagen, wann es platzt. Vielleicht hängt der genaue Zeitpunkt des Platzens von der Dicke seiner Haut, seinem Feuchtigkeitsgehalt und der Temperatur ab. Dann wäre die statistische Verteilung nur ein Maß für die Variabilität der Natur und unsere Unkenntnis der Einzelheiten. Mit anderen Worten, wir glauben, daß auf einer tief genug liegenden Ebene die Zeit des Platzens voraussagbar und determiniert ist. Indessen ist schon *im Prinzip* eine solche Analyse bei Photonen nicht möglich. Obwohl es einen genau bestimmten Durchschnitt gibt, sind die individuellen Zeitpunkte ihres Auftretens vollständig unvorhersagbar und damit echt akausal, genauso wie der Zerfall von radioaktiven Kernen, von dem in einem früheren Kapitel die Rede war.

Wir stellen nun einen Fotodetektor so, daß er die Photonen, die von dem vollversilberten Spiegel unten im Diagramm abprallen, erfaßt. Das heißt, er erfaßt das Licht in Strahl 2U. Es zeigt sich dann, daß über einen genügend langen Zeitraum die durchschnittliche Anzahl der Photonen genau halb so groß wie die in Strahl 0 ist. Dieselbe Durchschnittszahl finden wir, wenn wir den Fotodetektor so plazieren, daß er die vom vollversilberten Spiegel in 2U rechts reflektierten Photonen erfaßt. Niemals aber finden wir ein halbes Klicken. Jedes Klicken hat dieselbe Stärke. All dies bestätigt, daß Licht aus Photonen besteht – unteilbaren Einheiten identischer Energie – und daß wir über einen guten halbversilberten Spiegel verfügen, der genau die eine Hälfte der Photonen reflektiert und die andere Hälfte durchläßt. Für ein bestimmtes Photon wissen wir niemals, ob es reflektiert oder durchgelassen wird, doch im langfristigen Durchschnitt bekommen wir für jeden der beiden Wege genau die Hälfte.

Aber ein echtes Wunder ereignet sich, wenn wir den Absorber so verstärken, daß er in einem bestimmten Zeitraum mit Sicherheit nur noch ein Photon durch den Interferometer läßt. Nehmen wir zum Beispiel an, der durchschnittliche Zeitraum zwischen zwei in Strahl 0 enthaltenen

Photonen, gerade nachdem sie den Absorber passiert haben, sei 0,1 Sekunden. Mit anderen Worten, in einer durchschnittlichen Sekunde treffen 10 Photonen von Strahl 0 auf den halbversilberten Spiegel. Wie erwartet, stellt sich heraus, daß im Durchschnitt die Hälfte, oder 5 Photonen pro Sekunde, jeweils eine Richtung nehmen – die eine Hälfte nach unten in Strahl 1U und die andere Hälfte nach rechts in Strahl 1R. Da bei Interferometern von Laboratoriumsgröße die Reisezeit für Photonen durch das System annähernd 10^{-8} Sekunden beträgt, können wir sicher sein, daß sich zu einem bestimmten Zeitpunkt immer nur 1 Photon hindurchbewegt. Aber hier kommt nun das Merkwürdige: Wenn wir ein solches System etwa eine Minute lang arbeiten lassen, sehen wir immer noch ein deutliches Interferenz-Muster, das nach links oder nach rechts rückt, je nachdem, wie wir einen der vollversilberten Spiegel bewegen. Das Weiterrücken des Interferenz-Musters bei einer Bewegung der halbversilberten Spiegel war erklärlich, als wir die Wellen-Natur des Lichtes untersuchten und sicher sein konnten, daß Lichtwellen durch beide Arme des Interferometers reisten. *Doch wie kann ein einziges, unteilbares Photon, das allein durch das Interferometer reist, ein Interferenz-Muster erzeugen, welches auf den Phasenbeziehungen zwischen den durch verschiedene Arme reisenden Strahlen beruht?* Mit anderen Worten, wie kann das Photon mit sich selbst interferieren, wenn es doch nur die eine oder die andere Richtung nimmt?

Wir können es natürlich schlau anstellen und herausfinden, durch welchen Arm das Photon reist. Wir könnten zum Beispiel die fotografische Platte durch eine Reihe von Fotodetektoren ersetzen, die die Ankunft einzelner Photonen an der Stelle des Interferenz-Musters registrieren. Dann könnten wir die vollversilberten Spiegel so sensibel montieren, daß sie jedesmal, wenn ein Photon von ihnen reflektiert wird, leicht zittern oder vibrieren. Auf diese Art wäre es uns möglich zu sagen, durch welchen Arm ein einzelnes Photon reist. Mit anderen Worten, wir würden Informationen über den Weg, den das Licht durch das Gerät nimmt, erhalten. Aber unter solchen Bedingungen verschwindet das Interferenz-Muster! Das Licht-Muster wird zu einem konturlosen Fleck.

Vielleicht ist es schwierig, zwei solche balancierende, vollversilberte Spiegel anzubringen. Aber wir brauchen ja gar nicht zwei auf Photonen sensibel reagierende Spiegel, da das Photon entweder den einen oder den anderen Weg nehmen muß. Wir schrauben also einen Spiegel, sagen wir, den rechten, wieder fest. Wenn wir dann ein Photon an der Stelle des Interferenz-Musters entdecken und unser balancierender Spiegel (unten) sich nicht bewegt hat, wissen wir, daß sich das Photon durch den anderen Arm (den rechten) bewegt hat. Nach dieser Veränderung bekommen wir wieder den konturlosen Fleck – und kein Interferenz-Muster. Werden aber die beiden vollversilberten Spiegel wieder fest montiert, so daß wir nicht sagen können, durch welchen Arm das Photon reist, hat es wieder den Anschein, als reise es irgendwie durch beide Arme und erzeuge das Interferenz-Muster in all seiner früheren Herrlichkeit. Kurz, *wenn wir wissen, durch welchen Arm das Photon reist, wird das Interferenz-Muster vernichtet. Wenn wir nicht wissen, durch welchen Arm es reist, scheint ihm das zu gestatten, beide Wege zu nehmen und ein Interferenz-Muster zu erzeugen.* Doch wir wissen, daß Photonen unteilbar sind. Sie spalten sich nicht und nehmen nicht beide Routen, da wir niemals Bruchteile von Photonen gefunden haben.

Was geht hier vor? Es handelt sich um ein Paradebeispiel für Niels Bohrs berühmtes Komplementaritäts-Prinzip – das sich hier anhand der Wellen-Teilchen-Natur des Lichtes manifestiert. Bohr war so begeistert vom Komplementaritäts-Prinzip als einer Möglichkeit, Gegensätze sowohl innerhalb als auch außerhalb der Physik miteinander in Beziehung zu setzen, daß er das *Yin-Yang*-Symbol, den Urdualismus des Ostens, auf seinem Wappen anbringen ließ. Über dem *Yin-Yang*-Symbol steht: »Die Gegensätze sind komplementär.« Ein Interferenzmuster ist charakteristischer Ausdruck für Welleneigenschaften, während die Kenntnis des Weges, den ein Partikel, etwa ein Photon, nimmt, charakteristisch für die Teilchen-Eigenschaft ist.

Das Licht zeigt sowohl Wellen- als auch Teilchen-Verhalten. Beide Eigenschaften sind wesentlich für ein Verständnis des Lichtes. Keine Eigenschaft ist fundamentaler als die andere. Wir können das Wellen-Verhalten des Lichts nicht auf seine Teilchen-Eigenschaften reduzieren, ebensowenig sein Teilchen-Verhalten auf Wellen-Eigenschaften. Trotzdem lassen sich Wellen-Natur und Teilchen-Natur des Lichtes nicht gleichzeitig erkennen. Wir müssen wählen, entweder die Wellen-Natur des Lichtes zu messen (sein Interferenz-Muster) und auf das Wissen zu verzichten, durch welchen Arm das Licht gereist ist, oder uns Wissen darüber zu erwerben, durch welchen Arm das Photon gereist ist (sein Teilchenverhalten), und darauf zu verzichten, seine Wellen-Natur kennenzulernen. Solange wir die Wellen-Natur des Lichtes erforschen, scheint es sich durch jeden Arm vorwärts zu bewegen. Dann zeigt das Interferenz-Muster seine Abhängigkeit von der Stellung der beiden Spiegel, und wir müssen auf jede Information über den Weg, den das Licht als Teilchen durch einen bestimmten Arm zurücklegt, verzichten. Im Gegensatz dazu zerstören wir, sobald wir seinen Weg als Teilchen untersuchen, stets das Interferenz-Muster und seine Abhängigkeit von der Stellung der vollversilberten Spiegel. Diese Sicht der Dinge unterscheidet sich radikal von unserer Annahme eines genau definierten Weges, den der Mann in unserem Beispiel unserer Auffassung nach zurücklegte, als er von einer Straßenlaterne zur anderen ging.

Der unten in Abbildung 11 gezeigte Würfel gibt vielleicht einen noch unmittelbareren Eindruck von Komplementarität, obwohl es sich nur um ein visuelles Symbol handelt. Wenn Sie noch nie mit solchen Würfeln gespielt haben, konzentrieren Sie sich einmal eine Minute lang auf Abbildung 11. Sie werden dann bemerken, daß eine Oberfläche nach vorne zu springen und die andere Oberfläche die hintere Fläche zu bilden scheint. Blicken Sie dann noch ein wenig länger darauf, so vertauschen die Oberflächen ihre Rollen. Sie sind gezwungen, entweder die eine oder die andere Oberfläche als vordere Fläche des Würfels anzusehen. Beide Alternativen können Sie niemals gleichzeitig wahrnehmen. Die beiden Interpretationen des Würfels sind komplementär. Die eine ist nicht fundamentaler als die andere. Wir können die eine nicht auf die andere reduzieren. Welche Fläche die vordere ist, hängt vom Betrachter ab. Ohne unsere Beteiligung als wahrnehmende Beobachter ist die Figur nicht vollständig definiert.

Welche Phänomene wir messen, hängt also zum großen Teil davon ab, was wir messen wollen. Niels Bohr sagte wiederholt: »Ich plädiere dafür, das Wort *Phänomen* ausschließlich Beobachtungen, die unter ganz bestimmten Bedingungen vorgenommen wurden, vorzubehalten. Zu diesen Bedingungen gehört auch die Beschreibung der gesamten Experimentiervorrichtung.«[4] Mit anderen Worten, man kann nicht sagen, ob Licht eine Welle oder ein Teilchen ist, ohne die Umstände der Messung, einschließlich der gesamten Versuchsanordnung, zu spezifizieren. *Licht besitzt eine vom gegebenen Zusammenhang abhängige, keine unabhängig existierende Natur.*

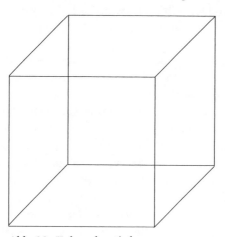

Abb. 11 *Kubus als optische Metapher für Komplementarität*

Viele sind der Ansicht, Komplementarität stehe im Widerspruch zur eigentlichen Stoßrichtung der modernen Naturwissenschaft seit den Gründertagen Galileis und Newtons. Sie sagen, wir seien immer bestrebt gewesen, die Natur unabhängig von den Einzelheiten des Erkenntnis- oder Meßvorgangs kennenzulernen. Alle naturwissenschaftliche Erkenntnis sei eine Form der Objektivierung – der Erkenntnis eines Objektes, das losgelöst vom Erkenntnisakt existiert. Unsere Aufgabe sei, zu erkennen, ob

Licht Welle oder Teilchen ist, und das müsse unabhängig von der »Beschreibung der gesamten Experimentiervorrichtung« erfolgen. Daß wir das nicht können, sagen die Kritiker der Quantentheorie, sei ein Mangel dieser Theorie und nicht eine Wahrheit über die Natur. Um auf diese Stimmen einzugehen, die in der modernen Physik häufig höchste Autorität genießen, wollen wir uns das Interferometer noch einmal ansehen.

Verzögerte Wahl – eine andere Variante des Experiments

John Wheeler hat eine andere Version des Interferometer-Experiments entwickelt, die Version einer verzögerten Wahl.[5] Ich stelle hier meine Version dieses Experiments dar. Wir wissen, wie schnell das Licht durch das Interferometer reist und daher auch, wie lange es zur Durchquerung des ganzen Systems braucht. Wir könnten dabei schnelle Elektronen verwenden (so geht man in der Praxis vor) oder die Interferometerarme sehr lang machen. Dann hätten wir Zeit genug, um einen vollversilberten Spiegel anzubringen oder wieder wegzunehmen, *nachdem* das Licht mit dem halbversilberten Spiegel interagiert hat. Mit anderen Worten, wir könnten, nach diesem Vorgang wählen, ob wir die Wellen- oder seine Teilchen-Natur des Photons zur Erscheinung bringen wollen. Wir schieben also unsere Wahl, ob wir die Wellen- oder Teilchen-Natur des Lichtes untersuchen wollen, immer bis zum letztmöglichen Augenblick hinaus. Dann können wir uns dafür entscheiden, seine Wellen-Natur zur Erscheinung zu bringen (mit beiden vollversilberten und fest montierten Spiegeln), und alle Ereignisse am Ort der Interferenz registrieren. Auf der anderen Seite können wir eine zweite Statistik-Reihe von Ereignissen am Ort der Interferenz in all den Fällen registrieren, wo wir uns im letzten Augenblick dafür entscheiden zu untersuchen, durch welchen Arm das Photon gereist ist.

Aber hier ergibt sich ein echter logischer Widerspruch. Es sieht nämlich so aus, als ob unsere Wahl im letztmöglichen Augenblick festlegt, was das Licht *vorher* getan hat. Ich möchte die Sache noch anschaulicher machen und betrachte wie Wheeler ein System mit astronomischen Dimensionen. Nehmen wir an, die Arme sind eine Milliarde Lichtjahre lang. Dann haben wir eine Milliarde Jahre zwischen der Interaktion am halbversilberten Spiegel und der am vollversilberten Spiegel. Das bedeutet, daß meine Entscheidung heute bewirkt, was das Licht vor einer Milliarde Jahren getan hat! Aber das wäre selbst für Physiker, die ja für das lebhafte Spiel ihrer Phantasie bekannt sind, zu abstrus. Wie könnte meine Entscheidung heute das Universum von vor Milliarden Jahren beeinflussen? Irgend etwas stimmt entweder mit der Quantenmechanik oder mit John Wheeler oder mit beiden nicht.

Doch sorgfältige Messungen haben ergeben, daß selbst diese Versionen des Experiments im Sinne einer aufgeschobenen Wahl voll mit den Voraussagen der Quantenmechanik übereinstimmen, und die Physikerzunft als Ganzes hält Wheeler hoch in Ehren. In Beweisnot sind weder die Quantenmechanik noch Wheeler. Statt dessen sind unsere Vorstellungen von der Natur falsch. Ich gebe zu, durch meine Beschreibung des Experiments absichtlich zu diesem Mißverständnis beigetragen zu haben. Sie hat die naheliegende, doch inkorrekte Annahme befördert, der Weg des Photons durch das Interferometer sei genau festgelegt, ob wir ihn kennen oder nicht. Mit anderen Worten, wir waren von der Objektivität des Lichtes ausgegangen, so wie bei dem mysteriösen Mann, der von einer Straßenlaterne zur anderen wanderte. Aber das Licht nimmt nur dann entweder Wellen- oder Teilchennatur an, wenn wir uns entscheiden (im letztmöglichen Augenblick, falls wir das möchten), diese messen zu wollen. Es ist falsch anzunehmen, es sei ein Teilchen, bevor wir uns entscheiden, was wir messen wollen. Vor unserer Wahl ist es nicht vollständig definiert. *Es ist einfach falsch sich vorzustellen, daß die Vergangenheit bis in jede Einzelheit in der Gegenwart existiert.* Die Geschichte des Universums ist nicht bis in jede Einzelheit schon geschrieben. Solch eine vollständig definierte und explizierte Vergangenheit ist ein Konstrukt unserer Phantasie, eine Theorie, ein Gedankenprodukt – ein riesiges Vorurteil. Normalerweise kommen wir mit unserem Glauben an eine objektive Vergangenheit, die in allen Einzelheiten im Alltagsleben in Erscheinung tritt, gut zurecht. Doch im tieferen quantenmechanischen Sinn müssen wir aktiv an der Definition des Universums partizipieren. Es sitzt nicht einfach »da draußen« und wartet vollkommen objektiv auf uns, um uns seine präexistente, genau definierte intrinsische Natur zu offenbaren.

Galilei und die klassischen Physiker waren noch davon überzeugt, daß wir die Natur dazu provozierten, uns unsere Fragen zu beantworten. Heute wissen wir, daß die Fragen, die wir ihr stellen, zum Teil die Antworten, die wir bekommen, determinieren. Wir können die Natur nicht zu einem Monolog veranlassen. Statt dessen *müssen wir in einen partizipatorischen Dialog mit der Natur eintreten*. Wie John Wheeler sagt:

> »Die Raumzeit der Vorquanten-Epoche war wie ein großes, unbeschriebenes Stück Pergament. Dieses Pergamentblatt, dieses Kontinuum, auf dem alles vermerkt war, was ist, war und sein wird, hatte seine feste Struktur mit Maserungen, Wellungen und Unebenheiten. Auf diesem großen Blatt hatte jedes Ereignis, wie ein darauf festgeklebtes Sandkörnchen, seinen genau bestimmten Platz. Doch waren wir gezwungen, dieses starre Bild aufgrund der Quantenmechanik sehr einschneidend zu revidieren. Was wir jetzt berechtig-

terweise über vergangene Raumzeit und vergangene Ereignisse sagen können, wird durch Wahlakte – in bezug auf den Charakter unserer Messungen – in der jüngsten Vergangenheit und der Gegenwart bestimmt. Die durch diese Wahlentscheidungen ins Dasein gerufenen Phänomene reichen in ihren Konsequenzen rückwärts in die Zeit zurück ... bis in die ersten Anfänge des Universums. Die im Hier und Jetzt verwendeten Beobachtungsapparaturen hatten unleugbar einen Anteil an der Bestimmung der vergangenen Ereignisse. So nützlich es unter Alltagsbedingungen ist, zu sagen, die Welt existiere unabhängig von uns dort draußen – diese Sicht läßt sich heute nicht länger aufrechterhalten. Unter einer anderen, sehr ungewohnten Perspektive handelt es sich nämlich um ein ›partizipatorisches Universum‹.«[6]

Die Quantenmechanik verlangt von uns, einige unserer liebsten Überzeugungen über das Wesen der Welt über Bord zu werfen. Das Weltbild vor der Quantentheorie hatte das Universum mit unabhängigen, einen außergewöhnlich komplizierten Tanz vollführenden Objekten bevölkert. Die Musik dazu war aber immer deterministisch gewesen. Die Kausalität war der Chefdirigent der Symphonie. Das Weltbild der Quantentheorie dagegen beseitigt diese unabhängig existierenden Tänzer und bevölkert die Welt mit Möglichkeiten, Tendenzen oder Neigungen für bestimmte Tänze. Hier sind die Melodien (Wellen) und die Tänzer (Teilchen) vollständig miteinander vereinigt, bis wir einen von ihnen durch unsere Messung zu uns heranrufen oder ins Dasein rufen. Einzelne Töne können im Prinzip nicht vorhergesagt werden. Viele Einzelheiten der Symphonie kommen uns erst dann zu Gehör, wenn wir auf eine bestimmte Weise hören. Halten wir unseren Kopf auf die eine Art, hören wir eine Melodie, halten wir ihn auf die andere, hören wir eine vollkommen davon verschiedene, ja sogar gegensätzliche Melodie. Bevor wir darauf hören, sind die zentralen Themen noch nicht definiert, trotz unseres Glaubens an ihre objektive Natur.

Mit anderen Worten, Teilchen und Wellen existieren nicht gleichzeitig auf irgendeine definierte Art und warten nur darauf, daß wir eine dieser beiden Eigenschaften ans Licht bringen. Es ist vielmehr so, daß vor der Messung das System echt undefiniert ist und kein unabhängiges Dasein besitzt. Ist es, da Kausalität definierte, Energie austauschende oder Kräfte übertragende Objekte voraussetzt, ein Wunder, daß in der Quantenmechanik ein solches unabhängiges Dasein und die Kausalität nicht mehr haltbar sind?

Trotz all dieser Wandlungen der Physik, seit Galilei schwingende Kronleuchter beobachtete, möchte ich aber im Gegensatz zu vielen populären Wissenschaftsschriftstellern betonen, daß die meisten Physiker nicht glauben, das menschliche Bewußtsein spiele bei der Verwandlung von Möglichkeiten oder Neigungen in Wirklichkeiten oder Raum-Zeit-Ereignisse eine Rolle. Diese Verwandlungen können nämlich allein schon mit Hilfe von Computern und »irreversiblen Messungen« durchgeführt werden – Messungen, bei denen es absolut unwahrscheinlich ist, daß sie sich auch umkehren lassen. Zum Beispiel schwärzt ein Photon ein fotosensitives Silberbromid-Körnchen. Dabei besteht eine verschwindend kleine Wahrscheinlichkeit, daß das Körnchen wieder ein Photon aussendet und zu seinem unbelichteten Zustand zurückkehrt. Doch dieses Thema ist komplizierter als die Argumente der Thermodynamik. Schrödinger sagt: »Der Beobachter (wird) niemals vollständig durch das Meßgerät ersetzt; denn wäre er es, so könnte er offensichtlich keinerlei Wissen irgendwelcher Art erlangen ... Die sorgfältigste Registrierung sagt uns gar nichts, wenn sie nicht abgelesen wird.«[7]

Ich werde auf diese erkenntnistheoretischen Probleme im nächsten Kapitel und in den philosophischen Kapiteln am Ende des Buches noch einmal zurückkommen. Doch zunächst müssen wir noch eine andere Synchronizitäts-Erfahrung untersuchen und dann über etwas sprechen, was viele als die tiefste und weitreichendste Enthüllung der Physik betrachten – die durch moderne Experimente ans Licht gebrachte Nicht-Lokalität oder Nicht-Trennbarkeit. Sowohl die partizipatorische Natur des Quantenuniversums als auch die Nicht-Lokalität sind entscheidend insofern, als sie unseren unreflektierten Glauben an eine Welt, die von unabhängigen oder getrennt voneinander existierenden Entitäten bevölkert ist, im Kern in Frage stellen. Ein Verständnis für Synchronizität in einer solchen Welt zu gewinnen ist fast unmöglich.

Synchronizitäts-Zwischenspiel Nr. 5
Der inneren Stimme vertrauen lernen

Das Wochenende begann ziemlich harmlos. Al und Rose, ihr zweijähriges Söhnchen, meine gute Freundin Catherine und ich wollten mit Als Einmotoriger nach Massachusetts fliegen, um mit Freunden das Erntedankfest zu feiern.

Am Morgen, als wir uns zur Abreise fertigmachten, spürte ich den Drang, meine astrologischen Transite (die tägliche Bewegung der Planeten relativ zur Geburtsposition) zu untersuchen. Ich hatte mich in den vergangenen acht Jahren mit Astrologie beschäftigt und glaubte, ein gutes Urteil in bezug auf guten Gebrauch oder Mißbrauch dieser alten Kunst entwickelt zu haben. Mein eigentliches Motiv, mich mit Astrologie zu beschäftigen, war immer gewesen, mich selbst dadurch besser zu verstehen. Doch schien sie mir mitunter auch nützlich, um den günstigsten Moment für Unternehmungen zu bestimmen.

Als ich die Ephemeriden, die Gestirnberechnungstafeln, aufschlug, um meine Transite zu untersuchen, war ich sehr unangenehm überrascht, daß ich unter einem besonders problematischen Aspekt stand – Transit Uranus in Konjunktion mit meinem Geburts-Mars –, was immer unerwartete Ereignisse, Unfälle usw. bedeutet. Sofort erzählte ich das Catherine. Sie antwortete spontan: »Bei diesem Aspekt fliege ich nicht mit dir! Das ist mir zu gefährlich. Vielleicht nehme ich das Auto, aber fliegen tue ich nicht!« Ich wußte intuitiv, daß sie recht hatte, und rief Al und Rose an, um sie von unserer Entdeckung und Entscheidung zu informieren. Ich sprach mit Rose, die sich ebensolang wie ich mit Astrologie beschäftigt hatte. Sie sagte: »Bist du jetzt schon so weit, daß du dein Leben durch die Astrologie bestimmen läßt? Dieser Aspekt bedeutet nicht notwendigerweise, daß etwas Negatives passiert. Letzten Endes schafft sich doch jeder Mensch seine Umstände selbst!«

Natürlich wußte Rose genau, wo sie mich packen konnte. Ich hatte mich immer mit dem Thema freier Wille oder Determinismus herumgeschlagen und brüstete mich damit, Astrologie nur als Hilfe für eine gute Lebensführung zu benutzen, nicht aber mein Leben durch sie bestimmen zu lassen.

Auf der einen Seite ist da das intuitive Wissen und Fühlen, daß es einen geordneten Kosmos gibt, in dem Verhalten und Ereignisse bis zu einem gewissen Grad von unseren früheren Taten bestimmt und von einer Intelligenz geleitet werden, in der sowohl unser Ich als auch die von ihm bewohnte Welt enthalten sind. Auf der anderen Seite erfahre ich mich als freies Individuum mit schöpferischem Willen und der Möglichkeit, mir mein Leben selbst zu gestalten. Wie lassen sich beide Sichtweisen miteinander versöhnen? Die meisten Kritiker der Astrologie behaupten, die Menschen benützten sie nur als Krücke, um keine Verantwortung für ihre Handlungen übernehmen zu müssen. Doch ich möchte behaupten: Wer seine Erlebnisse ehrlich und unvoreingenommen betrachtet, wird entdecken, daß unser Leben geordneter und determinierter ist, als wir gemeinhin zugeben.

Ich sagte Rose, ich würde darüber nachdenken und sie zurückrufen. Catherine war von Roses Argumenten nicht sehr beeindruckt, doch machte sie einen guten Vorschlag: »Untersuche doch einmal das Horoskop aller anderen Mitreisenden!« Wenn bei allen anderen keine Schwierigkeiten zu erwarten seien, sei es sehr wahrscheinlich, daß alles, was mir aufgrund meiner Aspekte zustoßen würde, nur das Innere, die Seele beträfe, nicht die äußeren Ereignisse.

So untersuchte ich also alle Horoskope genau, auch das von Als und Roses zweijährigem Söhnchen. Überraschenderweise fand sich bei jedem ein Quadrat oder eine Opposition, an denen Uranus, Mars oder Venus beteiligt waren. Manchmal war es Mars, manchmal Uranus im Transit, doch in jedem Fall, einschließlich dem meinen, waren Uranus oder Mars beteiligt. Das war kein Zufall. Es war keine Frage, fliegen konnten wir nicht. Vier Horoskope, alle mit problematischen Uranus-Aspekten, darüber konnte man sich nicht hinwegsetzen. Wenn es hier um freien Willen oder Determinismus ging, so war klar, daß sich die Waagschale zugunsten des Determinismus neigte. Und als Catherine die astrologischen Daten sah, nahm sie sogar ihr Angebot, uns zu chauffieren, zurück.

Von meinen Ergebnissen überzeugt, rief ich rasch Rose an und erzählte ihr alles. Sie war einer Meinung mit mir: Daß wir alle diese negativen Aspekte hatten, war besorgniserregend. Doch auch jetzt war sie nicht bereit, sich ihr Leben von äußeren Faktoren bestimmen zu lassen. Ich weiß immer noch nicht genau, was dann passierte, jedenfalls schob ich unversehens all mein Wissen und all meine Intuition zur Seite und erklärte mich doch bereit, zu fliegen.

Ich verabschiedete mich von Catherine und flog in der Einmotorigen Richtung Massachusetts. Als wir aufstiegen, war ich von bösen Ahnungen erfüllt, aber die Entscheidung war gefallen. Ich wollte so gut wie möglich damit leben.

Der erste Teil des Fluges verlief glatt. Als wir uns jedoch der Küste von Massachusetts näherten, gab es zunehmend Turbulenzen. Al, der Pilot, schien sich keine Sorgen zu machen, aber als wir in ein tiefes Luftloch absackten und mit dem Kopf heftig an die Decke stießen, sah ich doch, daß er etwas nervös wurde. Tatsächlich gab Al nach der Landung zu, es sei sein bisher turbulentester Flug gewesen. Ich verließ das Flugzeug mit dem

Gedanken, die Götter hätten uns eine Lektion erteilt. Sie hatten uns einen Schrecken eingejagt, weil wir gegen ihren Willen geflogen waren, uns aber mit einem blauen Auge davonkommen lassen.

Das Wochenende verlief dann sehr glatt, und wir hatten großen Spaß mit unseren guten Freunden. Am Sonntag morgen besuchten wir das Vedanta-Zentrum in der Nähe, um Gayatri Devi zu sehen, eine heilige Frau, die die dortige Gemeinschaft leitet.

Was nun sehr merkwürdig war: All ihre Worte bezogen sich darauf, daß man lernen müsse, mit Naturkatastrophen richtig umzugehen. Ihr anderes Zentrum in Kalifornien hatte soeben einen verheerenden Brand hinter sich. Während sie sprach, fühlte ich ihren Blick auf mir ruhen – als wollte sie mir etwas für mich besonders Wichtiges mitteilen. Nachher fragte ich Al, ob auch er gesehen habe, daß sie mich so direkt angeblickt hatte. Er bestätigte es. Aber erst später wurde mir die volle Bedeutung dieses Erlebnisses klar.

Wir verabschiedeten uns von unseren Freunden, gingen an Bord unseres kleinen Flugzeugs und hoben ab. Während wir bis auf etwa dreizehnhundert Meter stiegen, stieß ich die Frage hervor: »Al, wenn wir jetzt notlanden müßten, wo würdest du landen?« Al blickte umher und sagte dann: »Wahrscheinlich auf dem See dort drüben. Ich sehe keinen Streifen Land, der zum Landen ausreiche.« Hierauf schwiegen wir zwanzig Minuten, bis ich wieder eine Frage hervorsprudelte: »Al, was gibt es für ein Geräusch, wenn der Motor ausfällt?«

Bevor er antworten konnte, hörte ich es selbst. Kaum zwanzig Sekunden, nachdem ich die Frage gestellt hatte, begann die Maschine zu spucken, zu stottern und dann war nichts mehr. Schweigen. Sechzehnhundert Meter, dichte Wolkendecke – wohin man sah, die Berkshire-Berge ... Schweigen. Mit keinem Flugplatz ließ sich Funkkontakt herstellen.

Als wir durch die Wolken brachen, lagen noch etwa sechzig Sekunden vor uns, bevor wir auf dem Boden aufprallen mußten. Aber wie eine Rückblende in die Zeit vor zwanzig Minuten erschien auf wunderbare Weise ein See vor uns! Al sagte, es sei unsere einzige Chance, auf diesem See zu landen. Es blieben mir noch sechzig Sekunden, um über mein Schicksal nachzudenken. Warum hatte ich das bloß gemacht! Ich wußte doch ganz genau, ich durfte nicht fliegen! Aber all dieses Nachdenken war sinnlos. Jetzt ging es ans Sterben – was ich nach meinem Gefühl auch völlig verdient hatte. Ich beruhigte mich, so gut ich konnte, begann zu meditieren und mich auf, ich weiß nicht was, vorzubereiten.

Als wir auf den See hinabglitten, schlug Als erster Versuch irgendwie fehl, und er zog das Flugzeug in eine scharfe Kurve, um einen letzten Versuch zu machen. Dieses Mal glitten wir grade noch über das Ufer hinweg, und Al setzte die Maschine zehn Meter vom Land entfernt auf. Es war die weichste Landung meines Lebens.

Al sagte uns, wir sollten auf den Flügel hinausklettern, ins Wasser springen und ans Ufer schwimmen. Da ich eine sehr schlechte Schwimmerin bin, war mir der Gedanke, in einen kalten See springen zu müssen, fast noch schrecklicher als das Geräusch der aussetzenden Maschine. Doch blieb mir keine Wahl. Also sprang ich ins Wasser und begann zu schwimmen. Ich trug einen Schaffellmantel und hatte vergessen, ihn abzuwerfen. So wäre ich fast ertrunken. Wie sich später herausstellte, hätte ich mich aber nur hinzustellen brauchen, um zu bemerken, daß ich gehen konnte. Das Wasser war nur gut einen Meter tief. Und nicht nur das, wir hätten leicht auf dem Flügel bleiben können und wären von einem Boot, das unsere Maschine stottern gehört hatte, gerettet worden.

Während ich mich in einer Hütte am See aufwärmte – ein außerordentlich hilfsbereiter Mann hatte mir trockene Kleider gegeben –, versuchte ich schon den Sinn dieser Ereignisse zu erkennen. Noch vierzehn Jahre später grüble ich über das Erlebnis nach und wundere mich, wieviel Sinn für mich in diesem kalten See lag.

In meinem Erlebnis waren für mich vier Synchronizitäts-Ereignisse enthalten.

1. Das Erlebnis im Vedanta-Zentrum. Gayatri Devi sprach über Naturkatastrophen, wobei sie ihr Auge fest auf mir ruhen ließ.
2. Meine Frage zwanzig Minuten vor dem Unfall, wo wir notfalls landen würden.
3. Meine Frage 20 Sekunden, bevor die Maschine aussetzte, wie es sich anhören würde, wenn sie ausfiel.
4. Das ganze astrologische Szenario, meine Weigerung, darauf zu hören und die darauf folgenden Ereignisse, was alles die nachhaltigste Wirkung auf mich ausübte.

Vor und nach dem Unfall habe ich weitere Erlebnisse gehabt, die den ersten drei ähnelten. Aber niemals zuvor hatte ich so unmittelbar die Folgen einer bewußten Weigerung erfahren, auf Wissen, Gefühl und Intuition zu vertrauen. Die Unmittelbarkeit und Wucht der Ereignisse, besonders nach der astrologischen Warnung, haben seitdem meine Willensentscheidungen stark beeinflußt. Wenn jetzt eine Stimme in mir sagt: Warte, oder tue es nicht, trete ich sozusagen einen Schritt zurück und versuche zu empfinden und zu spüren, was mir diese Stimme sagen will. Und häufig konsultiere ich auch meine astrologischen Daten, um meine Empfindungen und Intuitionen zu verifizieren. Ständig stelle ich mir die Frage: »Gibt es etwas Objektives, auf das ich hören sollte?« Und die Astrologie hilft mir oft, die Antwort zu finden.

Ich bin weiterhin davon überzeugt, daß wir unsere angeborene Fähigkeit zur freien Entscheidung im Leben unbedingt gebrauchen müssen. Doch ebensogut weiß ich: Wir sind so eng mit dem Kosmos verbunden, daß wir auch die im Kosmos eingebauten Symbole, zum Beispiel das astrologische Mandala und anderes beachten müssen, falls sie zu uns sprechen. Dieses Sprechen ist ein Geschenk, ein Weg, auf dem die unser Innen- und Außenleben lenkende Intelligenz versucht, uns zu helfen – Gnade, wenn Sie so wollen. Ich habe gelernt, sich von diesen Winken abzukehren, bedeutet sich vom Leben abzukehren.

9
Nicht-Lokalität in der Natur

Doch eine Voraussetzung sollten wir meiner Meinung nach unbedingt beibehalten: Die faktische Lage von System S 2 ist unabhängig von den Ereignissen in System S 1, das räumlich vom ersteren getrennt ist. Albert Einstein[1]

Eine zur Warnung dienende Geschichte

1967 brüteten mein Kollege David Hollenbach und ich in Ithaka, New York, über unserer Abschlußarbeit in Astrophysik. Endlose Seminare, schwere Probleme, Forschungsprojekte und ein langer, kalter grauer Frühling forderten einen schweren Zoll von unserer seelischen Gesundheit. Um unsere Lebensgeister etwas aufzufrischen, machten wir einen Frühjahrsurlaub und reisten nach Mexiko. Eins der denkwürdigsten Erlebnisse dieser großen Reise war unser Ausflug zum Heiligtum von Guadalupe, der heiligsten Stätte Mexikos. Es muß gerade der Feiertag gewesen sein, an dem man der Erscheinung der Jungfrau Maria an dieser Stätte gedenkt. Ernste Pilger, in der Hauptsache arme mexikanische Indios, drängten sich überall in der Umgebung. Die frömmsten legten die letzten Kilometer der Reise auf den Knien rutschend zurück, während sie inbrünstig zur Jungfrau beteten.

Unter den Zehntausenden von Pilgern waren wir die einzigen Gringos. David überragte die Mexikaner wie ein Mammutbaum, da er fast zwei Meter groß ist. Er war in der Menge gar nicht zu übersehen. Am Heiligtum angekommen, spazierten wir ein wenig vor dem Portal der Kathedrale umher und bewunderten einen bei dieser Gelegenheit veranstalteten Jahrmarkt. Ein Fotograf stellte Kostüme zur Verfügung und nahm ein Foto von uns auf.

Auf dem Jahrmarkt zahlten wir Eintritt in ein kleines Zelt, wo man einen Glaskasten von etwa 30 cm Höhe betrachten konnte, der mitten im Zelt auf einem Tisch stand. Ein schöner, offensichtlich lebendiger Frauenkopf befand sich in dem Kasten! Und die Frau redete mit uns! Anfassen konnten wir ihren Kopf nicht, weil er hinter Glas war. Sie sprach irgendeinen Indiodialekt, und meine Schulkenntnisse in Spanisch halfen mir gar nichts. Wir ließen unsere Blicke umherschweifen und schauten auch unter den Tisch. Aber keine Drähte, Verbindungen oder sonst etwas waren zu finden, was auf Projektionen von Tönen oder Bildern schließen ließe. Den Kasten kurz anzuheben schien uns nicht geraten, da uns der Aussteller aus der Nähe beobachtete. David und mir verschlug es die Sprache. Wir bildeten uns ein, mit allen Wassern gewaschene Physiker zu sein. Uns sollten diese Kerle nicht hereinlegen. Sie mochten die armen Pilger zum Narren halten, aber nicht uns. Aber wir fanden keine Erklärung für das, was sich unseren Blicken darbot. Erregt und kopfschüttelnd verließen wir das Zelt. Es war doch unmöglich, daß man den Kopf einer lebendigen Frau in so einem kleinen Glaskasten unterbringen konnte! (Nachdem David dieses Kapitel gelesen und meine Darstellung bestätigt hat, glaubt er, jetzt ein paar mögliche Erklärungen zu haben.)

War es das, wonach es aussah – ein lebendiger Kopf in einem kleinen Glaskasten, oder war es ein unheimlich geschickter Trick? Und auch wenn es ein Trick war, war es doch hochinteressant. Es war so raffiniert gemacht! War es der Kopf einer wirklich lebenden Frau in einem kleinen Glaskasten, so stehen wir vor einem Geheimnis erster Ordnung, das eingehendste wissenschaftliche Untersuchung verdient. Es könnte Biologie und Medizin revolutionieren. Wir schwankten zwischen der Auffassung, dieser Kopf im Kasten sei die Enthüllung neuer Erkenntnisse über die Welt oder einfach ein auf uns unverständlichen Prinzipien beruhender Trick. Bei der Erforschung anormaler Phänomene, seien es Tricks auf einem mexikanischen Jahrmarkt oder Nicht-Lokalität in der Quantenphysik, müssen wir immer sehr sorgfältig darauf achten, ob es sich tatsächlich um neue Prinzipien oder nur um neue Kombinationen längst bekannter Prinzipien handelt.

In diesem Kapitel möchte ich ein ganz neues Prinzip behandeln, das in der Physik in den letzten Jahrzehnten bei dem Versuch, die begrifflichen Grundlagen der Quantenphysik besser zu erfassen, sehr sorgfältig erforscht wurde. Mein Beweismaterial für die Annahme, daß sich in dem Kasten ein lebendiger Kopf befunden habe, ist natürlich dürftig, aber dieses neue Prinzip in der Physik ist wohlbegründet. Trotzdem ist es nach Ansicht achtbarer Physiker sogar noch merkwürdiger als ein lebender Kopf in einem Kasten. Weiterhin sind wir uns sicher, daß es sich um ein neues Prinzip handelt, nicht um eine überraschende Kombination schon bekannter Prinzipien. Um dies überzeugend darzustellen, müssen wir in unseren Analysen ganz besonders genau vorgehen.

Was ist Nicht-Lokalität, und wie läßt sie sich erkennen?

Nicht-Lokalität ist die Unmöglichkeit, ein System in einem gegebenen Bereich von Raum und Zeit zu lokalisieren. Positiv ausgedrückt, bestimmte, gut erforschte physikalische Systeme zeigen augenblickliche Verknüpfungen oder Korrelationen zwischen ihren Teilen – echte, augenblickliche Wirkungen über Distanzen. Nehmen wir zum Beispiel zwei weit voneinander entfernte Bereiche A und B, wie in Abbildung 12. Bei nichtlokalen Phänomenen beeinflussen Ereignisse in Bereich A Ereignisse in Bereich B augenblicklich – und umgekehrt. Überraschenderweise treten solche augenblicklichen Interaktionen oder Abhängigkeiten zwischen den Bereichen A und B ohne jeden Informations- oder Energieaustausch auf. Doch die Wirkungen sind stark und werden mit der Entfernung zwischen den Bereichen A und B nicht schwächer. Das ist gewiß eine merkwürdige Eigenschaft, doch sind wir imstande, sie weit genauer zu untersuchen als Tricks auf einem mexikanischen Jahrmarkt.

Die meisten Menschen, die sich mit den philosophischen Grundlagen der Quantenmechanik befassen, sind sich einig, daß Nicht-Lokalität etwas noch Mysteriöseres ist als die im vorigen Kapitel erörterte Komplementarität. Sie argumentieren, daß es bei jeder Messung irgendeine Interaktion mit dem gemessenen System geben müsse. Bei der klassischen Physik ist diese Interaktion zu vernachlässigen, da es sich um makroskopische Systeme handelt. Wenn wir zum Beispiel die Entfernung des Mondes von der Erde exakt messen, indem wir die Dauer eines Radarstrahls bis zur Mondoberfläche und zurück verfolgen, ändert das Signal bei seinem Aufprall nicht die Umlaufbahn des Mondes. Im Gegensatz dazu tritt bei quantenmechanischen Messungen häufig ein Austausch von Energien auf, die der Energie des gemessenen Objekts vergleichbar ist. Um zum Beispiel festzustellen, entlang welchem Interferometerarm das Photon gereist ist, sind Messungsinteraktionen mit Energien, die der Energie des Photons vergleichbar sind, erforderlich. Aufgrund dieses signifikanten Energieaustausches spielt die Messung in der Quantenmechanik eine weit zentralere Rolle als sonst. Sie wirft auch schwierige Probleme in bezug auf die Natur des Objektes vor der Messung beziehungsweise unabhängig von der Messung auf.

Die Psychologie kennt ein ähnliches »Meßproblem«. Bei der Untersuchung unbewußter Inhalte verändern wir sie unvermeidlich durch unser Vorgehen. Eine bis dahin unbewußte Projektion zum Beispiel ans Licht zu bringen heißt, den erkannten seelischen Inhalt radikal zu transformieren – ein für die Individuation entscheidender Prozeß. Wenn wir zum Beispiel die so flüchtige, aber doch mächtige Anima kennenlernen wollen, ver-

Abb. 12 *Nicht-Lokalität*

wandelt sie sich allein schon durch den Akt der Objektivierung aus einem Bündel undifferenzierter Stimmungen in eine Quelle der Inspiration.

Aufgrund der Notwendigkeit von Interaktionen bei Messungen glaubte Einstein, die Beziehung zwischen den Eigenschaften von Objekten und der exakt beschriebenen Versuchsanordnung sei nicht so tiefgreifend und nicht so schwer zu verstehen wie die Nicht-Lokalität. Kaum ein Dutzend Jahre sind vergangen, daß wir direkte Informationen über die Nicht-Lokalität durch die berühmten Experimente im Zusammenhang mit den Bellschen Ungleichungen erhalten haben, die sich unmittelbar aus Einsteins lebenslanger Kritik an den begrifflichen Grundlagen der Quantenmechanik ergaben. Diese im vorliegenden Kapitel vorgestellten Experimente zeigen eine Verknüpfung von Elementen ohne Energieaustausch, eine Nicht-Lokalität, die sich mit Hilfe klassischer Prinzipien unmöglich mehr erklären läßt.

Diese akausalen physikalischen Verknüpfungen ähneln also den Synchronizitäts-Erfahrungen, bei denen ebensowenig Energieaustausch oder Kausalität auftreten und sich doch Verknüpfungen zeigen. In der Physik sind Verknüpftheit, Nicht-Trennbarkeit, Nicht-Lokalität und Aufeinander-Bezogensein von Teilen – alles annähernd Synonyme – so allumfassende Tatsachen, daß der Standpunkt, es handle sich um trennbare Teile eines Systems, häufig weniger fundamental, weniger bedeutsam ist als die nichttrennbare Natur dieses Systems. Das sind wahrhaft revolutionäre Ideen in Physik und Philosophie. Auch die Synchronizität verlangt von uns, anzuerkennen, daß der sich in inneren und äußeren Erfahrungen enthüllende Sinn bedeutsamer, realer ist als unser subjektiver Zustand oder die objektiven Ereignisse. Solche denkwürdigen Erfahrungen machen uns bewußt, daß noch eine andere Art von Nicht-Trennbarkeit als die zwischen den Bereichen A und B in der Physik existiert – nämlich zwischen unserer Seele und der Natur, was allerdings auf einer anderen Ebene liegt und ausführlicher im letzten Teil dieses Buches diskutiert werden soll. Jung war sich sehr wohl der Tatsache bewußt, daß der sich als untrennbar von den Ereignissen enthüllende archetypische Sinn wichtiger ist als die akzidentiellen Umstände, unter denen sich die Erfahrung dieses Sinns abspielt.

Bei der Synchronizität erleben wir das Aufeinander-Bezogensein unseres Innenlebens und der objektiven Welt direkt und persönlich. Dies steht so im Widerspruch zu unseren unreflektierten Vorurteilen über die Welt und ist gewiß einer der Gründe, weshalb uns solche Erlebnisse derart numinos und geheimnisvoll erscheinen. Trotzdem aber unterscheidet sich diese persönliche Erfahrung in der Synchronizität offensichtlich von der Nicht-Lokalität in der Physik. Bei dem einen handelt es sich um eine psychologische Erfahrung, bei dem anderen um eine Eigenschaft von Photonen und Partikeln, die im Laboratorium untersucht wird. Doch läßt sich ohne weiteres sagen, daß es dasselbe Prinzip ist, nur daß wir es aus dem Blickwinkel zweier verschiedener Disziplinen untersuchen. Sowohl die Tiefenpsychologie als auch die Physik verlangen, daß wir eine unserer dauerhaftesten und hartnäckigsten Projektionen auf die Natur zurücknehmen – ihre grundsätzliche Trennbarkeit bzw. unabhängige Existenz. Für die Tiefenpsychologie handelt es sich um Nicht-Trennbarkeit zwischen uns selbst und der Welt, während es sich in der Physik um die Nicht-Trennbarkeit zwischen weit voneinander entfernten Materieelementen handelt. Trotzdem wird von beiden Disziplinen die fundamentale Überzeugung, es gebe isolierte, unabhängig voneinander existierende Entitäten, in Frage gestellt, nur auf unterschiedliche Weise.

Kehren wir jetzt zu unserem physikalischen Beispiel zurück. Um einen strengen Nachweis zu führen, daß Nicht-Lokalität existiert, müssen wir sicher sein, daß sich zwischen den Bereichen A und B wirklich kein Austausch von Informationen oder Kräften, also keine kausale Interaktion, ereignen kann. Um konkret zu sein: Betrachten wir einmal Rhines ESP-Experimente, wo eine Versuchsperson im Bereich A Karten aufdeckt und eine andere in Bereich B deren Reihenfolge zu erraten versucht. Um diese Versuchspersonen so stark zu isolieren, daß auch ein skeptischer Physiker zugeben würde, sie seien ganz und gar getrennt, bedienen wir uns der endlichen Geschwindigkeit jeder physikalischen Interaktion. Wir wissen, daß keine physikalische Interaktion oder Information schneller als mit Lichtgeschwindigkeit reisen kann. Schicken wir daher eine ESP-Versuchsperson auf den Planeten Mars, wenn dessen Position zwanzig oder mehr Lichtminuten von der Erde entfernt ist. Das bedeutet, das Licht würde zwanzig Minuten vom Mars zur Erde bzw. zurück brauchen. Unsere erste Versuchsperson auf dem Mars lege dann ihre Karten innerhalb einer Minute, und unsere zweite Versuchsperson auf der Erde rate dann sofort nach dieser Minute die Reihenfolge innerhalb der nächsten Minute. Da jede Information über die Reihenfolge der Karten mindestens zwanzig Minuten bis zur Erde bräuchte, besitzt unsere zweite Versuchsperson keine Möglichkeit, diese Information rechtzeitig zu erhalten, um die Reihenfolge der Karten besser zu erraten. Auf diese Art sind die Versuchspersonen wirklich von allen räumlichen Interaktionen oder Interaktionen, die mit Geschwindigkeiten kleiner als oder gleich der Lichtgeschwindigkeit auftreten, isoliert.

Bei schnellen Elektronen verwenden die Physiker dasselbe Prinzip, um Teile eines Quantensystems bei den entscheidenden Experimenten im Zusammenhang mit den Bellschen Ungleichungen zu isolieren. Aber statt über Laboratorien zu sprechen, möchte ich das Experiment lieber in ein tibetisches Kloster verlegen. In diesem makroskopischen Bereich haben wir einen dreifachen Vorteil. Erstens lassen sich die Dinge leichter verstehen. Zweitens stoßen wir direkt mit einem unserer bevorzugten philosophischen Vorurteile zusammen, und drittens bereiten wir schon den Weg vor für einen späteren Vergleich zwischen der Nicht-Lokalität und der Leere im tibetischen Buddhismus.

Experimente mit Tsongkhapas Glocken

Die Quantenmechanik spielt eine traurige Rolle in der Physik: Sie ist die umfassendste und am besten verifizierte Theorie, gleichzeitig aber diejenige, deren philosophische Grundlagen am wenigsten geklärt sind. Die Bellschen Ungleichungen und ihre experimentelle Widerlegung stellen die wichtigste Klärung der philosophischen Grundlagen der Quantenmechanik seit ihrer Konzeption vor mehr als sechzig Jahren dar. Meine Darstellung der Bellschen Ungleichungen verdanke ich zum Teil den Veröffentlichungen David Mermins. Sie ist eine Erweiterung einiger meiner früheren Schriften.[3]

Tsongkhapa ist der berühmteste buddhistische Schriftsteller des Mittleren Weges aus dem 14. Jahrhundert, Begründer des Gelugpa-Ordens des tibetischen Buddhismus. Unter den himalayischen Lamas des tibetischen Buddhismus ist er gewiß der *Chomolungma* (Mt. Everest). Es gibt nun eine Geschichte, daß eines Tages ein mit Glocken reisender Kaufmann zu seinem Kloster kam und ihm den Kauf einer großen Anzahl ritueller Glocken vorschlug – genug für alle seine Klöster. Doch um in den Genuß eines großen Preisnachlasses zu kommen, mußte Tsongkhapa sehr viele Glocken auf einmal kaufen.[4] Abbildung 13 zeigt eine solche Glocke. Sie bestehen jeweils aus einem Paar Klangkörper, die an einer sie verbindenden Schnur aufgehängt sind. Schlägt man die Klangkörper gemeinsam an, entsteht ein wunderschöner, lang anhaltender Ton, der Meditation und Gebet begleitet.

Obwohl die Glocken wunderschön klangen, war ihr Preis so niedrig, daß Tsongkhapa zu Recht Verdacht schöpfte. Viele dieser Glocken waren in der besten kunsthandwerklichen Tradition des tibetischen Buddhismus

Nicht-Lokalität in der Natur

Abb. 13 *Tibetische Glocken*

mit all den überlieferten Zeichnungen und Bildern ausgeführt. Doch ein großer Teil gehörte auch zur primitiveren Bön-Tradition. Ebenso stellte Tsongkhapa fest, daß manche Glocken aus einer billigen Legierung und nicht aus Bronze hergestellt waren. Und schließlich waren einige so wenig haltbar, daß sie nach ein paar kräftigen Schlägen zersprangen. Nach diesem vernichtenden Ergebnis seiner Qualitätskontrolle wollte Tsongkhapa, bevor er die Gelugpa-Klöster mit ihnen ausstattete, von allen Glocken wissen, welchen künstlerischen Wert, Bronzegehalt und Haltbarkeit sie besaßen. Um den künstlerischen Wert der Glocken festzustellen, konnte er sie mit den Augen prüfen. Zur Feststellung ihres Bronzegehaltes konnte er sie schmelzen lassen, und um ihre Haltbarkeit zu untersuchen, mußte er nur prüfen, welche Kraft erforderlich war, um sie zu zerschlagen. Doch schlossen sich diese Untersuchungen gegenseitig aus, da immer nur eine an einem gegebenen Klangkörper durchgeführt werden konnte. Denn der Materialtest (das Schmelzen) verhinderte den Haltbarkeitstest (das Zerschlagen), während sowohl das Schmelzen als auch das Zerschlagen die künstlerische Bewertung ausschloß.

Ich lasse hier absichtlich Möglichkeiten der Art weg, daß man zuerst den künstlerischen Wert feststellt und dann die Glocken schmelzt oder zerschlägt. Mit dieser wesentlichen Einschränkung sind die Untersuchungen komplementär im quantenmechanischen Sinn – d.h. wir können sie nicht gleichzeitig am selben Klangkörper durchführen, da sie sich gegenseitig ausschließende Versuchsanordnungen erfordern. Sie sind komplementär wie die Wellen- und Teilchen-Eigenschaft des Lichtes, von denen im vorhergehenden Kapitel die Rede war. Das ist eine bedeutsame Abweichung von unserer normalen Erfahrung in der makroskopischen Welt und eine wesentliche Voraussetzung, wenn mein makroskopisches Beispiel funktionieren soll. Solche Komplementaritäten durchziehen die gesamte Quantenmechanik, doch in unserer Alltagserfahrung beggnen wir ihnen nur selten. Trotzdem gibt es eine psychologische Analogie dazu. Die Seele ist eine Einheit aus Unbewußtem und Bewußtem. Die Untersuchung einer Seite dieser Einheit jedoch schließt die gleichzeitige Untersuchung der anderen aus. Das Unbewußte schließt Bewußtheit aus und umgekehrt. Und doch kann kein Aspekt der Seele jemals den anderen ersetzen, noch können wir eine Seite vernachlässigen und dennoch ein Gesamtbild von der Seele erhalten. In diesem Sinne ist das Unbewußte dem Bewußten komplementär. Diese Dichotomie und die gleichzeitige Notwendigkeit, sie als Einheit zu sehen, führt zum Gebrauch von Symbolen, die die beiden Bereiche verbinden – ein außergewöhnlich wichtiges Anliegen C.G. Jungs. Unlängst habe ich an anderer Stelle eine Analyse der Komplementarität im Bereich der Psychologie veröffentlicht.

Ein anderer Weg, sich der Komplementarität zu nähern, ist, sich daran zu erinnern, daß wir das Unbewußte unweigerlich verändern, wenn Teile daraus bewußt werden. Das ist ja das Herzstück des therapeutischen Prozesses. Die Versuchung in der Psychologie besteht immer darin, daß man fragt: »Wie sieht eigentlich das Unbewußte aus, unabhängig von unserem Wissen darüber?« Per definitionem muß das Unbewußte etwas sein, das wir niemals wissen können im normalen Sinn des bewußten Wissens. Auf ähnliche Weise könnten wir fragen: »Ich kenne jetzt den Bronzegehalt des Klangkörpers, wie groß ist nun aber seine Haltbarkeit?« Laborversuche und Quantentheorie: Beide machen uns hier klar, daß die Haltbarkeit nicht genau definiert ist, wenn ich den Bronzegehalt kenne. Es geht aber nicht nur darum, daß wir einander ausschließende Experimente brauchen, um einerseits die Haltbarkeit (durch Zerschlagen), andererseits den Bronzegehalt (durch Schmelzen) festzustellen. Das wäre nur eine erkenntnistheoretische Einschränkung. *Es geht hier um ein ontologisches Problem – das System, gemessen oder nicht, besitzt keine gleichzeitig genau definierten komplementären Eigenschaften.* Innerhalb einer genau spezifizierten Meßsituation – nehmen wir an, wir messen den Bronzegehalt – können wir nur behaupten, eine der komplementären Eigenschaften (der Bronzegehalt) habe einen genau definierten Wert. Die anderen (sowohl der künstlerische Wert als auch die Haltbarkeit) sind unspezifiziert und unspezifizierbar. Auch dieses Prinzip der Komplementarität habe ich schon bei der Behandlung der Wellen-Teilchen-Dualität im vorigen Kapitel illustriert.

Vom psychologischen Standpunkt aus entspricht das der Erkenntnis, daß es falsch ist zu glauben, unbewußte Inhalte existierten wie Objekte des Bewußtseins – zu glauben, sie könnten gleichzeitig unbewußt und doch objektiv erkennbar wie andere Objekte sein. Unbewußte Inhalte existieren, genauso wie Quantenobjekte, eher als Tendenzen oder Wahrscheinlichkeiten für Handeln und Sinn. In seiner Abhandlung über Synchronizität sagt Jung: »Der Archetypus stellt die *psychische Wahrscheinlichkeit* dar, indem er durchschnittliches, instinktmäßiges Geschehen in einer Art von *Typen* abbildet. Er ist der psychische Sonderfall der allgemeinen Wahrscheinlichkeit.«[6] (Hervorhebung durch Jung)

Behalten wir also die komplementäre Natur des künstlerischen Stils, des Bronzegehaltes und der Haltbarkeit im Gedächtnis und wenden uns wieder den Glocken Tsongkhapas zu. Obwohl erste Versuche ergaben, daß die Klangkörper paarweise immer die gleichen Eigenschaften hatten (beide Klangkörper eines Paares reagierten immer gemeinsam positiv oder negativ auf einen Test), konnte Tsongkhapa die Glocken zu seinem Leidwesen doch niemals ganz genau untersuchen, weil sich die Versuche gegenseitig ausschlossen. Die Komplementarität hinderte ihn zum Beispiel daran, gleichzeitig über den Bronzegehalt und die Haltbarkeit eines Klangkörpers Bescheid zu wissen. Wie oben betont, schloß die Kenntnis der einen Eigenschaft aus, daß die anderen Eigenschaften einen genau definierten Wert besaßen. *Machen wir aber jetzt trotzdem einmal mit der naheliegenden, doch nicht richtigen Annahme weiter, daß die Eigenschaften alle gleichzeitig genau definiert sind, selbst wenn die einander gegenseitig ausschließenden Versuchsbedingungen uns daran hindern, über diese Eigenschaften gleichzeitig Bescheid zu wissen.* Das ist die unbewußte Projektion, die wir immer in die Welt hineinlesen. Deshalb lohnt es sich, einmal ausdrücklich unter dieser Voraussetzung weiterzumachen, wenn wir uns nur im klaren darüber sind, was wir tun. Verschiedene konkurrierende Theorien zur gängigen Quantenmechanik gehen ebenfalls von dieser Voraussetzung aus, doch haben jüngste Experimente, wie das hier beschriebene, bewiesen, daß sie nicht haltbar sind.

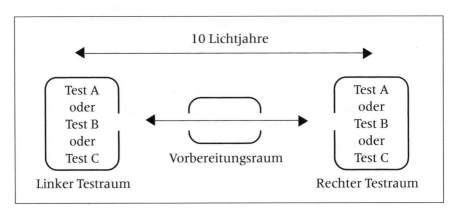

Abb. 14 *Experiment mit Tsongkhapas Glocken*

Im Versuch, das Problem der Komplementarität zu umgehen, schlug nun der Kaufmann der Glocken folgendes elegantes Experiment vor. Aus einem Vorbereitungsraum in der Mitte des Klosters wurde die eine Hälfte des gleichen Klangkörperpaares in einen Prüfraum ganz weit links im Kloster und die andere in einen Prüfraum ganz weit rechts gebracht (siehe Abb. 14). Im linken Raum wurde der eine Glockenklangkörper entweder dem Test K (<u>K</u>unststil), B (<u>B</u>ronzegehalt) oder H (<u>H</u>altbarkeit)

Experimente mit Tsongkhapas Glocken

unterworfen. Welcher Test durchgeführt werden sollte, blieb dem Zufall überlassen, und jeder Test konnte nur positiv oder negativ ausgehen. Positiver Ausgang des Kunsttests bedeutet, daß der Stil des Klangkörpers tibetisch-buddhistisch war, positiver Ausgang des Bronzetests, daß der Klangkörper ganz aus Bronze bestand, und positiver Ausgang des Haltbarkeitstests, daß die Glocke haltbar war. Unabhängig davon und ebenfalls nach dem Zufallsprinzip wurde in dem rechten Raum einer der drei sich gegenseitig ausschließenden positiven bzw. negativen Tests (K, B oder H) an dem anderen Glockenklangkörper durchgeführt.

Aber viele Insassen des Klosters, einschließlich des Glockenkaufmanns, verfügten über okkulte Kräfte, *siddhis*, weshalb man bei dem Testverfahren äußerst sorgfältig vorgehen mußte. Um jeden Betrug oder geheime Absprachen auszuschließen, wurde die Abfolge der Tests K, B oder H in den weit voneinander entfernten Räumen zufällig und unabhängig voneinander bestimmt. Keine Information über die Auswahl der Tests oder ihre Ergebnisse konnte so rechtzeitig von Raum zu Raum übermittelt werden, daß sie irgendeinem Betrug hätte Vorschub leisten können. Physiker aller Richtungen benützen das sakrosankte Lokalitätsprinzip (keine Energie oder Information kann schneller reisen als mit Lichtgeschwindigkeit), um sicherzustellen, daß es auch wirklich keine Interaktionen zwischen den beiden Seiten gibt. Wie bei der Isolierung der ESP-Versuchspersonen im vorhergehenden Abschnitt benützen wir die Lokalität, um den linken und rechten Testraum völlig voneinander zu isolieren. Man könnte sich zum Beispiel vorstellen, daß die beiden Räume zehn Lichtjahre auseinanderliegen, die Tests jeweils nur eine Sekunde dauern und die unabhängige, zufällige Testauswahl in jedem Raum gleichzeitig erfolgt und immer erst eine Sekunde vor Durchführung des Tests. Gäbe deshalb auch ein Helfer des Kaufmanns auf der linken Seite die dort gewählte Testreihenfolge jemandem auf der rechten Seite durch, so würde diese Information auf dem zehn Lichtjahre langen Weg viel zu lange brauchen, als daß man mit ihrer Hilfe irgendein Betrugsmanöver durchführen könnte. Das Lokalitätsprinzip schließt also einen Austausch von Informationen oder Einflüsse zwischen den beiden Seiten aus. Die beiden Testräume sind vollständig isoliert. (Ich gehe hier davon aus, daß die Lokalität auch die Siddhis behindert – was aber höchstwahrscheinlich nicht der Fall ist.)

Aufgrund der Komplementäreigenschaften der Tests kann ein bestimmtes Paar Klangkörper nur zwei verschiedenen Versuchen unterworfen werden. Zum Beispiel Test K auf der linken und B auf der rechten Seite oder Test H auf der linken und B auf der rechten Seite. Da nun die Experimentatoren über einen unbeschränkten Glockenvorrat für die geplanten Versuche verfügen, führen sie die sich gegenseitig ausschließenden Positiv-Negativ-Tests viele Male durch und sammeln die Daten. Ich verwende die folgende übliche Notation: K-B bedeutet, daß Test K (Kunststil) an der linken und Test B (Bronzegehalt) an der rechten durchgeführt wird, während H-B bedeutet, daß Test H (Haltbarkeit) auf der linken und B auf der rechten durchgeführt wird usw. Die gesammelten Daten lassen sich leicht in zwei Kategorien einteilen: Kategorie 1, wenn die Tests auf der linken und rechten Seite aufgrund der zufälligen Testauswahl zufällig dieselben sind (K-K, B-B oder H-H), oder Kategorie 2, wenn es sich um unterschiedliche Tests handelt (H-B, K-H, B-K, B-H, H-K oder H-B). Untersuchen wir zunächst die Daten der Kategorie 1 und heben uns Kategorie 2 für später auf.

Daten für Kategorie 1: Wenn es sich *um die gleichen Tests handelt*, weisen beide Klangkörper stets denselben Kunststil, Bronzegehalt und Haltbarkeit auf, und es ist gleich wahrscheinlich, daß bei beiden gemeinsam ein Test immer positiv oder negativ ausfällt. Wir werden zum Beispiel niemals finden, daß ein Klangkörper aus Bronze und der andere aus einer anderen Legierung besteht oder daß der eine haltbar und der andere zerbrechlich ist.

Diese vollkommene Korrelation zwischen den Testergebnissen auf beiden Seiten, wie sie sich bei den Daten der Kategorie 1 zeigt (wenn die Tests auf beiden Seiten die gleichen sind), läßt sich durchaus erwarten, falls es sich bei den Klangkörpern um wirklich gleiche Paare handelt. Doch sagen die Daten der Kategorie 1 ohne irgendwelche theoretischen Annahmen nichts darüber aus, was wir im Fall von Kategorie 2 zu erwarten haben, wo sich die Tests auf beiden Seiten unterscheiden.

Einsteins Interpretation des Experiments

In diesem Abschnitt möchte ich, nachdem ich einige Einzelheiten in den Anhang verbannt habe, eine Interpretation der Daten geben, die auf den von Einstein so beredt verteidigten Annahmen beruhen. Natürlich gab er diese Interpretation niemals selbst, da die hier beschriebenen Arbeiten erst viele Jahre nach seinem Tod durchgeführt wurden. Trotzdem läßt sich sagen, Einsteins lebenslange Kritik an den Grundlagen der Quantenmechanik sei die Motivation für einen Großteil der Forschung über die Bellschen Ungleichungen gewesen. So war zum Beispiel der Einfall, die aufeinander bezogenen Systeme zu Testzwecken zu trennen, die Reaktion auf eine der frühesten und einflußreichsten kritischen Schriften Einsteins zur Quantenmechanik[7]. Einsteins Geist schwebt in einem sehr konkreten Sinn über all diesen Diskussionen über die Grundlagen der Quantenmechanik, doch hat er die philosophischen Aspekte dieses Problems in seiner frühen kritischen Schrift über die Quantenmechanik noch nicht mit aller Deutlichkeit formuliert. Die beste Darstellung seiner philosophischen Position findet sich in einem Aufsatz von 1948 in *Dialectica*. Das folgende Zitat trifft den Nagel auf den Kopf. Einstein führt das im Einleitungszitat erörterte Thema der Trennbarkeit weiter aus.

»Fragt jemand, was für das Reich der physikalischen Prinzipien, unabhängig von der Quantentheorie, charakteristisch ist, so zieht vor allem folgendes unsere Aufmerksamkeit auf sich: Die Begriffe der Physik beziehen sich auf eine äußere Welt, d.h. wir bilden uns Vorstellungen von Dingen, die eine ›reale Existenz unabhängig von den sie wahrnehmenden Subjekten (Körper, Felder usw.) beanspruchen ... für diese Dinge ist charakteristisch, daß wir sie uns als in einem Raum-Zeit-Kontinuum angeordnet vorstellen. Des weiteren scheint es für diese in die Physik eingeführte Ordnung der Dinge wesentlich zu sein, daß sie, zu einem bestimmten Zeitpunkt, eine voneinander unabhängige Existenz besitzen müssen, insofern sie ›in verschiedenen Teilen des Raumes liegen‹. Ohne eine solche Annahme der wechselseitig unabhängigen Existenz (dem ›So-Sein‹) räumlich voneinander entfernter Dinge, eine Annahme, die im Alltagsverstand wurzelt, wäre uns physikalisches Denken im gewohnten Sinn nicht möglich. Ebensowenig läßt sich sehen, wie ohne eine solche klare Trennung physikalische Gesetze formuliert werden könnten. Die Feldtheorie hat dieses Prinzip bis ins Extrem ausgeweitet, insofern sie die elementaren, unabhängig voneinander existierenden Dinge innerhalb unendlich kleiner (vierdimensionaler) Raum-Elemente lokalisiert. Diese Voraussetzung der unabhängig voneinander existierenden Dinge ist ihr Fundament, ebenso die elementaren Gesetze, die sie für diese postuliert.

Charakteristisches Merkmal für die relative gegenseitige Unabhängigkeit räumlich voneinander entfernter Dinge (A und B) ist folgendes: Ein äußerer Einfluß auf A hat keine unmittelbare Wirkung auf B. Das ist als ›Prinzip der räumlichen Wirkung‹ bekannt, welches auf konsistente Weise nur in der Feldtheorie angewendet wird.«[8]

Das Prinzip der räumlichen Wirkung schließt die Vorstellung ein, daß die Lichtgeschwindigkeit die maximale Übertragungsgeschwindigkeit für jede Information oder physikalische Wirkung ist. Und da die Lichtgeschwindigkeit endlich ist, kann es »keine *unmittelbare Wirkung*« geben. Die Experimente Tsonkhapas mit den Glocken und die Versuche John Bells benutzen das Lokalitätsprinzip, um beide Seiten voneinander zu isolieren und jede betrügerische Absprache in bezug auf die Testauswahl oder Ergebnisse links und rechts zu verhindern.

Wichtiger als die Lokalität ist für unsere Diskussion aber noch die »wechselseitig unabhängige Existenz (das ›So-Sein‹) räumlich voneinander entfernter Dinge, eine Annahme, die im Alltagsverstand wurzelt«.

Heute nennen wir das die Einsteinsche Separabilität. Im Raum getrennte und deshalb frei von Interaktionen existierende Objekte gelten als unabhängig voneinander existierend, sie haben intrinsische, genau definierte Eigenschaften. Auf der Basis dieser grundsätzlich unabhängigen Existenz entwickeln sich dann zwar Beziehungen, doch diese Beziehungen gelten als weniger real, weniger fundamental als die voneinander unabhängige Existenz der aufeinander bezogenen Objekte. Einstein war fest davon überzeugt, es sei nicht möglich, Physik ohne diese dem Alltag entlehnte Annahme zu betreiben. Das Einleitungszitat zu diesem Kapitel bezieht sich auf diesen Punkt.

Damit wir uns richtig verstehen: Einstein formuliert ein Prinzip, das »im Alltagsverstand wurzelt«. Wir glauben normalerweise, Objekte hätten, wenn sie nicht miteinander interagieren, eine voneinander unabhängige Existenz. Das ist für Einstein (und die meisten von uns) eine so selbstverständliche Wahrheit, daß »uns physikalisches Denken im gewohnten Sinn nicht möglich« wäre, wenn dieses »So-Sein« nicht gegeben wäre.

Im Anhang zu diesem Buch gehe ich von den logischen Annahmen, die Einstein als Prinzip der Lokalität und unabhängigen Existenz formuliert, aus und komme damit zu gewissen Einschränkungen in bezug auf die zu erwartenden Korrelationen zwischen Klangkörperpaaren, im Fall daß die Tests auf beiden Seiten unterschiedlich sind (Kategorie 2). Die Beweisführung könnte durch einfaches Abzählen erfolgen, erfordert aber doch genauere Überlegungen. Lesern, die Spaß an einer solchen Analyse haben, empfehle ich, den Anhang zu lesen. Hier möchte ich nur die Ergebnisse anführen: *Unter der Annahme nur dreier Voraussetzungen: nämlich Lokalität, voneinander unabhängiger Existenz und der Daten der Kategorie 1, müssen sich, wenn die an jeder Seite durchgeführten Tests verschieden sind (Kategorie 2), bei jeder möglichen Menge von Glocken in mindestens einem Drittel der Fälle dieselben Resultate ergeben.* Das ist eine spezielle Variante der Bellschen Ungleichungen.

Nach dieser theoretischen Untersuchung kehren wir wieder ins Kloster zurück. Dort aber zeigen die Daten der Kategorie 2, daß die getesteten Klangkörper, falls die Test-Kombinationen verschieden sind, dieselben Resultate genau in einem Viertel der Fälle ergeben! Tsongkhapa und seine Helfer haben aber Tests mit aller Sorgfalt an zahllosen Klangkörpern durchgeführt und verfügen über hervorragende Statistiken. So kann kein Zweifel daran bestehen, daß die Tests, falls sie auf jeder Seite verschieden sind, in genau *einem Viertel* der Fälle dieselben Resultate ergeben – nach Bells Ungleichungen eine Unmöglichkeit. Sie zeigt ja, daß die minimale Korrelation *ein Drittel* sein müßte. Dieser experimentelle Verstoß gegen die Ungleichungen impliziert, daß eine oder beide entscheidenden Annahmen, Lokalität und voneinander unabhängige Existenz, falsch sein müssen. Sie zeigen auch, daß der Glockenkaufmann die Komplementarität nicht außer Kraft setzen konnte, da er mit seinem Vorgehen zwei Eigenschaften auf einmal nicht zuverlässig zu messen vermochte.

Ersetzen wir die Klangkörperpaare durch korrelierte Photonenpaare und die Positiv-Negativ-Tests durch zufällig ausgewählte Polarisationsmessungen senkrecht zur Fluglinie der Photonen, dann haben wir die aktuellen Experimente, die gegen Bells Ungleichungen verstoßen und die Voraussagen der gängigen Quantenmechanik bestätigen. Die Korrelationen hängen nicht von der Entfernung ab. Sie werden mit der Trennung zwischen Messungen links und rechts weder stärker noch schwächer.

Für Physiker ist diese Argumentation aus mehreren Gründen zwingend. Erstens sind die Annahmen der Lokalität und einer unabhängigen Existenz bzw. der Einsteinschen Separabilität extrem logische Annahmen. Einstein geht sogar soweit zu sagen, daß »ohne eine solche Annahme der wechselseitig unabhängigen Existenz (dem ›So-Sein‹) räumlich voneinander entfernter Dinge, eine Annahme, die im Alltagsverstand wurzelt, ... uns physikalisches Denken im gewohnten Sinn nicht möglich (wäre)«. Zweitens sind Logik und Mathematik der Beweisführung heute bestens nachvollziehbar und über jeden Zweifel erhaben. Drittens haben Physiker die ursprünglichen sehr eleganten, schwierigen Experimente in einer Anzahl von Variationen wiederholt – mit denselben Resultaten. Kurz, die Bellschen Ungleichungen wurden, wobei man von den elementarsten Prinzipien ausging und keinen großen theoretischen Aufwand brauchte, mit aller Sorgfalt entwickelt, woraufhin sich doch wiederholt zeigte, daß sehr überzeugende Experimente im Widerspruch dazu standen.

Was war falsch?

Vorausgesetzt, die Versuchsprotokolle und die theoretische Beweisführung halten jedem Einwand stand: Welche Annahmen sind dann falsch? Die vorherrschende Auffassung behält das Prinzip der Lokalität bei, da es die ganze Physik durchzieht, verzichtet aber auf das Erfordernis der Separabilität bzw. der »voneinander unabhängigen Existenz«, vor allem weil auch die Quantenmechanik diese Annahme vermeidet und doch die richtigen Korrelationen ganz genau vorhersagt. Also irrt sich mein Held Einstein, wenn er im Einleitungszitat zu diesem Kapitel sagt: »Doch eine Voraussetzung sollten wir meiner Meinung nach unbedingt beibehalten: Die faktische Lage von System S 2 ist unabhängig von den Ereignissen in System S 1, das räumlich vom ersteren getrennt ist.« Wir dürfen also nicht annehmen, daß Objekte wie korrelierte Photonen- (oder Klangkörperpaare) ein genau definiertes Wesen, unabhängig von in weiter Entfernung (sogar Lichtjahre entfernt!) durchgeführten Experimenten besitzen. Da aber das Prinzip der Lokalität beizubehalten ist, wäre es ebenso falsch, zu glauben, es handle sich um eine schneller als mit Lichtgeschwindigkeit erfolgende Kommunikation zwischen der linken und der rechten Seite.

Würden wir andererseits die Annahme der Lokalität aufgeben und eine augenblickliche Wirkung auf Distanz zulassen, so könnten wir trotzdem nicht sagen: »Die faktische Lage von System 2 ist unabhängig von den Ereignissen in System 1, das räumlich vom ersteren getrennt ist.« Denn mit der augenblicklichen Wirkung auf Distanz wird die »faktische Lage« etwas sehr Zweifelhaftes, wenn nicht Sinnloses, da etwas unendlich weit Entferntes sie unmittelbar beeinflussen kann – das ließe sich schwerlich als unabhängige Existenz bezeichnen. In der gängigen Quantenmechanik gibt es keine augenblickliche Wirkung auf Distanz, weil es keine unabhängig existierenden Objekte gibt, die superluminal, das heißt, schneller als Lichtgeschwindigkeit, miteinander kommunizieren. Trotzdem arbeitet das System korrelierter Photonen bei beliebiger Entfernung mehr im Sinne eines Systems als jedes klassische System. Kommunikation vom einen Ende eines klassischen System zum anderen kann nur mit Lichtgeschwindigkeit oder kleinerer Geschwindigkeit erfolgen. Doch das hier dargestellte Experiment zeigt, daß sich, würde es sich um diesen Typus der Kommunikation handeln, nicht die tatsächlich gemessenen Korrelationen ergeben könnten. Wir stoßen hier auf eine mysteriöse Ebene gegenseitiger Verknüpfung, die mehr von gegenseitiger Abhängigkeit und tieferen Beziehungen geprägt ist, als wir uns vorstellen können.

So fordern uns Nicht-Lokalität bzw. Nicht-Trennbarkeit auf, unsere Vorstellungen von den Gegenständen vollkommen zu revidieren und eine allgegenwärtige Projektion auf die Natur zurückzunehmen. Es ist nicht mehr möglich, Gegenstände als unabhängig voneinander existierende Entitäten zu betrachten, die sich in genau definierten Bereichen der Raumzeit lokalisieren lassen. Sie sind auf eine Art miteinander verbunden, die wir uns anhand der Prinzipien der klassischen Physik nicht einmal vorstellen können. Denn diese ist ja größtenteils ein aus unseren normalen makroskopischen Sinneswahrnehmungen abgeleitetes System, eine Extrapolation dieser Sinneswahrnehmungen. Und es sei noch einmal wiederholt: Die Verknüpfungen, von denen wir hier sprechen, sind nicht dieselben wie die der klassischen Physik, bei denen die Lichtgeschwindigkeit die Grenzen bildet. Hier handelt es sich vielmehr um augenblickliche Verknüpfungen. Die Quantenkorrelationen zeigen, daß die Natur eine durch Nicht-Kausalität verbundene Einheit ist, verbunden auf eine Art, die wir bisher nur ansatzweise verstehen. Wir sind so daran gewöhnt, uns eine Welt isolierter und unabhängig voneinander existierender Gegenstände vorzustellen, daß es uns sehr schwerfällt zu begreifen, was die geschilderten Experimente uns über die Natur sagen wollen. Sie konfrontieren uns in der Tat mit der Notwendigkeit eines großen Paradigmenwechsels in den Grundlagen von Wissenschaft und Philosophie – der enorme Folgen auch für Gebiete außerhalb der Grenzen von Naturwissenschaft und Philosophie hätte. Es wird seine Zeit dauern, bis diese Naturauffassung erst einmal begriffen ist und die Kollektivseele ganz durchdrungen hat. Trotzdem stellt sie mit Sicherheit ein der Synchronizität weit besser entsprechendes Weltbild zur Verfügung, als die Newtonsche Vorstellung unabhängig und getrennt voneinander existierender Wesenheiten, die innerhalb eines absoluten Raums und einer absoluten Zeit kausal aufeinander einwirken.

Diese Bellsche Beweisführung wurde noch erweitert auf kompliziertere Theorien, welche nur von Wahrscheinlichkeiten und nicht von genau definierten Werten für Objekteigenschaften ausgehen. Darüber habe ich anderweitig geschrieben.[10] Für den gegenwärtigen Zweck ergeben sich daraus keine weiteren Komplikationen.

Ich möchte noch einmal betonen: Diese Beweisführung ist ungewöhnlich, weil sie eine reine Negation darstellt und nicht zugleich ein Ersatzmodell im üblichen Sinn liefert. Wir sind ausdrücklich von der Annahme der Lokalität und einer voneinander unabhängigen Existenz der Gegenstände ausgegangen, haben dann unsere Erwartungen in bezug auf deren Korrelationen deduziert und schließlich experimentell herausgefunden, daß diese Erwartungen falsch waren. Dadurch ist unsere ursprüngliche Annahme widerlegt. Doch ist nichts Positives an ihre Stelle getreten. Tatsächlich ist, wenn man die unabhängige Existenz von Gegenständen leugnet, eine ganze Reihe von Erklärungen ausgeschlossen – nämlich alle, die von unabhängig voneinander existierenden Eigenschaften ausgehen. Alles, was wir sagen können, ist, daß die aufeinander bezogenen Objekte stark voneinander abhängig und auf eine Art und Weise miteinander verknüpft und verquickt sind, die wir uns mit Hilfe des Prinzips lokaler Interaktionen nicht erklären können. Und diese gegenseitige Abhängigkeit beschreibt ihre Natur besser als ihre Unabhängigkeit voneinander. Wie ich im nächsten Kapitel zeigen werde, bedeutet auch der Buddhismus des Mittleren Weges eine umfassende Negation, die ebensowenig eine neue Realität anstelle des Negierten einführt. Ja, sie lehnt einen solchen Ersatz ausdrücklich ab und erklärt, diese Negation sei die höchste Wahrheit über alle objektiven und subjektiven Entitäten.

Revision unserer Vorstellungen von Geist und Materie

Ich habe bisher über das gängige Kopenhagen-Modell der Quantenmechanik gesprochen, wie sie von Bohr (der die betreffenden Arbeiten an seinem Institut in Kopenhagen leitete), Heisenberg, Born, Pauli und anderen entwickelt wurde. Aber auch im Rahmen dieser Theorie gibt es noch Varianten, was die Beziehung des Bewußtseins zur Quantenmechanik betrifft. Die konservativste und deutlich orthodoxe Interpretation (von der ich hier stets ausgegangen bin) stammt von Bohr, der sich hütete, zum Verständnis der Einzelheiten der Quantenmechanik irgendwie auf das Bewußtsein zurückzugreifen. Heisenberg und Pauli jedoch bezogen sich ausdrücklich auf die Rolle des Bewußtseins in der Physik, obwohl sie auch aktiv an der Formulierung der Kopenhagen-Theorie beteiligt waren. Es zeigt sich außerdem, nach der neueren Literatur und den Diskussionen auf Konferenzen über die philosophischen Grundlagen der Quantenmechanik zu urteilen, daß die orthodoxe Theorie immer mehr ihren Einfluß auf die Physiker verliert.[11] Heute ist es üblicher geworden, diese alte Theorie mit Respekt zur Kenntnis zu nehmen, dann aber weiterzugehen und nicht mehr streng an ihr festzuhalten.

Seit den Anfängen der Quantenmechanik gab es Physiker, die versuchten, eine Art Geist oder Bewußtsein in die Grundlagen der Quantenmechanik miteinzubauen. Sie waren davon überzeugt, man könne eine Quantentheorie nur unter explizitem Bezug auf die Funktion des Bewußtseins formulieren. Sie galten normalerweise als der radikale Flügel, nicht im Einklang mit den materialistischen, positivistischen Denkströmungen der damaligen Zeit. Auch heute noch gibt es moderne Denker[12], die das Geist-Materie-Problem dadurch lösen wollen, daß sie das Bewußtsein in die Grundlagen der Quantenmechanik miteinbeziehen. Sie versuchen, eine quantenmechanische Theorie des Bewußtseins aufzubauen, es im Rahmen der Quantentheorie zu verstehen.

Ich begrüße diese Ansätze zwar, doch der meine ist anders. Erstens möchte ich mich von dem zeitgenössischen Weltbild der modernen Physik inspirieren lassen. Ich möchte von den Tatsachen der Physik ausgehen, über die im großen und ganzen Einigkeit herrscht, wie zum Beispiel die in den vorausgegangenen Kapiteln besprochenen Ideen. Für meine Zwecke ist es besser, wenn ich mich nicht auf die noch sehr kontroversen und ziemlich unentwickelten Auffassungen vom Bewußtsein in manchen Theorien der Quantenmechanik verlasse. Zweitens möchte ich mich auch der besonderen Auffassung vom Bewußtsein, wie sie aus der Tiefenpsychologie und einem modernen Begriff der alten Befreiungsphilosophien folgt, bedienen. Aus diesen beiden Elementen baue ich dann ein einheitliches philosophisches Weltbild auf, das die Vorstellungen der modernen Physik mit denen der Tiefenpsychologie und östlichen Philosophie verbindet. Mit anderen Worten, ich möchte das Bewußtsein nicht im Rahmen der Quantenmechanik begreifen, sondern versuche, die dann ebenfalls revidierten Auffassungen von Bewußtsein und Materie vom Standpunkt eines einheitlichen philosophischen Weltbildes aus zu verstehen.

Aber welchen Ansatz wir auch wählen: Wenn wir das Geist-Materie-Problem, das alte und neue Denker aufgeworfen haben und das uns besonders gravierend in den empirisch erfahrbaren Synchronizitäts-Phänomenen entgegentritt, lösen wollen, bedarf es eines radikalen Wandels unserer Begriffe von Bewußtsein und Materie. Wie in einer Ehe müssen sich beide Partner, wenn sie zu größerer Harmonie gelangen wollen, an die Wirklichkeit des anderen angleichen, so daß etwas Größeres als ihre jeweilige Individualität entstehen kann. In den letzten Kapiteln habe ich mich vor allem mit dem Wandel in unserem Materie-Begriff befaßt, wobei ich die Materie metaphorisch als »Braut« ansehe. In den noch folgenden Kapiteln behandle ich die Revision, der wir unser Verständnis vom Geist, metaphorisch als »Bräutigam« aufgefaßt, unterziehen müssen.

Synchronizitäts-Zwischenspiel Nr. 6

Der Stein der Weisen

Solange ich zurückdenken kann, hat mich eine Frage beschäftigt. Nämlich: Wer und was bin ich? Jahrelang habe ich mich in Psychologie- und Philosophiestudium mit dieser Frage beschäftigt und viele Stunden darüber meditiert.

Mit jedem neuen Werkzeug, das mir bei dieser Suche in die Hände fällt, ergibt sich jeweils ein anderer Zugang zur Lösung des Rätsels. Einige Antworten, die ich gefunden habe, würden auf jeden, der dieselbe Frage stellt, passen, andere passen nur auf mich persönlich.

Zu diesen letzteren gehört die folgende Geschichte. Sie werden sehen, daß auch jeder andere die Bücher, zu deren Lektüre ich geführt wurde, hätte lesen können. Aber der Weg, auf dem sie mir in die Hände fielen, war etwas ganz Besonderes und gut geeignet, mir meine Frage entsprechend meinen damaligen Bedürfnissen zu beantworten, und zwar so, daß ich diese Antwort auch auf der Grundlage meiner vorhergehenden Untersuchungen akzeptieren konnte.

Es fing mit einem Freund an, der mir erzählte, wie der Seneca-See auf Havdensvanee oder Irokesisch heiße: *Ganadasege ti karneo dei*. Er sagte mir, die Geister des Sees hörten diesen alten Namen gern, da ihn heute niemand mehr verwende. »Sie antworten darauf«, meinte er.

Ich bin ein Mensch mit der Überzeugung, daß alles, was uns umgibt, lebendig sei. Und so entschloß ich mich ohne Zögern, zu dem See zu gehen und als freundliche Geste den Geistern gegenüber seinen Namen auszusprechen. Ich suche häufig einen bestimmten Strand auf, nahm also Mantel, Hut und meine Mutter mit, die mich gerade besuchte, und fuhr an einem kalten, stürmischen Oktobermorgen zu dieser Stelle hinaus.

Meine Mutter, die sich dieser neuen verrückten Laune ihrer Tochter bereitwillig fügte, sprach ebenfalls den alten Namen des Sees immer wieder aus, während wir am Ufer entlangspazierten. Plötzlich spürte ich einen Hitzestoß. Ich blieb stehen, ging dann aber weiter. Es wurde wieder kalt. Ich ging zurück, da war wieder diese Hitze. Es fühlte sich so an, als wäre es in einem Umkreis von ein bis zwei Metern. Ich blieb wieder stehen und hatte die bestimmte Ahnung, etwas hören oder sehen zu sollen. Ich starrte auf den Boden vor mir, und tatsächlich: Während meine Augen die Steine zu meinen Füßen durchmusterten, sah ich ein Gesicht, das zu mir heraufblickte.

Es war ein Stein mit zwei Löchern als Augen, zwei kleinen Nasenlöchern und einem großen Loch als Mund, der geöffnet war, als sänge er. Es war ein jähes Wiedererkennen, das Gefühl einer intensiven Begegnung.

Der Stein der Weisen

Abb. 15 *Ein Stein am Strand*

Ich hörte zu sprechen auf und hob den glatten Stein auf. Er hatte die Größe einer Pflaume und besaß übrigens nicht nur die »Gesichtslöcher«, sondern auch eins im »hinteren« Teil, das sich vom Scheitel bis zum Halsansatz hinzog. Er war warm.

Meine Mutter machte große Augen. Ich konnte hören, wie ihr ein Thema aus der »Twilight Zone« durch den Kopf ging.

Die Geister haben geantwortet, dachte ich. Ich brachte den Stein nach Hause und nahm ihn ein paar Wochen lang mit ins Bett. Immer, bevor ich am Abend einschlief, fragte ich mich: »Welches Lied werde ich wohl hören?« Ich lauschte, bekam aber keine Antwort.

Eines Abends kam mein Schwager herüber, sah den Stein und nahm ihn in die Hand. »Interessant«, sagte er. Er hob ihn an die Lippen und blies in eins der Löcher. Man hörte das Strömen der Luft. Plötzlich ertönte ein lautes Pfeifen. Wir konnten auf dem Stein wie auf einer Okarina spielen und acht deutlich zu unterscheidende Töne erzeugen! Wir nannten ihn den »Singenden Stein«. Aber ich hörte nicht auf zu fragen, was ich hier lernen sollte, welches Lied ich hören sollte.

Eines Abends spät erhielt ich die Antwort. Ich war in einem Philosophie-Seminar gewesen und kam etwa um 23.30 Uhr nach Hause. Es war eine herrliche Sternennacht, klar und kalt. Ein Weilchen blieb ich noch draußen und schaute in den Nachthimmel, als ich plötzlich das Gefühl hatte, hineingehen und in mein Bücherregal schauen zu müssen. Drinnen zogen mich zwei Bücher besonders an. Eins war ein Buch mit Geschichten der amerikanischen Ureinwohner, das andere war von Ramana Maharshi, einem Hindu-Weisen.

Ich schlug das erste Buch auf, und die Worte, auf die mein Auge fiel, lauteten: »Die Geschichte des Singenden Steins.« Ein Frösteln lief mir über den Rücken. Ich setzte mich hin und las. Es war die Geschichte einer jungen Frau, die nach dem »Singenden Stein« suchte. Dem, der ihn fand, verlieh er Zauberkräfte. All ihre Abenteuer bei der Suche in den vier Himmelsrichtungen wurden beschrieben. Am Schluß steht die Frau auf einer steilen Klippe, ihre Familie ist drunten. Die Leute schauen zu ihr herauf, sehen, wie sie ihre Arme ausstreckt und hören sie sagen: »Willkommen zu Hause, Singender Stein!«

Sie war der Singende Stein. Der Singende Stein war sie selbst.

In dem Buch ging es dann so weiter, daß die Geschichte interpretiert wurde. Es ging um die Frage: »Wer bin ich?«

Nun fühlte ich mich getrieben, auch nach dem zweiten Buch zu greifen. Ich schlug es auf. Die Kapitelüberschrift lautete: »Wer bin ich?« Wieder fröstelte ich am ganzen Körper, doch dieses Mal erfüllte mich auch ein Gefühl der Ehrfurcht.

Der Stein hatte mir geantwortet! Und dies war sein Lied!

Freude wallte in mir auf. Mit größter Spannung las ich das Kapitel, Wort für Wort.

Ramana Maharshi beschrieb Wege, mit dem reinen Selbst oder dem Schweigen, das unsere wahre Natur ist, in Verbindung zu treten. Er machte einen Unterschied zwischen unseren Gedanken und dem »Ich« auf der einen Seite und der Bewußtheit, die beiden zugrunde liegt, auf der anderen. Ich merkte mir seine Anleitungen, wie man zu diesem reinen Selbst oder Schweigen gelangt, sehr gut. Das sollten die nächsten Schritte meiner Suche sein.

Dieses Beispiel ist insofern ungewöhnlich, als die Frau ihre Erfahrung offenbar durch ihre intensive Beschäftigung mit der Frage »Wer bin ich«, durch ihre beschwörenden Worte am See und durch ihre Bitten an den Singenden Stein selbst hervorrief. Doch alle großen Synchronizitäts-Erfahrungen tauchen aus einem Meer emotionaler Intensität auf, aus dem Reich archetypischer Impulse und Faszinationen. Deshalb assoziierte Jung ja Synchronizitäts-Erfahrungen mit den Archetypen. Er schreibt:

> »Die Archetypen sind formale Faktoren, welche unbewußte seelische Vorgänge anordnen: sie sind *patterns of behaviour*. Zugleich haben die Archetypen eine ›spezifische Ladung‹: sie entwickeln *numinose* Wirkungen, die sich als Affekte äußern. Der Affekt bewirkt ein *partielles abaissement du niveau mental,* indem er einen bestimmten Inhalt zwar zu einer übernormalen Klarheits-

höhe erhebt, in eben demselben Maße aber auch den anderen möglichen Bewußtseinsinhalten soviel Energie entzieht, daß sie verdunkelt, unbewußt werden. Infolge der bewußtseinseinschränkenden Wirkung des Affektes entsteht eine der Dauer desselben entsprechende Herabsetzung der Orientierung, welche ihrerseits dem Unbewußten eine günstige Gelegenheit bietet, sich in den leer gelassenen Raum einzudrängen. Es ist daher eine sozusagen regelmäßige Erfahrung, daß im Affekt unerwartete, sonst gehemmte oder unbewußte Inhalte durchbrechen und zur Äußerung gelangen. Derartige Inhalte sind nicht selten inferiorer oder primitiver Natur und verraten damit ihren Ursprung in den Archetypen. Wie ich weiter unten noch beleuchten werde, scheinen mit den Archetypen unter gewissen Umständen Gleichzeitigkeits-, das heißt Synchronizitäts-Phänomene verbunden zu sein.«[1]

In der Welt findet jemand unter den gewöhnlichsten, verbreitetsten Dingen – z. B. Steinen – ein altes Symbol des Selbst: den auf Erden manifest gewordenen göttlichen Geist, den Geist in der Materie. Dieses Symbol ist hier umso überzeugender, als es das Antlitz eines Menschen trägt, eines Menschen, der für den Besitzer des Steins singt, wenn ihm dieser seinen Atem, seine Inspiration einbläst. Das hier abgebildete Foto des Singenden Steins zeigt, wie sehr er einem ausdrucksvollen Gesicht ähnelt. Als ich später den Strand inspizierte, wurde mir klar, wie schwierig es wäre, den kleinen Stein unter all seinen unzähligen Gefährten am Seeufer absichtlich finden zu wollen. Aber sein menschliches Aussehen und die Umstände seiner Entdeckung machen es sehr begreiflich, weshalb er sich so gut als Träger des Archetypus des Selbst eignet. Hier haben wir ein Beispiel akausalen Sinns vor uns, der sich in der Innen- und Außenwelt manifestiert, so daß die Betreffende auf ihrem Weg zur Individuation ein Stück weiterkommt. Die Enthüllung dieses größeren Sinns ist immer eine numinose Erfahrung. Wie von Franz sagt: »Synchronistische Ereignisse bilden also Augenblicke, in denen ein ›kosmischer‹ oder ›größerer‹ Sinn in einem Individuum bewußt wird; das ist im allgemeinen eine erschütternde Erfahrung.«[2] Und wenn es vielleicht auch nicht »erschüttert«, so erfüllt es den Menschen doch mit frommer Ehrfurcht. Wie die Frau oben sagte: »Mir war etwas geschenkt worden.« Oder wie Jean Shinoda Bolen bemerkt: »Jedesmal, wenn ich mir einer Synchronizitäts-Erfahrung bewußt wurde, hatte ich zugleich das Gefühl eines Gnadenerweises.«[3]

Die Brücke zur Philosophie

Nachdem wir inzwischen die Synchronizität ausführlich definiert und einige der hauptsächlichen Implikationen und Probleme, die sie für die Wissenschaft aufwirft, erörtert haben, ist es an der Zeit, ein philosophisches Modell, das sie erklärt, zu entwerfen. Gibt es ein rationales Weltbild, in dem die Synchronizität etwas ganz Natürliches und Verstehbares wäre? Welche Rolle würde in einem solchen Weltbild die Seele spielen, und welches wäre ihre Beziehung zur Außenwelt, zur Materie? In welcher Beziehung stünde der so wichtige Sinn-Aspekt der Synchronizität zu diesen beiden Prinzipien? Ich behandle diese Fragen, indem ich mich der Reihe nach den uns schon vertrauten vier Themen: Sinn, Akausalität, Raumzeit und Einheit von Geist und Materie, zuwende. In den letzten sechs Kapiteln, die noch folgen, versuche ich eine Brücke zu schaffen zwischen Tiefenpsychologie und moderner Physik einerseits und einem philosophischem Weltbild, das der Synchronizität auf rationale Weise beizukommen versucht, andererseits.

Beim Überqueren dieser Brücke zur Philosophie werden wir auf zwei Grundgedanken stoßen: Der eine ist ein entschiedenes Leugnen bzw. eine Negation, der andere eine entschiedene Bejahung. Das Herzstück der Philosophie des nördlichen Buddhismus, das Prinzip der Leere, leugnet, daß irgend etwas, sei es subjektiv oder objektiv, unabhängig, getrennt von anderen Dingen oder allein für sich existiert. Das heißt nicht, daß die Dinge nicht wie üblich existierten und uns Schmerz und Freude bereiteten. Aber sie existieren nicht unabhängig voneinander, für sich, wie wir fälschlicherweise glauben. Dieses Prinzip der Leere, das ich im folgenden ausführlich untersuchen werde, zerstört unser eingeprägtes Vorurteil der Trennung, das uns von der physischen Welt abschneidet und uns das Verständnis der Synchronizität so sehr erschwert.

Ich beginne mit dem philosophischen Teil des Buches, indem ich mich in Kapitel 10 mit dem Titel »Buddhismus des Mittleren Weges: Struktur« mit dem Begriff der Leere auseinandersetze. Dieses fundamentale Prinzip der Leere steht in außerordentlich enger Beziehung zu den soeben besprochenen physikalischen Gegebenheiten. Wie wir sehen werden, ist Leere die Verallgemeinerung der Anschauung, daß Gegenstände nicht unabhängig voneinander existieren, wie es uns bei der Untersuchung der Bellschen Ungleichungen begegnet ist. Aber wenn ich die philosophischen, psychologischen und ethischen Voraussetzungen der Leere darstelle, so tue ich das, ohne die dialektischen Argumente zu benützen, die traditionell bei solchen Darstellungen der Leere vorgebracht werden. Für westliche Ohren würden sie einigermaßen künstlich und rätselhaft klingen.

In Kapitel 11, »Buddhismus des Mittleren Weges: Anwendung«, wende ich den Begriff der Leere auf Psychologie und Physik an, und zeige, daß er uns vor Fallen auf dem Weg zur Individuation bewahren kann. Diese Auffassung bildet auch einen umfassenden, radikal nicht-kartesianischen, philosophischen Bezugsrahmen, innerhalb dessen sich zahlreiche Gedanken der modernen Physik verstehen lassen. Doch ist hier die Leugnung einer unabhängigen, separaten Existenz, ebenso wie die ihr vorausgehende physikalische Beweisführung, mehr ein Gegenmittel gegen den falschen Glauben an eine separate, an sich gegebene Existenz, denn eine positive Erklärung der Synchronizität.

Nach der Diskussion dieser entschiedenen Negation, der Leere, gehe ich dann weiter und komme zu einer ebenso entschiedenen Bejahung, zum Gedanken des Mentalismus, einer besonderen Form des Idealismus, der behauptet, all unsere Erfahrungen seien nur Gedanken in unserem individuellen Bewußtsein. In knappster Verkürzung angedeutet, besagt der Mentalismus, daß selbst die körperlichsten Erfahrungen Gedanken innerhalb eines größeren Bewußtseins sind, das zugleich auch das erfahrende Ich als einen Gedankenkomplex aus sich selbst hervorbringt. Den Mentalismus zu verstehen setzt eine Erweiterung unseres Begriffs von Bewußtsein oder Geist voraus. Nur eine solche Erweiterung macht es möglich, diesen Begriff dann auch mit der Quantenauffassung der Materie, wie sie oben erörtert wurde, zu vereinigen. Wir werden sehen, daß enge Beziehungen zwischen Leere und Mentalismus existieren. Doch das einheitliche Weltbild des Mentalismus stellt noch weit bessere Möglichkeiten bereit, die Synchronizität zu verstehen.

Mit dem Entwurf eines philosophischen Modells zum Verständnis der Synchronizität beginne ich im Kapitel 12, betitelt »Der psychologische Standpunkt: Tugenden und Laster«, wo ich Jungs »Psychologischen Standpunkt« untersuche. Auf dieser Grundlage wird sodann eine psychologische Kritik seiner Position möglich, aber was noch wichtiger ist, es ergibt sich ein guter Ausgangspunkt für den Mentalismus, der viele Rätsel löst, aber auch neue Fragen aufwirft. Einige von ihnen werden in Kapitel 13, »Ein philosophisches Modell der Synchronizität«, beantwortet. Dieses Modell bezieht sich auf Sinn, Akausalität, Überschreitung der Raumzeit und Einheit, wie sie sich an allen in diesem Buch geschilderten Synchronizitäts-Beispielen zeigen.

In Kapitel 14, »Harmonie und Dissonanz«, interpretiere ich ein berühmtes Erlebnis Jungs, das er in Afrika hatte. Es dient mir als Ansatzpunkt, zahlreiche der in diesem Buch erörterten Gedanken miteinander zu integrieren. Es bestehen gewisse Widersprüche, Dissonanzen, zwischen Theorie und Praxis der Jungschen Psychologie einerseits und der Philosophie der Befreiung, die ich hier darstelle, andererseits. Ich untersuche diese Dissonanzen und schlage Wege zu einer Harmonisierung vor. Gewisse Widersprüche zwischen den verschiedenen Standpunkten bleiben trotzdem bestehen.

Das Buch schließt mit Kapitel 15, »Synchronizität und Individuation«, in dem ich die bisherigen Ergebnisse auswerte, um zu einem Verständnis der Synchronizität und ihrer Beziehung zur Individuation zu gelangen. In einer Schlußbemerkung empfehle ich Vorsicht bei der Interpretation von Synchronizitäts-Erfahrungen.

10
Die Struktur des Buddhismus des Mittleren Weges

Insbesondere nimmt in Kreisen der Wissenschaft das Interesse am philosophischen Denken des Buddhismus zu. Ich hege die Hoffnung, daß sich in den nächsten Jahrzehnten ein großer Wandel in unserem Weltbild, sowohl in materieller als auch spiritueller Hinsicht, vollziehen wird.   Der XIV. DALAI LAMA[1]

Die Krise eines Prinzen

In den Erzählungen über die Ursprünge des Buddhismus gibt es einen Prinzen mit einer treuen Ehefrau. Doch seit Wochen machte sie sich große Sorgen um ihn. Äußerlich liebte er sie anscheinend wie bisher. Er freute sich an ihrem kleinen Söhnchen, aber am Luxus des Hofes, an den raffinierten Vergnügungen, an denen sie bislang so häufig teilgenommen hatten, fand er keinen Gefallen mehr. Auch sein Interesse an der Herrschaft über das Königreich schwand. Seine schöne Frau bemerkte, wie geistesabwesend er blickte und wie umwölkt seine Miene war, wenn er von Besuchen in dem nahe gelegenen Dorf zurückkam. Der König versuchte ihn von diesen Ausflügen abzuhalten. Er meinte, an einem kleinen Dorf sei doch wenig Interessantes. Durch heimliche Zuträger hatte die Frau erfahren, daß der König jedesmal, wenn der Prinz das Dorf besuchte, vorher seine Diener ausschickte, um alle Bettler, Kranken und Alten von den Straßen zu entfernen.

Schon vor Jahren, als der Prinz heranwuchs und sich als erstaunlich begabt erwies, war dem König klargeworden, daß es mit den Prophezeiungen, die ihm bei der Geburt seines Sohnes gemacht worden waren, seine Richtigkeit haben mußte: Der Prinz würde entweder ein großer religiöser Führer oder ein Welteroberer werden. Der König scheute deshalb keine Mühe, den zarten Prinzen von der grausamen Wirklichkeit des Lebens fernzuhalten. Er ahnte, diese würde den Sohn nur der Religion in die Arme treiben. Er aber wollte aus seinem Sohn einen großen Herrscher machen, der all seine Talente für die Macht und Herrlichkeit des Königreiches einsetzte.

Indessen wurde der Prinz, je öfter er das Dorf besuchte, immer weltabgewandter. Zwar ließ er es nicht an Freundlichkeit fehlen, doch konnte seine Frau sehr deutlich bemerken, wie schwer ihm ums Herz war. Es war ihr fast unmöglich, ihm ein Lächeln zu entlocken. Sein ansteckendes Lachen, das so oft in den Steinsälen des Palastes erklungen war, war nur noch eine blasse Erinnerung. Eines Abends, es war schon spät, flehte sie ihn unter Tränen an, ihr zu erzählen, was ihn so bedrücke. Er gestand ihr, er habe bei seinen Streifzügen im Dorf, trotz der Vorkehrungen des Königs, immer wieder Alte, Kranke und Sterbende gesehen. Das habe ihn bis ins Mark erschüttert. Natürlich sei ihm schon als Kind klargeworden, daß dem Menschen kein bleibender Aufenthalt auf dieser Erde beschieden sei. Doch wenn er jetzt einem Sterbenden in die Augen blicke, werde ihm bewußt, wie sehr wir alle die Gewißheit unseres eigenen Todes zu verdrängen suchen, die Wahrheit, daß auch wir einmal alt, schwach und von Schmerzen heimgesucht werden, daß auch wir einmal von allem, was wir lieben, allem, was wir erreicht haben, weggerissen werden. Ja, sogar er, der bevorzugte Königssohn, geliebt von seiner Familie, verehrt von seinen Untertanen, würde eines Tages all dies hinter sich lassen müssen und hilfloser sein als am Tag seiner Geburt. Diese Erkenntnis habe ihn in einen Abgrund des Zweifels und der Verzweiflung geschleudert.

Was war der Sinn dieser grausamen Wirklichkeit? Das mußte der Prinz unbedingt herausfinden. Bald danach begegnete er im selben Dorf einem sogenannten *Sādhu*, einem wandernden Heiligen, der erhabene Weisheit und Ruhe ausstrahlte. Der Sādhu erklärte ihm, die Antwort könne er nur finden, wenn er alles aufgebe, um in den Wäldern das Leben eines Asketen in Meditation und Entsagung zu führen. Und trotz seiner großen Liebe für seine Frau, seine Familie und trotz der Vergnügungen des Hoflebens konnte nun der Prinz nicht anders: Er mußte alles verlassen, um den Sinn dieser gnadenlosen, mit dem Menschen aufgeführten Posse zu erkennen. Es widerstrebte ihm, seiner Familie Kummer zu machen, doch sein Drang zu verstehen vertrieb ihn aus dem hermetisch abgeschlossenen Paradies des Hofes.

Im Wald widmete er sich mit der ihm gewohnten Intensität dem Yoga und der Meditation und lebte keusch. Als begabter Schüler wuchs er bald über seinen ersten Lehrer hinaus und suchte andere auf. Aber auch nach vielen Jahren waren seine Fragen immer noch nicht voll beantwortet. Da verdoppelte er seine Anstrengungen und fastete und meditierte bis zur Erschöpfung und geriet an den Rand des Todes. Endlich erkannte er, daß die Antwort nicht in extremer Askese bestehen konnte, und nahm wieder Nahrung zu sich. Da dachten die paar Schüler, die sich ihm schon angeschlossen hatten, er sei weich geworden, und sagten sich von ihm los. Doch ungerührt versenkte sich der Prinz tief in sich selbst. Nach einem gewaltigen Kampf mit seiner niederen Natur erlangte er einen Zustand des ichlosen Seins, der Befreiung von der Fessel der Unwissenheit und des Leidens, des vollständigen Hinausgelangtseins über alle Gegensätze. Prinz Siddhartha Gautama war zum Buddha geworden – zum vollkommen Erleuchteten, zum König in der langen Reihe der Geistesfürsten Indiens. Immer noch bebt die Erde im Bereich der Religionen von der Erschütterung, die seine Erleuchtung vor 2500 Jahren auslöste.

Aufgrund seiner Erfahrungen und einer sich anschließenden vierzigjährigen Lehrtätigkeit sammelte sich eine Schar treuer Jünger um ihn. Nach vier Jahrhunderten mündlicher Überlieferung schrieben sie die Botschaft des Buddha im *Pāli-Kanon* auf, der in der Folge noch durch viele andere Schriften erweitert wurde. Der Buddhismus entwickelte sich, spaltete sich und verbreitete sich über ganz Asien, wobei er mit jedem weiteren Zweig neue Nuancen und Akzente annahm, doch stets von dem ursprünglichen spirituellen Impuls bestimmt blieb. Er breitete sich von Nordindien nach Tibet, China und Japan im Norden und nach Birma, Thailand und weiter im Süden aus. In unserem Jahrhundert drang er sogar bis in den Westen vor. Evolution und Transformation des Buddhismus haben dazu geführt, daß sich ein reiches Spektrum von Schulen, Sekten und Traditionen herausbildete. Jede von ihnen stellte eine schöpferische Entwicklung, eine Neubelebung und eine Bereicherung des ursprünglichen spirituellen Durchbruchs des Prinzen dar.

Das Leben Prinz Gautamas ist von vielen Mythen umhüllt, alle sehr aussagekräftig, doch historisch kaum zuverlässig. Meine phantasievolle Beschreibung seiner Krise lehnt sich an die bekannten Erzählungen an, darf aber nicht wörtlich genommen werden. Weit zuverlässiger sind Theorie und Praxis des heutigen Buddhismus, dem ich mich jetzt zuwenden will.

Die vier edlen Wahrheiten und die Nicht-Dauer

Aus der Erleuchtungserfahrung des Buddha und seinen vier Jahrzehnten Lehrtätigkeit ging ein endloser Strom von Kommentaren und Interpretationen hervor. Jede Schule entwickelte aus dem ursprünglichen spirituellen Impuls ihren eigenen Gesichtspunkt. Eine Auseinandersetzung, die sich nur mit jenen Elementen der Lehre, auf die sich alle buddhistischen Sekten einigen können, beschäftigen würde, wäre sehr oberflächlich. Daher möchte ich mich nur mit den nördlichen Schulen, insbesondere dem Buddhismus des Mittleren Weges und dem Nur-Geist-Buddhismus, befassen. In diesem Kapitel beschränke ich mich auf den Buddhismus des Mittleren Weges (genauer, auf die Ursache-Wirkungs-Schule), der heute im tibetischen Buddhismus vorherrschenden Schule. Von ihr aus lassen sich direkte, sehr bedeutsame Verbindungslinien zur Quantenphysik und Synchronizität ziehen. Dann werde ich einiges über die buddhistische Schule des Nur-Geist berichten, die sich aus der Schule des Mittleren Weges entwickelt hat. In gewisser Weise vollzieht meine Darstellung die historische Entwicklung dieser beiden Schulen nach.

Nach all den Ausführungen ist es doch an der Zeit zu betonen, daß sich alle Zweige an die vier edlen Wahrheiten und das Prinzip der Nicht-Dauer halten, zwei Kernaussagen, die sich aus der kosmischen Vision des Prinzen vor zweieinhalbtausend Jahren ergaben. Die vier edlen Wahrheiten sind kurz folgende:

1. Leiden bestimmt bzw. durchdringt alles Leben.
2. Verlangen oder »Haften« verursacht das Leiden.
3. Dauernde Freiheit von allem Leiden ist möglich.
4. Der von Buddha gelehrte Pfad der Erkenntnis und Meditation kann dauerhaft vom Leiden erlösen.

Die vier edlen Wahrheiten beinhalten zwei Ursache-Wirkungs-Zusammenhänge. Erstens: Verlangen verursacht Leiden. Zweitens: Die Weisheit und Methode des Buddha verursachen dauerhaftes Aufhören des Leidens.

Bevor wir diese Wahrheiten im einzelnen behandeln, sei bemerkt, daß der Buddhismus ausdrücklich nicht dogmatisch ist. Buddha selbst und heutige Lehrer, wie etwa der gegenwärtige Dalai Lama, betonen stets, man solle irgendeine Aussage des Buddhismus nicht schon deshalb glauben, weil irgendeine Autorität dafür eintritt, sondern nur, wenn sie sich mit unserem Verstand und unserer Erfahrung vereinbaren läßt. Der Dalai Lama geht sogar noch weiter und meint, wenn wissenschaftliche Untersuchungen eine buddhistische Kernposition endgültig aus den Angeln heben sollten, muß der Buddhist diese Position aufgeben. So glauben Buddhisten zum Beispiel an die Wiederverkörperung. Aber einmal angenommen, die Wissenschaft käme mittels geeigneter Forschungsmethoden eines Tages zum definitiven Schluß, daß es keine Wiederverkörperung gibt, dann müssen wir das, wenn es wirklich bewiesen ist, akzeptieren – und wir werden es akzeptieren. Das ist die allgemeine Auffassung der Buddhisten.[2] Eine solche Einstellung ist für moderne Menschen des Westens sehr anziehend. Trotzdem weist der Dalai Lama auch auf die Begrenzungen der Wissenschaft hin, besonders in ethischer und spiritueller Hinsicht. Untersuchen wir nun im Geist des Nicht-Dogmatismus, wie er den Buddhisten auszeichnet, die vier edlen Wahrheiten.

Als ich mich erstmals mit dem Buddhismus beschäftigte, kam er mir mit seiner Betonung des Leidens als eine sehr deprimierende Religion vor. Solange wir jung, gesund, voller Hoffnung und verliebt sind, fällt es uns schwer zu glauben, daß Leiden das Merkmal *jeder* Erfahrung sein soll. Es scheint soviel Freude in allen möglichen Vergnügungen, einfachen und raffinierten, zu stecken. Indessen zeigt schon ein kurzes Nachdenken, daß auch die freudigsten Erlebnisse vorübergehen und daß ihnen immer irgendwelche Enttäuschungen oder neue Wünsche, die nach Erfüllung verlangen, auf dem Fuße folgen. Sicher, auch die Buddhisten sind der Meinung, daß die Welt ihre anziehende und erfreuliche Seite hat. Aber sie bestehen darauf, daß diese Freuden nur sehr flüchtige Befriedigung gewähren und daß sie unvermeidlich Unzufriedenheit und neue Wünsche nach sich ziehen, die uns auf unsrer vergeblichen Suche nach dauerhaftem Glück vorwärtstreiben. Sie betonen, daß selbst in den größten Freuden schon immer der Keim des Leidens enthalten ist. Viele ernsthaft nachdenkende Menschen haben das erkannt. Zum Beispiel singen in Giuseppe Verdis herrlicher Oper *La Traviata* die ekstatisch Liebenden immer wieder, daß Liebe *croce e delizia* ist, daß ihr also sowohl das Leiden der Kreuzigung als auch die Freude der Glückseligkeit innewohnt. Und selbst eine Liebesbeziehung mit einem Minimum an Problemen kommt nicht um die Tatsache herum, vor der wir immer so verzweifelt die Augen verschließen wollen, daß doch alles ein Ende hat. Die warme Zuwendung, die Liebe, die Zärtlichkeit, geboren aus dem süßen Liebesverlangen, all das wird uns eines Tages der kalte Tod entreißen.

Klingt das nicht allzu trist und melancholisch, ja morbid? Merkwürdigerweise aber sind die Buddhisten, die ich kennengelernt und mit denen ich gearbeitet habe, von hohen tibetischen Lamas bis zu chinesischen Novizinnen, im allgemeinen die fröhlichsten und positivsten Menschen, die man sich vorstellen kann. Vielleicht ist es gerade ihre Konfrontation mit den Wahrheiten des Leidens und der Nicht-Dauer, die es ihnen ermöglicht, dem Leben mit einer tiefen positiven Einstellung gegenüberzutreten.

Natürlich erzeugen von einem psychologischen Standpunkt aus unsere Wünsche nicht nur Leiden, wie es die zweite edle Wahrheit behauptet, sondern ziehen uns auch ins Leben hinein. Sie tragen dazu bei, daß wir uns selbst definieren, unsere individuellen Eigenschaften entfalten und zu schöpferischen Persönlichkeiten werden. Trotzdem hat der Buddha kein Interesse am Prozeß der Individuation. Seine Einsicht war, daß alle psychische Entwicklung niemals an ein Ende kommt und in diesem Sinne unbefriedigend bleiben muß. Jung selbst gab häufig zu, daß das Unbewußte unerschöpflich sei. Wir arbeiten uns durch eine Projektion, einen Komplex hindurch, nur um sogleich wieder mit dem nächsten konfrontiert zu werden. Seelenentwicklung an sich wird unsere Wünsche und das sich aus ihnen ergebende Leiden niemals stillen können. Der Buddha aber sucht ein vollständiges, dauerhaftes Hinausgelangen über alles Leiden – Freiheit vom Spiel der Gegensätze, während der Mensch noch lebt. Die dritte edle Wahrheit behauptet, ein solcher »übermenschlicher« Zustand sei dauerhaft möglich.

Im Gegensatz zu dieser in den vier edlen Wahrheiten proklamierten dauerhaften Freiheit steht die ausdrückliche Lehre der Buddhisten, daß alles in der Welt, einschließlich wir selbst, nicht dauerhaft ist. Diese Nicht-Dauer oder Flüchtigkeit, diese ständige Veränderung aller Dinge (außer der Erleuchtung), dieser Mangel einer festen, stabilen Natur in allen Dingen ist ein zentraler Lehrsatz. Wie wir noch sehen werden, ergibt er sich aus dem Prinzip der Leere. Für jetzt genügt es sich klarzumachen, daß sich ein guter Buddhist dieser universellen Nicht-Dauer oder Flüchtigkeit ununterbrochen bewußt ist. Er sieht ihr direkt ins Auge und benutzt diese Erkenntnis als Ansporn, die Erscheinungswelt zu durchschauen und den buddhistischen Weg zu gehen. So sagt zum Beispiel der gegenwärtige Dalai Lama, ein unermüdlicher Anwalt des Buddhismus des Mittleren Weges:

> »Wenn wir sterben, vergehen unser Körper und all seine Kräfte. Besitz, Macht, Ruhm, Freunde, all das können wir nicht mitnehmen. Nehmen Sie zum Beispiel mich. Viele Tibeter glauben fest an mich und würden alles tun, um was ich sie bitte. Doch wenn ich sterbe, muß ich allein sterben, und keinen von ihnen kann ich mitnehmen. Alles, was einer mitnehmen kann, sind Kenntnis spiritueller Methoden und die karmischen Abdrücke der Taten des vergangenen Lebens. Nur wenn jemand sein Leben lang spirituelle Methoden praktiziert und die meditativen Techniken erlernt hat, die ihn auf den Tod vorbereiten, wird er seine Zuversicht behalten und in der Lage sein, sich wirksam und furchtlos mit den im Tod auftretenden Erfahrungen auseinanderzusetzen.«[3]

Jeder Zweig am großen Baum des Buddhismus interpretiert die vierte edle Wahrheit etwas anders, die erklärt, die Erkenntnis und die Meditation des Buddha, seine Weisheit und seine Methode, könnten uns von allem Leiden befreien. Mit anderen Worten, die vom Dalai Lama erwähnten »spirituellen Methoden« und »meditativen Techniken« unterscheiden sich von einer Schule zur anderen. Ich konzentriere mich hier auf die Auffassung der Schule des Mittleren Weges. Sie besagt, der große Heiler, der Erleuchtete, könne unsere Krankheit mit Hilfe der Medizin heilen, die als die »Leere« bekannt ist. Dies aber erfordere philosophisches Verständnis, Meditation und die Praxis universellen Mitleids.

Der Pfeil der inhärenten Existenz und die Leere des Mittleren Weges

Ein einsam durch den Wald wandernder Mann wird von einem Pfeil getroffen. Er fällt zu Boden, windet sich vor Schmerzen, und voller Angst wird ihm klar, er werde bald sterben müssen. Ein Bodhisattva aber, ein Wesen voller universellem Mitleid, kommt des Weges und möchte dem Verwundeten unverzüglich Hilfe gewähren. Der Bodhisattva erkennt, der Pfeil müsse sofort entfernt werden, wenn das Opfer am Leben bleiben solle. Das wird Schmerz verursachen, da der Pfeil dem Mann tief in die Brust gedrungen ist. Als sich der Bodhisattva anschickt, den Pfeil herauszuziehen, fragt ihn das Opfer: »Freund, wer hat den Pfeil abgeschossen? Warum hat er ihn abgeschossen? Was für eine Art Pfeil ist es? Wie ist er verziert? Aus welcher Richtung kam er?« Das Opfer scheint an allem, was den Pfeil und seinen Abschuß betrifft, interessiert zu sein, nur nicht daran, das tödliche Geschoß zu entfernen und dadurch sein Leben zu retten. Die Zeit vergeht, während der Mann seine Fragen stellt, und so haucht er schließlich sein Leben aus.

Diese von mir etwas ausgeschmückte traditionelle buddhistische Geschichte aus dem *Pāli-Kanon* illustriert die buddhistische Auffassung von der Notlage des Menschen sowie ihre Einstellung zu philosophischen Spitzfindigkeiten. Buddhisten sind der Ansicht, jeder von uns sei von einem tödlichen Pfeil getroffen und müsse immer wieder einen schmerzhaften Tod sterben. Unsere vordringlichste Aufgabe wäre es daher, den Pfeil zu entfernen, nicht uns in tödliche, nur der Selbstbefriedigung dienende Gedankenspielereien einzuspinnen. Philosophie ist von wirklichem Wert für den Buddhisten nur dann, wenn sie uns vom Leiden befreit. In diesem Sinne werde ich den »Pfeil« kurz beschreiben (man muß ihn identifizieren, um ihn entfernen zu können) und dann die Technik zur Entfernung des Pfeils im Buddhismus des Mittleren Weges schildern.

Im Buddhismus des Mittleren Weges ist Leere die Leugnung einer bestimmten Art der Existenz: der inhärenten Existenz. Etwas, das eigentlich nicht sein kann. Unser falscher Glaube an eine inhärente Existenz ist der mörderische, in uns allen steckende Pfeil. Die Philosophie des Mittleren Weges erfordert in erster Linie eine gewissenhafte Identifizierung dieses Pfeils. Wenn wir »inhärente Existenz« zu umfassend definieren, ergibt sich eine Art Nihilismus – es existiert dann also gar nichts. Wenn wir sie andererseits zu eng definieren, ist das Resultat Äternalismus – Menschen und Dinge hätten dann ein ewiges Wesen, was von den Buddhisten aufgrund des Prinzips der Nicht-Dauer heftig geleugnet wird. Es ist also an uns, diese beiden Extreme, die der »Mittlere Weg« als hassenswerte philosophische Übel betrachtet, sorgfältig zu meiden. Der Mittlere Weg ist keine Vermischung der beiden Extreme, sondern die grundsätzliche Ablehnung beider.

Die Buddhisten des Mittleren Weges behaupten, ein volles Akzeptieren der Lehre von der Leere befreie uns vom Leiden des Samsāra, des anfanglosen, unerbittlichen Kreislaufs von Geburt, Alter, Leiden und Tod. Dieser erhabene Zustand des Buddha, des vollkommen Erleuchteten, bedeutet, daß wir über alle Gegensatzpaare hinausgelangen: Samsāra und Nirvāna sind nicht mehr voneinander verschieden. Das volle Akzeptieren der Leere verwandelt uns aus ichbezogenen, in Unwissenheit verstrickten Individuen zu vollkommen erleuchteten Buddhas, Verkörperungen der Weisheit und des Mitleids. Also die philosophische Panazee! Und was ich darüber hinaus mit diesem Kapitel hoffe zeigen zu können: Eine grundlegende Darstellung dieses Prinzips der Leere ist nicht schwer zu verstehen. Sie werden sich dann sogar fragen: »Wie kommt es, daß es so wenig vollkommen erleuchtete Buddhas gibt?« Das Rätsel löst sich, wenn man sich klarmacht, was »volles Akzeptieren« bedeutet. Es ist zwar möglich, »Leere« mit einiger Anstrengung intellektuell zu verstehen, doch reicht das nicht aus, um den Pfeil zu entfernen und die Buddhaschaft zu erlangen. Leere wirklich zu erfahren und voll zu assimilieren erfordert eine gewaltige Transformation auf allen Ebenen unseres Seins. Konsequentes philosophisches Nachdenken muß durch ebenso konsequente Meditation ergänzt und mit einer grundsätzlichen ethischen Umkehr, die für die Praxis des universellen Mitleids – dem glühenden Wunsch, alle Lebewesen zu befreien –, erforderlich ist, kombiniert werden. Das Ideal ist der Bodhisattva, das Mitleids-Wesen, das die Befreiung vor allem sucht, um das Leiden anderer aufzuheben. Vor jeder Befriedigung des eigenen Ichs sucht der Bodhisattva, anderen zu dienen. Leere ist der kostbarste Edelstein der Wunscherfüllung. Doch wie zu erwarten, ist der Preis dafür hoch – wie es heißt, sind viele Leben voller Hingabe dafür erforderlich.

Die Erfüllung der vierten edlen Wahrheit erfordert klares Verständnis, meditative Erfahrung der Wahrheiten des Buddhismus und ein ethisches Handeln, das sich aus Verständnis und Erfahrung ergibt. Glaube und Hingabe mögen hilfreich sein, aber sie können das persönliche Erfassen der Wahrheit über die Welt und unser eigenes Wesen und das Eindringen in diese Wahrheit nicht ersetzen. Wir können nicht darauf hoffen, daß ein erhabener Schöpfer uns erlöst. Unser Karma (die Folgen oder Früchte unserer vergangenen Taten, die von einem Leben ins nächste hinüberwirken) hat uns hierher ins Leben gestellt, und nur unsere eigene Bemühung kann uns davon befreien. Sicher, auch im Buddhismus gibt es Gottheiten, die der Gläubige verehren kann, aber selbst sie sind dem Karma, der Nicht-Dauer und den vier edlen Wahrheiten unterworfen. Selbst sie müssen in die Form eines Menschen inkarnieren, um durch eigene Anstrengung zu dem in den vier edlen Wahrheiten beschriebenen dauerhaften Erreichen zu gelangen. Auch sie müssen die Leere vollkommen verstehen. Versuchen also auch wir, ob wir sie etwas besser begreifen lernen können.

Während ich dies schreibe, schaue ich aus meinem Bürofenster auf einen alten Apfelbaum hinaus. Meine Erinnerungen prägen selbstverständlich die Art, wie ich ihn sehe – die duftenden Blüten im Frühling, die saftigen Äpfel im Herbst und die sich im Futterhäuschen, das bei Schnee an einem Ast hängt, drängenden Vögel. Auch die Begrenzungen meiner Sinne konditionieren offensichtlich die Art, wie ich den Baum erlebe. Mein Hund nimmt mehr Gerüche am Baum wahr als ich. Er riecht nicht nur die Blüten im Frühling oder die auf dem Boden verfaulenden Äpfel im Herbst, sondern seine Erfahrung schließt noch viel mehr Apfelbaumgerüche ein, z. B. den jungen Rüden, der vor ein paar Stunden hier seine Duftmarke hinterlassen hat. Auch hört er, wenn der Wind durch Blätter und Zweige rauscht, Töne höherer Frequenz. Die um die Frühlingsblüten summenden Bienen sehen sogar ultraviolettes Licht, das meine Augen nicht wahrnehmen. Der Eichelhäher und der Rote Kardinal, die sich das Futter im Häuschen in den Zweigen streitig machen, haben wieder ganz andere Beziehungen zum Baum. Trotzdem hege ich, auch wenn ich meine Assoziationen, meine persönlichen Beziehungen zu dem Baum und die Begrenzungen meiner Sinne in Betracht ziehe, keinen Zweifel, daß der Baum unabhängig von mir existiert und daß er ein Dasein entweder jenseits oder unterhalb meiner Erinnerungen, Beziehungen und Sinneswahrnehmungen besitzt.

Die Relativität lehrt uns zwar, daß unsere Sicht auf den Baum weitgehend von unserem Bezugsrahmen abhängt, daß viele Eigenschaften, an deren unabhängige Existenz wir glauben, in Wirklichkeit systemabhängig sind, und die Quantenmechanik lehrt uns, daß die Elemente des Universums nichtlokal miteinander verknüpft und daß wir an ihrer Definition partizipatorisch beteiligt sind. Trotzdem glauben wir alle instinktiv, der Baum müsse eine unabhängige Existenz an sich, eine inhärente Existenz, haben, die all diese Beziehungen und Begrenzungen irgendwie übersteigt. Wie hätten sonst meine Kinder auf den Baum klettern oder meine Frau darüber geklagt haben können, daß er zuviel Schatten auf ihr Blumenbeet darunter wirft?

Philosophischer ausgedrückt: Wir alle sind, ohne viel zu überlegen, davon überzeugt, der Baum besitze ein unabhängiges Dasein an sich, ein inhärentes Dasein! Er existiere aus eigenem Recht, wie die Buddhisten des Mittleren Weges sagen, trotz unserer Assoziationen, Sinnesbegrenzungen und der Ergebnisse der modernen Physik. Mit »ohne viel zu überlegen« meine ich pragmatisch, »in der Welt des Handelns«, wenn ich mir zum

Beispiel Sorgen darüber mache, ob die faulen Stellen im Stamm mich dazu zwingen werden, ihn nächstes Jahr, bevor er umfällt und meine Hauswand beschädigt, umzuhauen. Gewiß, wir haben vielleicht verschiedene philosophische Standpunkte in bezug auf das eigentliche Wesen des Baumes, doch hier geht es um die unreflektierte, alltägliche, nicht weiter beachtete Perspektive. Aus dieser Perspektive sind wir alle davon überzeugt, daß sich unter oder hinter den auf den Baum bezüglichen Assoziationen, Sinneseindrücken und sprachlichen Konventionen ein unabhängig oder inhärent existierender Baum befindet. Wir alle glauben, daß diese inhärente Existenz all unsere Erfahrungen mit dem Baum zusammenfaßt und seine von uns allen erlebte Objektivität bestätigt – daß wir uns alle einig sein können, es handle sich um diesen besonderen Baum, nicht um irgendeine Phantasie, sondern um einen wirklichen, früchtetragenden Baum.

Haben Sie das verstanden? Nun, und gerade dieser an sich existierende Baum ist es, von dem die Buddhisten des Mittleren Weges behaupten, er habe niemals existiert und könne niemals existieren! Dieses Leugnen bezeichnet genau die Lehre von der Leere und bedeutet, daß allen Gegenständen letzten Endes ein unabhängiges Dasein an sich fehlt. Das heißt nicht, daß der Baum nicht existiert (das wäre das Extrem des Nihilismus), sondern nur, daß ihm eine unabhängige, inhärente Existenz fehlt. Wenn das schockierend auf Sie wirkt oder Ihnen absurd erscheint, haben Sie einen Vorgeschmack davon bekommen, was Leere ist. Dieser Schock ist teilweise auch dafür verantwortlich, daß wir im Westen Bejahungen bevorzugen, wie »Gott ist die höchste Intelligenz« und massive Negationen wie die »Leere« ablehnen. Doch gibt es noch weit mehr über die Leere zu sagen. Betrachten wir einmal den subjektiven Aspekt anhand einer Anekdote.

Vor ein paar Jahren hatte ich große Lust, auf einem See in der Nähe zu paddeln. Ich habe es schon immer gern getan, und dieser schöne Tag am Ende des Frühlings lud geradezu dazu ein. Ein Freund lieh mir sein Boot, und bald paddelten meine Frau und ich an der Küste entlang. Beide sprachen wir begeistert über die Schönheit des Seneca-Sees und wie gut Paddeln doch sei, um sich zu entspannen und die Natur zu genießen. Plötzlich tauchte mit voller Geschwindigkeit ein Wasserskifahrer genau vor uns auf. Im letzten Moment schwang er zur Seite, und ich und meine Frau bekamen eine volle Dusche kalten Wassers ab. Ungläubigkeit, Erregung, Ärger, schließlich Wut – all das explodierte in mir. »Dieser verfluchte Bursche! Wenn der das noch einmal macht, stelle ich mich im Boot auf und ziehe ihm mit dem Paddel eins über! Und das mir ... *mir*?!« Aber da mußte ich plötzlich laut lachen, als mir bewußt wurde, wie ich mich von einem Augenblick auf den anderen aus einem Naturmystiker in den Hunnen Attila, aus dem strebenden Bodhisattva in ein blutdürstiges Ungeheuer verwandelt hatte. Auch erinnerte ich mich schuldbewußt daran, daß die Buddhisten unaufhörlich Beherrschung des Zorns empfehlen. Sie fragen zum Beispiel: »Wie wir uns selbst durch unseren Zorn oder Haß verletzen können? Der Buddha hat gesagt, Haß beeinträchtige oder zerstöre alles, was wir an guten Eigenschaften aufgebaut haben, und könne uns in das niedrigste Höllenreich stoßen.«[4]

Trotzdem ist der springende Punkt hier eher philosophisch als ethisch – obwohl beide Aspekte im Buddhismus immer eng miteinander verbunden sind. Philosophisch betrachtet erkennt der Buddhist des Mittleren Weges, daß ich genau auf dem Gipfel meines Zorns die deutliche Erfahrung des Ichs hatte, des Ichs, von dem wir alle so fest glauben, es existiere unabhängig, inhärent. Sicher hatte ich in diesem Augenblick keine Lust, auch »die andere Wange hinzuhalten« oder mich an die Lehre des universellen Mitleids und ähnliche hehre Prinzipien zu erinnern. Aber der entscheidende Punkt ist das Ich: das Ich, von dem ich überzeugt war, es existiere unabhängig, und das sich im Licht meines Ärgers in volle Positur warf.

Der Ärger in meiner Geschichte führt indessen leicht auf eine falsche Spur. Viel wichtiger ist hier nämlich, daß wir in solchen Augenblicken die große Macht des Ichgefühls sehr deutlich wahrnehmen können. Vielleicht wird das durch ein anderes einfaches Beispiel noch klarer. Stellen Sie sich einen Professor vor, der des schweren Plagiats bezichtigt wird. Erst wird er überrascht und ungläubig sein und dann ärgerlich werden: »*Ich* würde so etwas doch niemals tun! *Ich* bin in dieser Hinsicht doch der gewissenhafteste Mensch«, ruft er vielleicht aus. Auf dem Gipfel seines Ärgers macht sich mit voller Macht ein Ich bemerkbar, ein ungerecht angeklagtes ehrenhaftes Ich, das heftig darüber nachdenkt, wie es seinen guten Ruf wiederherstellen könnte.

Aber gerade dieses Ich, an dessen unabhängiges, inhärentes Dasein wir instinktiv glauben, wird durch die Lehre der Leere vollkommen geleugnet. Die Buddhisten des Mittleren Weges gehen sogar noch weiter und leugnen nicht nur diese offensichtliche niedrige Ebene des Ego. Für sie ist das nur der Anfang ihrer Lehre vom Nicht-Selbst. Sie behaupten, *jede* identifizierbare Ebene der Subjektivität sei »leer« und enthalte keine unabhängige Existenz. Daß wir uns so hartnäckig an die falsche Überzeugung von einem unabhängig existierenden Subjekt oder Selbst klammern, ist die Hauptursache für unser Leiden, für unsere Gefangenschaft im Samsāra.

Für die Buddhisten des Mittleren Weges ist unser Glaube an inhärent existierende Objekte und Subjekte die Wurzel des in den vier edlen Wahrheiten erwähnten alles umfassenden Leidens. In unserem falschen Glauben an die unabhängige Existenz von Objekten oder Subjekten räumen wir ihnen mehr Anziehung oder Nicht-Anziehung ein und empfinden mehr Sympathie und Antipathie für sie als sie in Wirklichkeit verdienen. Auf diesem Fundament des falschen Glaubens an eine inhärente Existenz bauen wir all unsere emotionalen Bindungen, unsere Ketten an Samsāra. Diese Bindungen ziehen uns unaufhörlich zu Dingen oder Menschen hin oder von ihnen weg. Zwanghaft streben wir nach Dingen oder fliehen vor ihnen, von denen wir fälschlich glauben, sie existierten an sich.

Nehmen wir als einfaches psychologisches Beispiel für die Gefahren, die aus dem Glauben an solche falschen Schöpfungen entstehen, die Tatsache, daß wir unseren Schatten, die dunkle Seite unserer Persönlichkeit, auf eine andere Person projizieren. Wir glauben fest daran, daß diese Eigenschaften im anderen unabhängig existieren und gehen dann dazu über, ihn intensiv zu hassen. Wir bestrafen den anderen für Eigenschaften, die in Wirklichkeit wir besitzen, und sehen die uns vor der Nase liegende Wirklichkeit nicht. Aufgrund unserer Projektion schneiden wir uns von der Wahrheit über die andere Person ab und bemerken nicht, wie innig wir miteinander verbunden sind. Kein Wunder, daß es dann nicht mehr möglich ist, universelles Mitleid zu haben!

Wir mögen der Ansicht sein, ein unabhängiges, inhärentes Dasein verschaffe uns eine unumstößliche Realität. Doch dieser Glaube an ein an sich existierendes Subjekt, an ein Ich, ist »Haften« an sich selbst, ist der Mühlstein, der uns auf den Grund des Samsāra-Ozeans hinabzieht. Dieses Haften am Selbst führt nämlich unmittelbar zu einer allumfassenden Selbst-Liebe, einer Selbst-Gefälligkeit, einer Selbst-Bezogenheit, die unsere eigenen Befürchtungen und Hoffnungen über alles andere stellt. Für die Buddhisten haben philosophische Auffassungen, seien sie bewußt oder nicht, immer enorme Konsequenzen: Falsche Auffassungen führen zum Leiden, richtige zur Befreiung oder Erleuchtung. Da der falsche Begriff von einem Dasein an sich die Wurzel allen Leidens ist, muß er, wie der tief in uns eingedrungene Pfeil, herausgezogen werden, auch wenn es schmerzhaft ist.

Natürlich ist es nicht leicht, eine allen Dingen inhärente und auf jeder Ebene der Subjektivität vorhandene unabhängige Existenz zu leugnen. Es tritt dann nämlich die große Gefahr auf, daß wir uns einbilden, wir seien schon zu dieser Sichtweise durchgedrungen, während wir doch unser Ego nur nähren, statt es als leer zu erkennen. Deshalb ist immer ein kompetenter Guru, ein spiritueller Führer erforderlich, wenn wir versuchen wollen, die Leere zu erleben.

Die wichtigsten Übersetzer und Kommentatoren, wie Hopkins[5] und Thurman[6], tibetische Gelehrten-Mönche wie Tenzin Gyatso, der vierzehnte Dalai Lama[7], oder Geshe Kelsang Gyatso[8], die auch im Westen eine intensive Lehrtätigkeit entwickelt haben, benutzen eine ganze Anzahl von Worten, um zu beschreiben, was die Lehre von der Leere oder die *negatee*, wie sie es nennen, eigentlich leugnet. Begriffe wie »inhärente Existenz« (*svabhāvasiddhi*) sind für sie austauschbar gegen Begriffe wie unabhängige Existenz, intrinsische Existenz, substantielle Existenz, intrinsische Essenz oder intrinsische Selbstnatur. Sie alle beziehen sich auf den uns angeborenen unreflektierten, pragmatischen Glauben, subjektive und objektive Phänomene seien Phänomene an sich (unser »Philosophenfisch-Komplex«). Wir können diesen uns angeborenen unreflektierten Glauben an eine inhärente Existenz in zwei Bereiche unterteilen: einerseits den Glauben, Phänomene existierten unabhängig vom Bewußtsein oder Wissen, d.h. »unter« oder »hinter« den Assoziationen, Namen und sprachlichen Konventionen, die wir Dingen wie Glocke oder Baum beilegen, existiere etwas Objektives und Substantielles in voller Unabhängigkeit und mit eigenem Recht. Solche Objekte bilden dann die anscheinend objektive Grundlage für die uns gemeinsame Welt. Zweitens glauben wir, diese Objekte seien in sich geschlossene Einheiten und existierten unabhängig voneinander. Da jedes Objekt grundsätzlich auch ohne Beziehungen auskommt, existiert es unserer Ansicht nach ohne wesentliche Abhängigkeit von anderen Objekten oder Phänomenen, ganz nach eigenem Recht. Mit anderen Worten, als das Wesen dieser Objekte erscheint uns ihre beziehungslose Identität und Vollständigkeit in sich selbst.

Wie oben schon betont, bedeutet aber das Leugnen einer inhärenten Existenz nicht, daß Objekte gar nicht existieren (das Extrem des Nihilismus). Sie besitzen mit Sicherheit ein konventionelles, nominelles Dasein und bringen Nutzen oder Schaden. Aber eine unabhängige, inhärente Existenz fehlt ihnen völlig. Die Buddhisten artikulieren diesen Gedanken in der Lehre von den zwei Wahrheiten. Vom höchsten Standpunkt aus fehlt allen subjektiven und objektiven Phänomenen ein unabhängiges Dasein, ein eigenes Wesen, vollkommen. Das ist die höchste Wahrheit – daß Leere oder Selbst-Losigkeit der Phänomene ihre eigentliche Eigenschaft ist, ihr tiefstes Wesen. Im alltäglichen Reich der Handlungen, der Wirtschaft und der spirituellen Praxis aber haben Objekte eine konventionelle Natur, das heißt, sie funktionieren, sie sind wirksam, und man muß sich mit ihnen auf dieser Ebene auseinandersetzen. So ist zum Beispiel Tibet vollkommen ohne inhärente Existenz. Doch wenn wir über seine politische Zukunft sprechen und daß seine Einwohner immens gelitten haben, müssen wir uns auf dieses Land so einstellen, wie es die Menschen auf der Welt üblicherweise tun. Letzten Endes sind alle Phänomene leer von einer inhärenten Existenz, doch im praktischen, konventionellen Leben müssen wir sie so behandeln, wie wir solchen Dingen normalerweise gegenübertreten. Doch wenn wir uns dabei immer ihrer Leere bewußt bleiben, werden wir nicht zu Sklaven unserer Bindungen – sei es an ein Land, an einen Menschen oder an unser eigenes Leben.

Der Glaube an unabhängig existierende Phänomene, ob es unser eigenes Ich ist oder irgendein materieller Besitz, ist die Grundlage unserer Sympathien und Antipathien, die letzten Endes nur durch ein tiefes Verständnis der Lehre von der Leere überwunden werden können. Diese Transformation der Persönlichkeit erfordert eine radikale begriffliche Umerziehung – eine Erneuerung auf jeder Ebene der Persönlichkeit. Die Entfernung des Pfeils ist keineswegs einfach.

Die Leere, das Fehlen einer inhärenten Existenz, wie es der Mittlere Weg beschreibt, bezieht sich sowohl auf objektive als auch auf subjektive Phänomene auf allen Ebenen, von der grobsinnlich wahrnehmbaren bis zu den abstraktesten Gedankenreichen. Ich wende diesen Gedanken hier vor allem auf Sinnesobjekte an, die wir leichter mit in der Physik und Psychologie untersuchten Phänomenen vergleichen können – obwohl diese Analyse auf alle Objekte und Subjekte ausgedehnt werden könnte.

Begründung des Fehlens einer inhärenten Existenz

Vor einigen Jahren gab ich benotete Seminararbeiten zurück (sie machten etwa ein Drittel der Gesamtabschlußnote aus) und bemerkte, daß ein Student keine bekommen hatte. »Jay, für dich habe ich kein Referat dabei, hast du keins abgegeben?« Er sagte: »Doch, ich habe es mit allen anderen eingereicht.« Ich entschuldigte mich sehr und sagte, die Arbeit müsse in einem meiner Büros liegen. Ich wolle sie suchen und bis zur nächsten Stunde benoten. (Damals war ich turnusmäßig Vorsitzender unseres Departments und verfügte also, neben meinem eigenen, auch über das Büro des Vorsitzenden, um überall chaotische Unordnung zu erzeugen.)

Ich durchsuchte beide Arbeitszimmer in der Universität und zu Hause, konnte aber das Referat des Studenten nirgends finden. Ich erinnerte mich sogar vage daran, es irgendwann gesehen zu haben, aber es wollte einfach nicht auftauchen. Heftige Gewissensbisse nagten in mir. Seminararbeiten dieses Umfangs abzufassen ist eine Menge Arbeit, besonders für jemand so gewissenhaften wie Jay. Und ich, Mister Chaos, konnte jetzt sein Referat nicht finden. »Es muß doch irgendwo sein!« Ich schwor mir, künftig unbedingt mit meiner Schlamperei aufzuhören. Bis dahin wollte ich diese Gelegenheit beim Schopf packen und kehrte, gehetzt von meinen Schuldgefühlen, in allen drei Arbeitszimmern verzweifelt das Unterste nach oben. Beim Suchen stieg die deutliche Vorstellung in mir auf, ich würde das Referat im nächsten Stapel mit Sicherheit finden. Ich konnte schon die Titelseite vor mir sehen ... Aber nichts, kein Referat, kein Anzeichen dafür, daß es jemals in meinem Besitz gewesen war. »Wie konnte mir so etwas passieren?«

Ich mußte mich geschlagen geben, ging zu dem Studenten und gestand ihm, ich könne sein Referat nicht finden. Ich fragte ihn, ob er eine Kopie besäße oder einen früheren Entwurf. Er gab zur Antwort, was er mir abgegeben habe, sei sein einziges Exemplar gewesen. Wieder entschuldigte ich mich und bot ihm weitere zwei Wochen an, in denen er seine Exzerpte zu einem neuen Referat umarbeiten könne. Bis dahin wolle ich weiter nach seiner Arbeit suchen, obwohl ich die Hoffnung schon aufgegeben hätte.

Eines Morgens früh, als ich meine Stunden vorbereitete, kam Jay zu mir ins Arbeitszimmer. Er sah aus, als ob er die beiden letzten Nächte nicht geschlafen hätte. Bevor ich noch Hallo sagen konnte, platzte er heraus: »Ich habe gelogen. Ich habe niemals ein Referat abgegeben. Tut mir leid.« Ich will jetzt das lange Gespräch, das sich anschloß, und was dabei herauskam, nicht wiedergeben. Darauf kommt es hier nicht an.

Worauf es ankommt, ist, daß ich in meiner panischen, vergeblichen Suche nach dem Referat sicher gewesen war, es müsse irgendwo sein und ich würde es, sobald es auftauchte, mit einem Gemisch aus Erleichterung und Befriedigung an meine Brust drücken. Meine vage Vorstellung von diesem Referat hätte dann Konturen gewonnen und wäre objektiviert gewesen. Einmal gefunden, würden diese Papiere direkt vor mir liegen und mich wegen meiner Dummheit anklagen. Aber in Wirklichkeit lösten sich meine Erwartungen in Sekundenschnelle in Nichts auf, als ich erkannte, daß das Referat niemals existiert hatte und auch niemals gefunden werden konnte. Ich hatte durch nichts gestützte Erwartungen und Phantasien aufgebaut.

Auf vollkommen analoge Weise sind wir davon überzeugt, es könne ein an sich existierendes Objekt gefunden werden, sei es ein Baum, sei es ein Mensch. Wir glauben, wenn wir nur lange genug danach suchten, würde es deutlich sichtbar vor uns auftauchen und wir könnten es an unsere Brust drücken. Sein Wesen, seine Natur an sich würde zum Vorschein kommen. In Wirklichkeit existiert diese Natur an sich ebensowenig wie dieses Referat. Aber während etwas an sich Existierendes in der Vergangenheit niemals zu finden war und in der Zukunft niemals zu finden sein wird, existierte das Referat schließlich doch – obwohl nicht jenes, das ich ursprünglich gesucht hatte, doch immerhin sein Ersatz. (Aber können wir etwas, was niemals existiert hat, wirklich ersetzen?)

Die Argumente, die für die Verneinung einer inhärenten Existenz sprechen, sind zahlreich und machen einen Großteil der Literatur der Buddhisten des Mittleren Weges über die Leere aus. Ich möchte hier diese Argumente nicht in allen Einzelheiten anführen, sondern mich nur auf das Wesentliche beschränken. Da stellt es sich denn heraus: Sie laufen alle darauf hinaus, daß sich inhärente Existenz »einer Analyse nicht zugänglich erweist«. Das bedeutet, wenn man sich auf die Suche nach dem Objekt oder Subjekt macht, von dem man glaubt, es existiere an sich, kommt nichts anderes dabei heraus als bei mir, während ich nach dem Referat des Studenten suchte. Der Sucher findet kein unabhängig existierendes Phänomen, sondern nur ein Objekt oder Subjekt, das innig und unauflöslich mit seiner Umgebung und dem Sucher selbst verbunden ist, mit der Person, die die Suche durchführt. (Jedes Objekt oder Subjekt kann als Phänomen betrachtet werden, als etwas, was wir erkennen können.)

Niemals führt die Suche zu unabhängig existierenden Objekten, sondern immer nur zu solchen, die auf drei miteinander in Verbindung stehende Arten abhängig sind. Erstens sind alle Phänomene abhängig von Ursachen und Bedingungen, also von dem ausgedehnten Netz der Kausalfaktoren und Voraussetzungen, die ein Ding überhaupt erst ermöglichen. Mein Apfelbaum hängt von gutem Boden, Licht, Wasser und Krankheitsbekämpfung ab. Schon aus diesen Gründen fehlt es ihm an unabhängiger Existenz.

Zweitens sind alle Phänomene vom Ganzen und seinen Teilen und ihren gegenseitigen Beziehungen abhängig. Mein Apfelbaum zum Beispiel hängt davon ab, daß er Zweige, Stamm und Blätter hat und daß alles auf genau definierte Weise so angeordnet ist, daß wir es als Baum erkennen. Betrachten wir in dieser Hinsicht die Definition eines intrinsisch existierenden Objektes. Da eine unabhängige Essenz, ein eigenständiges Wesen, per definitionem in sich geschlossen und isolierbar ist, muß ein inhärent existierendes Phänomen ein Wesen ohne Teile sein. Es kann deshalb nicht in Teile zerfallen, und es kann kein Unterschied zwischen dem Ganzen und den Teilen bestehen. Da wir ein Phänomen aber immer als ein Ganzes und dessen Teile sehen können, kann ihm keine unabhängige Existenz innewohnen. Obwohl wir inhärente Existenz unreflektiert als den Grundpfeiler der Wirklichkeit betrachten, ist sie aufgrund ihrer logischen Inkonsistenz zur Nicht-Existenz verdammt.

Drittens, und das ist das Wichtigste, sind alle Phänomene von Unterstellungen, also mentalen Bestimmungen, abhängig. Unablässig geht eine gewaltige Informationslawine auf uns nieder, die wir organisieren, filtern und mit anderen Erfahrungen koordinieren. Wir zerlegen den ununterbrochenen Erlebnisstrom in erkennbare Einheiten (Farbe, Struktur, Erinnerung, Assoziation). Dann sammeln wir diese Elemente und erklären sie zu einem Baum oder benennen sie so. Das Bewußtsein ist der Erbauer seiner Welt, der einzigen Welt, die wir kennen können. Wir bestimmen diesen Komplex von Wahrnehmungen, Erinnerungen und Erwartungen als einen Baum oder unterstellen es oder bezeichnen ihn so. Das ist Teil der normalen Arbeit unseres Bewußtseins. Das Problem entsteht erst dann, wenn das Bewußtsein das von ihm bestimmte Objekt irrtümlich mit der nicht-existierenden Eigenschaft einer inhärenten Existenz ausstattet. Mit anderen Worten, wir projizieren den falschen Begriff einer inhärenten Existenz in die Phänomene und erleiden die Folgen dieser Projektion.

Es ist gewiß ein ganz außergewöhnlicher Gedanke, daß eine inhärente Existenz, die wir irrtümlich als die Kernrealität eines Gegenstandes nehmen, schlicht nicht existiert und daß wir weiterhin fälschlicherweise Objekte mit unserer Projektion dieses Nicht-Existenten ausstatten. Auf dieser falschen Projektion bauen wir unsere Sympathien und Antipathien auf und halten damit das Rad des Saṃsāra in Gang. Wir müssen aus dieser Unwissenheit erwachen, wenn wir aus dem Reich des Leidens dauerhaft ausbrechen wollen.

In Wirklichkeit existieren also alle Dinge nur als Bündel von Beziehungen oder Abhängigkeiten – zwischen verschiedenen Dingen und zwischen dem Ding und dem es Erkennenden, der es denkend bezeichnet. Kein Kern einer eigenständigen Natur oder eines intrinsischen Wesens liegt unseren Namen, sprachlichen Konventionen und Projektionen zugrunde. Nichts existiert »unterhalb« unserer Unterstellungen und mentalen Bezeichnungen. *Objekte sind nichts anderes als Abhängigkeiten, Beziehungen und Namen.* Mit anderen Worten, alle Phänomene existieren als eine Art abhängigen Entstehens – abhängig von Ursachen und Bedingungen, vom Teil und dem Ganzen und mentalen Bezeichnungen. Diese Auffassung verwirft die Trennung des kartesianischen Dualismus zwischen Geist und Materie gänzlich, den Kern so vieler westlicher Vorurteile, der es uns so schwermacht, die von der Synchronizität implizierte Einheit zwischen Geist und Materie zu begreifen.

Es liegt nun auf der Hand zu fragen: Wenn den Dingen eine Existenz an sich fehlt, wenn sie leer sind, wie können sie dann überhaupt funktionieren? Wie kann ein im Grunde leerer Baum Früchte tragen, die wir essen? Im Buddhismus des Mittleren Weges ist es gerade diese Leere aller Phänomene in bezug auf unabhängige Existenz, die es ihnen ermöglicht, eben mittels ihrer Beziehungen zu funktionieren und dadurch Urheber von Schaden und Nutzen zu sein. Wenn im Gegensatz dazu Objekte an sich existierten, würden sie notwendigerweise unveränderlich und deshalb ohnmächtig sein, sie könnten nicht auf uns einwirken und wir nicht auf sie. Innerhalb dieser leeren, aber den Konventionen nach existierenden Welt müssen wir unsere Buddhaschaft erlangen. Deshalb nennen die Buddhisten unsere Welt den »Schoß der Buddhas«. Philosophisch betrachtet müssen wir in der Lage sein, uns zwischen der höchsten und der konventionellen Wahrheit der Phänomene hin und her zu bewegen.

Da Phänomene nichts anderes sind als ihre Beziehungen, die sich unaufhörlich verändern, verwandeln sie sich ununterbrochen und sind nicht dauerhaft. Das Fehlen einer inhärenten Existenz garantiert, daß alle Phänomene nicht dauerhaft, sondern nur zeitliche Beziehungsgefüge sind. Wäre das Umgekehrte der Fall – würden alle Objekte an sich existieren –, so blieben sie in ihrer Ohnmacht und Unveränderlichkeit erstarrt.

Apropos Ohnmacht. Kehren wir noch einmal zu dem armen unwissenden, vor Wut kochenden Paddler zurück. Stellen wir uns vor, ein Bodhisattva, das heißt ein Mitleidswesen, hielte sich in seiner Nähe auf. Der Bodhisattva bemerkt, jetzt sei der Augenblick für den Paddler gekommen, nach dem »Ich« zu suchen, von dem er glaubt, es existiere an sich, und das von dem Wasserskifahrer so beleidigt worden ist. Der Paddler schüttelt seine Fäuste gegen den Skifahrer und wirft ihm Beleidigungen an den Kopf. Da fragt ihn der Bodhisattva: »Wer ist es, der da so zornig ist?«

»Wer glaubst du denn, daß da zornig ist? Ich, ich bin zornig«, schnaubt der andere.

»Aber wer ist das? Kannst du nicht einmal in dich gehen, um herauszufinden, welche Person sich da gekränkt fühlt?«

Leider dürfte der Paddler, so wie ich ihn kenne, in diesem Augenblick kaum bereit sein, bei diesem Spiel mitzumachen. Häufig sind wir gerade dann, wenn wir eine Medizin am dringendsten bräuchten, am wenigsten bereit, sie einzunehmen. Würde sich jedoch der Paddler seinem Inneren zuwenden und dieses »Ich« intensiv suchen, würde er schnell bemerken, daß sein Körper, obwohl er so gut mit ihm vertraut ist, nicht das Ich ist. Dränge er noch ein bißchen tiefer, würde ihm klarwerden, daß auch die sich unaufhörlich verändernden Gefühle nicht das Ich sind. Dasselbe gilt für irgendwelche Gedanken, die sein aufgebrachtes Gehirn bestürmten, dieses unabhängig existierende Ich, das sich noch kaum eine Sekunde vorher so in die Brust geworfen hatte. Kurz, dieses Ich, das so deutlich vorhanden schien, das er als so selbstverständlich empfand, ist ebensowenig auffindbar wie das Referat des Studenten. Es hat ebenfalls niemals existiert. Der Glaube an ein inhärent existierendes Ich ist eine falsche Konstruktion, die sich das Bewußtsein selbst auferlegt und unter der es leidet. Leider müssen wir, nach Aussage der Buddhisten, viele schwere Erfahrungen in vielen Leben machen, bis wir das begreifen.

Im Zusammenhang mit der Leere möchte ich kurz noch einmal zum Begriff der Objektivität in der Wissenschaft, wie er in Kapitel 5 erstmals diskutiert wurde, zurückkehren. Ich führte dort aus, wie die Wissenschaft, indem sie sich einseitig mit dem einen Pol des Gegensatzpaares objektiv-subjektiv identifiziert, zu einer Entwertung des subjektiven Sinns geführt hat. In einem Versuch, dieses Ungleichgewicht aufzuheben, haben ja sogar Wissenschaftspolitiker auf höchster Ebene der Vereinigten

Staaten eine neue Verteilung der Fördermittel vorgenommen. Im Buddhismus des Mittleren Weges wäre aber eine solche Verehrung der Objektivität durch die Wissenschaft gar nicht möglich, da das Prinzip der Leere betont, daß alle Objekte, sei es die Welt als Ganzes oder einzelne Gegenstände, immer von dem erkennenden Subjekt abhängig sind. Diese gegenseitige Abhängigkeit, als der Kern des Prinzips der Leere, impliziert die Unmöglichkeit reiner Objektivität einerseits und reiner Subjektivität andererseits. So etwas würde sich mit der »Mitte« des Buddhismus des Mittleren Weges gar nicht vertragen, die die Leere, sowohl durch die objektiven Methoden philosophischer Analyse als auch durch das subjektive meditative Eindringen in die höchste Wahrheit oder den höchsten Sinn, sicherstellt.

Eine westliche Formulierung desselben Ergebnisses aus der Kombination dialektischer Analyse mit innerer Erfahrung stammt von Paul Brunton, der ebenfalls jede unabhängige Existenz leugnet. Zuerst beschreibt er die Fähigkeit des Denkens zu Synthese und schöpferischer Konstruktion, dann auf welche Weise wir den Gegenständen eine unabhängige, außerhalb des Bewußtseins existierende Natur unterstellen:

> »Äußere, materielle Objekte sind uns nicht unmittelbar gegeben. Unmittelbar gegeben ist uns nur unsere Wahrnehmung, und alles andere ist unbewußte Schlußfolgerung. Wir gelangen erst zum Begriff eines Menschen als eines Ganzen, nachdem wir eine Reihe von Sinneseindrücken in bezug auf seine Größe, Gestalt, Farbe und Ausstrahlung empfangen haben. Eine Wahrnehmung ist Unterscheidung und Kombination von Sinneseindrücken, wobei dann noch die Annahme einer extramentalen, getrennten, unabhängigen Existenz des wahrgenommenen Gegenstandes hinzukommt. Daß ein Mensch einen Meter von unserem Körper entfernt im Reich der Objektivität dasteht, ist ein von uns unbewußt gezogener Schluß. Denn die einzigen Erfahrungen, die wir von ihm haben, sind die Ereignisse in unseren Augen und Ohren, also Ereignisse, die sich letzten Endes im Bewußtsein abspielen. Erst am Ende dieses ganzen Prozesses kommen wir zu der Annahme, das Objekt befinde sich in einer unabhängigen äußeren Welt. Von unseren persönlichen Eindrücken ausgehend beginnt unser Bewußtsein zu arbeiten und zieht den Schluß, dort draußen befinde sich ein Mensch. Was wir aber wirklich sehen, ist etwas Mentales, und von dieser mentalen Erfahrung schließen wir dann auf die Existenz des materiellen Menschen. Einen von uns getrennten, unabhängigen, äußeren, materiellen Menschen sehen wir nicht unmittelbar.«[9]

Für alle Anhänger des Mittleren Weges ist Leere die letzte Wahrheit der Phänomene. Für sie gibt es kein höheres oder transzendenteres Prinzip, das sie an die Stelle des falschen Glaubens an eine inhärente Existenz setzen würden. Leere ist eine Spezialform der Negation und kein Versuch, irgendwo am Ende der Negation doch ein positives Prinzip zu etablieren.

Zum Beispiel schließt die Verneinung der Aussage, bei einem Menschen handle es sich um ein männliches Wesen, die positive Feststellung ein, daß er weiblich ist. Im Gegensatz dazu ist Leere eine nicht bestätigende Negation – die bloße Verneinung einer unabhängigen Existenz der Phänomene. Es existiert kein höheres positives Prinzip. Leere ist selbst leer. Trotzdem befreit sie uns vom egozentrischen Leben. Durch das Fehlen einer unabhängigen Existenz ist das Ich an sich nicht wirklicher, nicht wertvoller als irgend etwas anderes auf der Welt. Diese wirklich befreiende Erkenntnis ist die Grundlage für die Entwicklung grenzenlosen Mitleids für alle Lebewesen.

Das tiefe Verständnis für die gegenseitige Abhängigkeit aller Menschen und ihrer Welt führt unweigerlich zum Mitleid. Wie Robert Thurman sagt:»Das rasiermesserscharfe Schwert höchster Weisheit durchschneidet die Fesseln der vielen Ausreden, die den freien, dynamischen Strom des Mitleids behindern ...«[10] Wenn es mir und meinem Nachbarn gleichermaßen an einer unabhängigen Existenz fehlt, wenn unsere gegenseitigen Beziehungen grundlegender und wirklicher sind als unsere isolierten oder unabhängigen Existenzen, wie könnte ich dann auf seine Kosten leben wollen? Wie könnte ich endgültige Befreiung erlangen, während er noch leidet? Sein Leiden ist mein Leiden. Umgekehrt bestärkt Mitleid das Verständnis der Leere und vertieft es. Wenn sich meine Aufmerksamkeit auf das Wohl meines Nachbarn richtet, von mir weg, mache ich Fortschritte in der Erkenntnis der Leere des eigentlichen Feindes – meines Ichs, meiner Eigenliebe.

Ich möchte hierfür ein kleines Beispiel geben. Es passiert nur allzu leicht, daß ernsthafte Meditation nach Jahren des Auf und Ab zu einer ausufernden Beschäftigung mit unserer Subjektivität degeneriert. Wir kümmern uns dann nur noch darum, wie wir beim Meditieren vorgehen sollten, ob es uns leicht- oder schwerfällt und welche Fortschritte wir machen. All unsere Gedanken kreisen nur um das Ich, um das falsche Zentrum unserer Subjektivität. Was als die Bemühung begann, uns vom Samsāra zu befreien, wird zu einer neuen Fessel, obwohl wir alles in unserer Kraft Stehende tun, um uns die Leere des Ichs bewußt zu machen. An diesem Punkt kann uns das universelle Mitleid, die echte Anteilnahme am Wohl aller Lebewesen, helfen, die Befreiung zu erreichen – denn sie ist ein Ziel, das wir in erster Linie um der anderen willen anstreben sollten. Wenn wir die einfache Mitleidsübung, nämlich die möglichen Verdienste unserer Meditation zugunsten aller Lebewesen aufzuopfern, aufrichtig durchführen, wenn wir den auf unser Ich gerichteten Scheinwerfer wirklich ausschalten, fällt uns eine Last von der Seele – der schwere Stein der Eigenliebe. Dann haben wir, wie die *Bhagavad-Gītā* sagt, ein Recht auf die Bemühung, aber nicht auf die Früchte der Bemühung.

Wir bemühen uns aufrichtig, lassen aber das Interesse des Ichs an den Resultaten los. Natürlich ist das alles leichter gesagt als getan. Doch auch wenn es uns nur teilweise gelingt, kann ein wirklicher Hauch von Freiheit, ein offenes, ungehindertes Erlebnis der Freude und des Mitleids auftreten, sofern wenigstens zeitweise das falsche Ich-Gefühl aus dem Brennpunkt unserer Aufmerksamkeit verbannt wird. Mitleid zu üben kann unser Verständnis der Leere sehr vertiefen, während Leere umgekehrt die vernunftgemäße Unterstützung für die grenzenlose Entwicklung des Mitleids und der Vergöttlichung der Welt zur Verfügung stellt. *Die Zerstörung des falschen Glaubens an eine inhärente Existenz ist Voraussetzung für die Einsicht, daß die Welt heilig ist.*

Synchronizitäts-Zwischenspiel Nr. 7

Das Weibliche im spirituellen Leben

Ich habe mich im Grunde innerlich immer als Chinesin gefühlt, obwohl ich als junges *Waspy*-Mädchen (white, anglosaxon, protestant) in einer kleinen Stadt des mittleren Westens aufwuchs, wo man einem Asiaten nur im »National Geographic« begegnet. Doch als Teenager verlor ich diese innere Sicherheit und ging in der äußeren Welt auf, bis der Vietnam-Krieg meine Aufmerksamkeit auf sich zog. So belegte ich Mitte der sechziger Jahre ein Seminar über das Regierungssystem Chinas. Und plötzlich wurde mein Bewußtsein lebendig und wach. Sonst hatte ich immer nur durchschnittliche Zensuren, aber hier bekam ich unter einer riesigen Zahl von Teilnehmern die besten Noten. Ich belegte weiter Seminare über Südostasien und China und wurde als Doktorandin in politischer Wissenschaft mit besonderer Berücksichtigung Chinas zugelassen – doch die Liebe machte mir einen Strich durch die Rechnung.

In den siebziger Jahren sprach ich mit Paul Brunton über mein Interesse an China. Er sagte: »Könnte es nicht sein, daß Sie in der Vergangenheit Chinesin waren?« Ich antwortete: »Daran habe ich auch schon gedacht, aber ich weiß nicht, wie man das verifizieren sollte. Ich bin noch nicht einmal ganz sicher, ob es Reinkarnation gibt. Wie könnte ich mir Gewißheit verschaffen?« Er sagte: »Sie werden es wissen, wenn Sie sich an einen Ort begeben, wo Sie in einem vergangenen Leben gelebt haben.« In meiner Kurzsichtigkeit gab ich zurück: »Nein, nach China werde ich niemals gehen.«

1989 besuchte ich Honolulu auf Hawaii. Ich vermied die Touristenströme und verbrachte meine Zeit in den Gärten, den Kunstmuseen, an den Stränden und in den Restaurants, umgeben von der asiatischen Bevölkerung der Stadt. Ich war ganz aus dem Häuschen. Niemals war ich bisher mit so vielen Asiaten zusammengewesen, und irgendwie fühlte ich mich beim Temperament, beim Lebensstil, ja sogar beim Aussehen dieser Leute wie zu Hause und geborgen. Ich hörte einen hochinteressanten Vortrag über das *Yin-Yang*-Symbol und nahm mir vor, chinesische Philosophie zu studieren und die chinesischen Übungen, das sogenannte *Tai Chi Chuan*, zu erlernen. Am Ende meines Besuches in Honolulu kam ich kurz mit einer chinesischen buddhistischen Nonne zusammen, die mich in ihr Kloster in Taiwan, wo 500 Nonnen leben, einlud. Ich bedankte mich, sagte ihr aber, ich würde niemals nach Taiwan kommen.

Ich fuhr wieder nach Hause. Da wir mehrere Jahre auf Reisen rund um die Welt verbracht hatten, fragte mich mein Mann, welches Land der Welt ich jetzt am liebsten bereisen würde. Ohne zu zögern, sagte ich: »Taiwan.« Schon nach einigen Tagen fiel ihm eine Anzeige in die Hände, daß eine Tagung auf seinem Forschungsgebiet abgehalten werden sollte, und zwar in *Fo Kuang Shan* (Buddha-Lichtberg), einer buddhistischen Universität mit Kloster – natürlich in Taiwan. Wir entschlossen uns, dort hinzufahren und etwa drei Wochen zu bleiben.

Ich schaute meine Stapel wichtiger Papiere durch, die ich aufgehoben hatte, und fand schließlich die Adresse, die mir die Nonne in Honolulu gegeben hatte. Ich schrieb ihr einen Brief, für den Fall, daß ihr Kloster dasjenige sein sollte, das wir aufsuchen wollten. Aber ich erhielt keine Antwort.

Etwa einen Monat, bevor wir abreisten, besuchte das Oberhaupt von Fo Kuang Shan unsere Stadt. Im Gegensatz zu anderen religiösen Führern, die ich bisher gesehen hatte, bestand sein ganzes Gefolge aus Frauen – buddhistischen Nonnen mit kahlgeschorenen Köpfen und in ihren eigentümlichen Gewändern. Nach seiner Ansprache trat in der wogenden Menge von etwa hundert Menschen eine Nonne auf mich zu und stellte sich neben mich. Wie es mir die Laune eingab, erzählte ich ihr von dem Brief, den ich meiner mysteriösen Nonne aus Honolulu geschrieben hatte. Ich wollte herausfinden, ob die Nonne, die ich in Hawaii getroffen hatte, aus demselben Kloster war, das wir in Taiwan aufsuchen wollten. Die Nonne sagte: »Aber das war doch ich – ich war letzten Sommer in Honolulu und bin diesen Herbst mit meinem Lehrer auf Reisen auf dem Festland. Jetzt gehe ich nach Yale, und Ihren Brief habe ich niemals erhalten.« Ich war verblüfft. Sie hatte vergessen, wie ich aussah, und ich hatte sie nicht mehr erkannt (unsere kurze Begegnung in Honolulu hatte abends vor einem Vortragssaal stattgefunden), aber hier standen wir jetzt zusammen, und sie beantwortete meinen Brief. Ja, das Kloster, in dem die Tagung stattfand, war das Ihre. Sie würde bald die Schule verlassen und dann dort sein. Ich fühlte mich geführt.

In Taiwan war ich sofort zu Hause. Wir verbrachten ein paar herrliche Tage in einem buddhistischen »Meditationsort« im Gebirge, dem »Löwenkopf-Berg«. Im Morgennebel wanderte ich an den Bergtempeln vorbei, aß die einfache chinesische, von Nonnen zubereitete vegetarische Nahrung und schaute den Besuchern und den dort wohnenden Nonnen und Priestern bei ihren religiösen Ritualen zu. Freude und Frieden erfüllten mein Herz. Ich konnte zwar mit niemandem sprechen und mußte mich mühselig verständigen, indem ich chinesische Schriftzeichen aus meinem Touristen-Sprachführer kopierte, doch empfand ich eine innige Verbindung zu allem, was geschah.

Unseren Reiseplänen entsprechend verließen wir den Löwenkopf-Berg wieder und begaben uns in die Stadt Tainan, ein Zentrum der traditionellen chinesischen Kultur. Wir stiegen in einem schönen Hotel mit freundlichen, hilfsbereiten Menschen ab, die alles taten, um es uns so bequem wie möglich zu machen. Sie sprachen sogar englisch. Aber im Verlauf weniger Stunden wurde ich gereizt und bekam Depressionen – Gefühle einer totalen Unzufriedenheit. Mein armer Mann versuchte mir zu helfen und herauszufinden, was los war, aber meine düstere Stimmung ließ sich nicht aufhellen. Ich hatte das Gefühl, all meine Ruhe verloren und eine wichtige Gelegenheit verpaßt zu haben. Warum hatten wir den Löwenkopf-Berg überhaupt verlassen? Es war so selbstverständlich für mich gewesen, dort zu sein.

Schließlich ließ ich mich, ganz gelähmt von meinen negativen Gedanken, von meinem Mann überreden auszugehen, um auf andere Gedanken zu kommen. In meiner Niedergeschlagenheit schlich ich mit schleppenden Schritten die Straße entlang, blieb immer zehn Schritte hinter meinem Mann und schaute zu Boden. Da drehte er sich plötzlich zu mir um und fragte mit kaum verhehltem Ärger: »Aber was willst du eigentlich?« Ohne zu denken, mit verzweifelter, flehender Stimme stieß ich hervor: »Ich will ein Mantra!« Was für eine seltsame Antwort!

Sofort deutete mein Mann auf eine buddhistische Swastika auf der weißen Mauer links von uns. Ich selbst hätte sie niemals bemerkt. Meine sonderbare Bitte um ein Mantra hatte mich selbst überrascht – und doch starrte ich immer noch intensiv auf den Bürgersteig. Hinter dem Tor befand sich ein modernes Gebäude mit riesigen Glaswänden und offenen Türen. Stets neugieriger Forscher, schickte sich mein Mann an hineinzugehen. Ich war verwirrt, bestürzt und unentschlossen, hatte aber zu wenig Widerstandskraft, um mich, wie sonst üblich, gegen solche unvorhergesehenen Abenteuer zu wehren, und folgte ihm. Wir betraten das Gebäude. Es war ein buddhistischer Tempel. Wir setzten uns, wie wir das in Heiligtümern überall auf der Welt zu tun pflegten, in den hinteren Teil des Raumes, um die Atmosphäre besser auf uns wirken lassen zu können. Ich atmete auf, als ich dort saß. Nach ein paar Augenblicken erschien eine schwarzgewandete Frau, rückte Gegenstände am Altar hin und her und bereitete offenbar irgendein Ritual vor. Bald erschienen weitere buddhistische Frauen, Nonnen mit kahlen Köpfen und in schwarzen Gewändern. Eine Nonne, die wir später als Mutter Oberin kennenlernten, deutete uns an, daß wir uns zu anderen Frauen in eine Reihe stellen sollten. Ich wollte hinten stehenbleiben, wie am Löwenkopf-Berg, aber diese Nonne ließ das nicht zu. Sie bestand darauf, wir sollten uns zu den schwarzgewandeten Frauen begeben. Sie gab uns Bücher, doch wir machten ihr Zeichen, wir könnten nicht chinesisch lesen. Mit Handbewegungen gab sie uns dann zu verstehen, wir sollten den Frauen vor uns folgen. Einige von ihnen blickten meinen Mann zornig an. Er war der einzige Mann hier, und wir mußten uns später sagen, es habe sich vielleicht um einen Ort nur für Frauen gehandelt. Aber sie waren viel zu freundlich, um diese dickfelligen Ausländer hinauszuwerfen. Auf jeden Fall sagte uns die »Mutter« unmißverständlich, was wir tun sollten, und uns blieb nichts anderes übrig, als zu gehorchen.

Die schwarzgewandeten Frauen begannen nun Gebete zu rezitieren. Nach einer Weile erkannte ich, daß eine Melodie immerfort wiederholt wurde. Ich hatte die Töne schon zuvor auf dem Löwenkopf-Berg gehört, aber das Chinesische geht dem westlichen Ohr so schwer ein. Deshalb hatte ich nicht versucht zu verstehen, was sie sangen, oder mich bemüht, die Melodie nachzusingen. Trotzdem – hier war sie wieder, immer und immer wieder –, und die Nonnen verließen jetzt ihre Plätze und bewegten sich im Tempel und um die riesige Buddhastatue im Kreis herum. Ich fing jetzt doch an, mit ihnen mitzusingen und die Töne nachzuahmen. Aber die richtige Aussprache gelang mir nicht. Das Ritual war stark, doch das Ganze wirkte lächerlich – fünfzig schwarzgewandete singende chinesische Frauen mit einer blondgelockten Frau in schwarzer Jacke im Schlepptau, gefolgt von einem amerikanischen Mann in kariertem Wollhemd.

Nach etwa einer halben Stunde Gesang und Gebet schien der Gottesdienst zu Ende zu sein. Mein Mann und ich setzten uns ruhig hin, um zu warten, bis alle draußen waren, und uns dann still zu entfernen. Die meisten Frauen waren schon draußen, als die »Mutter« mit zwei Nonnen zurückkam, die Ketten mit großen hölzernen Gebetsperlen brachten und Buddhabilder trugen. Eine Perlenkette gab sie meinem Mann, eine andere mir. Ich wollte mir die Kette schon über den Kopf ziehen, als mir die »Mutter« befahl, ihr zuzuschauen und es ihr nachzumachen: Sie ließ die Perlen eine nach der anderen durch ihre Finger gleiten, wobei sie die geheimnisvollen Worte sprach, die ich jetzt allmählich genauer verstand: »*O-mi-to-fo, O-mi-to-fo, O-mi-to-fo.*« Schwer von Begriff, wie ich bin, kapierte ich es schließlich doch. Ich bekam mein Mantra! Diese energische Nonne bestand darauf, daß ich es aussprach, und sie verbesserte meine Aussprache.

Hierauf winkte uns die »Mutter«, ihr hinter dem Tempel in ein anderes Gebäude zu folgen. In Gesellschaft von vier Nonnen setzten wir uns und aßen mit ihnen ihre einfachen Speisen. Natürlich konnten wir uns nicht unterhalten, aber als ich versuchte auf chinesisch »Danke« zu sagen, korrigierte sie mich wieder: »O-mi-to-fo«. Auch die anderen sagten sich gegenseitig dieses Mantra statt Bitte oder Danke oder Hallo oder auf Wiedersehen. Ich erkannte die Worte vom Löwenkopf-Berg wieder, die die Nonnen dort genauso benutzt hatten. Schließlich verließen wir, nach einem weiteren Essen und Gottesdienst in einem anderen kleinen Tempel des Gebäudekomplexes (dieses Mal mit Männern und Frauen), ganz erschöpft die Räumlichkeiten. Ich konnte es gar nicht glauben und war von höchster Freude erfüllt. Diese buddhistische Nonne hatte mir *mein* Mantra gegeben.

Nach ein paar Tagen gelangten wir nach *Fo Kuang Shan,* dem Kloster, wo die Tagung veranstaltet wurde. Sofort hörte ich, wie alle Nonnen (es waren Hunderte) bei der Begrüßung und später bei den religiösen Gesängen immer wieder *O-mi-to-fo* sangen. Diese Nonnen waren von der buddhistischen Universität, konnten Englisch und gaben sich alle Mühe meine Aussprache zu verbessern, im Gegenzug dazu, daß sie Englisch mit mir sprechen konnten. Sie erklärten mir auch, was ich da spräche, sei der Name des *Amitābha*-Buddha – des Buddha des ewigen Lichtes und Lebens. Erneut erfüllten mich bei diesen buddhistischen Nonnen Friede und Freude. Die Nonne, die ich in Honolulu getroffen hatte, gab mir eine Plakette mit dem darauf geschriebenen Mantra, und die jüngeren Nonnen überreichten mir eine Mantra-Perlenkette, wie sie sie trugen. Am Ende der Woche hatte ich mir das Mantra endgültig zu eigen gemacht, im Kopf wie im Herzen.

Abb. 16 *O-mi-to-fo*

Was bedeuten nun diese synchronistische Bitte um ein Mantra und ihre synchronistische Erfüllung? Ich hatte schon seit vielen Jahren meditiert und trage auch gelegentlich eine Mantrakette aus Holzperlen. Doch hatte ich immer von einem Mantra zum anderen gewechselt und niemals die Empfindung gehabt, diese Praxis habe viel mit meinem spirituellen Weg zu tun. Meine Lehrer waren immer Männer gewesen, und die Übungen hatten meine männliche Seite bestärkt – willentliche Meditationstechniken und Studien. Ich hatte den weiblichen Weg zum Höheren vernachlässigt und unterbewertet, obwohl diese männlichen Lehrer immer auch auf die Wichtigkeit der weiblichen Hingabe hingewiesen hatten. Zwar weiß ich mit dem Verstand, daß Mantren, Gebete, Gesänge und Rituale wichtig sind, doch habe ich wenig Glauben an ihre Wirksamkeit. Ich denke immer, ich müßte die ganze Last meiner Entwicklung auf meinen eigenen willigen Schultern tragen.

Doch die buddhistische Gemeinschaft in Taiwan brachte mich mit vielen frommen Frauen in Berührung, glaubensstark und offensichtlich doch voller Lebensfreude – also weltlich und fromm zugleich. Eine dieser Frauen schenkte mir das Mantra, eine Nonne, die allem Anschein nach genau wußte, was ich auf meinem Weg brauchte. Am Tag, nachdem ich das Mantra bekommen hatte, war ich von Hunderten frommer Frauen in

Fo Kuang Shan umgeben. Sie wiederholen immer wieder das *O-mi-to-fo*, und der Raum vibrierte von ihrer von Herzen kommenden Lebensfreude. Was für ein Beweis für die Kraft dieser Technik! Die Nonnen sind ungemein fromm, lernen, meditieren, weihen ihr Leben aber auch dem Dienst an anderen. Sie sind sehr gebildet und nehmen wichtige religiöse und administrative Positionen in religiösen Gemeinschaften von Männern und Frauen ein. Natürlich müssen auch sie, wie wir alle, ihre Seelenkämpfe ausfechten, aber die positive weibliche Energie dort ist außergewöhnlich und einzigartig.

Als ich wieder nach Hause kam, las ich D. T. Suzukis Abhandlung über die Praxis des ständig wiederholten *O-mi-to-fo*, des *Nembutsu*, wie es in Japan heißt. Die chinesischen und japanischen Buddhisten führen diese Übung als Alternativ-Technik zum Koan durch. Die *Chan-* oder *Zen-koan*-Praxis ist extrem willensbetont und männlich. Auf der anderen Seite legt die Praxis des ständig wiederholten Namens *O-mi-to-fo*, wie sie für den Buddhismus des Reinen Landes typisch ist, den Akzent auf Glauben und Hingabe, das weibliche Gegengewicht zum koan. Dadurch, daß er diesen Namen immerfort wiederholt, übergibt sich der Betreffende völlig der Gnade des *Amitābha*-Buddha *(O-mi-to-fo)*, um im Reinen Land oder Westlichen Paradies, wo der *Amitābha*-Buddha herrscht, wiedergeboren zu werden. Diese beiden Arten der Praxis sind das *Yin* (universelles Weibliches) und *Yang* (universelles Männliches) der traditionellen chinesischen Philosophie im chinesischen Buddhismus. Wie Suzuki sagt:

>»Gleichgültig, wie Sie an den Buddha denken, intensiv oder träumerisch, gleichgültig, wie Sie seinen Namen anrufen, laut oder leise – lassen Sie sich dabei von keiner Regel einschränken, sondern bleiben Sie ruhig, entspannt, in schweigender Kontemplation. Erlangen Sie dann schließlich einmal einen Zustand der Einung, ungestört von der äußeren Welt, so wird eines Tages ein Vorfall unversehens eine Art Bewußtseinsrevolution auslösen. Dann werden Sie erkennen, daß das Reine Land des serenen Lichtes nicht mehr und nicht weniger als diese Erde ist und der *Amitabhā*-Buddha Ihr eigenes Bewußtsein.«[1]

In den vergangenen Jahren waren meine spirituellen Übungen ein einziger Kampf gewesen. Da ich nicht mehr daran glaube, mein chaotisches, unstetes Gemüt beruhigen zu können, ist Meditation eine große Herausforderung für mich, ohne daß ich hoffen könnte, sie je zu meistern. Das Nembutsu dagegen beruhigt das Gemüt durch Hoffnung und den Glauben, daß sich etwas Höheres dieses ungebärdigen Ichs annehmen wird. Ich muß nicht alles selbst tun. Ich muß mich nur bemühen und dann mein Gemüt der beruhigenden Wirkung des Mantras anvertrauen. Die Übung erinnert mich an jene, die mir vor einigen Jahren Paul Brunton gegeben hat – »Die Übung der Gegenwart Gottes« des Bruders Lawrence.

Wenn man dauernd daran denkt, kann das aufgeregte Gemüt für einen Augenblick Frieden finden.

Ich würde gerne sagen können, daß ich Paul Bruntons Rat vor Jahren folgte und jetzt immer die Nembutsu-Übung durchführe. Aber das stimmt nicht. Ich bin widerspenstig und eigensinnig. Trotz der mysteriösen Art, wie ich zu dem Mantra kam, und trotz seiner großen Wirksamkeit vergesse ich doch immer wieder, es auszusprechen, und komme nur in Notzeiten darauf zurück. Vor kurzem war ich wieder einmal verzweifelt, habe diese Geschichte aufgeschrieben und Suzuki wieder gelesen. Er meint, ein so verwirrtes und gehetztes Gemüt wie das meine brauche Hilfe, unabhängig vom Willen. Wenn ich mir das Bild meiner Synchronizitäts-Erfahrung wieder ins Gedächtnis zurückrufe – meinen weiblichen Schutzengel, die Nonne von Tainan, und ihre Gabe – dann hilft mir die Lichtkraft dieses Augenblicks, mich zu erinnern. Ich bin dann nicht mehr allein. Immer, wenn ich mich auf meine Perlen und mein Mantra besinne, bekomme ich Hilfe.

»Psychologisch betrachtet zielt das ... Nembutsu darauf ab, den fundamentalen Dualismus, diese Bedingung unseres empirischen Bewußtseins, auszuschalten. Erreicht dies der Jünger, setzt er sich leicht über die theoretischen Probleme und Widersprüche, die ihn vorher so bedrängt haben, hinweg. Mit höchster Intensität des Denkens und Willens wirft er sich in die Tiefen seines Wesens. Trotzdem ist er kein einsamer Wanderer ohne Führer, denn er hat den Namen bei sich. Mit ihm schreitet er voran, mit ihm steigt er in den Abgrund hinunter. Mag er sich auch häufig von ihm getrennt fühlen – er denkt stets an ihn und bleibt in Verbindung mit ihm.«[2]

O-mi-to-fo!

11
Anwendungen der Leere des Mittleren Weges

Ich glaube aber, daß hier genau der Punkt ist, in dem unsere bisherige Art zu denken verbessert werden muß, vielleicht durch eine kleine Bluttransfusion von seiten östlichen Denkens.　　　　　　　　　　　　　　　ERWIN SCHRÖDINGER[1]

Von Dante zum Big Bang: ein psychologisches und spirituelles Bild

Wie tröstlich muß es für den Gläubigen gewesen sein, mit Dante im *Paradiso* XXIV, 130-47, zu bekennen:

> Ich glaub an *einen* Gott, der reget,
> Die Himmel all durch Liebe und Verlangen,
> Der Ewig-Eine, selber unbewegt.
> -- -- -- -- -- -- -- -- -- --
> Das *ist* der Ursprung, ist der Grund vom Grunde,
> Der Funke, der zur Flamme hell entfacht,
> In mir erglänzt wie Stern am Himmelsrunde.

Gott wohnt im zehnten Himmel, im *Empyreum*, und strahlt seine Liebe durch die schön geordneten Planetensphären zu uns hinunter, für unsere sittliche und geistige Evolution. Doch mußten Dante und seine Zeitgenossen einen teuren Preis für dieses geradezu liebevolle Weben einer wissenschaftlichen Kosmologie und Theologie bezahlen. Als uns Kopernikus mit Hilfe Galileis, Keplers und Newtons aus unserem geozentrischen Nest hinauswarf, erzitterten die Fundamente der westlichen Theologie und Philosophie. Und Darwin vervollständigte die theologische Katastrophe noch, indem er lehrte, unsere menschliche Gestalt sei nur eine von vielen möglichen biologischen Entwicklungen, ebenso wie sich, als Galilei sein Fernrohr himmelwärts richtete, herausstellte, daß unsere Sonne nur einer von unzähligen Sternen war. Die Fortentwicklung der klassischen Physik geschah im Zeichen des einflußreichen philosophischen Werkes von Descartes, das eine große Kluft zwischen Geist und Materie aufriß (eine Kluft, die dieses Buch zu überbrücken sucht). Nimmt man zu alledem noch Galileis Unterscheidung zwischen Primär- und Sekundäreigenschaften der Dinge hinzu, so liegt auf der Hand, daß wir ohne Hilfe der Naturwissenschaft die wahre Natur der materiellen Welt, die uns gleichgültig umgibt, nicht direkt erkennen können. Obwohl die Wissenschaft und ihre technischen Anwendungen zu Beginn unseres Jahrhunderts von großem Optimismus erfüllt wären, waren wir doch von Dantes tröstlicher, den Kosmos vergöttlichender Weltanschauung weit entfernt. Im herrschenden wissenschaftlichen Weltbild stellten wir nichts anderes als winzige materielle Lebensformen dar, die ziellos durch einen weiten Sternenozean schwebten.

Aber im ersten Jahrzehnt dieses Jahrhunderts ereignete sich ein großer wissenschaftlicher Durchbruch. Einsteins spezielle Relativitätstheorie, in Kapitel 7 kurz dargestellt, zeigte die Systemabhängigkeit der Raumzeit und vieler Primärqualitäten der klassischen Wissenschaft. Doch ein ebenso wichtiger Aspekt der Relativitätstheorie, auf den ich noch nicht besonders eingegangen bin, sind die unveränderlichen Quantitäten, die sich von einem System zum anderen nicht ändern. In populären Darstellungen der Relativitätstheorie werden immer die veränderlichen Quantitäten, wie Länge, Masse, Zeit und Gleichzeitigkeit, zu unserer Verblüffung als systemabhängig dargestellt. Aber von größerer Bedeutung für die Entwicklung der theoretischen Physik sind die unveränderlichen Quantitäten. So ist zum Beispiel die Lichtgeschwindigkeit dieselbe für jeden Beobachter, ob er mit Raumzeit-Sam im Casinokorridor sitzt oder auf dem sich rasend schnell bewegenden Stock mitreist.

Die wichtigste Gruppe solcher Invarianzen sind die physikalischen Gesetze selbst. So sind zum Beispiel in der speziellen Relativitätstheorie die Gesetze der Mechanik in jedem nicht beschleunigten System dieselben. Das erfahren wir jeden Tag. Betrachten wir zum Beispiel ein Flugzeug oder einen Zug, der sich mit konstanter Geschwindigkeit fortbewegt. Gehen wir in einem solchen Zug zwischen den Sitzreihen hindurch, brauchen wir unseren Gang, die Mechanik unseres Gehens, nicht darauf abzustimmen. Da die Gesetze der Mechanik vom Bezugsrahmen unabhängig sind, spielt es keine Rolle, ob wir unser Wohnzimmer durchqueren oder zwischen den Stuhlreihen eines Überschall-Jets hindurchgehen. Das eine fühlt sich wie das andere an. Doch wenn das Flugzeug beim Starten, in einer Turbulenz oder beim Landen beschleunigt wird, stört es unser Gehen ganz beträchtlich. Oder versuchen Sie einmal, in einem beschleunigten Auto Kaffee zu trinken, sei es, daß es um eine Ecke biegt, sei es, daß es bremst. In seiner zweiten großen Arbeit wandte sich Einstein diesen Problemen der Beschleunigung und Schwerkraft zu.

Einer der größten Fortschritte der Physik war Einsteins Aufstellung der allgemeinen Relativitätstheorie im Jahre 1916. (Es war nicht seine »erste Theorie der Relativität«, wie Jung die spezielle Relativitätstheorie von 1905 beschrieb.) Die allgemeine Relativitätstheorie formuliert die Gesetze der Physik so, daß sie dieselbe Form in jedem Bezugsrahmen annehmen, ohne Rücksicht auf den Bewegungszustand des Systems, ob es also beschleunigt wird oder nicht. Sie zeigt, daß von einem heliozentrischen oder geozentrischen Weltbild auszugehen ebenso berechtigt, realistisch und gültig ist wie etwa von einem lunazentrischen Weltbild. Wir können heute die Gesetze der Physik so formulieren, daß sie dieselbe Form in jedem beliebigen System annehmen und die physikalische Aussage dieser Gesetze in jedem Bezugsrahmen die nämliche bleibt. Aber wir müssen hier deutlich zwischen physikalischen Eigenschaften und Gesetzen unterscheiden. Raumzeit und andere Primärqualitäten, von denen Galilei sprach, sind weiterhin systemabhängig, doch die die physikalischen Phänomene regierenden *mathematischen Gesetze* sind jetzt in eine Form gebracht, an der sich ihre Unveränderlichkeit, ihre universelle Gültigkeit für jeden Bezugsrahmen, ablesen läßt. Ein einfaches Beispiel: Energie ist systemabhängig, da Beobachter in verschiedenen Systemen verschiedene Werte für das jeweilige System messen werden, aber der Erhaltungssatz für Masse-Energie gilt für alle Beobachter. Die allgemeine Relativitätstheorie gibt uns die Möglichkeit, jeden beliebigen Bezugsrahmen oder Gesichtswinkel zu wählen. Unsere Sonne, unsere Milchstraße oder das ihr übergeordnete Milchstraßensystem sind in keiner Weise privilegiert. All diese Systeme sind in gleicher Weise als Hintergrund für unsere Untersuchungen oder Experimente berechtigt – welchen Bezugsrahmen wir wählen, ist letzlich eine Frage der Bequemlichkeit oder der mehr oder weniger einfachen Berechenbarkeit.

Kurz nach der Formulierung der allgemeinen Relativitätstheorie durch Einstein entdeckten Astronomen, daß alle von Galilei entdeckten Sterne unserer Milchstraße angehören, die nichts Besonderes unter Milliarden anderer Milchstraßen im Universum ist. Sodann stellte Edwin Hubble fest, daß sich entfernte Milchstraßen mit Geschwindigkeiten, die ihrer Entfernung von uns proportional sind, von uns fortbewegen (siehe Abb. 17). Er fand heraus, daß eine Milchstraße je weiter sie von uns entfernt ist, sich umso schneller von uns fort bewegt, was für alle Richtungen gilt. Bedeutet das, daß wir der Mittelpunkt der Expansion des *Big Bang* sind? Haben wir das geozentrische Weltbild dadurch ersetzt, daß wir uns jetzt als Mittelpunkt der kosmischen Expansion fühlen können? Nein. Fast in allen studentischen Einführungen in die Astronomie werden einfache Argumente angeführt, die zeigen, daß jede uniforme Expansion (alle Entfernungen zwischen Milchstraßen nehmen pro Zeiteinheit um dieselbe Prozentzahl zu) jedem Beobachter im Universum dasselbe Bild der *Big Bang*-Expansion bietet. Noch genauer gesagt: Wir wissen aus der allgemeinen Relativitätstheorie und extensiven Beobachtungen, daß jeder Beobachter, je nach seiner Entfernung von der beobachteten Milchstraße, denselben Anstieg der Fliehgeschwindigkeit bemerken muß. Obwohl es keinen zentralen Mittelpunkt gibt, von dem aus sich das Universum ausdehnt, sieht sich jeder Beobachter überall im Universum als Mittelpunkt der kosmischen Expansion. Was Dante gewiß sehr mißfallen hätte – unsere Position im Weltall ist jeder bevorzugten Stellung, jeder Einzigartigkeit entkleidet.

Nach diesem kurzen Überblick wollen wir die kosmologischen Sachverhalte dazu benutzen, um ein Licht auf ein paar psychologische und spirituelle Fragen zu werfen. Aus einer modernen psychologischen Perspektive erkennen wir, daß wir unsere Wahrnehmung, wir seien der Mittelpunkt all unserer Erfahrungen, und die Tatsache, daß wir all unsere Gedanken, Empfindungen und äußeren und inneren Erlebnisse auf unser Ich, unsere Persönlichkeit beziehen, einfach in die geozentrische Kosmologie hineinprojiziert hatten. Wir hatten unsere psychische Erfahrung, das Zentrum unserer persönlichen Welt zu sein, auf die geozentrische Astronomie übertragen. Im Gegensatz dazu besagte das heliozentrische Weltbild, die von uns wahrgenommenen Bewegungen von Sonne, Sternen und Planeten am Himmel seien nur der Bewegung unserer Erde, ihrer Rotation und ihrer Umkreisung der Sonne, zu verdanken. Die Bewegung der Erde, nicht des Himmels, erzeugt die Illusion einer untergehenden Sonne oder eines aufgehenden Mondes. Das war der erste große wissenschaftliche Nachweis, daß Erscheinungen unzuverlässig sind. Wenn wir diese Tatsache psychologisch bewerten und erkennen, wie unsere inneren psychischen Beweggründe unsere Erfahrungen bedingen und verzerren, wie unsere Projektionen die Welt gestalten, fangen wir damit an, aus unserer egozentrischen Position auszubrechen. Sobald wir einmal die Macht kennenlernen, mit der unsere Komplexe ihre Inhalte unbewußt in die Welt hineinprojizieren, machen wir die ersten tastenden Schritte in Richtung auf ein psychologisches Äquivalent der kopernikanischen Revolution. Und wenn wir schließlich erkennen, daß das Ich nicht das eigentliche Zentrum des Seelenlebens ist, sondern daß eine höhere Weisheit unser Innenleben der Träume und Phantasien regelt und unsere unbewußten Kompensationen im Sinne der Individuation lenkt, gehen wir von einer egozentrischen zu einer selbst-zentrierten Einstel-

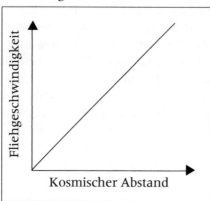

Abb. 17 *Hubbles Entdeckung. Jeder kosmische Beobachter sieht dieselbe lineare Zunahme der Fliehgeschwindigkeit der Objekte. Doch die kosmische Ausdehnung besitzt keinen Mittelpunkt.*

lung über, was das psychologische Äquivalent des Übergangs vom Geozentrismus zum Heliozentrismus ist. Diese Vorstellung mag uns nicht mehr soviel Geborgenheit vermitteln wie Dantes von den Planetensphären, aus denen Gottes Weisheit und Liebe zu uns kommt, umgebenes geozentrisches Nest, doch ist es diese Reise in die Einsamkeit, bei der wir uns auf unsere eigenen Kräfte, nicht mehr auf eine große Institution wie Mutter Kirche verlassen müssen, jene Reise, für die Jung in all seinen Schriften unaufhörlich eintritt.

Der Individuationsprozeß ist aber, wie jedes menschliche Streben, natürlich allen möglichen Abweichungen und Verzerrungen unterworfen. Ich möchte nur eine sehr verführerische Abweichung erwähnen und zeigen, wie die erwähnten wissenschaftlichen Ideen, kombiniert mit der Leere des Mittleren Weges, dazu beitragen können, sie zu korrigieren. Ich betone noch einmal, es handelt sich um eine Abweichung vom Individuationsprozeß, keineswegs um seine ideale Verwirklichung. Trotzdem ist sie erstaunlich weit verbreitet und verdient deshalb zumindest ein wenig Aufmerksamkeit.

Nehmen wir an, wir machen aufgrund einer Art Gnade und eigener Bemühung einige Schritte von einer egozentrischen auf eine selbst-zentrierte psychologische Position zu. Dieser Übergang ist laut Jung niemals vollständig, da sich die Individuation niemals voll verwirklichen läßt, sondern sich unaufhörlich aus den grenzenlosen Tiefen des Unbewußten heraus vollzieht. Und da dieser Prozeß niemals abgeschlossen ist, wird ein gewisser Rest des Geozentrismus oder einer egozentrischen Einstellung unweigerlich auf das Selbst projiziert. Mit diesem verunreinigenden Rest wird das Selbst (oder, besser gesagt, unsere Vorstellung vom Selbst) einfach zu einer größeren Version unseres Ichs mit all seinen Eitelkeiten, seiner Selbstbezogenheit oder Eigenliebe, wie es die Buddhisten nennen, aufgebläht. Dann drehen sich all unsere Bemühungen krankhaft nur um unsere Individuation, unsere Träume, unsere Empfindungen, unsere Sorgen, unsere Subjektivität. Und wenn wir bei der Individuation Fortschritte machen, bilden wir uns ein, wir seien etwas Besonderes, auserwählt, gesalbt vom Göttlichen, über gewöhnliche Konventionen und Belange erhaben. Dann hat sich die Individuation auf die Persönlichkeit verengt und alle anderen Aspekte des Lebens verschlungen. Wir haben unseren Geozentrismus nicht gelassen oder mit Hilfe der Gnade aufgegeben.

Vielleicht haben wir zwar einen großen Sprung vorwärts gemacht, indem wir gelernt haben, die Welt symbolisch zu verstehen. Wir erkennen, daß wir der Sinnhaftigkeit der Dinge dadurch auf die Spur kommen können, daß wir unsere Erlebnisse im Wachzustand als symbolischen Ausdruck des kollektiven Unbewußten oder der objektiven Psyche interpretieren. Doch kann dann die symbolische Interpretation alle Personen und Ereignisse auf bloße Kulissen in meinem eigenen psychologischen

Drama, in meiner Individuation reduzieren. Archetypische Relationen ersetzen dann persönliche Relationen, andere Personen werden zu bloßen Objekten meiner Projektionen und besitzen kaum noch eigene Wirklichkeit. Unser Freund oder unsere Freundin werden dann primär zum Träger des gegengeschlechtlichen Animus oder Anima und sind kaum noch Persönlichkeiten, ebenso real wie wir selbst, mit ebenso wertvollen Interessen, Bedürfnissen und Charakteren. Unser Feind ist nur noch eine Projektion unseres Schattens, mit der wir uns in unserer Innenwelt auseinandersetzen, nicht mehr eine reale Persönlichkeit mit ernstzunehmendem eigenen Standpunkt. Der obdachlose Bettler auf der Straße wird zu einer Projektion meiner inneren Obdachlosigkeit, Verlassenheit und Armut und ist nicht mehr ein Mensch mit dem gleichen Recht auf Lebensqualität wie ich selbst. Statt die Wirklichkeit dieses Bettlers wahrzunehmen, betrachte ich ihn als bloßes Symbol meiner Mängel, meiner inneren Obdachlosigkeit. Ich benutze die Symbolik, um ihn zu »desinfizieren«, mich selbst von seiner Wirklichkeit zu distanzieren und mich dadurch der Verantwortung für meinen Nächsten und meine Umwelt zu entziehen. Ein symbolisches Verständnis der Welt ist zu Narzißmus und Verantwortungsscheu degeneriert. Psychologisch gesehen haben wir vielleicht die Oberfläche der Erde verlassen, aber bestimmt noch nicht ihre Atmosphäre.

Als Einstein die physikalischen Gesetze als unveränderlich oder unabhängig von jedem Bezugsrahmen formulierte, erhielt jeder physikalische Standpunkt gleiches Recht, gleiche Realität. Es gibt keinen ausgezeichneten oder privilegierten Standpunkt. Nur die Bequemlichkeit entscheidet darüber, ob man das eine oder das andere System wählt. Die Erde steht nicht mehr zentral im Kosmos, sie ist ebensowenig ein bevorzugter Bezugsrahmen wie irgendeine gewaltige elliptische Milchstraße in einem weit entfernten Milchstraßenhaufen. Diese Entwicklung findet ihre Parallele im Buddhismus des Mittleren Weges, in der Lehre von der Leere, die verneint, daß irgendeine Person oder ein Ding eine Existenz an sich oder eine unabhängige Existenz besäße. Nichts ist davon ausgenommen, nichts ist frei von der fundamentalen Abhängigkeit der Beziehungen und Gedanken. Alle Menschen und Dinge sind gleichermaßen voneinander abhängig, gleichermaßen leer und doch der Konvention nach gleichermaßen wirklich. Nicht nur Quantensysteme, sondern sogar der Buddha, sogar die Leere selbst haben keine unabhängige Existenz.

Vom psychologischen Standpunkt aus bedeutet Leere scheinbar auch, daß wir unsere eigene Wichtigkeit relativiert haben. Scheinbar sind alle Standpunkte von Personen oder Dingen gleich gültig, gleich wirklich. Doch wäre dies ein Irrtum. Ebenso wie wir wissen, daß die Gesetze der Physik universell sind, für alle Standpunkte und alle Systeme, sind für die

Buddhisten bestimmte Prinzipien, wie die vier edlen Wahrheiten, universell. Die Buddhisten behaupten, daß alle Wesen, von den Göttern bis zu den Gespenstern, ohne Rücksicht auf Beruf, Besitz, Nation, Rasse und Geschlecht, dem Leiden zyklischer Kreisläufe unterworfen sind. Wir sind uns alle gleich in unserem universellen Verlangen, Leid zu meiden und Glück zu finden. Diese Wahrheit ist die Grundlage für Mitleid und sittliches Handeln. Das Annehmen der Lehre von der Leere und die Praxis des Mitleids sind, nach den Buddhisten des Mittleren Weges, der Königsweg zum wahren Glück.

Unsere durchgehende gegenseitige Abhängigkeit, unser gemeinsames Entstehen mit allen Menschen und Dingen impliziert, daß wir uns nicht selbst zum Mittelpunkt des Universums machen können. Natürlich, ebenso wie der Beobachter der kosmischen Expansion sich selbst als Mittelpunkt dieser Expansion erblickt, empfinden wir unser Ich als Mittelpunkt unserer Erfahrung, als Brennpunkt für unsere Innen- und Außenerlebnisse. Doch betonen die Buddhisten stets, daß unser konventionelles Ich, der zentrale Ort unserer Erfahrung, das Wesen, das wir alle so heftig lieben und das sich so gerne mit spirituellen Übungen beschäftigt, nicht unser wahres Wesen ist. Dieses ist wie die kosmische Expansion ohne Mittelpunkt und ohne raumzeitlichen Ort. Trotz seiner Wirklichkeit und Wirksamkeit kann dieses wahre Wesen weder objektiviert noch in der Raumzeit gefunden werden. Ein erweitertes Verständnis unseres Wesens hilft uns, unsere narzißtischen, psychischen Schranken zu durchbrechen. Es sorgt, wie wir im nächsten Kapitel sehen werden, für die Möglichkeit einer Vereinigung mit der Außenwelt, mit der Natur. Jetzt können wir die nichtlokale gegenseitige Abhängigkeit, wie sie in den Bellschen Experimenten auftritt, als Spezialfall einer weit allgemeineren gegenseitigen Abhängigkeit bzw. Leere begreifen, die von uns fordert, daß wir echtes Mitleid für den Menschen, der von den Projektionen meines Schattens überlagert ist und der in dem obdachlosen Bettler steckt, empfinden. Sein Leiden ist mein Leiden. Ein Bodhisattva sucht Befreiung vor allem um der zahllosen Lebewesen willen, die der universellen Wahrheit des Leidens unterworfen sind. Er versucht nicht nur seinem persönlichen Leiden zu entkommen. Solange andere leiden, leidet auch, wegen unserer gegenseitigen Abhängigkeit, der Bodhisattva, der eigentliche spirituelle Held.

Vom Standpunkt des Buddhismus des Mittleren Weges aus darf unsere Entwicklung, sei es Individuation, sei es das Streben nach vollständiger Befreiung, nicht nur von einem *privaten* Wunsch nach Sinn, Frieden oder dem Ende des Leidens motiviert sein. Unser Glück, unsere tiefste Erfüllung, entsteht dadurch, daß das Leiden aller Lebewesen vermindert wird. Wie der gegenwärtige Dalai Lama sagt: »Wirkliches Glück ergibt sich nicht aus unserer begrenzten Sorge um unser eigenes Wohl oder das Wohl derer, denen wir uns eng verbunden fühlen, sondern daraus, daß wir Mitleid und Liebe für alle Lebewesen entwickeln.«[2] Das ist eine völlige Umkehrung unserer Einstellung, aber nach den Buddhisten des Mittleren Weges ist die erleuchtetste Form des Eigeninteresses eine tiefe Anteilnahme am Wohl anderer. Auf diese Weise gibt es keine Spannung mehr zwischen unserer eigenen spirituellen Entwicklung und der tiefen Anteilnahme an anderen, keinen Konflikt zwischen unserem höchsten Ziel und den Bedürfnissen unseres Nächsten. Wieder sagt der Dalai Lama: »Törichte Egoisten denken immer an sich selbst, und das Ergebnis ist immer negativ. Weise Egoisten denken an andere, helfen anderen, soviel sie können, und das Ergebnis ist, daß auch sie selbst Nutzen daraus ziehen.«[3] Das mag den gegenwärtigen politischen Einstellungen in Amerika vollkommen widersprechen, aber es ist der reine tibetische Buddhismus.

Ich möchte noch einmal zusammenfassen. Ebenso wie die allgemeine Relativitätstheorie keinem Bezugsrahmen oder Standpunkt eine bevorzugte Bedeutung zusprach, so hilft uns die Leere des Mittleren Weges, unsere tiefsitzende psychische Bindung an die Ich-Zentralität aufzulösen – eine Bindung, die nur zu leicht dazu führt, daß aus der Individuation eine pathologische Beschäftigung ausschließlich mit dem Ich und eine dementsprechende Abwertung der Pflicht gegenüber anderen und unserer Verantwortung für sie wird. Doch Leere oder die Tatsache, daß es keine substantielle oder unabhängige Wirklichkeit eines Menschen oder eines Dinges gibt, bedeutet nicht, daß jetzt alles erlaubt wäre. Wie in der Relativitätstheorie gibt es auch hier universelle Gesetze. Für den Mittleren Weg fordert die universelle Wahrheit des Leidens und die höchste Wahrheit einer durchgehenden gegenseitigen Abhängigkeit, daß wir voller Mitleid für das Wohl anderer und damit letzten Endes für unser eigenes Wohl arbeiten.

Analyse der Bellschen Ungleichungen und inhärente Existenz

Ich möchte jetzt zeigen, daß wir uns, als wir in Kapitel 9 die Bellschen Ungleichungen diskutierten, tatsächlich mit der Leere im Buddhismus des Mittleren Weges befaßten. Kehren wir zu Beginn noch einmal zu Einsteins Ablehnung der Quantenmechanik zurück, wie sie in dem langen Zitat in Kapitel 9 zum Ausdruck kam. Einstein forderte, daß jede Einwirkung von einem Objekt auf ein anderes mit Geschwindigkeiten vonstatten gehen muß, die geringer als die Lichtgeschwindigkeit im Vakuum oder ihr gleich sein müssen: »Ein äußerer Einfluß auf A hat keine *unmit-*

telbare Wirkung auf B. Das ist als ›Prinzip der räumlichen Wirkung‹ bekannt.« So bewegen sich zum Beispiel in Einsteins eigener allgemeiner Relativitätstheorie Gravitationsfelder, bzw. Änderungen in der vierdimensionalen gekrümmten Raumzeit, von einem Punkt der Raumzeit zu einem anderen mit Lichtgeschwindigkeit. Dieses Lokalitätsprinzip spielt eine entscheidende Rolle in meiner einfachen Ableitung der Bellschen Ungleichungen im vorigen Kapitel und in allen anderen allgemeineren Varianten,[4] die sie dazu benützen, um die Isolierung zweier Teile des Systems zu garantieren.

Einstein glaubte, Objekte existierten unabhängig auf zwei Arten. Erstens sind sie unabhängig von unserem Wissen oder Wahrnehmung. Er sagt: »So zieht vor allem folgendes unsere Aufmerksamkeit auf sich: Die Begriffe der Physik beziehen sich auf eine äußere Welt, d.h. wir bilden uns Vorstellungen von Dingen, die eine ›reale Existenz‹ unabhängig von den sie wahrnehmenden Subjekten beanspruchen.« Für Einstein haben Objekte also offensichtlich eine von unserem Bewußtsein unabhängige Existenz. Zweitens sind Objekte unabhängig voneinander: »Des weiteren scheint es für diese in die Physik eingeführte Ordnung der Dinge wesentlich zu sein, daß sie, zu einem bestimmten Zeitpunkt, eine voneinander unabhängige Existenz besitzen müssen, insofern sie ›in verschiedenen Teilen des Raumes liegen‹. Ohne eine Existenz (dem ›So-Sein‹) räumlich voneinander entfernter Dinge, eine Annahme, die im Alltagsverstand wurzelt, wäre uns physikalisches Denken im gewohnten Sinn nicht möglich.« Mit anderen Worten, wenn wir Objekte so voneinander trennen, daß sie nicht interagieren können, wie in unserem Experiment, besitzen sie eine voneinander unabhängige Existenz.

Der tibetische buddhistische Mönch und Gelehrte Geshe Kelsang Gyatso spricht ebenfalls von diesen zwei Formen der Unabhängigkeit, wenn er sagt: »Für uns als gewöhnliche Wesen scheinen alle Objekte an sich zu existieren. Sie scheinen unabhängig von unserem Bewußtsein und unabhängig von anderen Phänomenen zu sein.«[5] Einstein ist Vertreter der klassischen Wissenschaft des Westens, Geshe Gyatso einer alten buddhistischen Überlieferung. Doch auf einer fundamentalen Ebene sprechen sie vom selben Gegenstand (obwohl sie natürlich gegensätzliche Positionen vertreten). Einsteins Eintreten für Objekte, die unabhängig von unserem Wissen und einer gegenseitigen Einwirkung existieren, für Objekte also, die, wie die Buddhisten des Mittleren Weges sagen, »scheinbar nach eigenem Recht existieren«, ist eine genaue Beschreibung dessen, was »inhärente Existenz« meint. Man kann sich keine bessere Beschreibung vorstellen. So beschäftigten wir uns also, als wir uns im Kapitel 9 mit Physik auseinandersetzten, in Wirklichkeit mit der Leere der Buddhisten des Mittleren Weges. Diese enge Entsprechung zwischen den wesentlichen Merkmalen des Bellschen Theorems und der Leere als einer Doktrin des Mittleren Weges ist hoch bedeutsam. Gewiß, inhärente Existenz umfaßt mehr, als Einstein anspricht, doch in dem Bereich, wo sich die Interessen einer grundsätzlichen Kritik an der Quantenmechanik und der Buddhismus des Mittleren Weges decken, befassen sich beide mit einer unabhängigen Existenz oder inhärenten Existenz. Natürlich behauptet Einstein, diese unabhängige Existenz sei wesentlich für jede Physik (»wäre uns physikalisches Denken im gewohnten Sinn nicht möglich«), während der experimentelle Nachweis, daß die Bellschen Ungleichungen nicht stimmen können, dies ausdrücklich verneint. Wir haben gesehen, daß nach Ansicht der Buddhisten des Mittleren Weges die Verneinung einer unabhängigen Existenz die höchste Wahrheit ist, das eigentliche Wesen jedes Gegenstandes.

In Parenthese möchte ich hier bemerken, daß der Dalai Lama, der sich so für wohlbegründete naturwissenschaftliche Fakten stark macht, erwägen müßte, das Prinzip der Leere, das Herzstück der Theorie und Praxis der Buddhisten des Mittleren Weges, aufzugeben, wenn Experimente die Bellschen Ungleichungen bestätigen würden. Andererseits sollten wir solche Ergebnisse der Physik niemals als Beweis für bestimmte Weltbilder nehmen. Trotzdem bereitet es große Genugtuung, diese Übereinstimmung zwischen der modernen Quantentheorie und der traditionellen Philosophie der Leere zu erblicken, wobei die eine in physikalischen Laboratorien der Gegenwart bestätigt wurde, die andere in abgeschlossenen tibetischen Klöstern.

Wie die Buddhisten stets betonen, besitzt ein Weltbild, das auf einer inhärenten Existenz und der gegenseitigen Getrenntheit der Dinge aufbaut, auch gewaltige *ethische* Implikationen. Dieser Gedanke wird von dem berühmten Physiker David Bohm aufgegriffen:

> »Ich möchte sagen, daß die so weit verbreiteten Unterscheidungen zwischen Völkern (Rassen, Nationen, Familien, Berufen usw.), die die Menschen daran hindern, zum gemeinsamen Wohl – und tatsächlich schon zum bloßen Überleben – zusammenzuarbeiten, eine ihrer Hauptwurzeln in jener Denkweise haben, welche sich die Dinge als an und für sich voneinander getrennt, unverbunden und ›zerstückelt‹ in noch kleinere Bestandteile vorstellt. Jeder Teil gilt als wesentlich unabhängig und für sich selbst existierend.«[6]

Um Einstein gegenüber fair zu sein, muß ich jedoch sagen, daß trotz seines Eintretens für eine inhärente Existenz sein ethisches und politisches Verhalten vorbildlich für die gesamte Wissenschaft waren. Trotzdem hat jedes philosophische Weltbild ethische Auswirkungen. Die Ideologie der Getrenntheit kann zu Problemen führen. Sie reichen von der Unfähigkeit, Synchronizität und die Paradoxie der Quantenmechanik zu begreifen, bis zu auferndem Rassismus und Nationalismus, mit all dem gewöhnlich daraus folgenden Blutvergießen.

Diese Ideologie der Getrenntheit oder die hartnäckige Tendenz, den falschen Begriff der inhärenten Existenz auf Gegenstände zu projizieren, macht sich häufig sogar auch in der herrschenden Quantenmechanik bemerkbar. Aber hier wird der Hang des menschlichen Denkens, Prozesse mit Dingen gleichzusetzen, immer wieder durch Theorie und Experiment ebenso gebremst, wie die Neigung den fortwährend fließenden Erfahrungsstrom in getrennte Blöcke, die an sich zu existieren scheinen, einzuteilen. Die Philosophen nennen diese Neigung »Verdinglichung«. Obwohl zum Beispiel ein Photon das flüchtigste aller Wesen ist und bei Messungen nur aus Wahrscheinlichkeiten auftaucht, neigen wir dazu, es zu einem konkret existierenden Wesen zu verdinglichen, das sich auf genau bestimmten Bahnen in der Raumzeit fortbewegt. Nur zu häufig nehmen wir implizit an, es handle sich um ein vollständiges in sich geschlossenes Wesen, unabhängig von äußeren Bedingungen oder Wirkungen. Im Hörsaal, im Laboratorium oder in Diskussionen mit Kollegen sprechen wir von dem Bellschen Experiment als einer Versuchsanordnung, bei der »zwei korrelierte Photonen in entgegengesetzte Richtungen geschickt werden«. (Die Photonen korrelieren insofern, als das Ergebnis, das auf der einen Seite gemessen wird, eng mit dem auf der anderen Seite gefundenen korreliert.) Mit dem Verstand wissen wir, daß man korreliertes Licht nicht im Sinne dieser Separation betrachten kann, aber immer wieder fallen wir gewohnheitsmäßig in diese Art zu denken zurück. Wir rechtfertigen es häufig pragmatisch und sagen, auf diese Weise könne man bestimmte Anwendungen leichter durchführen. Mit anderen Worten, wir unterstellen dem Licht hartnäckig eine inhärente, nicht relationale Existenz, indem wir es uns als unabhängige korpuskelartige Photonen vorstellen, die sich auf genau definierten Bahnen fortbewegen. Dieser angeborene Hang ist es, den Paul Teller, ein Naturwissenschafts-Philosoph, die »Krankheit des Partikularismus« nennt.[7]

Wie wir bei der Untersuchung des Interferometers gesehen haben, stellen wir uns Licht, obwohl es vor jeder Beobachtung kein Photon ist, normalerweise als ein unabhängig existierendes Wesen mit einer genau bestimmten Bahn vor, unabhängig von Messungen und Ereignissen in seiner Umgebung. Wheelers Experimente der verzögerten Wahl veranschaulichen diesen Irrtum in Kapitel 8.

Der Buddhismus des Mittleren Weges behauptet, die höchste Wahrheit über die Phänomene und ihre ureigentliche Natur sei, daß sie voneinander abhängig und aufeinander bezogen existieren. Das ist eine totale Umkehrung unseres normalen Denkens. Das Wesen der Phänomene ist ihre gegenseitige Verknüpfung und Beziehung, nicht ihre isolierte Identität.

Die gewöhnliche Denkweise läßt zwar ebenfalls auch Beziehungen zwischen Objekten zu, etwa Korrelationen, doch hält sie diese Eigenschaften für akzidentiell in bezug auf die primäre Natur des Lichtes als eines unabhängig existierenden Wesens. Oder, wie es Teller ausdrücken würde: Gewisse Quanteneigenschaften (wie das Wesen des korrelierten Lichtes) sind relational an sich – es ist nicht so, daß ihre wesentlichen Relationen die nichtrelationalen oder unabhängigen Eigenschaften nur überlagern oder ihnen nur übergestülpt würden.

Experimente zur Überprüfung der Bellschen Ungleichungen zeigen, daß Korrelation dem Licht intrinsisch und primär ist, und zwar im fundamentalsten Sinn des Wortes. Insofern die höchste Wahrheit der Phänomene ihre Leere in bezug auf eine inhärente Existenz ist, sind sie fundamental voneinander abhängig und aufeinander bezogen. Wir können nicht und sollten auch nicht eine Erklärung für diese korrelierten Eigenschaften suchen, indem wir versuchen, inhärent existierende Wesen durch Verknüpfungen miteinander zu verbinden – sei es superluminal oder sonstwie. Andererseits wäre es doch zu lästig, immer zu sagen: »Das wesentlich relationale Wesen auf der einen Seite der Versuchsanordnung, das bei der Messung als ›Photon‹ bezeichnet wird, ist so intrinsisch auf das relationale Wesen auf der anderen Seite bezogen, daß beide stets holistisch betrachtet werden müssen.« Doch die Formalismen der Quantentheorie mit ihrem Prinzip der Superposition drücken das in mathematischer Sprache aus, obwohl wir normalerweise Schwierigkeiten haben, unserer gewöhnlichen verdinglichenden oder partikularisierenden Denkweise Zügel anzulegen.

Bevor wir uns von der Analyse der Bellschen Ungleichungen verabschieden, sollten wir uns noch einmal daran erinnern, daß diese Analyse zu einem wesentlich negativen Ergebnis kam. Wie ich am Ende des Kapitels über die Bellschen Ungleichungen betont habe, verneint diese Analyse die gegenseitig unabhängige Existenz der korrelierten Paare, setzt aber kein anderes Prinzip und keine andere Beschreibung an die Stelle der ursprünglichen irrtümlichen Annahme. Sie hinterläßt uns statt dessen nur Begriffe wie Abhängigkeit, gegenseitige Verknüpfung, Verquickung usw. Genau auf die gleiche Weise entwickeln die Buddhisten des Mittleren Weges die Leere als eine Negation – sie verneint eine inhärente Existenz, ohne sie irgendwie durch ein anderes Prinzip zu ersetzen. Die höchste Wahrheit über die Phänomene ist, daß sie voneinander abhängig und miteinander verknüpft sind. Man kann und sollte nicht mehr darüber sagen, andernfalls würden wir ein neues inhärent existierendes Idol errichten, das uns nur stärker an Saṃsāra bindet.

Man könnte noch viele andere Vergleiche zwischen der Quantenmechanik und anderen Disziplinen anstellen. Doch besonders merkwürdig und erhellend ist es, daß die Leere sich so eng zu dem zentralen Mysterium der Quantenmechanik in Beziehung setzen läßt – der Untrennbarkeit. Doch diese Verbindung zwischen der zeitgenössischen Physik und einem alten Pfad zur Befreiung, zwischen den Ergebnissen der modernen experimentellen Metaphysik und der höchsten Weisheit des Mittleren Weges, beweist nicht unmittelbar, daß der Buddhismus des Mittleren Weges »richtig« ist. Sie bietet aber modernere und zwingendere Beispiele für eine Erklärung des Begriffs der Leere als so hinkende Vergleiche wie »das Seil als Schlange« oder »der aus Schildkrötenhaar bestehende Pullover«. Und, was noch wichtiger ist, das Nachdenken über die Nicht-Trennbarkeit, wie sie sich aus dem experimentellen Nachweis der Ungültigkeit der Bellschen Ungleichungen ergab, kann unser Verständnis für die enge gegenseitige Verbundenheit in der Natur vertiefen, was wiederum unser Verständnis der Leere vertiefen kann. Und ein Verständnis der Leere arbeitet unserem Hang entgegen, den Dingen eine inhärente oder unabhängige Existenz zu unterstellen – sei es in der Quantenmechanik, sei es bei der Betrachtung der Synchronizität. Es kann zur Errichtung eines philosophischen Weltbildes beitragen, das uns die Nicht-Trennbarkeit in physikalischen Laborversuchen und in Synchronizitäts-Erfahrungen zu begreifen hilft. Eine solche Auffassung kittet vielleicht die vielen Risse, die David Bohm im obigen Zitat erwähnt. Sie könnte auch dazu beitragen, unser Überleben in einer Welt zu sichern, in der Tag für Tag größere Abhängigkeiten entstehen, selbst angesichts unseres atavistischen Glaubens an die Getrenntheit.

Die Frucht der Leere

Wir sind alle an die Vorstellung gewöhnt, daß die Außenwelt unseren inneren Zustand kausal beeinflussen kann. Nach vielen Tagen kalten Regens bricht die warme Sonne durch die Wolken, und meine Stimmung hebt sich. Wenn ich sehe, wie all die weißen Apfelblüten braun werden und im Frost des Spätfrühlings zu Boden fallen, werde ich traurig. Es ist nichts Überraschendes an diesen Kausalverknüpfungen zwischen Außen- und Innenwelt.

Doch wenn korrelierte Photonen (oder Glockenklangkörper) akausale Verknüpfungen aufweisen, eine unmittelbare gegenseitige Abhängigkeit ohne irgendeinen Energieaustausch, dann wird dadurch mein hartnäckiger Glaube an getrennte, isolierte Wesenheiten ernstlich erschüttert. Nicht-Lokalitätswirkungen in der Quantenmechanik lassen sich nicht durch kausale Interaktionen zwischen unabhängig existierenden Wesenheiten verstehen. Mein Hang, den Dingen eine Existenz an sich zu unterstellen, oder mein Partikularismus, wie es Teller nennt, hindert mich an einem Verständnis der Nicht-Lokalität, der wesentlichen Aufeinander-Bezogenheit, die so charakteristisch für die Quantenphänomene ist.

In meinen Ausführungen über die Quantenmechanik habe ich die drei fundamentalen und irritierenden Aspekte der Quantenmechanik hervorgehoben: ihre akausale Natur (Kapitel 7), die partizipatorische Natur des Universums bzw. seinen Mangel an völliger Objektivität (Kapitel 8) und Nicht-Lokalität bzw. gegenseitige Verknüpftheit (Kapitel 9). Diese Ergebnisse stehen im Gegensatz zu unserem gesunden Menschenverstand (oder unseren Projektionen), doch sind sie genau das, was sich aus der Perspektive der Leere erwarten läßt. Und zwar aus der Feststellung, daß die höchste Wahrheit der Dinge ihre gegenseitige Abhängigkeit und Aufeinander-Bezogenheit ist, ihr Mangel an einer unabhängigen objektiven Existenz. All dies steht natürlich in starkem Widerspruch zum alten in der Newtonschen Physik verkörperten Materialismus und unserer unreflektierten Sicht auf die Welt.

Der beunruhigendste und spannendste Aspekt jeder Synchronizitäts-Erfahrung ist die Tatsache, daß es eine echte akausale Sinnbeziehung zwischen Innen- und Außenwelt gibt, daß also eine Einheit zwischen Seele und Stoff bestehen muß. Wie ich versucht habe deutlich zu machen, operieren wir normalerweise mit der Annahme, daß unsere Innenwelt inhärent bzw. völlig unabhängig von der Außenwelt existiert, von der Welt, von der wir fest überzeugt sind, daß auch sie ihre eigene intrinsische Existenz, ihre Eigenständigkeit besitzt. Wahr ist natürlich, daß Innen- und Außenwelt kausal miteinander in Beziehung treten können, um uns Freude oder Schmerz zu bereiten. Aber das ist nur eine mögliche Wechselwirkung zwischen ihnen. Wenn wir fälschlich glauben, Phänomene existierten unabhängig voneinander und wirkten nur kausal oder getrennt aufeinander ein, so haben wir ein Prinzip der Naturauffassung der Quantentheorie verletzt und uns selbst den Weg abgeschnitten, zumindest einige unserer Erfahrungen als akausale Entfaltung eines höheren Sinns zu verstehen. Jede Synchronizitäts-Erfahrung verneint diese begrenzte Auffassung von der Getrenntheit der Dinge und ihrer kausalen Interaktion. Sie vermittelt uns statt dessen ein unmittelbares Erlebnis akausaler Interdependenz, eines sich in der Einheit der inneren und äußeren Welt ausdrückenden Sinns. Aber da dieses Vorurteil inhärent existierender Subjekte und Objekte so tief in uns verwurzelt ist, fällt es uns sehr schwer, diese Interdependenzen zu akzeptieren. Und obwohl sich der Sinn deutlich deklariert, interpretieren wir Synchronizität als bloßen Zufall, als ein zufälliges Zusammentreffen von Dingen, die in Wirklichkeit nichts miteinander zu tun haben und deren unabhängige Existenz einfach von einer akzidentiellen Beziehung überlagert wird.

Doch hoffe ich, daß ein Verständnis für die Leere, den Gedanken, daß wir uns in gegenseitiger Abhängigkeit mit der Welt entwickeln, den Begriff der Synchronizität als etwas ganz Natürliches nahebringt. Es kann auch dazu beitragen, daß wir ein Verständnis für die sich aus der modernen Physik ergebende Naturauffassung gewinnen, die der geeignete Ausgangspunkt für eine Vereinigung von Stoff und Geist wäre.

Das Zitat Schrödingers und des Dalai Lamas in diesem und in dem vorhergehenden Kapitel können uns in der Hoffnung bestärken, daß sich westliche Wissenschaft und östliche Philosophie gegenseitig befruchten werden. Vielleicht haben beide mit ihren unterschiedlichen Denkansätzen recht. Eine der jüngsten Wissenschaften, die Psychologie, fordert uns auf, die gegenseitige Verknüpftheit der Dinge zu untersuchen, um die Synchronizität zu verstehen, während eine der ältesten, die Physik, in eine ähnliche Richtung weist, um die Nicht-Lokalität zu verstehen. Doch wenn wir uns nur auf Physik und Psychologie beschränken, ist der Rahmen möglicherweise noch nicht umfassend genug, um die von uns aufgeworfenen schwierigen Probleme zu lösen. Wir sollten uns daher einen Wink der Buddhisten des Mittleren Weges zunutze machen, die alles andere tun, als die gegenseitige Verknüpfung und Abhängigkeit der Dinge nur als quälendes Verwirrspiel aufzufassen, das man am besten wegerklärt. Für sie sind diese Tatsachen vielmehr die höchste Wahrheit über die Phänomene, die objektiven wie die subjektiven. Mit anderen Worten, was Physiker und Psychologen als höchst mysteriöse und beunruhigende Naturtatsache betrachten, ist in der Perspektive des Mittleren Weges die Hauptsache. Die gegenseitige Abhängigkeit der Dinge ist keine sonderbare Eigenschaft, sondern die höchste Wahrheit, die innerste Natur aller Phänomene. Ja, was vielleicht noch wichtiger ist, als daß uns diese Wahrheit ein Verständnis der Quantenmechanik und Synchronizität vermittelt: Sie könnte uns zur Entwicklung einer Einstellung des Mitleids verhelfen, ohne die unser Dasein auf diesem Planeten in Frage gestellt ist.

Synchronizitäts-Zwischenspiel Nr. 8

Einladung zur Lektüre

Ich habe zwar viele Werke Jungs mehrere Male gelesen, doch um einige wenige hatte ich immer einen großen Bogen gemacht. Dazu gehörte das Buch »Aion« – an dem er jahrelang gearbeitet hatte. Hier werden viele Themen aufgegriffen: die Heraufkunft des Aquarius-Zeitalters, der Niedergang des Christentums und die vielen paradoxen Aspekte von Eros und Logos. Dieses letzte Thema taucht in meiner Synchronizitäts-Erfahrung auf.

Ich bin Berater und stütze mich in meiner Arbeit auf viele Gedanken Jungs. Zu Beginn des Vorfalls, den ich jetzt beschreiben will, hatte ich sechs Jahre lang praktiziert und lebte in einer Liebesehe, die doch voller Schwierigkeiten steckte – ich war vollauf mit meiner Arbeit, meiner Frau und meinen Studien beschäftigt. Sie müssen auch einiges über die Einrichtung meines Büros wissen. Ich arbeite an einem Tisch, der etwa in der Mitte eines fünf mal sechs Meter großen Raums steht. An den Wänden im Westen und Norden stehen Bücherregale. Einige Bücherbretter sind überfüllt, aber die meisten, einschließlich meiner Hardcover-Bollingen-Ausgabe der gesammelten Werke Jungs, sind ordentlich und schön aufgeräumt.

Eines Tages kamen Kay und Don, zugleich Freunde und Klienten, zur Mittagszeit herein, um mit mir ein Treffen auszumachen. Sie wollten ihre Beziehung mit mir besprechen. Mit jedem von ihnen hatte ich über einen Zeitraum von drei Jahren schon mehrere Male zu tun gehabt, weil es dabei primär um berufliche oder persönliche Entwicklungen ging. Während wir die Einzelheiten unserer Verabredung besprachen, fiel ein Buch aus dem Regal. Da so etwas bisher niemals passiert war, machte es mich einigermaßen stutzig. Nachdem das Paar gegangen war, trat ich zu dem heruntergefallenen Buch und bemerkte, es war »Aion«. Ich betrachtete das Brett, konnte aber nicht erkennen, warum das Buch heruntergefallen sein mochte. Doch dachte ich dann nicht weiter an den Vorfall, da mir der Inhalt nicht bekannt war. Ich gedachte es eines Tages zu lesen, hatte aber keine Eile damit.

Die Verabredung verlief dann wie viele andere, nicht besser, nicht schlechter – ich erinnere mich kaum daran. Ein paar Tage später erschien das Paar wieder in meinem Büro, es war Samstagabend und schon spät. Ich befand mich noch in meinem Büro und schrieb die Protokolle der Konsultationen der vorangegangenen Wochen. Die beiden bestanden darauf, mich wieder zu sprechen, und zwar bald, um weiter über ihre Beziehung zu diskutieren. Dieser Überfall am Abend war etwas ziemlich Ungewöhnliches, aber auch kein Einzelfall. Auch war ich überrascht über die Dringlichkeit, mit der sie mich um einen Termin baten, da mir ihre Probleme nicht besonders schwerwiegend zu sein schienen. Trotzdem war ich bereit, ein weiteres Treffen zu arrangieren, und als ich meinen Terminkalender holte, fiel wiederholt ein Buch aus meinem Regal! Sonderbar, es war dasselbe Buch wie zuvor, »Aion«. Dieses Mal fiel es in einiger Entfernung vom Regal zu Boden, fast schlug es auf meinem Schreibtisch auf. Ich weiß nicht, ob Kay oder Don das bemerkten, aber mir fiel es natürlich auf, und ich schwor mir jetzt, das Buch zu lesen. Aber ich ließ mir viel Zeit.

Unser zweites Treffen verlief etwa so wie die erste Beratung. Etwas später, im selben Monat, luden mich die beiden in ihr Haus ein, wo wir unser Gespräch in etwas gelösterem Rahmen fortsetzten. Das bereitete mir ein gewisses Unbehagen, doch hatte ich das Gefühl, eine andere Umgebung könnte vielleicht Dinge an die Oberfläche bringen, die sich in der formellen Atmosphäre meines Büros nicht hervorwagten. Ein Außer-Kraft-Setzen formeller Rollen und Regeln öffnet manchmal Wege. Ich hatte inzwischen bemerkt, daß die großen Erwartungen, die die beiden aneinander und an eine Ehe stellten, in scharfem Kontrast zu der sterilen Wirklichkeit ihrer Beziehung standen. Das war eine mir nur allzu vertraute Parallele zu meiner eigenen Ehe – aber das wurde mir erst klar, als wir unsere Gespräche fortsetzten.

Einige Monate verstrichen, und es gab keine weiteren Vorfälle in und außerhalb meines Büros. Aber eines Tages kam das Paar wieder zu mir. Die beiden sagten, sie wollten unsere Besprechungen in meinem Büro wieder aufnehmen. Als sie das Büro verließen, fiel der mir nun schon sehr vertraute Band »Aion« vom Bücherbrett und schlug auf meinem Schreibtisch – gut einen Meter vom Regal entfernt – auf. Dieses Mal nahm ich das Buch mit nach Hause und begann zu lesen. Zunächst konnte ich keinen Zusammenhang mit dem Paar oder mit meiner Beziehung zu ihm feststellen. Doch beim Weiterlesen stieß ich auf eine Passage, wo Jung über eine besondere geistige Krise schreibt, in die der Mensch mit den Jahren gelangen kann. Sie besteht darin, daß sich der Verstand inzwischen mittels einer gut ausgearbeiteten Weltanschauung oder Philosophie »alle Antworten« gegeben hat und im Herzen nur noch einige sehr begrenzte »reine« (sterile) Empfindungen existieren. Jung nennt dies die Polarisation von Logos und Eros, eine Art Patt zwischen Ich und Selbst – das Ich weiß, was seine Entwicklung von ihm verlangt, aber diese Erkenntnis ist zugleich sein Todesurteil, da es für das Denken kein Geheimnis mehr gibt und für das Herz kein Leben mehr, das es entdecken könnte. Jung erörtert die Gefahren dieses Zustandes und sagt:

> »Es ist leicht möglich, daß die Betonung der Ich-Persönlichkeit und der Bewußtseinswelt ein solches Ausmaß annimmt, daß die Figuren des Unbewußten psychologisiert und damit das Selbst an das Ich assimiliert werden ... In diesem Fall müßte die Bewußtseinswelt zugunsten der Realität des Unbewußten abgebaut werden ... dem Traum (muß) eine Lebenssphäre auf Kosten der Bewußtseinswelt eingeräumt werden ... die Anmaßung des Ich (kann) nur durch moralische Niederlagen gedämpft werden.«[1]

Ich erkannte damals noch nicht, was meine »moralischen Niederlagen« und der Zustand, »alle Antworten« schon bereit zu haben, für Folgen haben, noch wie die Anima hier beteiligt sein sollte, obwohl Jung warnt:

> Wer sich mit einem intellektuellen Standpunkt identifiziert, dem tritt das Gefühl in Gestalt der Anima unter Umständen feindlich gegenüber ... Wer also das Kunststück fertigbringen will, nicht nur intellektuell, sondern auch dem Gefühlswert entsprechend zu realisieren, der muß sich wohl oder übel mit Animus oder Anima auseinandersetzen, um eine höhere Einigung, eine *coniunctio oppositorum*, in die Wege zu leiten. Diese aber stellt eine unerläßliche Vorbedingung der Ganzheit dar.[2]

Und später sagt er, daß der Preis für diese Konjunktion hoch ist:

> »Wo dieser (Archetypus) vorherrscht, wird, dessen archaischer Natur entsprechend, gegen alles bewußte Streben die Vollständigkeit *erzwungen*. Das Individuum mag sich zwar um Vollkommenheit mühen (Ihr nun sollt vollkommen – *teleioi* – sein, wie euer himmlischer Vater vollkommen ist), muß aber zugunsten seiner Vollständigkeit sozusagen das Gegenteil seiner Absicht *erleiden*.«[3]

Dieses Dilemma traf offensichtlich auf die Situation meines Klienten zu. Er war ein ewig promovierender Student, der gerade an seiner dritten Dissertation arbeitete – immer mit extrem hohem intellektuellem Anspruch, wie etwa »Geschichte der Wissenschaftsphilosophie« –, während sie Meisterschülerin von Julliard war und eine Karriere als Pianistin anstrebte. Und jetzt entdeckte ich auch dieselbe Polarisation/den Stillstand in mir selbst: Mein Denken hatte sich bei einer »Spezialmischung« der neuplatonischen Philosophie als der letzten Wahrheit beruhigt, während sich mein Herz mit einer gut geordneten, auf gutem Willen beruhenden Ehe zufriedengab. Ich glaubte, weder meine philosophischen Bestrebungen noch meine Ehe könnte jemals in Frage gestellt werden noch bestehe irgendeine Wahrscheinlichkeit, daß sie sich einmal änderten.

In »Aion« sagt nun Jung, es gebe nur zwei Rettungsmittel in dieser Situation. Erstens müssen wir beten – ja, Jung sagt tatsächlich, daß hier die Psychologie nicht mehr weiterhilft –, denn es handelt sich um eine geistige Krise, und wenn das labile Gleichgewicht zwischen Ich und Selbst aufrechterhalten werden soll, müssen wir zu einem geistigen Rettungsmittel greifen. Er wählte den historischen Jesus als die göttliche Gegenwart, deren Gnade den Menschen führen kann – ich fand mein Rettungsmittel in Indien. Jedenfalls macht Jung klar, daß hier eine authentische geistige Macht notwendig ist, um das psychische Dilemma in einen sinnvollen Zusammenhang zu stellen. In diesem Sinne sagt er in seiner Paraphrase zu Ignatius von Loyola:

> »Das Bewußtsein ist hervorgebracht zu dem Zwecke, daß es seine Abstammung aus einer höheren Einheit (Deum) erkenne ..., daß es diese Quelle sorgfältig beachte ..., deren Bestimmungen intelligent und verantwortlich ausführe ... und dadurch der Gesamtpsyche ein Optimum von Lebens- und Entwicklungsmöglichkeit vermittle ...«[4]

Das zweite Rettungsmittel ist menschlich, allzu menschlich. Hier verläßt Jung wieder einmal einen Bezirk, den viele als ein »Jungsches« Dogma betrachten, und stellt fest, wir müßten in einer solchen Situation die Lehre der psychologischen Projektion hinter uns lassen und uns der Lehre von der Verkörperung des Selbst zuwenden. Das bedeutet: Wir sehen, daß das Selbst nicht sein ganzes Wesen in unserem Ich oder unserem Körper ausdrücken kann, sondern sich auch objektiv im Leben anderer und in Gestalt des Lebens anderer, im besonderen durch Eros, manifestieren muß.

> »Wenn ich nun sage, daß die Antriebe, die wir in uns vorfinden, als Gotteswillen zu verstehen seien, so will ich damit hervorheben, daß sie nicht als arbiträres Wünschen und Wollen zu betrachten seien, sondern als absolute Gegebenheiten, mit welchen richtig umzugehen man sozusagen erlernen muß. Der Wille vermag es nur zum Teil, sie zu bewältigen ... Ich möchte auch den Begriff Gott im Worte ›Gotteswillen‹ nicht christlich verstanden wissen, sondern eher im Sinne der Diotima, welche sagt: ›Der Eros, lieber Sokrates, ist ein großer Dämon.‹ Die griechische Bezeichnung Daimon und Daimonion drückt eine von außen an den Menschen herantretende, bestimmende Macht aus, wie die der Vorsehung und des Schicksals. Dabei ist die ethische Entscheidung dem Menschen vorbehalten.«[5]

Die Irreduzierbarkeit von Anima und Animus als Tatsachen des kollektiven Unbewußten impliziert, daß sie sich innerhalb des Selbst als der Totalität der Archetypen im kollektiven Unbewußten befinden müssen. Da sie sich also innerhalb des Selbst befinden und das Selbst all seine Elemente in Gestalt unserer Erfahrungen in der Welt manifestieren muß, muß alles, was ein irreduzierbarer autonomer Archetypus ist, in unseren Erfahrungen als wirklich existierend auftreten. Und das nicht nur in unserer Vorstellung, sondern auch außerhalb unseres Ichs. Somit müssen Anima und Animus als Archetypen des Selbst unabhängig vom Ich in unserem Leben in Erscheinung treten.

Zum Beispiel war die Dissertation, mit der sich Don beschäftigte – und die er schließlich auch fertigstellte –, eben jene Aufgabe, die ich im Stich ließ, als ich die Universität verließ und in ein Kloster ging. Außerdem hatte ich meine Ausbildung in klassischer Musik (ich war immer im Bundessymphonieorchester gewesen) zugunsten der Universität aufgegeben. Ich brauchte einige Zeit, um diese Beziehungen zu meinem eigenen Leben zur Kenntnis zu nehmen – erst nach dem dritten Vorfall begann ich über dieses Paar nachzudenken, das offenbar irgendeine Bedeutung für mich hatte.

Und diese Bedeutung nahm noch zu. Die ganzen nächsten zwei Jahre arbeitete ich weiter mit ihnen, aber ihre Ehe war nicht zu retten. Gegen Ende der Beratung schlug ich Don vor, er solle einmal eine Pause machen, ein paar Monate ein Meditationszentrum aufsuchen und die Dinge innerlich ordnen. Er tat es nicht, aber seine Frau. Kurz danach reisten meine Frau und ich nach Indien, und ein paar Wochen nach unserer Rückkehr nahm unsere Ehe ein jähes Ende. Eineinhalb Jahre später fand ich mich mit Kay in Indien wieder, und heute sind wir verheiratet. Don hat seinen Abschluß gemacht, und Kay hat sich beruflich verändert und gibt jetzt kleinen Kindern Musikunterricht.

Diese ganze Zeit über gab es viel Schmerz, Freude, Demütigung, Einsicht, Klarheit und Verwirrung, alles ausgelöst durch eine ganz gewöhnliche einfache Frage, die wiederum durch das seltsame Vorkommnis des herabfallenden »Aion« veranlaßt war. Als die Vorfälle zum Abschluß gekommen waren, hatten sich viele Menschen innerlich radikal verändert, und das Leben war wieder in Bewegung geraten.

Warum also »Aion«? Nun, diese erste Begegnung enthielt schon alle Elemente dessen, was sich später entwickeln sollte. Aber niemand bemerkte es damals. Die Idee war also schon da, in diesem Zimmer, aber nicht in uns, nicht bewußt, nicht einmal verdrängt. Niemand erkannte das Potential des Augenblicks – normalerweise tut man es –, irgendein Affekt tritt auf, irgendeine Funktion tritt in den Vordergrund – emotional, intellektuell, sinnesorganisch, intuitiv usw. und gibt einen Hinweis darauf, daß etwas im Gange ist. Manchmal ist der Affekt umgekehrt proportional – man ist über etwas glücklich, was sich dann als negativ herausstellt. Und manchmal ist er proportional – man ist deprimiert über etwas, was dann ganz stark ist. Aber in dieser Situation gab es keinen Affekt, nicht einmal den Verdacht, es könnte einen solchen geben. Also war die Idee gegenwärtig, zwangsläufig in den Ereignissen vorhanden, aber so wenig erkannt, daß sie keinem von uns bewußt werden konnte. Deshalb mußte sie sich anders bemerkbar machen. Auch im »Aion« war diese Idee gegenwärtig, die in uns hätte leben sollen, zumindest in einem von uns. Und da wir sie nicht sahen, wurde das Buch sozusagen in die Situation hineingezogen – oder die Idee in diesem Buch, die gegenwärtig hätte sein sollen. Und was war die Idee? Nun, es war die Verkörperung der Rolle des Schattens, der Anima, des Animus, die einen kritischen Zustand der Ich-Selbst-Beziehung in jedem von uns widerspiegelten. Das heißt, alle vier befanden wir uns in einer Art »spiritueller« Entwicklung und Individuation, wobei sich das Ich gegen das Selbst zur Wehr setzte. Meine erste Frau hatte den Weg der Entwicklung des Logos gewählt und ihre Emotionen ausgesperrt. Kay hatte den Weg des Eros gewählt und ihre intellektuelle Entwicklung eingebüßt. Don hatte den Weg des Logos gewählt und hielt sich an eine rein intellektuelle Beschäftigung mit der Philosophie, während ich den Weg des Eros eingeschlagen hatte, mich gefühlsmäßig dem Selbst näherte und so das Unterscheidungsvermögen eingebüßt hatte, das nötig gewesen wäre, um diese Entwicklung vorauszusehen. Die Lektüre des »Aion« half mir, die archetypische Konstellation zu erkennen und, noch wichtiger, den Kontext des Kampfes zwischen Ich und Selbst. Meine Lektüre bestimmte die Art, wie ich die äußere Situation sah, und die Richtung, in der ich nach einer Lösung suchte. Im Sinne von Jungs Empfehlungen war es anscheinend sehr richtig und notwendig, die Dinge in einen »spirituellen« Zusammenhang zu stellen (etwas, was ich in Lebenskrisen normalerweise verabscheue, da es nur zu häufig als Placebo wirkt und nicht ehrlich ist).

Und was die dreimalige Wiederholung betrifft – nun, ich glaube, sie spiegelt einfach den Grad meiner Stumpfheit und meines Widerstandes gegen das, was da vor sich ging und was es bedeutete. Ich hatte wirklich keine Ahnung, was sich in unseren Beziehungen schließlich ändern würde. Ich dachte nicht daran, daß meine Ehe zu Ende gehen würde noch daß Kay und ich heiraten würden – ich nahm nicht einmal Notiz von ihr als Frau, sie war einfach ein Klient wie Don. Es brauchte also beträchtliche Zeit, bis unsere Gefühle bei jedem von uns an die Oberfläche kamen. Und als sie dann schließlich auftauchten, war die einzige wirkliche Hilfe und Führung dieses Buch – und das, was wir in Indien fanden.

Jung kommentiert den Gebrauch des Seesterns als Symbol für das Selbst durch verschiedene mittelalterliche Autoren und zitiert:

> »Dieses Tier, sagt er, habe eine solche Hitze in sich, daß es nicht nur alles, was es berühre, anbrenne, sondern auch seine Nahrung sofort zubereite. Es bedeute daher ... die unauslöschliche Kraft der wahren Liebe ... ›Dieser Fisch glüht immer mitten in den Wassern, und was immer er berührt, erhitzt und entflammt er.‹ Dieses Glühen ist ein Feuer, welches auf den Heiligen Geist deutet.«[6]

12
Der psychologische Standpunkt: Stärken und Schwächen

> Alle Wissenschaft jedoch ist Funktion der Seele, und alle Erkenntnis wurzelt in ihr. Sie ist das größte aller kosmischen Wunder und die *conditio sine qua non* der Welt als Objekt.
> C.G. Jung[1]

Bewußtes Erleben von Projektionen

Im Frühjahr 1970 nahm ich an mehreren psychologischen Workshops – einer dauerte einen Monat – im Esalen Institute in Big Sur, Kalifornien, teil. Dort dringen Sonnenstrahlenbündel durch Nebelwolken und geben den Blick auf Berge frei, deren Fuß von der Brandung des Pazifiks umspült wird. Scharfe Stakkatoklänge, wenn Seeotter die Abaloneschalen mit Steinen aufhämmern, tönen durch das Rauschen der Brandung. Bäder in natürlichen heißen Quellen, blutrote Sonnen, die in den Pazifik hinabsinken, nach Patschuli duftendes Massageöl – all diese Eindrücke wirken angenehm auf die Sinne. Doch was mir aus dieser Zeit am besten im Gedächtnis geblieben ist, ist eine einfache Gruppenübung, die ganz abseits von der überwältigenden Naturschönheit durchgeführt wurde.

Wir wählten uns Zufallspartner aus und saßen einander gegenüber, mit einem knappen Meter Zwischenraum. Dann richteten wir, ohne zu sprechen oder uns zu bewegen, unsere Augen auf eine Stelle zwischen den Augenbrauen unseres Partners und konzentrierten uns intensiv darauf. Niemandem wurde vorher gesagt, was passieren würde. Es hieß nur, wir sollten uns konzentrieren, unsere Gedanken ruhig und unser Bewußtsein still halten. Und diese intensive Konzentration sollten wir etwa zwanzig Minuten lang durchführen.

Ich hatte schon einige Erfahrung mit Konzentration, weshalb mir diese Übung nicht schwerfiel. Anfangs geschah nichts Besonderes. In den ersten zehn Minuten gab ich mir einfach Mühe, mich intensiv auf die Frau vor mir einzustellen, ohne mich dabei unbehaglich zu fühlen. Da wir als Psycho-Gruppe schon mehrere Tage lang ernsthaft miteinander gearbeitet hatten, war das nicht allzu schwierig.

Plötzlich verwandelte sich das Gesicht der Frau in das meiner Mutter! Es war eindeutig das Gesicht meiner Mutter, die mich fest anblickte. Das war nachgerade bestürzend. Meine Konzentration ließ nach – da verwischte sich das Gesicht meiner Mutter. Ich erholte mich von dem Schock und stellte mich wieder auf den Punkt zwischen den Augenbrauen meiner Partnerin ein. Da verwandelte sich nach wenigen Minuten das Gesicht dieser attraktiven Frau in das runzlige Gesicht eines alten Weibes mit drohend starrendem Blick. Fasziniert und ungläubig starrte ich zurück. So sonderbar das Ganze war, ich ließ mich doch nicht abhalten weiterzumachen. Nach einer weiteren Minute, vielleicht waren es auch mehr, sah ich plötzlich mein eigenes Gesicht, das mich ansah, als blickte ich in einen Spiegel. Und immer, wenn mich die Bilder oder meine emotionalen Reaktionen zu sehr in ihren Bann zogen und meine Konzentration auf den Punkt zwischen den Augenbrauen nachließ, tauchte wieder das normale Gesicht meiner Partnerin auf. Es war schwierig, die Balance zwischen einer festen Konzentration auf diese Stelle und dem Empfang der Bilder aus dem Unbewußten zu halten.

In diesem Erlebnis errichtete sich also die Seele mit Hilfe ihrer Imaginationskraft eine Welt aus ihrer eigenen Substanz und projizierte sie in die Außenwelt von Raum und Zeit. Normalerweise sind Projektionen völlig unbewußte Prozesse und daher um so zwingender, verzerrender und emotional beunruhigender. Aber da mir diese Übung die bewußte Beobachtung dieses Prozesses erlaubte, war sie von ganz besonderem Wert für mich.

Das Unbewußte projiziert fortwährend zwingende Bilder, seien sie ein Ausdruck des Schattens, der Anima oder des weisen alten Mannes. Jung beschrieb mein Erlebnis buchstäblich, als er sagte: »Die Projektionen verwandeln die Umwelt in das eigene, aber unbekannte Gesicht.«[2] Es ist ein bedeutsames psychologisches Ereignis, oft ein wichtiger Meilenstein im Prozeß der Individuation, wenn wir eine Projektion erkennen und auflösen. Wir erkennen dann, daß das, was wir für objektiv halten, nur unser eigenes psychisches Wesen ist, durch emotionsgeladene Bilder aus der Außenwelt zu uns zurückgespiegelt. Erst wenn uns das klar bewußt wird, sind Zwang und Verzerrung der Projektion gebrochen. Es ist wie bei diesen Sonnenlichtbündeln, die wie Messer durch den Morgennebel in Big Sur schneiden. Wir staunen dann darüber, wie sehr unser Blick und unser Handeln von Wolken verhüllt waren, wie sehr wir durch unsere nach außen projizierten Phantasien emotional auf diesen oder jenen Weg gezogen wurden, wie uns unsere Seele betrog und doch erzog, die Wahrheit verdunkelte und zugleich enthüllte! Es ist wie ein Seelenreflex des kosmischen Prinzips der Illusion, der *Māyā*, die im Hinduismus den *Brahman*, das Absolute, sowohl verschleiert als auch enthüllt. Sie verdunkelt und sie entfaltet die Wirklichkeit. In der Psychologie verhüllt die Projektion das Objekt, auf das projiziert wird, und enthüllt das projizierende Subjekt. Die Beseitigung einer Projektion befreit uns von dem Objekt, trägt zu unserer Selbsterkenntnis bei und stellt uns die emotionale Energie und die psychischen Eigenschaften, die durch unsere Projektion gebunden waren, wieder zur Verfügung. Wie ein Ertrinkender, der nach Luft schnappt, genießen wir dann unsere Befreiung von der zwingenden Macht der alten Projektion, der alten Illusion, und freuen uns über die wiedergewonnene Fähigkeit oder den wiedergewonnenen Inhalt.

Erlebnisse dieser Art hatte ich auch schon vor dieser Konzentrationsübung gehabt, doch die Übung machte es möglich, sehr starke Projektionen aufzubauen, sie emotional zu erleben und dann innerhalb von Minuten aufzulösen. Man konnte sehr lebhaft erfahren, wie die Seele unsere Welt fabriziert, die wir dann als objektiv wirklich auffassen. Leider projizieren wir immer, solange wir eine Seele haben, unsere Phantasien nach außen und leben sie aus.

Aber mein Beispiel führt insofern in die Irre, als es dabei sehr leicht war, die Tatsache der Projektion zu erkennen. Wenn wir sonst in einer Projektion gefangen sind, sind wir vollständig davon überzeugt, daß sich die uns beleidigende oder anziehende Eigenschaft unbedingt im Objekt befindet. Wir haben nicht den leisesten Zweifel daran, daß die Qualität dort ist, wo wir sie sehen, in der Außenwelt, wo wir sie nicht beherrschen können. Mein Beispiel wäre besser gewesen, wenn ich fest daran geglaubt hätte, daß die Frau wirklich ein drohend blickendes, altes Weib war, wenn ich von der Idee besessen gewesen wäre, sie sei eine böse alte Hexe, die Böses gegen mich im Schilde führte. Aber natürlich hätte ich die Projektion dann nicht so schnell auflösen und als Projektion erkennen können – und wäre auch nicht in der Lage gewesen, dieses Erlebnis als Beispiel zu benutzen.

Jung und alle anderen Tiefenpsychologen machen täglich Erfahrungen mit dem Streben der Seele, sich ihre eigene Welt zu erschaffen. Die war ein wesentlicher Faktor bei der Herausbildung von Jungs »psychologischem Standpunkt«, dem Thema dieses Kapitels. Da dieser Standpunkt den Rahmen abgibt, in dem Jung versuchte, Synchronizität zu verstehen, will ich ihn hier etwas ausführlicher darstellen. Daneben möchte ich eine psychologische und philosophische Kritik dieses Standpunkts liefern. Die Diskussion der Stärken und Schwächen von Jungs Auffassung bahnt mir den Weg für den Versuch, Psychologie, Physik und Buddhismus zu einem einheitlichen Modell der Synchronizität zu verknüpfen.

Jungs psychologischer Standpunkt

In den letzten oder philosophischen Fragen versuchte Jung stets einen empirischen, phänomenologischen Standpunkt einzunehmen, eben das, was er den »psychologischen Standpunkt« nannte. Immer wieder betonte er, sein eigentliches Anliegen sei es, Patienten zu helfen, sich an das psychologisch Beweisbare zu halten und allen metaphysischen Behauptungen aus dem Weg zu gehen. Er wollte seine Gedanken psychologisch und empirisch formulieren und betrachtete es nicht als seine Aufgabe oder gar Pflicht, einen vollständigen philosophischen Rahmen dafür auszuarbeiten. Natürlich war es, teils wegen der Tiefe seiner Gedanken, teils wegen des Reichtums seiner inneren Erfahrungen, nicht einfach für Jung, diesen Standpunkt aufrechtzuerhalten. Als Herausgeberin seiner Autobiographie und enge Mitarbeiterin weist Aniela Jaffé in der Einführung zu »Erinnerungen, Träume, Reflexionen« darauf hin, daß es eigentlich zwei Jungs gibt: den empirischen Wissenschaftler der »Gesammelte(n) Werke« und den religiösen Jung, der in seiner Autobiographie »von Gott und von seiner persönlichen Erfahrung Gottes (spricht)«.[3] In diesem Kapitel beginne ich, ausgehend von Jungs psychologischem Standpunkt, der Ausdruck seines Empirismus ist, mit der Formulierung eines philosophischen Modells für die Synchronizität. Obwohl dieser Standpunkt von Jung niemals als umfassende philosophische Position gedacht war, drückt er doch wesentliche Aspekte dieser Position aus, die Jung zeitlebens einnahm. Sein psychologischer Standpunkt bildet einen guten Ausgangspunkt für mein Modell. In einem späteren Kapitel werde ich auf den religiösen Jung zurückkommen.

Jung beschreibt den psychologischen Standpunkt an vielen Stellen, doch eine ist besonders hervorzuheben:

> »Ich habe mich nämlich in der bisherigen Überlegung auf den realistischen Standpunkt des naturwissenschaftlichen Denkens gestellt, ohne dabei die Grundlage, auf der ich stehe, in Zweifel zu ziehen. Um aber in Kürze erklären zu können, was ich unter dem psychologischen Standpunkt verstehe, muß ich sagen, daß ernsthafte Zweifel an der ausschließlichen Berechtigung des realistischen Standpunktes möglich sind. Nehmen wir zum Beispiel das, was der einfache Verstand als etwas vom Allerrealsten auffassen würde, nämlich den Stoff: Wir haben über die Natur des Stoffes nur dunkle theoretische Vermutungen, Bilder, die unsere Seele geschaffen hat. Die Wellenbewegung der Sonnenemanation, die mein Auge trifft, wird von meiner Wahrnehmung in Licht übersetzt. Es ist meine bilderreiche Seele, die der Welt Farbe und Ton verleiht, und was jene allerrealste, rationale Sicherheit, die Erfahrung, anbelangt, so ist auch ihre einfachste Form noch ein über alle Maßen kompliziertes Gebäude seelischer Bilder. So gibt es gewissermaßen nichts von unmittelbarer Erfahrung als nur gerade das Seelische selbst. Alles ist durch dieses vermittelt, übersetzt, filtriert, allegorisiert, verzerrt, ja sogar verfälscht ... «

Was immer wir von der Welt wissen und wessen wir unmittelbar innewerden, das sind Bewußtseinsinhalte, die aus fernen, dunklen Quellen erflossen sind. Ich möchte weder die relative Gültigkeit des realistischen, des *esse in re*, noch die des idealistischen Standpunktes, des *esse in intellectu solo* bestreiten, sondern ich möchte diese äußersten Gegensätze durch ein *esse in anima*, eben durch den psychologischen Gesichtspunkt, vereinigen. Wir leben unmittelbar nur in der Bilderwelt.[4]

> »Wir leben unmittelbar nur in der Bilderwelt.«

Für Jung ist die Seele – das Reich der Imagination, der Geist in Funktion – die einzige Realität, die wir direkt und unmittelbar erleben. Ob es sich um das subtilste künstlerische Erlebnis oder den Bohrer des Zahnarztes handelt – alle Erfahrung ist nur »ein über alle Maßen kompliziertes Gebäude seelischer Bilder«. Niemals erleben wir etwas Unmittelbares, sondern immer nur seelische Bilder, Gedanken, Vorstellungen. Wir sind total im Kokon der Seele eingesponnen, im Ganzen des Unbewußten-Bewußten.

Für Jung ist diese Feststellung eine empirische Tatsache, die sich uns durch direkte Erfahrung, durch Introspektion, aufdrängt. Es bedarf dazu keiner subtilen philosophischen Argumentation oder emphatischer Glaubenserlebnisse. Bei der Untersuchung unserer Erfahrungen, seien es wache Sinneswahrnehmungen, Träume oder Phantasien, bemerken wir, daß alles, was wir unmittelbar erkennen können, Bilder im Bewußtsein sind. Der Ton des Zahnarztbohrers, meine Angst dabei, dieser durchdringende, schneidende, unerträgliche Schmerz, alles ist im fundamentalsten Sinn von gleicher Art: Es sind kraftvolle Bilder im Bewußtsein.

Zu sagen, alle Erfahrung sei nur ein Komplex von Bildern, die in der Psyche aufleuchten, beraubt aber keine dieser Erfahrungen ihrer Eindrücklichkeit. Steine sind noch ebenso hart und schwer wie vorher, Schmerz und Freude ebenso eindringlich. Doch erhebt diese Erkenntnis die Psyche in den ihr zukommenden Rang und trennt jede mögliche Materialunterlage von der unmittelbaren Erfahrung. Alle Objekte, die wir kennen können, ob in der Außenwelt wahrgenommen oder in der inneren Welt empfunden, sind die Seele selbst, konkretisiert zu Bildern in Raum und Zeit, die von der Seele selbst erzeugt sind. Deshalb sagt Jung im Einleitungszitat zu diesem Kapitel: »(Die Seele) ist das größte aller kosmischen Wunder und die *conditio sine qua non* der Welt als Objekt.«

Doch Jung geht auch immer davon aus, daß das allgemein akzeptierte Weltbild, nach dem meiner Sinneserfahrung irgendeine Substanz zugrunde liegt, richtig ist. Für ihn existiert eine objektive, materielle Welt, existieren materielle Bohrer, Zähne, Nerven usw. »unterhalb« oder »hinter« unseren Wahrnehmungen. Wenn sie stimmen, entsprechen sie dieser materiellen »Realität«. Trotzdem erfahren wir die materiellen Objekte niemals direkt. Wir kennen nur die Bilder, die sie im Bewußtsein erzeugen und die »aus fernen, dunklen Quellen erflossen sind«. Was die materielle Welt an sich oder ihrem Wesen nach ist, können wir nicht sagen, denn »wir haben über die Natur des Stoffes nur dunkle theoretische Vorstellungen, Bilder, die unsere Seele geschaffen hat«. Irgendein unbekanntes und letzten Endes unkennbares Substrat, das unseren Sinneswahrnehmungen zugrundeliegende Substrat, soll angeblich verantwortlich für die Gemeinsamkeit unserer Erfahrung sein – daß wir zum Beispiel einhellig der Meinung sein können, es sei ein sonniger Tag. Für viele ist das Bedürfnis nach einer objektiven Welt ein augenscheinlicher Beweis für die Existenz einer extramentalen oder extrapsychischen Welt, einer Materie, die unseren Erfahrungen ihre Stabilität und für alle gültige Objektivität gibt. Jung sagt: »Obgleich es keine Existenzform gibt, die uns nicht ausschließlich psychisch vermittelt wäre, so kann man doch nicht alles als bloß psychisch erklären.«[5]

Für Jung ist und bleibt diese Materie, ebenso wie das eigentliche Wesen des Geistes, als Wesen an sich unkennbar. Keines von beiden kann uns zu einem unmittelbaren Objekt der Erfahrung werden. Nicht nur ist uns die Materie unzugänglich, sondern auch der Geist kann sich selbst nicht direkt wahrnehmen. Äußere Objekte wie Bäume oder Felsen oder innere Objekte wie Freude und Schmerz können wir wahrnehmen. Aber der Geist kann sich selbst ohne Zuhilfenahme von Bildern nicht direkt wahrnehmen. Das wahrnehmende Subjekt vermag sich selbst nicht nackt oder rein wahrzunehmen, kann nicht das alleinige Objekt seiner Wahrnehmung sein. Denn dies würde die dreifache Trennung zwischen Subjekt (Ich), Objekt (erkanntes Ding) und Beziehung (Wissen) zwischen ihnen, das alle Erfahrung charakterisiert, aufheben. Nach Jung: »Da unserer unmittelbaren Erfahrung nur ein reflektierter, das heißt als solcher bewußter und erkannter Zustand, nämlich die Beziehung von Vorstellungen und Inhalten auf einen Ich-Komplex, der die empirische Persönlichkeit darstellt, gegeben ist, so erscheint ein andersartiges Bewußtsein – entweder ein solches ohne Ich oder ein solches ohne Inhalt – kaum denkbar.«[6]

Aufgrund seines psychologischen Standpunktes stellt Jung fest:

> »Wir überschätzen die materiellen Ursachen und meinen, jetzt erst hätte man die richtige Erklärung, weil wir uns einbilden, der Stoff sei uns unbekannter als ein ›metaphysischer‹ Geist. Der Stoff ist uns aber genau so unbekannt wie der Geist. Über die letzten Dinge wissen wir nichts. Erst mit dieser Einsicht kehren wir in den Gleichgewichtszustand zurück.«[7]

So geht der psychologische Standpunkt vom Primat der Seele aus. Doch wie Jung in großer Ausführlichkeit in seinem vielleicht besten theoretischen Essay »Theoretische Überlegungen zum Wesen des Psychischen« zu zeigen versucht, ist die Seele am einen Ende des Spektrums von der unerforschlichen Materie und am anderen Ende von einem transzendentalen mentalen Prinzip, dem Geist, begrenzt, der ebenso unkennbar ist.

Obwohl der Archetypus im wesentlichen geistiger Natur ist,[8] zwangen Synchronizitäts-Erfahrungen Jung zur Annahme, daß die Archetypen an diesen Extremen Geist und Materie teilhaben. Das heißt, der Archetypus *per se* ist letzten Endes nicht zu veranschaulichen und transzendental (daher psychoid) und liegt sowohl dem Geist als auch der Materie zugrunde. Die nicht zu veranschaulichenden und daher transzendentalen Archetypen strukturieren sowohl Materie als auch Psyche und bilden die Fundamente, auf denen die Psyche, »das größte aller kosmischen Wunder«, errichtet ist. Deshalb stellt Jung in einer entschieden nichtempiristischen Haltung fest:

> »Da Psyche und Materie in einer und derselben Welt enthalten sind, überdies miteinander in ständiger Berührung stehen und schließlich beide auf unanschaulichen tranzendentalen Faktoren beruhen, so besteht nicht nur die Möglichkeit, sondern sogar auch eine gewisse Wahrscheinlichkeit, daß Materie und Psyche zwei Aspekte ein und derselben Sache sind. Die Synchronizitäts-Phänomene weisen, wie mir scheint, in diese Richtung, indem ohne kausale Verbindung Nicht-Psychisches sich wie Psychisches *et vice versa* verhalten kann.«[9]

Da die der Seele und der Materie zugrundeliegende Einheit transzendent und der unmittelbaren Erfahrung nicht zugänglich ist, schweigt sich Jung entweder darüber aus oder äußert sich nur vage, obwohl er auf den mittelalterlichen Begriff des *Unus Mundus* Bezug nimmt – ein Thema, auf das ich im nächsten Kapitel eingehen will. Er erwähnt zwar häufig, daß Synchronizitäts-Erfahrungen auf eine ihnen zugrundeliegende Einheit, wie den *Unus Mundus*, hinweisen, doch noch häufiger hält er sich an den psychologischen Standpunkt, ein Amalgam empiristischer und metaphysischer Behauptungen, summarisch dargestellt in Abbildung 18. Links in der Zeichnung befindet sich das unkennbare Reich der Materie, das in die Psyche, die bewußt-unbewußte Totalität, eindringt, die zumindest potentiell kennbar ist, rechts das transzendentale, mentale oder geistige Reich, das wesentlich unkennbar ist wie die Materie. Die drei Reiche überlagern sich nicht. Das eine dringt in das andere in nicht weiter bestimmbarer Weise ein. Und die nicht darstellbaren, psychoiden Archetypen strukturieren die Psyche und wurzeln sowohl im Geist als auch in der Materie.

Psychologische Schwächen des Jungschen Standpunktes

Ich schätze Jung sehr, doch kann ich nicht umhin, auf einige ernste Mängel in seinem psychologischen Standpunkt hinzuweisen. Indem ich das tue, erinnere ich mich mit großer Zuneigung meines verstorbenen Lehrers, Anthony Damiani, der zu sagen pflegte: »Wenn ich diese Giganten kritisiere, so auf den Knien liegend.« Ich will versuchen, in diesem Geiste vorzugehen.

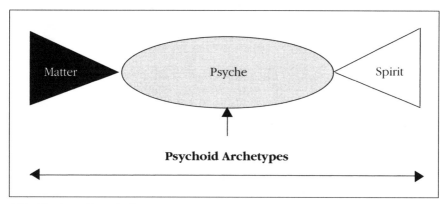

Abb. 18 *Jungs Kosmologie*

Der psychologische Standpunkt kann tatsächlich zu Selbstzufriedenheit und Selbstgefälligkeit führen. Haben wir uns einmal von dem Schock der Erkenntnis, daß wir nur in einer Welt der Bilder, in einer seelischen Welt leben, erholt, ist es ganz natürlich, daß wir diesen Standpunkt gegen jede absolute Feststellung – ob wissenschaftlich, philosophisch oder mystisch – behaupten. Jung argumentiert, wir könnten uns, da wir nur Bilder in der Psyche kennen, kein wirklich gesichertes Wissen über irgend etwas, was wir hinter der Psyche vermuten, erwerben. So sind alle absoluten Feststellungen, ob wissenschaftlich, philosophisch oder religiös, nur eine Darstellung psychischer Archetypen, von psychischen Strukturen bedingten Phantasie. Er sagt: »daß unsere metaphysischen Begriffe zunächst einmal nichts anderes seien als anthropomorphe Bilder und Meinungen, welche transzendentale Tatsachen entweder gar nicht oder dann nur in sehr bedingter Weise ausdrücken.« (Mysterium Coniunctionis 2, S. 328) Für Jung ist der *homo psychologicus* das Maß aller Dinge geworden, sowohl der irdischen als auch der transzendenten. Wenn uns Kopernikus aus dem Mittelpunkt des Universums vertrieben hat, so holt uns Jungs psychologischer Standpunkt dorthin zurück, aber auf Kosten einer Gefangenschaft in der Psyche. Von diesem Standpunkt aus wird Jung unvermeidlich das

Opfer eines rigiden Psychologismus, mit dem er ursprünglich metaphysische Prinzipien entsprechend interpretiert. Doch ist dieser Vorwurf, wie Jung selbst klarzumachen versucht, nicht ganz fair. Im »Mysterium Coniunctionis« zum Beispiel sagt er:

> »Die Psychologie ... bildet sich vor allem nicht ein, irgendwelche Argumente für oder gegen die objektive Gültigkeit irgendwelcher metaphysischer Anschauungen vorbringen zu können: Ich habe diese Feststellung schon an verschiedenen Orten wiederholt, um der ebenso hartnäckigen wie absurden Meinung, eine psychologische Erklärung sei notwendigerweise Psychologismus oder dessen Gegenteil, nämlich eine metaphysische Behauptung, entgegenzutreten. Das Psychische ist eine Erscheinungswelt für sich, die man weder auf das Gehirn noch auf die Metaphysik reduzieren kann.«[10]

Trotzdem enthebt ein ausschließliches Haften am psychologischen Standpunkt den Betreffenden der Mühe, über transzendente Probleme ernstlich nachdenken zu müssen. Innerhalb der Psychologie zum Beispiel läßt sich dann nur das »Gottesbild«, wie es Jung nennt, untersuchen, aber niemals Gott selbst. Über Wahrheiten, die den seelischen Inhalten zugrunde liegen könnten, müssen wir schweigen. Vom psychologischen Standpunkt aus dürfen wir uns über die Möglichkeit, durch Yoga-Praxis die Seele zu übersteigen, keine Gedanken machen. Wie die folgenden Ausführungen zeigen werden, glaubte Jung, ein solches Übersteigen der Seele sei lediglich ein archetypisches Thema, ein Wunsch nach Ich-Auflösung in der Ekstase. In diesem Sinne geben, laut Jung, die großen Philosophen und Weisen, seien es Plato und Plotin im Westen oder Buddha und Adi Shankara in Indien, nur einem archetypischen Drang Ausdruck, wenn sie davon sprechen, daß man über die Grenzen des Menschen hinausgelangen und die Welt der Gegensätze durch die Einheit mit dem Göttlichen überwinden könne.

Vielleicht sollten wir Jung aber doch Gerechtigkeit widerfahren lassen und annehmen, es habe sich um die Bescheidenheit des Wissenschaftlers gehandelt. In dem relativ feindseligen intellektuellen Klima, in dem er arbeiten mußte, habe er wissenschaftliche Respektabilität nur durch diesen Standpunkt gewinnen können. Aus diesem Wunsch heraus, nicht aus dem Kreis des wissenschaftlich und empirisch Akzeptierten herauszutreten, dem doch Jungs eigene Erfahrungen, zum Beispiel die Synchronizität, widersprachen, ergab sich eine Spannung zwischen seinem psychologischen Standpunkt und seinen mehr metaphysischen Schriften. Doch bin ich hier weder daran interessiert, den Vorwurf des Psychologismus, den viele gegen Jung erhoben haben, zu beurteilen noch zu untersuchen, wie groß die Spannungen zwischen dem wissenschaftlichen und dem metaphysischen Jung waren. Ich möchte vielmehr zeigen, wie der psychologische Standpunkt die oben erwähnte Selbstgefälligkeit begünstigen kann, und gebe ein Beispiel für die hier inhärente Gefahr.

1944 schrieb der fast siebzig Jahre alte Jung, »Über den indischen Heiligen«[11], eine Einführung zu einem von seinem verstorbenen Freund, Heinrich Zimmer, verfaßten Buch über den großen indischen Weisen Ramana Maharshi. Ramana war ein gewaltiger spiritueller Denker und Vertreter eines uneingeschränkten Nicht-Dualismus. Er galt als ein Mensch, der alle Gegensätze überwunden hatte und ununterbrochen in einem reinen, inhaltslosen Bewußtsein lebte, während er doch den Kontakt mit der empirischen Welt, der Vielheit, aufrechterhielt: Er war also ein Jīvanmukta, ein vollständig Befreiter, obwohl noch im Körper lebend. (Eins von Ramanas Büchern ist im »Singenden Stein«, dem Synchronizitäts-Beispiel im Synchronizitäts-Zwischenspiel Nr. 6, erwähnt.) Jung fragt zu Beginn dieser Einleitung, ob ihm Heinrich Zimmer wohl vergeben habe, daß er, Jung, Ramana nicht besucht habe, obwohl er auf seiner Reise nach Indien Gelegenheit dazu hatte. Jung verweilt ein wenig bei diesem Gedanken und sagt dann:

»Wahrscheinlich hätte ich Shri Ramana doch besuchen sollen. Allein ich fürchte, wenn ich noch einmal nach Indien reise, um das Versäumte nachzuholen, so ginge es mir wieder gleich: Ich könnte mich, trotz der Einmaligkeit und Unwiederholbarkeit dieses zweifellos bedeutenden Menschen, nicht dazu aufraffen, ihn persönlich zu sehen. Ich zweifle nämlich an seiner Einmaligkeit: Er ist ein Typus, der war und sein wird. Darum brauche ich ihn auch nicht aufzusuchen; ich habe ihn in Indien überall gesehen, in Ramakrishanas Bild, in dessen Jüngern, in buddhistischen Mönchen und in unzähligen andern Gestalten des indischen Alltags.«[12]

Hier ertappen wir die Selbstgefälligkeit des psychologischen Standpunktes in flagranti. Da wir in seinem Sinne die Seele nicht übersteigen können, gab Ramana nur einem archetypischen Thema Ausdruck und stellte den zeitlosen Mythos der Transzendenz dar. Denn »er ist ein Typus, der war und sein wird. Darum brauchte ich ihn auch nicht aufzusuchen«. Da Jung glaubte, Ramana sei nur ein »Typus« mit einer zeitlosen archetypischen Sehnsucht nach Erlösung, nicht ein Mensch, der die Fesseln der Seele gesprengt hatte, entschied er sich, Ramana nicht zu besuchen. Denn eine Begegnung mit einem echten Jīvanmukta, der die Gegensätze der Seele noch im Körper vollständig überstiegen hatte, hätte eine Konfrontation mit den Grenzen des psychologischen Standpunkts Jungs bedeuten können. War Ramana wirklich ein Jīvanmukta? Ist so ein Zustand möglich? Meine Erforschung seines Lebens und Werkes bestätigen mir, daß er sich in diesem erhabenen Zustand befand. Und auch alle zu einem solchen Urteil Befugteren als ich betrachteten ihn als eines der größten Beispiele indischer Spiritualität dieses Jahrhunderts. Jung wußte von dieser Reputation. Es ist in diesem Zusammenhang nicht wichtig, ob Ramana wirklich über die Seele hinausstieg oder nicht. Aber auf jeden Fall war es eine sorgfältige Untersuchung wert, ob er dieses einzigartige spirituelle Phänomen darstellte, das den psychologischen Standpunkt wirklich überschritten hatte. In der gesamten Einleitung Zimmers befindet sich Jung ganz eindeutig in der Defensive.

Vielleicht denkt der Leser, ich sei unfair gegen Jung oder hätte dieses Zitat aus dem Zusammenhang gerissen. Doch auch noch 1947, drei Jahre nach dem Essay »Über den indischen Heiligen« verteidigte Jung seine Kritik an Ramana einem gewissen Dr. Mees gegenüber, der ihn deswegen anschrieb. Jung antwortete Dr. Mees in einem Brief:

> »Ein Menschenleben, das 65 Jahre lang in vollster Harmonie gelebt wird, betrachte ich als sehr unglücklich. Ich bin froh, daß ich mir nicht vornahm, ein solches Wunder zu leben. Es ist so überaus unmenschlich, daß ich nicht das geringste Vergnügen daran fände. Gewiß ist es sehr wundervoll, aber denken Sie nur: jahraus, jahrein wundervoll sein! Überdies ist es für gewöhnlich wohl ratsamer, sich nicht mit dem Selbst zu identifizieren. Ich gebe zu, daß für Indien ein solches Vorbild von hohem pädagogischem Wert ist.«[13]

Hier rät uns Jung, uns nicht »mit dem Selbst zu identifizieren«. Dies mag ein guter Ratschlag für ein Leben innerhalb der Seele sein, im Bereich der Psychologie. Doch Ramana ist Repräsentant des indischen *Advaita-Vedānta*. Diese Tradition weiß, daß die Seele eine Realität auf weit niedrigerer Stufe darstellt als das höchste Selbst. Alle Phänomene, die subjektiven und objektiven, werden im Vergleich zum höchsten Selbst letzten Endes als illusorisch aufgefaßt. Im Advaita-Vedānta ist eine solche Identifikation mit dem transzendenten Selbst, das von derselben Art wie das Absolute ist, das natürliche und unvermeidliche Resultat des spirituellen Weges. Es ist richtig, eine solche Identifikation ist »überaus unmenschlich«, wenn wir das Menschliche als Gefangenschaft im Leben der Seele und seinen Gegensätzen auffassen. Auf der anderen Seite erlaubt eine solche Auflösung des Ich-Widerstands gegen unsere wahre Natur ein volles Aufblühen des Mitleids – den höchsten Ausdruck der Humanität. Wie konnte Jung ein so außergewöhnliches Erreichen trivialisieren, mit der Bemerkung, »daß ich nicht das geringste Vergnügen daran fände«? Jedenfalls hielt es Jung für nicht der Mühe wert, Ramana einmal aufzusuchen. Gegen Ende desselben Briefes sagt Jung:

> »Als ich in Madras war, bot sich mir Gelegenheit, den Maharshi zu sehen, aber damals war ich so erfüllt von der indischen Atmosphäre belangloser Weisheit und offensichtlicher Māyā dieser Welt, daß mich sogar zwölf Maharshis, einer über dem anderen, gleichgültig gelassen hätten.«[14]

Jeder, der Tiefenpsychologie und indisches Denken studiert hat, wird hier von Jungs Haltung tief enttäuscht sein. Wie Dr. Marvin Spiegelman[15] mir gegenüber betonte, ist es ein großer Verlust für beide Traditionen, daß Jung auf seiner Selbstgefälligkeit beharrte. Hätte er Ramana Maharshi aufgesucht, hätte der Gedankenaustausch mit dieser spirituellen Koryphäe vielleicht Jung selbst und seine Gedanken transformiert. Und hätte er den Eindruck gewonnen, Ramana stelle seine grundsätzlichen Gedanken nicht in Frage, so hätte er uns wahrscheinlich ein weit tieferes psychologisches Verständnis von Ramana vermitteln können. In jedem Fall sind wir Epigonen dieser großen Männer dadurch, daß sie sich nicht begegnet sind, ärmer geworden.

Läßt sich Geist von Materie trennen?

Im vorhergehenden Abschnitt haben wir Jungs psychologischen Standpunkt aus psychologischer Perspektive kritisiert. In diesem Abschnitt nun wollen wir seine Position ins Philosophische ausweiten und die Erweiterung seiner Gedanken, von denen in den nächsten Kapiteln die Rede sein wird, vorbereiten.

Nach Jung: »Wir haben über die Natur des Stoffes nur dunkle theoretische Vermutungen, Bilder, die unsere Seele geschaffen hat.«

Da Jung Materie fortwährend als ihrem Wesen nach unkennbar charakterisiert, nimmt er niemals einen festen Standpunkt zu ihr ein. Aber ich möchte zeigen, daß wir uns irren, wenn wir nicht ernsthafte Zweifel an der »ausschließlichen Berechtigung des realistischen Standpunktes« anmelden.

Ich habe in den vorhergehenden Kapiteln dargestellt, daß, was viele als das Definitionsmerkmal oder wesentliche Charakteristikum der Materie betrachten – ihre inhärente Existenz oder ihre So-heit, wie es Einstein nennt –, von der experimentellen Physik widerlegt worden ist, und zwar unabhängig davon, wie die Quantentheorie formuliert wird. Diese »dunklen theoretischen Vermutungen … über die Natur des Stoffes« – oder, richtiger ausgedrückt, diese Projektionen auf die Natur – waren nicht nur »dunkel«, sondern einfach falsch, wie jüngste physikalische Laborversuche nachgewiesen haben. Man kann sich fragen, ob Jung Einsteins Realismus geteilt hätte, obwohl die meisten, die fest an die Materie glauben, diese Einstellung ganz natürlich finden würden – zumindest vor ihrer Widerlegung durch die Experimente der jüngsten Zeit. Es ist weniger wichtig zu wissen, wie Jung Materie aufgefaßt hat – wenn er überhaupt eine Auffassung von ihr hatte –, als zu untersuchen, was daraus folgt, wenn der »gesunde Menschenverstand« die Materie für objektiv, außerhalb des Bewußtseins liegend oder unabhängig davon hält. Ich möchte noch einmal betonen: Der Begriff der Materie, den ich in diesem Abschnitt und im nächsten kritisiere, ist nicht die sich aus der Quantenmechanik ergebende Materie-Auffassung, sondern eher die alte Newtonsche, kartesianische Vorstellung, auf die wir uns meistens unreflektiert stützen.

Die allgemeine Frage lautet: Angenommen, wir leben eingeschlossen im Kokon der Psyche, wie können wir dann jemals verifizieren, ob die tatsächlichen Eigenschaften der vom Geist unabhängigen Materie wirklich unseren komplizierten Theorien über die Materie entsprechen? Wir können ja doch niemals aus unserer psychischen Plazenta ausbrechen. »Alle Wissenschaft jedoch ist Funktion der Seele, und alle Erkenntnis wurzelt in ihr. Sie ist ... die *conditio sine qua non* der Welt als Objekt«: Wenn das so ist, wie können wir dann jemals mit dem angeblichen »Schoß« der Materie in Berührung kommen? Zwar glauben die meisten Menschen, wie Jung hervorhebt, sie brauchten die Materie, um sich die uns allen gemeinsame objektive Natur der Welt zu erklären, doch ist sie für uns an sich vollkommen unerreichbar. Ihre Eigenschaften sind niemals unmittelbar verifizierbar – einfach schon aufgrund der Eigenart der psychischen oder mentalen Welt, innerhalb der wir leben und Theorien über die Natur aufstellen. Max Planck, der Urheber der Quantenrevolution, sagte: »Ist das physikalische Weltbild lediglich eine mehr oder minder willkürliche Schöpfung unseres Geistes, oder finden wir uns zu der gegenteiligen Auffassung getrieben, daß es reale, von uns ganz unabhängige Naturvorgänge widerspiegelt?«[16]

Lassen Sie es mich noch einmal anders sagen. Wenn wir davon überzeugt sind, daß unserer Wahrnehmung irgendein vom Geist unabhängiges materielles Objekt zugrundeliegt, sei es ein Baum im Wald, sei es ein Gewebe unterm Mikroskop, wie können wir dann jemals unser Bild vom Baum oder Gewebe mit der von uns vorausgesetzten materiellen Unterlage vergleichen, um zu entscheiden, ob unsere Wahrnehmung der materiellen Realität entspricht? Sie muß doch immer außerhalb unserer Erfahrung bleiben, wird niemals direkt beobachtbar, niemals mit meinem unmittelbaren Bild vergleichbar sein und kann deshalb auch niemals zu einem Objekt der Erkenntnis werden. Das ist das dornenvolle Problem der Verifizierungshypothese in der Wissenschaftstheorie. Anhänger dieser Hypothese behaupten, unsere wissenschaftlichen Theorien seien zunehmend bessere Annäherungen an die wirkliche Natur des materiellen Objektes. Die Gegner dieser Auffassung argumentieren, diese Natur sei im Prinzip unverifizierbar. Sie behaupten, alles, was wir von einer Theorie erhoffen könnten, seien ihre innere Geschlossenheit und eine zunehmende empirische Treffsicherheit ihrer Voraussagen – das ist die

Kohärenzhypothese der Wissenschaftstheorie. Wir brauchen diese Debatte nicht bis in alle Einzelheiten zu verfolgen. Es genügt zu erkennen, daß irgendein angenommener »Schoß« der Materie, in dem wir angeblich leben, immer außerhalb unserer Reichweite bleiben wird, jetzt und in alle Zukunft.

Aus der Annahme einer vom Geist unabhängigen Materie folgen zahllose Probleme. Geist und Materie, wie sie im allgemeinen aufgefaßt werden, sind einander denkbar unähnlich. Und da wir ausschließlich in einer seelischen Welt leben, die die direkte Berührung mit der Materie ausschließt, muß die Aussage, diese existiere außerhalb des Geistes, zu einem unbeweisbaren Glaubensartikel werden. Sicher, unser gesunder Menschenverstand legt uns nahe, eine vom Geist unabhängige Materie sei eine auf der Hand liegende Wahrheit, doch bei näherem Hinsehen ergibt sich, daß es sich eher um eine Art Aberglauben handelt, ein gigantisches, unbegründetes Vorurteil. Und was noch mehr ist: Wenn wir sagen, Materie löse unsere seelischen Erfahrungen aus oder bilde ihre Basis, so unterstellen wir unbewußt eine magische Wechselwirkung zwischen Geist und Materie, zwei nahezu unvereinbare Prinzipien. Aberglauben und Magie sind dann nicht mehr nur das Vorrecht unserer armen törichten Vorfahren, sondern wir selbst, die wir an eine objektive Materie glauben, sind ihnen verfallen.

Unsere unbewußten Assoziationen mit dem Verbum »existieren« enthalten schon unseren falschen Glauben an die Materie. Ohne weiter darüber nachzudenken, verstehen wir unter Existenz ein Sein in Raum und Zeit, das von einem menschlichen Beobachter trotz all der Begrenzungen und Beschränkungen des menschlichen Bewußtseins erkannt werden kann. Nehmen Sie das Triceratops, eine Unterart des Dinosauriers. Es ist sicher ein gutes Beispiel für etwas unabhängig vom menschlichen Bewußtsein Existierendes, da es bereits lebte, als es noch keine Menschen gab. Doch wenn wir uns eine von Dinosauriern bevölkerte, aber menschenleere Welt vorstellen, denken wir uns in Wirklichkeit eine Welt, die genauso wie die unsrige in Raum und Zeit mit all ihren von unseren Sinnen wahrnehmbaren Eigenschaften existiert, nur daß eben die Menschen darin fehlen. Wenn ein Künstler das Bild eines Triceratops rekonstruiert, modelliert er eins, das von einem Menschen, hätte es damals einen gegeben, wahrgenommen worden wäre. Jede beliebige Welt, selbst eine ohne Menschen, muß im Denken von uns wahrgenommen, vorgestellt, heraufbeschworen oder erschaffen werden. Und dabei ist es gleichgültig, von welchen Anhaltspunkten wir dabei ausgehen, seien es Knochen oder die Gleichungen der allgemeinen Relativitätstheorie.

Die einzige Welt, die wir uns vorstellen oder wahrnehmen können, ist eine unserer Wahrnehmung gegebene Welt – eine erkennbare Welt. Sie mögen einwenden: »Gut, aber wir können uns doch unbewohnte Welten vorstellen!« Die Antwort lautet, daß wir auch hier keine andere Möglichkeit haben, als sie aus unserer Einbildungskraft zu visualisieren, einfach weil die Bilder in unserem Bewußtsein die einzige Welt sind, die wir jemals kennen können. Eine nicht wahrgenommene Welt ist *per definitionem* nicht vorstellbar, unkennbar und, im genauen Sinn des Begriffs, nicht existierend. Paul Brunton sagt: »Die Gegenstände unserer Erfahrung unterscheiden sich nicht von dem Akt, durch den wir sie erkennen. Daher existiert die Welt nur in unseren Gedanken über sie.«[17] Aus wissenschaftlicher Perspektive sagt Schrödinger: »Der Geist baut die reale Außenwelt der Naturphilosophie ... aus seinem eigenen Stoffe.«[18] Und aus psychologischer Sicht sagt Jung: »(Die Seele) ist das größte aller kosmischen Wunder und die *conditio sine qua non* der Welt als Objekt.« Einfacher ausgedrückt: Es gibt keinen konsistenten Begriff von der Welt als Objekt, ohne daß wir sie uns als wahrgenommen vorstellen.

Wie sieht das Triceratops für sein Weibchen oder eine Fliege auf seinem Rücken oder ein Reptil unter seinen Füßen aus? Selbst diese Sichtweisen müßten für uns notgedrungen Verkleinerungen oder Varianten der menschlichen Perspektive sein. Wir könnten uns gar keine andere vorstellen. Trotz dem Mythos von der Wissenschaft als einer Instanz, die uns ein objektives Bild von der Natur vermittelt, sind alle Objekte und ihre Eigenschaften engstens mit dem wahrnehmenden Menschen verbunden – ohne ihn sind sie nichts. Was gibt uns dann noch die Berechtigung, von einer vom Geist unabhängigen Welt zu sprechen? Die Buddhisten des Mittleren Weges behaupten hartnäckig, das Subjekt und seine Welt müßten immer zusammen, in gegenseitiger Abhängigkeit, entstehen. Die gegenseitige Abhängigkeit von Bewußtsein und Welt ist Ausdruck ihrer Leere, ihres Mangels einer Existenz an sich. In den Synchronizitäts-Erfahrungen erhalten wir sogar empirische Beweise für die Interdependenz von Psyche und Welt. Wenn wir Dinosaurier oder den *Big Bang* untersuchen oder nachprüfbare Voraussagen machen, so untersuchen wir die Konsistenz, Kohärenz und Adäquatheit der Prinzipien der Wissenschaft. Wir untersuchen nicht bloß unsere Psyche, sondern die Natur, zu der unser Bewußtsein als entscheidender, integrierender Bestandteil gehört. Wir können keine an sich oder unabhängig vom Bewußtsein existierende materielle Welt erforschen. In Wirklichkeit ist das Problem, ob wir eine vom Bewußtsein unabhängige Welt kennen können, kein echtes Problem, da weder das tätige Bewußtsein noch die von ihm erkannten Objekte eine unabhängige Existenz besitzen.

Paul Brunton unterstreicht deutlich, daß eine dem Bewußtsein zeitlich vorangehende Welt unmöglich ist. Mit Bezug auf die materialistische Auffassung sagt er:

»Sie vergißt, daß jeder Mensch nur seine eigene Welt kennt, da er nur seine eigenen Sinneseindrücke kennt, und daß eine vollkommene, unauflösliche Identität zwischen dem Bewußtsein eines Menschen und der Welt, deren es sich bewußt ist, besteht. Wir müssen den Geist als untrennbar von der Welt ansehen. Die Welt geht ihm nicht zeitlich voraus ... es ist die konstruktive Tätigkeit des individuellen Geistes, die die Erschaffung einer raumzeitlichen Welt überhaupt erst möglich macht. Niemals hat eine unbewohnte Welt außerhalb der naturwissenschaftlichen Evolutionstheorie existiert.«[19]

Im nächsten Kapitel wird eine Erklärung dafür gegeben, warum das individuelle Bewußtsein »die Erschaffung einer raumzeitlichen Welt überhaupt erst möglich macht«. Das ist kein Solipsismus, wie das nächste Kapitel ebenfalls zeigen wird. Um diese Ausführungen kurz vorwegzunehmen: Der Grund dafür ist, daß eine höhere Intelligenz die Welt in uns hineindenkt und unser individuelles Bewußtsein ihr dann die spezielle raumzeitliche Form der menschlichen Wahrnehmung gibt.

Die Physiologen-Lücke

Lassen Sie mich auf ein hiermit im Zusammenhang stehendes wissenschaftstheoretisches Problem eingehen und zu diesem Zweck noch einmal zu Jungs Beschreibung des psychologischen Standpunkts zurückkehren. Er sagt dort: »Die Wellenbewegung der Sonnenemanation, die mein Auge trifft, wird von meiner Wahrnehmung in Licht übersetzt.« Richtiger wäre zu sagen, sie wird *in* meine Wahrnehmung des Lichtes übersetzt. Jedenfalls übernimmt Jung stets die übliche Auffassung, physiologische Reize aus extramentalen Quellen verwandelten sich irgendwie *in* Wahrnehmungen. Wir sehen das in seinem Essay »Geist und Leben«. Er spricht dort fortwährend von den physiologischen Grundlagen der Wahrnehmung. Zum Beispiel erörtert er die menschliche Reaktion auf die Berührung eines heißen Gegenstandes und schließt mit den Worten: »Was aber im Rückenmark geschehen ist, wird in der Form eines mit Begriffen und Namen belegbaren Abbildes dem wahrnehmbaren Ich zugeführt. Man kann sich nun auf Grund eines solchen Reflexbogens, also eines von außen nach innen sich bewegenden Reizes und eines von innen nach außen erfolgenden Anstoßes, ein Bild von den Vorgängen machen, die dem Seelischen zugrunde liegen.«[20]

Doch ergibt sich hier ein schwieriges philosophisches Problem. Zweifellos spielt die Physiologie eine zentrale Rolle bei der Wahrnehmung. Aber es sind nicht die elektrochemischen Prozesse in den Nerven und im Gehirn, die wir wahrnehmen – gleichgültig wie raffiniert die letzten Modelle in dieser Hinsicht auch sein mögen. Wie Jung sehr klar erkannte: Wir leben nur in einer Welt der Bilder, voller Farbe, Licht, Klang und Gefühl, nicht in einer Welt der Neuronen, Neuronennetze und komplexen Gehirnaktivitäten. Sicher, Körper und Seele sind voneinander abhängig, aber es wäre ein schwerer Fehler, nicht zu beachten, was Paul Brunton die »Physiologen-Lücke« nennt,[21] diese unüberbrückbare Kluft zwischen den materiellen Reizen im Gehirn und der Bilderwelt, den wahrgenommenen Bildern. Niemals erleben wir innerlich Reizungen der Netzhaut, Nervenimpulse oder vernetzte Funktionen großer Gehirnbereiche. Statt dessen sehen wir Sonnenuntergänge, spüren das Gesicht des Geliebten, riechen die dampfende Erde, schmecken die Schokolade und hören Streichquartette.

Immer wieder haben sich Wissenschaftler, die sich um die philosophische Grundlegung der Physik bemühten, mit dieser gähnenden Kluft zwischen den neurologischen Prozessen im Gehirn und den erlebten Wahrnehmungen beschäftigt. Zum Beispiel Erwin Schrödinger, einer der größten Physiker dieses Jahrhunderts und der überzeugendste Philosoph unter den Großen der Quantenmechanik. Er sagt:

> »Ich bin hier etwas ins einzelne gegangen, um deutlich zu machen, daß weder die Beschreibung des Physikers noch die des Physiologen irgendeine Spur von der Schallempfindung in sich birgt. Jede solche Beschreibung muß notwendig etwa mit einem Satz wie dem folgenden enden: Jene Nervenerregungen pflanzen sich zu einem bestimmten Bereich des Gehirns fort, wo sie als eine Folge von Klängen zur Kenntnis genommen werden. Wir können die Druckschwankungen der Luft verfolgen, wie sie Schwingungen des Trommelfells erregen; wir können beobachten, wie dessen Bewegungen durch ein System von Knöchelchen auf eine andere Membran und schließlich auf jene Membran in der Schnecke übertragen werden, die, wie oben beschrieben, aus verschieden langen Fasern besteht. Wir können Verständnis dafür gewinnen, wie eine solche schwingende Faser einen elektrischen und chemischen Leitungsvorgang in der Nervenfaser hervorruft, mit der sie in Wechselwirkung steht. Wir können diesen Leitungsvorgang bis in die Hirnrinde verfolgen und möglicherweise auch ein gewisses objektives Wissen über einiges von dem erlangen, was sich dort abspielt. Aber nirgends werden wir auf dieses ›den Schall wahrnehmen‹ stoßen, das in unserem wissenschaftlichen Bilde einfach nicht enthalten ist, sondern nur im Geiste des Menschen existiert, von dessen Ohr und Gehirn wir reden.«[22]

Materielle Gehirnprozesse und lebendige Wahrnehmungsbilder sind grundsätzlich voneinander verschieden. Wir irren schwer, wenn wir über das Problem hinweggehen, wie ein materieller Reiz, gleichgültig wie komplex, sich in ein wahrgenommenes Bild zu verwandeln vermag. Trotzdem sagt Jung: »Auf diese Weise kann man sich eine Vorstellung machen von der Art des Seelischen. Es besteht aus Abbildern einfacher

Vorgänge im Gehirn.«[23] Doch weder Jung noch irgendein anderer moderner Forscher im Bereich der Neurologie kann den Übergang von den Neuronen zum Wissen erklären, zu »Abbildern einfacher Vorgänge im Gehirn«.

Da sich die Reiche der Gedankenbilder und der physikalischen Prozesse im Gehirn qualitativ so extrem voneinander unterscheiden, gähnt

»Aber nirgends werden wir auf dieses ›den Schall wahrnehmen‹ stoßen, das in unserem wissenschaftlichen Bilde einfach nicht enthalten ist, sondern nur im Geiste des Menschen existiert, von dessen Ohr und Gehirn wir reden.«

eine unüberbrückbare Kluft zwischen der mentalen Welt und der materiellen Welt – zwischen der in jedem wachen Augenblick von uns wahrgenommenen Bilderwelt und der uns von Galilei, Newton und ihren Nachfolgern gegebenen Welt. Wenn man wie Jung von einem Glauben an eine äußere Materie und andererseits der Erkenntnis ausgeht, daß wir nur in einer Welt der Ideen und Bilder leben, wird man beim Versuch, das Phänomen der Wahrnehmung zu verstehen, unweigerlich auf diese unüberbrückbare Kluft zwischen Geist und Materie stoßen.

Hilary Putnam, eine anerkannte moderne analytische Philosophin, sagte über das Problem, wie ein materieller elektrochemischer Reiz in ein Sinnesdatum, eine Wahrnehmung, übersetzt wird:

»Und das soll eine Erklärung sein?
Eine ›Erklärung‹ mittels Verknüpfungen, die von uns in keiner Weise verstanden sind, und in bezug auf etwas, über das wir nicht einmal die Andeutung einer Theorie besitzen, ist eine Erklärung mittels Gründen, die dunkler sind als das zu erklärende Phänomen ... jeder einzelne Teil dieser Sinnesdaten-Story ist eine Annahme – eine Theorie – und eine Theorie der speziellsten Sorte. Doch die erkenntnistheoretische Rolle, die die sogenannten Sinnesdaten in der traditionellen Philosophie spielten, war, daß sie etwas »Gegebenes« sein sollten, etwas, *dessen wir uns unabhängig von jeder Erkenntnistheorie absolut sicher sein könnten*. Noch heute steht der wissenschaftliche Realismus, den wir vom siebzehnten Jahrhundert ererbt haben, in hohem Ansehen, obwohl er uns ein katastrophales Weltbild hinterlassen hat. Es ist höchste Zeit, daß wir uns nach einem anderen Weltbild umschauen.«[24]

Ich gehe mit Putnam völlig darin einig, daß wir ein anderes Weltbild brauchen. Jenes, das uns von den Koryphäen der Wissenschaft des siebzehnten Jahrhunderts vererbt wurde und in Jungs psychologischem Standpunkt noch überraschend lebendig ist, ist tatsächlich »katastrophal«, wie ich in diesem Kapitel auszuführen versucht habe. Aber in Fortführung einer langen Tradition sowohl des Ostens als auch des Westens, für die auch Brunton und Schrödinger stehen, möchte ich in den nächsten Kapiteln ein anderes Bild, eine andere philosophische Lösung dieses Dilemmas anbieten. Wir haben uns jetzt genügend mit der Tatsache beschäftigt, daß es nicht richtig ist, Gehirnprozesse als Verursacher seelischer Prozesse anzusehen. Sicher, Gehirnprozesse und Denkprozesse korrelieren miteinander. Aber materielle Prozesse können sich nicht in seelische Bilder verwandeln. Zustände des Gehirns mögen für viele seelische Zustände Voraussetzung sein, aber sie reichen nicht aus, unsere Wahrnehmungen zu erklären.

Paul Brunton drückt das so aus: »Es ist ebenso logisch, zu sagen, daß sich der Geist des Gehirns bedient, wie daß sich ein Schriftsteller seiner Feder bedient. Der Körper ist lediglich ein Instrument, und die Begrenzungen oder Veränderungen dieses Instruments modifizieren oder verändern die von ihm ausgedrückten Gedankeninhalte.«[25]

Synchronizitäts-Zwischenspiel Nr. 9

Erfahrung des Höheren Selbst

Wir haben oft das Gefühl, unser Leben sei auf ein lineares Kontinuum beschränkt. Von Geburt bis zum Tod folgt ein Ereignis linear dem andern, während von einer höheren Perspektive aus unser ganzes Leben auf einmal existiert. Manche amerikanischen Ureinwohner glauben, in der Traumwelt hätten wir Zugang zu verschiedenen Zeiten unseres Lebens – sei es Zukunft oder Vergangenheit – und könnten beliebige Episoden aus der linearen Folge erleben. So waren zum Beispiel die Keime meines lebensverändernden Synchronizitätserlebnisses schon in einem Traum enthalten, den ich vor dem Synchronizitäts-Ereignis hatte. Er spiegelte die noch in der Zukunft liegende Synchronizitäts-Erfahrung und gab auch schon einen Hinweis auf den erst später abgefaßten Beitrag zu diesem Buch. Nicht behindert durch die Beschränkungen meines normalen Wachbewußtseins, konnte ich im Traum einen Sprung in zwei verschiedene Zeitsysteme der Zukunft machen, deren Erlebnisse sich im Bild des nun folgenden Traums vermischten:

Ich fuhr zu einem wichtigen Treffen in Wisdom's Goldenrod und war zu spät dran. Goldenrod war noch meilenweit entfernt, und ich geriet in Panik, als mir klar wurde, daß ich nicht rechtzeitig dort sein würde. Da fragte mich eine innere Stimme: Warum fliegst du nicht einfach? Natürlich, dachte ich, nahm einen Anlauf und hob vom Boden ab. Schnell wie ein Gedanke gelangte ich ans Ziel und sah mich dort, wie ich auf eine unter mir wartende Menschengruppe hinabblickte. Langsam schwebte ich hinunter und landete dicht neben Vic Mansfield. Der blickte mich strafend an und tadelte mich barsch. Er nannte mich beim Namen und sagte: »So etwas solltest du nicht öffentlich tun! Das war mir sehr peinlich, weil ich wußte, er hatte recht«.

Ich finde es faszinierend, daß ich jetzt, so viele Jahre später, einen Beitrag zu Vics Buch leiste. Dieser Beitrag besteht aus einer Synchronizitäts-Erfahrung, auf einem Ereignis beruhend, bei dem ich die Schwerkraft aufhob und in die Luft gehoben wurde. Taktvollerweise hat nun Vic das Gefühl, es sei richtig, daß ich anonym bliebe. Er will nicht, daß ich öffentlich fliege!

Das »Ich«, das in meinem Traum und in meinem Wachleben flog, ist nicht das kleine, sich mit dem Körper identifizierende »Ich«, sondern das kollektive, universelle »Ich«, dessen Teil wir alle sind und das uns allen zugänglich ist. Ich hatte nur das große Glück, es unmittelbar selbst erleben zu dürfen. Deshalb ist es ganz richtig, daß ich über dieses Erlebnis anonym berichte, da ich nur Teil eines Ganzen, weit größer als das individuelle Bewußtsein, bin.

Die höhere Realität pflegt unerwartet in unser Leben einzubrechen. Ich war zu Fuß zur Universität unterwegs, näherte mich einem Fußgängerübergang an einer verkehrsreichen, vierspurigen Schnellstraße und wartete auf eine Gelegenheit zur Überquerung. Endlich sah ich, die Straße war frei, ging los und war schon halb drüben, als ganz plötzlich wie aus dem Nichts ein schneller Wagen aus einer Nebenstraße einbog. Die Wucht des Zusammenstoßes schleuderte mich hoch in die Luft. Für einen kurzen Moment trotzte mein Körper den natürlichen Gesetzen, die das Universum regieren. Die Regeln der Vorsehung und die organisierenden Kräfte, die das Leben in den meßbaren Dimensionen zusammenhalten, wurden plötzlich aufgehoben – aufgehoben wie mein Körper, als er über dem Auto in die Luft flog. Die Frau hinter dem Lenkrad schlug verzweifelt die Hände vors Gesicht, als sie sah, wie mein Körper von ihrer silbernen Motorhaube abprallte und vor ihr hochgeschleudert wurde.

Aber wie in einem Traum konnte ich den Unfall aus einem ganz anderen Blickwinkel betrachten. Mein neues Bewußtseinszentrum schwebte hoch über den Ereignissen drunten. Blitzartig wurde mir klar, daß ich aus dem Körper ausgetreten war und mich jetzt über ihm befand, sah und hörte – aber nicht mit physischen Augen und Ohren, denn diese waren mit Sicherheit in der unter mir schwebenden Gestalt zurückgeblieben. Ich erlebte die Wirklichkeit unmittelbar aus kühler Distanz, ich schwebte über dem Ganzen und sah mit Hilfe dessen, der sieht: das Überselbst. Bis zu diesem Augenblick hatte ich die Vorstellung, es gebe einen zeitlosen, unveränderlichen, verborgenen Beobachter – das Überselbst, das wahre, in uns allen wohnende Selbst –, nur verstandesmäßig akzeptiert. Diese Gegenwärtigkeit des universellen Seins, das sich in uns, in einem bestimmten Zentrum befindet, transzendiert den Tod des Körpers und der Persönlichkeit. Ich war nun also Augenzeuge dieses Unfalls mittels des höheren Selbst! Wie merkwürdig, außerhalb dessen zu existieren, was ich normalerweise für mein Ich hielt! Dieses körperlichere Selbst, mein Körper, hielt sich bewegungslos in der Luft, außerhalb jeder Gefahr, bis der schlingernde Wagen zum Stillstand kam – dann erst fiel der Körper zu Boden.

Die Fahrerin sprang aus dem Wagen und rannte zu mir. In diesem Moment fand ich mich wieder in meinem Körper. Verwirrt öffnete ich die Augen und blickte auf. »Alles in Ordnung? Kann ich Ihnen helfen?« In das besorgte Gesicht blickend, das sich über mich beugte, gewöhnte ich mich allmählich an meine neue Lage. Der Zusammenstoß war so stark gewesen, daß er auch meine Schuhe bis auf die benachbarte Fahrspur hinübergeschleudert hatte. Als die Fahrerin meine Schuhe holte, machte ich mich allmählich mit der schweren Masse vertraut, an die ich jetzt wieder gebunden war, stand vorsichtig auf und betastete mich, ob alles in Ordnung war. Erstaunlicherweise hatten nur mein kleiner Finger und die linke Hüfte ein paar kleine Abschürfungen abbekommen. Aber noch hielt ein Teil von mir zu den Geschehnissen Distanz. Jetzt kam die Fahrerin mit meinen Schuhen zurück, und sie selbst und ihr Beifahrer halfen mir zum Rand der Straße hinüber. Wir tauschten, wie nach einem Unfall üblich, die notwendigen Informationen aus. Ich erklärte den beiden, ich wohnte nur einen Block von hier entfernt, könnte gut selbst nach Hause gehen und dort über den Unfall berichten. Wohlbehalten entfernten sich nun Ich und Körper vom Unfallort. Auf einer anderen Ebene jedoch war ich bis in die Tiefen meiner Seele aufgewühlt und empfand doch gleichzeitig stillen Frieden. Und bald wich dieser Friede einem wunderbaren Gefühl der Erhabenheit und kindlichen Freude. Die Welt war lebendiger als vorher. Niemals waren mir sie und ihre Bewohner so schön vorgekommen. Und alle meine Lebensgeister waren auf ein höheres Energieniveau gehoben. Ich mobilisierte Reserven, die der Frau vor dem Unfall unbekannt waren.

Am Nachmittag begab ich mich zur Universität, wo ich eine Anzahl Studenten in einem Doktorandenseminar über Kunstkritik unterrichtete. Für jeden einzelnen Teilnehmer empfand ich die innigste Liebe. Und wir hatten die allerbesten Einfälle. Es war, als ob Energie von mir ausströmte und meine Studenten überflutete. Auch ihnen eröffneten sich neue Dimensionen im eigenen Wesen. Drei Stunden waren wir ganz euphorisch, sprachen und tauschten tiefe Ansichten und Einsichten aus.

Nach Hause zurückgekehrt, legte ich mich zur Ruhe, den Kopf voller Bilder. Jetzt begann der Verstand, der Teil unseres Wesens, der Erfahrungen beurteilt und ordnet, die Ereignisse des Tages zu sortieren. Und mein rationaler Verstand wollte die Ansicht einfach nicht aufgeben, daß ich mich in einem Schockzustand befände. Es war doch klar: Ich war während des Unfalls traumatisiert worden, und die normale Geschwindigkeit der Ereignisse hatte sich in diesem Zustand bis zum Zeitlupentempo verlangsamt – ich erlebte sie wie einzelne Bilder aus einem Filmstreifen. Zeit und Bewegung waren verzerrt. Was sonst könnte mein langes Schweben mitten in der Luft erklären? Und was die Erfahrung, aus dem Körper ausgetreten zu sein, betrifft, so gab der Schockzustand auch für diese Illusion eine Erklärung. Die Angst vor schrecklichen Schmerzen hatte mir einfach das Bewußtsein für den Körper geraubt. Unter diesen Gedanken fühlte ich, wie das Licht schwand, wie es eng um mich wurde und ein Schatten über mich hinwegkroch.

Da fing ich unbeherrscht zu schluchzen an. Der wunderbare Blick in eine höhere Realität wurde mir entzogen wie einem Neugeborenen die Mutterbrust. Und ich flehte aus den Tiefen meiner Seele, das empfangene Geschenk behalten zu dürfen. »Bitte, bitte, laß es mich nicht verlieren!« Und gerade in diesem Augenblick der tiefsten Verzweiflung erlebte ich eine Synchronizitäts-Erfahrung. Es war die Antwort, um die ich mit jeder Fiber meines Daseins gebeten hatte. Jemand klopfte an die Tür. Rasch die Tränen trocknend, ging ich zur Tür und öffnete sie. Draußen stand eine fremde Frau und sagte, sie sei meine Nachbarin und wohne neben diesem Haus, das ich erst kürzlich gemietet hatte. Sie fragte mich, wie es mir nach dem Zusammenstoß mit dem Auto gehe. Sie erklärte, sie habe den Unfall mit angesehen und allen Leuten in der Umgebung davon erzählt, da sie noch nie etwas Derartiges erlebt habe. »Warum?« fragte ich. Da rief sie aus: »Aber Sie flogen ja in die Luft und kamen nicht mehr herunter!« Da hatte ich es. Ich hatte die Antwort, die ich brauchte. Die Frau an meiner Tür war eine objektive Beobachterin und bestätigte mir mein Erlebnis.

Für einen kurzen Zeitmoment hatte eine geheimnisvolle Kraft meinem Körper ermöglicht, der Schwerkraft zu trotzen, und mein Bewußtsein vom physischen Körper getrennt, so daß ich das Ereignis von oben her betrachten konnte. Was für ein Geschenk, aus eigenem Erleben zu wissen, daß ich nicht nur mein Körper bin! Mein gewöhnliches Leben war über die physikalischen Gesetze, die es zu regieren scheinen, hinausgehoben worden, und das Tor zu einer anderen Realität hatte sich einen Spalt weit geöffnet. Seitdem gibt es immer wieder höhere Momente und Gelegenheiten, wo Visionen in mir auftreten und die Maske der Realität durchbrechen. Ich begreife die Welt, sobald sich die Illusion ihrer Festigkeit auflöst, als Fata Morgana projizierter Gedankenformen, als Wirbel von seelischen Eindrücken. Mein Erlebnis der Transformation und des Durchbruchs in ein anderes Selbst-Bewußtsein hatten mich unumkehrbar verändert. Ich nahm mich selbst in meinem Verhältnis zum All anders wahr. Ja, oberflächlich betrachtet bin ich zum Alltag zurückgekehrt und mache so weiter wie vor dem Unfall. Die alten Gewohnheiten und Methoden der Lebensbewältigung binden mich anscheinend weiter an dieses materielle Universum. Doch besteht der Unterschied zu früher darin, daß ich zwar in dieser Welt bin – aber nicht länger ganz von ihr. Es ist natürlicher für mich geworden, Distanz zu ihr einzulegen. Da jetzt einmal die Tür aufgegangen ist, finde ich immer wieder den Weg zurück zum Standpunkt des unpersönlichen Beobachters, des Überselbst. Diese Verschiebung der Weltperspektive bringt das Gefühl einer jenseits der wahrnehmbaren Welt existierenden Ganzheit mit sich. Der Blick aus dem wirksam gewordenen zentralen Kern meines Selbst, das Sehen durch die Augen dessen, der sieht, hat mir ein Bewußtsein von diesem Kern des Bewußtseins und seiner nichtlokalen Natur gegeben. Ich weiß jetzt, daß ich nicht ausschließlich an meinen Körper gefesselt bin. Infolgedessen lösen sich allmählich auch die Blockaden auf, die die innere und äußere Welt voneinander getrennt hatten.

Die letzten beiden Synchronizitäts-Geschichten, mit dem aus einem Bücherregal springenden Buch und einem in der Luft schwebenden Körper, werfen besondere Probleme für den Physiker auf. Wurden die gewöhnlichen physikalischen Gesetze in diesen Synchronizitäts-Ereignissen durchbrochen oder aufgehoben? Ich bin sicher, daß die Betreffenden ihre Erfahrungen genau beschrieben haben. Wahrscheinlich gibt es in ihren Schilderungen aber noch genug Raum, um gegen eine Verletzung der bekannten physikalischen Gesetze zu argumentieren.

Wenn wir Jungs Begriff der Synchronizität als einer akausalen Manifestation des Sinnes in der Innen- und Außenwelt akzeptieren, wäre es falsch zu glauben, die Archetypen oder das Unbewußte hätten diese außerordentlichen Ereignisse verursacht. Dabei verstehe ich »verursacht« so, wie Jung und die Physiker den Begriff verwenden würden. Da also die Kausalität hier nicht beteiligt sein kann, folgt daraus offenbar, daß wir in der Synchronizität keine physikalischen Gesetze verletzen. Wenn andererseits bei der Synchronizität Informationen auf anderem Wege als über die normalen Sinneskanäle vermittelt werden, so könnte das bekannte physikalische Gesetze verletzen. In diesem Stadium unseres Wissens müssen wir, glaube ich, die Frage, ob Synchronizität die bekannten physikalischen Gesetze verletzt oder nicht, auf sich beruhen lassen. Ich persönlich würde jedoch sagen, sie tut es nicht.

13
Ein philosophisches Modell der Synchronizität

Der einzige »Gegenstand«, dem wir unmittelbar begegnen, die einzige Erfahrung, die wir ganz konkret machen, ist unser persönliches Leben. Die einzige vollständige Kategorie unseres Denkens, von der uns unsere Philosophieprofessoren erzählen, ist die Kategorie der Persönlichkeit, und jede andere Kategorie ist nur eins ihrer abstrakten Elemente. Diese seitens der Wissenschaft erfolgende systematische Leugnung der Persönlichkeit als einer Bedingung jedes Ereignisses, diese starre Überzeugung, daß unsere Welt ihrer eigentlichen, innersten Natur nach eine total unpersönliche Welt sei, ist vielleicht der entscheidende Mangel unserer so hoch gerühmten Wissenschaft, den unsere Nachkommen, wenn sich das Rad der Zeit weitergedreht hat, mit dem größten Erstaunen betrachten könnten. Es ist die große Unterlassungssünde, durch die ihnen die heutige Wissenschaft als perspektivenlose, höchst kurzsichtige Angelegenheit erscheinen mag. WILLIAM JAMES[1]

Der Geist als Weltschöpfer

Eines Morgens in aller Frühe sprachen zwei Männer laut auf dem Rasen vor meiner Haustür und rissen mich aus dem Schlaf. Es ärgerte mich, daß sie so rücksichtslos waren. Was hatten sie überhaupt zu dieser frühen Stunde vor meinem einsam auf dem Land gelegenen Haus verloren? Ich stieg aus dem Bett und spähte vorsichtig auf den Rasen hinaus, den man vom Fenster neben meinem Bett sehen kann. Alles war still. Nur mein Herz klopfte heftig. Wie es hier auf dem Land oft der Fall ist, lag ein fast körperlich spürbarer Friede über dem Bergabhang. Die niedrig stehende Morgensonne glitzerte auf dem Tau der Wiese. Ein paar Singvögel flatterten zwischen Bäumen umher. Wo waren jetzt diese Burschen? Noch vor einer Sekunde hatte ich sie doch gehört. Ich untersuchte den Vorplatz von anderen Fenstern aus. Nicht ein Windhauch war zu spüren. Meine Frau drehte sich im Bett um und fragte mich schläfrig, was los sei. Ich konnte nicht antworten.

Da fiel mir ein, daß unser Hund, unser großer, lebhafter, schwarzer Labrador, an diesem Morgen keinen Laut gegeben hatte. Hätte er nur einen Bruchteil der Geräusche, die ich wahrgenommen hatte, gehört, so wäre er in ein schreckliches, nicht enden wollendes Gebell ausgebrochen. Aber sein Gehör ist noch besser als das meine. Was war da los? ... Ich mußte geträumt haben – konnte das sein? Die Stimmen waren so laut und nahe gewesen, so wirklich im wahrsten Sinn des Wortes. Doch der Hund hatte nicht gebellt, und es gab nicht den leisesten Hinweis darauf, daß sich jemand in der Nähe des Hauses aufgehalten hatte. Ich versuchte alles noch einmal zu rekonstruieren und mußte schließlich zugeben, daß ich wohl doch nur geträumt hatte, trotz der Lebhaftigkeit und zwingenden Wirklichkeit der beiden Stimmen.

Der Eindringlingstraum ist ein häufiges archetypisches Thema, das Sie wahrscheinlich selbst schon erlebt haben. So interessant er psychologisch auch sein mag, möchte ich den Traum hier aber nur vom erkenntnistheoretischen Gesichtspunkt aus, epistemologisch also, betrachten – ähnlich wie seinerzeit in einem früheren Kapitel die ersten Christen, die den Löwen vorgeworfen wurden. Von diesem Gesichtspunkt aus liegt hier ein überzeugendes Beispiel für die Fähigkeit des Geistes vor, sich eine Wirklichkeit aus seiner eigenen Substanz zu erschaffen und in eine von ihm selbst erzeugte Raumzeit zu projizieren. Der Traum trug den Stempel wirklichster Realität, obwohl es kein materielles Substrat für die Eindringlinge gab. Wie jeder starke Alptraum zeigt, hat der Geist die Kraft, ganze Dramen aus seiner eigenen Substanz zu erschaffen und sie mit ebensoviel Realität wie unsere Wacherfahrungen auszustatten. Dieser Traum von den Eindringlingen war so lebhaft und überzeugend, daß ich ihn unmöglich als Traum ansehen konnte. Er ging direkt ins Wachleben über. Manche würden ihn als hypnagogische Vision bezeichnen – als eine jener besonderen Erfahrungen, die beim Übergang vom Schlaf zum Wachen oder Wachen zum Schlaf auftauchen. Aber ob wir so etwas eine Vision oder einen Traum nennen, spielt hier keine Rolle. Der springende Punkt ist, daß sich in solchen Phänomenen die Macht des Geistes zeigt, eine vollkommen überzeugende Welt gänzlich aus seiner eigenen Substanz heraus zu schaffen. Meine sorgfältige, aber ergebnislose Suche und vor allem das Schweigen meines Hundes überzeugten mich schließlich, daß die Eindringlinge ein Erzeugnis meines Geistes gewesen sein mußten. Ich mußte hier dem rationalen Verstand mehr trauen als dem Bild, da kein Merkmal des Erlebnisses mir ermöglichte, es vom Wachbewußtsein zu unterscheiden.

Glücklicherweise erlebe ich so etwas nur selten. Doch veranschaulicht es die Macht des Geistes, etwas zu schaffen, zu projizieren und Dinge mit Realität auszustatten. In buddhistischer Sprache: Ich glaubte fest daran, daß diese Männer inhärent bzw. unabhängig existierten, daß sie nach ihrem eigenen Recht existierten, daß sie so real wie nur möglich waren. Aber in Wirklichkeit erschuf sie mein Geist aus seiner eigenen bildnerischen Substanz und legte dann seiner Schöpfung eine inhärente Existenz bei oder projizierte sie darauf.

Ein philosophisches Modell der Synchronizität

In den vorhergehenden Kapiteln habe ich Argumente aus Psychologie, Physik und Philosophie angeführt, die die Existenz einer vom Geist unabhängigen Welt anzweifelten. Diese Argumente waren weitgehend negativ: Sie sollten falsche Anschauungen beseitigen. In diesem Kapitel aber möchte ich konstruktiv vorgehen und eine erweiterte Auffassung zu skizzieren versuchen, die gleichzeitig alle Ebenen der Subjektivität und Objektivität umfaßt. Unter Bezug auf Ergebnisse der erkenntnistheoretischen Traumanalyse werde ich ausführlich den Gedanken entwickeln, daß sich der Geist seine eigene Wachwelt schafft und sie fälschlich mit der Eigenschaft der unabhängigen Realität ausstattet. Damit soll weder ein objektiver Inhalt unserer Erfahrungen geleugnet sein, noch soll behauptet werden, unser Geist sei frei, zu schaffen, was immer er wolle. Damit werde ich mich später befassen. Jetzt möchte ich mich nur auf das Spektrum von Phänomenen konzentrieren, von psychologischen Projektionen und Halluzinationen bis hin zu Träumen, die die schöpferische Kraft des Geistes illustrieren. Ich werde mich dabei vor allem mit den Träumen beschäftigen, da sie die anschaulichsten Beispiele für die schöpferische Kraft des Geistes sind.

Wer ist nach gewissen Träumen nicht schon schweißgebadet aufgewacht, nach anderen hingegen von süßestem Verlangen erfüllt? Aber wo steckt dieses schreckliche Ungeheuer oder dieses Zielobjekt höchster Lust? Jedes Element des Traums, einschließlich des Traumhelden und seines Körpers, hat seine Existenz allein im Bewußtsein seines Schöpfers, des Träumers. Es existiert keine äußere materielle Basis für irgendein Element des Traums. Jedes einzelne ist Erzeugnis des Träumers, eine überzeugend ausgesponnene Phantasie in einer Raumzeit seiner eigenen Schöpfung. Solange wir in diesem Traum verweilen, ist er eine in sich konsistente und überzeugende Realität.

Bei psychologischen Projektionen, Halluzinationen und Träumen vergißt der Geist vollständig, daß er der Schöpfer dieser Erscheinungen ist. Er objektiviert seine Inhalte, seine Bilder, aber niemals sich selbst. In Träumen zum Beispiel entfaltet sich eine Welt mit scheinbar realen Objekten und Subjekten, aber der träumende Geist, das schöpferische Prinzip, das das ganze Schauspiel erzeugt, objektiviert sich niemals selbst. Ich habe schon erwähnt, daß aufgrund dieser Unfähigkeit des Geistes zur Selbstobjektivierung alle Versuche, den Geist objektiv zu untersuchen, nur teilweisen Erfolg haben können.

Bei psychologischen Projektionen existiert gewöhnlich irgendeine objektive Komponente, die wir dann mit unseren persönlichen Eigenschaften ausstatten. Sicher, der Mensch, den wir als Prahler oder Lügner hassen, ist vielleicht auch wirklich einer. Doch meine Verzerrungen und emotionalen Zwänge ihm gegenüber machen es mir unmöglich festzustellen, wieviel von diesen Eigenschaften wirklich in der Person selbst und wieviel in mir liegt. Die Projektion trübt unweigerlich meinen Blick auf die Welt. Halluzinationen haben noch weniger von einer objektiven Komponente an sich als Träume, die normalerweise überhaupt keine objektive Komponente besitzen, und doch geben auch sie der Fähigkeit des Geistes Ausdruck, eine Welt mit anscheinend objektiven und überzeugenden Personen und Dingen zu bevölkern.

Weder Projektionen noch Halluzinationen noch Träume beweisen schon, daß die alltägliche Wachwelt rein mental ist. Aber sie illustrieren doch sehr anschaulich die schöpferische Kraft des Geistes. Lassen Sie mich, von diesen Phänomenen ausgehend, einmal den Gedanken verfolgen, die gesamte Welt sei nur mental, es existiere keine materielle Unterlage für sie und der Begriff einer vom Geist unabhängigen oder an sich existierenden Welt sei die heimtückischste aller Projektionen, wie die Buddhisten des Mittleren Weges sagen würden.

In der modernen Universitätsphilosophie ist diese philosophische Position nicht gerade in Mode. Sie ist schon sehr alt, sowohl im Osten als auch im Westen. Im Buddhismus zum Beispiel entstand die Nur-Geist-Schule unmittelbar aus der Schule des Mittleren Weges. Nur-Geist heißt, wie schon der Name sagt, daß wir nur Geist erfahren können, daß alle Objekte, gleichgültig wie physisch sie sich auch geben mögen, nur Varianten des Denkens sind, ohne daß ihnen irgendeine vom Geist unabhängige Welt zugrundeläge. Die Nur-Geist-Schule übernimmt weitgehend die Phänomenologie der Schule des Mittleren Weges. Sie stimmt mit dieser darin überein, daß alle Objekte von Ursachen und Bedingungen, Ganzen und Teilen und mentalen Bestimmungen abhängig sind. Die Nur-Geist-Schule betont insbesondere die Aussage der Schule des Mittleren Weges, daß mentale Bestimmung oder Zuschreibung die wichtigste Art der Abhängigkeit der Phänomene ist. Von der Tatsache ausgehend, daß es unmöglich ist, mit einer vom Geist getrennten Welt direkt in Berührung zu kommen, ist Nur-Geist der Auffassung, es habe gar keinen Zweck, die Existenz einer solchen nicht-mentalen Welt anzuerkennen. Ich möchte die traditionellen Argumente der Nur-Geist-Schule in diesem Kapitel nicht wiederholen oder die lebhaften Diskussionen zwischen dem Mittleren Weg und dem Nur-Geist darstellen. Doch habe ich im vorhergehenden Kapitel schon Argumente angeführt und werde in diesem noch mehr anführen, mit denen sich ein Nur-Geist-Buddhist sehr wohl anfreunden könnte. Im allgemeinen verwende ich hier die Position der Buddhisten des Mittleren Weges, wie Jungs psychologischen Standpunkt, als geeignetes Sprungbrett oder Plattform, um von da aus ein mentalistisches Weltbild aufzubauen – ein Weltbild, welches dem des Nur-Geist-Buddhismus ähnelt, aber nicht identisch mit ihm ist.

Ich möchte zunächst klären, wie die Buddhisten des Nur-Geist und ich das Wort »mental« oder »Geist« verwenden. Für uns bilden Geist und Materie keinen Kontrast, denn was immer wir unter Materie verstehen mögen, es ist in der Kategorie Geist eingeschlossen, einfach als eine besondere Form, die der Geist annehmen kann. So etwas ist natürlich weit leichter zu verstehen, wenn wir uns die Auffassung der Quantentheorie von Materie zu eigen machen, wonach Materie Potentialitäten für Manifestationen in einer Raumzeit darstellt, die von einem bestimmten Bezugssystem abhängt, Potentialitäten, die klar vom Beobachter abhängig und nichtlokal miteinander verknüpft sind. Doch trotz der Entdeckungen der Quantentheorie in der jüngsten Zeit sind die meisten von uns immer noch auf eine Newtonsche Auffassung von Materie eingeschworen, die hartnäckig unsere Projektion einer unabhängigen Existenz erdulden muß, wie es die Buddhisten ausdrücken würden. Da diese eher primitive oder instinktive Auffassung von Materie das Verständnis von Mentalismus sehr erschwert, ist der Großteil meiner folgenden Ausführungen gegen diese alte Auffassung gerichtet. Aber natürlich beziehen sich meine Argumente ebenso auf die weit unsubstantiellere Quantenmaterie, denn jede Auffassung von Materie ist, wie ich im vorhergehenden Kapitel ausgeführt habe, ein inkohärenter Begriff, ob es sich um eine geistunabhängige Welt oder geistunabhängige Materie handelt. Doch bedeutet das nicht, daß alle Objekte, von Milchstraßen bis zu Milchflaschen, nicht außerhalb meines Körpers existieren. Wir können diese Klippe des Mißverständnisses leichter umschiffen, wenn wir uns daran erinnern, daß der Geist nicht auf das Gehirn beschränkt und der Körper ebensosehr ein Gedankenkomplex innerhalb des Geistes ist wie die Milchflasche.

Im Westen haben Bischof Berkeley und seine vielen Nachfolger ein ganz ähnliches Weltbild wie die Nur-Geist-Schule entwickelt. Ich versuche zu zeigen, daß sich eine bestimmte Form des Idealismus tatsächlich rational begründen läßt und daß einer der vielen Vorteile einer solchen Position darin besteht, daß sie eine mögliche Erklärung der Synchronizität gibt. Sie verankert auch die psychologische und spirituelle Entwicklung in einem kosmischen Prinzip, dem Geist, der das Interesse der Naturwissenschaftler ebenso wie der Psychologen und Philosophen verdient.

Die uns aus dem Geist gegebene Welt

Jung wäre wahrscheinlich mit meiner idealistischen Auffassung, meinem Mentalismus, nicht einverstanden, obwohl mehrere Stellen in seinen Schriften durchaus Gelegenheit böten, seinen psychologischen Standpunkt zu dem des Mentalismus auszuweiten. Man betrachte zum Beispiel nur Jungs philosophisch aufschlußreiche Feststellung über das Selbst, die er während seiner Tavistock-Vorlesungen machte, als er wiederholt gefragt wurde, ob das Selbst in seinen Dimensionen denen des Universums entspreche. Er sagte:

> »Das ist eine philosophische Frage, und um sie zu beantworten, braucht es sehr viel Erkenntnistheorie. Die Welt ist unser Bild. Nur kindische Leute stellen sich vor, die Welt sei so, wie wir meinen, daß sie sei: Das Bild der Welt ist eine Projektion der Welt durch das Selbst, so wie letzteres eine Introjektion der Welt ist. Aber nur der besondere Geist eines Philosophen geht über das übliche Bild der Welt hinaus, in der es statische und isolierte Dinge gibt. Wenn wir darüber hinausgehen wollten, würden wir ein Erdbeben im Geist des Durchschnittsmenschen hervorrufen, der ganze Kosmos würde erschüttert, die heiligsten Überzeugungen und Hoffnungen würden aus den Angeln gehoben, und ich sehe nicht ein, weshalb man eine solche Unruhe anstreben sollte. Es wäre weder für die Patienten noch für die Ärzte gut; vielleicht ist es gut für die Philosophen.«[2]

Ich stimme mit Jung darin überein, daß es erkenntnistheoretischer Überlegungen bedarf, um die betreffenden Fragen zu beantworten. In dieser Hinsicht haben wir schon einige Vorarbeit geleistet. Man erinnere sich nur an das vorhergehende Kapitel über Jungs psychologischen Standpunkt, wo er sagt: »Wir leben unmittelbar nur in der Bilderwelt.« Das stellt klar, was Jung mit dem Satz meint: »Die Welt ist unser Bild.« Aus unseren Auseinandersetzungen mit der Physik wissen wir, daß wir normalerweise an eine »Welt, in der es statische und isolierte Dinge gibt«, glauben. Doch haben viele Wissenschaftler einer solchen mit unabhängig existierenden Dingen bevölkerten Welt schon widersprochen, und auch viele Philosophen haben dagegen Stellung bezogen, einschließlich der Buddhisten des Mittleren Weges. Wie uns Jung sagt, ist, da alle unmittelbare Erfahrung nur aus komplizierten Bildern im Bewußtsein besteht, alles, was wir von der Welt direkt erfahren, nur unser mentales Bild davon. Oder, wie es William James im Einleitungszitat ausdrückt: »Der einzige Gegenstand, dem wir unmittelbar begegnen, die einzige Erfahrung, die wir ganz konkret machen, ist unser persönliches Leben.«

Ich möchte den Satz: »Das Bild der Welt ist eine Projektion der Welt durch das Selbst« noch erweitern. Da alles, was wir direkt erfahren, Bilder sind, enthält das »Bild der Welt« alle Elemente unserer Erfahrung, von unserer tiefsten Intuition bis zur Erde, über die wir gehen. Der harte Stuhl unter mir und das seidige Ohr meines Hundes sind ebenso Bilder wie eine Kindheitserinnerung oder der Traum der letzten Nacht. Doch woher kommen diese Bilder? Die Welt des Selbst ist die unbewußte Quelle unseres persönlichen Lebens, eine Innenwelt, die wir nicht vollständig objektivieren können – weshalb Jung die symbolische Methode entwickelt hat.

Für Jung ist der Archetypus des Selbst das intelligente, organisierende Prinzip, das sich in unserer Innen- und Außenwelt ausdrückt. Ich verstehe diesen Satz so, daß uns die gesamte Welt nicht von außerhalb des Geistes, sondern von innerhalb des Geistes her gegeben ist, insbesondere vom Selbst her. Wie Paul Brunton sagt: »Wenn wir glauben, wir erlebten eine Welt außerhalb von uns, erleben wir in Wirklichkeit das Selbst innerhalb von uns.«[3]

Die Welt der Sinneswahrnehmungen liegt ganz gewiß außerhalb unseres Körpers. Zum Beispiel liegt mein Schreibtisch ganz klar außerhalb meines Körpers. Doch entsteht eben die Sinneserfahrung nicht außerhalb unseres Körpers und überquert dann irgendwie die klaffende Physiologenlücke, sondern das ganze Bild der Welt, *einschließlich unseres Körpers*, kommt aus den Tiefen unseres Geistes, aus der Welt des Selbst. Im vorigen Abschnitt war von der Macht des Geistes die Rede, seine Gedanken in eine von ihm selbst produzierte Raumzeit zu projizieren, um sie dann irrtümlich als von ihm unabhängige Objekte zu betrachten. Der Geist besitzt also mit Sicherheit diese Kraft, seine Gedanken nach außen zu projizieren oder zu objektivieren und dann felsenfest daran zu glauben, sie hätten eine unabhängige Wirklichkeit. Und all dies – objektive Dauer, Existenz in der Außenwelt, Unabhängigkeit – sind Vorstellungen des Geistes, an denen er mit Macht festhält. Obgleich aber die Welt sicherlich eine gewisse Objektivität und Dauer besitzt, beweist das noch lange nicht die Existenz einer unabhängigen, dem Geist externen, materiellen Welt. Lassen Sie mich die ontologische Frage, was für diese äußere Gegebenheit oder Objektivität und Dauer der Welt verantwortlich ist, auf später verschieben und hier nur den Gedanken verfolgen, die Welt steige aus den Tiefen des Geistes und nicht aus einem äußeren Reich der Materie auf.

Wenn wir mit Jung daran glauben, daß wir lediglich eine Welt mentaler Bilder erfahren, was kann es dann für einen Sinn haben, von etwas außerhalb des Geistes Existierendem zu sprechen? Gleichgültig, wie wir uns diese Welt vorstellen – wir ziehen sie jedenfalls unmittelbar in die Welt des Geistes hinein, indem wir sie uns vorstellen. Das habe ich in der erkenntnistheoretischen Diskussion über den Traum klarzustellen versucht, bei dem die frühen Christen den Löwen vorgeworfen wurden. Dort sprach ich davon, daß es, solange man sich im Traum befindet, unmöglich ist, sich auch nur abstrakt etwas außerhalb des träumenden Geistes vorzustellen. Wie auch immer wir versuchten, uns etwas außerhalb des Traums vorzustellen, es war doch unmöglich, weil es sich immer sofort in der in sich geschlossenen Traumwelt verkörperte. Genauso ist es mit unseren Konzepten von einer Welt, die sich angeblich außerhalb des Wachbewußtseins befindet. Alles, was wir wissen, muß sich innerhalb des Bewußtseins befinden.

Raum und Zeit sind, wie Kant schon vor langer Zeit gezeigt hat, zwei Weisen der Verstandestätigkeit, nicht den Objekten an sich anhaftend. Wenn der Geist zum Beispiel Traumbilder wahrnimmt, stellt er sie notwendigerweise in eine von ihm selbst erzeugte Raumzeit. Allgemein gesprochen: Um überhaupt irgendeine Erfahrung zu machen, sei es im Traum- oder Wachzustand, muß der Geist seine eigenen Inhalte kennenlernen, indem er sie in eine zu diesem Zweck erzeugte Raumzeit stellt. *Es ist deshalb falsch, diese Raumkategorien des Denkens dem Geist selbst zuzuschreiben und über ihn wie ein im Raum ausgedehntes Ding zu sprechen, das wie eine Schachtel Innen- und Außenseite besitzt.* Von einem Inneren und Äußeren des Geistes zu sprechen ist reiner Unsinn, sind bedeutungsleere Worte. Da wir hier gegen eine hartnäckig aufrechterhaltene Vorstellung von der Welt Sturm laufen, gegen den »gesunden Menschenverstand«, möchte ich an Einsteins Relativitätstheorie appellieren, um darzulegen, daß der Geist ein *Uroboros* ist – ein vollständig in sich geschlossenes Ganzes.

Kapitel 7 habe ich mit einem Zitat aus Jungs Synchronizitäts-Abhandlung eröffnet: »An sich bestehen Raum und Zeit aus Nichts. Sie gehen als hypostasierte Begriffe erst aus der diskriminierenden Tätigkeit des Bewußtseins hervor und bilden die für die Beschreibung des Verhaltens bewegter Körper unerläßlichen Koordinaten. Sie sind daher wesentlich psychischen Ursprungs.« In diesem Kapitel war die Rede gewesen von der Auffassung des Physikers von Zeit und Raum, die sich drastisch von unseren normalen Begriffen unterscheidet. Die Untersuchung konnte weder einen Beweis dafür erbringen, daß »Raum und Zeit aus *Nichts*« bestehen, noch daß sie »wesentlich psychischen Ursprungs« sind, doch sie bewegte sich in dieser Richtung. Wenn Raum und Zeit der Welt nicht intrinsisch sind, sondern nur Hilfsmittel des Geistes oder der Seele, um ihre Erfahrungen zu ordnen oder manifest zu machen, dann ist es falsch, solche bloßen Konstruktionen oder Modi als Eigenschaften ihres Schöpfers, des Geistes oder der Seele selbst, anzusehen. Der Geist befindet sich nicht mit Außen- und Innenseite im Raum. Aus dem gleichen Grund können wir ihn nicht durch Zeit begrenzen, als hätte er Anfang und Ende. Auf diese Weise bekommen wir ein Gefühl dafür, wie die Synchronizität, die die normale Begrenzung durch Raum und Zeit überschreitet, und wie die verschiedenen mystischen und religiösen Überlieferungen zwar von Geburt und Tod des Körpers ausgehen, aber niemals von einem Anfang und Ende des Geistes sprechen können.

In der speziellen Relativitätstheorie vereinigte Einstein die drei Dimensionen des Raumes mit der Zeit und bekam so das vierdimensionale Raum-Zeit-Kontinuum, das wir uns nur schwer vorstellen können, wenn wir uns nur in einer dreidimensionalen Welt bewegen. Hier müssen wir uns als gute Erben Galileis erweisen und mit Hilfe der Mathematik die Zeit unter denselben Voraussetzungen behandeln wie die Raumdimensionen. Weiter gilt es zu erkennen, daß Raum und Zeit vollständig ineinander verschränkt sind. In dem Kapitel über die Relativitätstheorie sprachen wir zum Beispiel über das gleichzeitige Schließen der Hochgeschwindigkeitstüren in der Raum-Zeit-Schachtel Sams im Casino-Bezugssystem. Für einen Beobachter in einem anderen Bezugssystem sind diese Ereignisse nicht gleichzeitig. Sowohl Raum als auch Zeit trennen sie. Raum und Zeit sind also wirklich im vierdimensionalen Raum-Zeit-Kontinuum miteinander verschränkt. Nach diesem kurzen Resümee der speziellen Relativitätstheorie möchte ich in einem einzigen Satz eine Definition der allgemeinen Relativitätstheorie geben, kurz genug für einen Aufkleber: Die Materie krümmt die vierdimensionale Raumzeit, und die gekrümmte Raumzeit schreibt der Materie vor, wie sie sich bewegen soll. So krümmt zum Beispiel die Materiekonzentration, die wir als unsere Sonne kennen, die vierdimensionale Raumzeit in ihrer Nachbarschaft. Diese Krümmung lenkt dann die Planeten auf ihren Bahnen in der vierdimensionalen Raumzeit. All das Gerede über Kräfte und Wirkungen auf Distanz ist durch die lokalen Einflüsse gekrümmter vierdimensionaler Raumzeit auf sich bewegende Objekte ersetzt.

Das *Big Bang*-Modell des Universums ist eine der elegantesten Anwendungen der allgemeinen Relativitätstheorie. Das Universum ist darin eine ununterbrochene Ausdehnung der gekrümmten vierdimensionalen Raumzeit. Doch junge Studenten der Astronomie pflegen unweigerlich zu fragen: »In welchen Raum hinein dehnt sich denn das Universum aus? Was ist außerhalb des sich ausdehnenden Raum-Zeit-Kontinuums? Was hat sich vor dem *Big Bang* ereignet?« Die Antwort ist wie bei der Frage, was außerhalb oder vor dem Geist ist: Der *Big Bang* ereignet sich überall gleichzeitig. Nichts existiert außerhalb des Universums. Es gibt nichts, wohinein es sich ausdehnen könnte, und es gibt keine Zeit vor dem *Big Bang*. Das Universum ist alles, was es gibt. Wie die Tiefenpsychologen sagen würden: Es ist ein Beispiel für den archetypischen *Uroboros*, symbolisiert durch die in sich selbst geschlossene Schlange oder den Drachen, der sich in den Schwanz beißt. Genau auf dieselbe Art existiert nichts außerhalb des Geistes. Und wenn es kein Außen gibt, was kann dann das Innen für uns bedeuten? *Die Inhalte des Geistes sind alles, was für uns existieren kann.*

Spricht man also davon, daß uns die Welt vom Innern des Geistes her gegeben sei, so ist das ebenso schlecht wie die Aussage, sie stamme von außerhalb des Geistes – falls ich »innerhalb« im Sinne einer räumlichen Beschreibung verwende oder damit impliziere, es gebe auch ein »außerhalb«. Wenn ich daher sage, die Welt ist uns von innen her gegeben, so meine ich damit, aus dem Innern der Tiefen des Geistes oder aus der Essenz, dem Kern des Geistes. Leider haben auch Worte wie »Tiefe« oder

»Kern« ebenfalls eine unerwünschte räumliche Konnotation, die ich nicht gelten lassen möchte. Haben wir das einmal verstanden, können wir immer noch fragen, was denn so besorgniserregend an dem Gedanken ist, daß uns unsere Erfahrungswelt immer von innen her oder aus den Tiefen des Geistes gegeben ist und nicht von außerhalb. Sicher, so etwas greift unsere bekanntermaßen unzulänglichen Intuitionen über die Welt, unsere Projektionen auf die Welt stark an. Der überzeugte Anhänger des psychologischen Standpunktes mag einwenden, wir könnten nichts Sicheres über die Essenz des Geistes oder der Materie wissen. Deshalb ist die Behauptung, die Welt, die man sich außerhalb des Geistes vorstellt, sei die Quelle der Sinneserfahrung, ebenso wahrscheinlich und ebenso unleugbar wie die Feststellung, daß die wahrgenommene Welt von den Tiefen des Geistes her gegeben ist. Doch liefert uns diese allzu vorsichtige agnostische Position keine Lösung des Dilemmas der Verifizierungs-Hypothese, nach der der Forscher für alle Ewigkeit von der angeblichen Quelle seines Wissens – der unabhängigen materiellen Welt – abgeschnitten ist. Ebensowenig löst diese agnostische Position das Problem der Physiologen-Lücke. Und schließlich läßt sie uns auch im Stich, wenn wir eine Erklärung für die von der Synchronizität implizierte Einheit finden wollen.

Da wir also nur eine Welt von Bildern erleben, weil jede angebliche Materie ihrem eigentlichen Wesen nach außerhalb unserer Reichweite liegt, und eine dem Geist äußerliche Welt schlichtweg unvorstellbar ist, da die Physiologen-Lücke unüberbrückbar ist und der Geist seine Gedanken nach außen projizieren und eine scheinbar äußere Welt schaffen kann, sind wir nicht berechtigt, uns an die Täuschung einer außerhalb des Geistes existierenden Welt oder einer vom Geist unabhängigen Materie zu klammern. Wir leben ausschließlich in einer mentalen Welt, denn, wie Paul Brunton sagt: »Es gibt keine Dinge getrennt von den Gedanken über sie.«[4] Die Physik sah sich gezwungen, eine nichtlokale, in ihren Teilen verknüpfte Quantenwelt zu akzeptieren, die sich auch nur manifestieren kann, wenn wir an ihr partizipieren. Diese Revolution erfolgte trotz der philosophischen Voreingenommenheit ihrer Protagonisten. In ähnlicher Weise stellt, trotz unserer Voreingenommenheit, die Einheit zwischen der inneren und äußeren Welt, wie sie aus den Synchronizitäts-Phänomenen folgt, unseren Glauben an eine außerhalb des Geistes existierende Welt in Frage. Philosophische Argumente, physikalische Analyse und psychologische Erfahrbarkeit der Synchronizität – alles spricht dafür, die alles umfassende Projektion einer Existenz an sich, den falschen Glauben an eine außerhalb des Geistes existierende Welt fallenzulassen.

Mißverständnisse

Wenn der Geist das Bild der Welt projiziert, konstruiert er auch unsere empirische Persönlichkeit oder unser Ich mit unserem Körper als einen Teil dieser Welt. Wenn Jung sagt: »Das Bild der Welt ist eine Projektion der Welt durch das Selbst«, so ist dieses Selbst der Geist, der sich als Bilderwelt zusammen mit der empirischen Persönlichkeit entfaltet: dem Ich. In meiner Interpretation von Jungs Satz, die stark von der durch die Synchronizität implizierten Einheit zwischen Innen- und Außenwelt beeinflußt ist, lassen sich Körper und Seele oder Körper und Psyche mit Sicherheit unterscheiden. Doch sind sie ihrem Wesen nach aus demselben Stoff gemacht – dem Gedanken. Wir haben hier also zumindest einen Hinweis darauf, was Jung gemeint haben könnte, als er sagte: »Die Synchronizität besitzt Eigenschaften, welche für die Erklärung des Leib-Seelenproblems möglicherweise in Betracht kommen.«[5]

Jung hat recht, wenn er behauptet, das Ich müsse immer mit irgendeinem bekannten Wissensinhalt verknüpft sein. Doch ist der eigentlich Erkennende nicht das Ich, die empirische Persönlichkeit, das verzerrte Surrogat des Selbst. Wäre das Ich der eigentlich Erkennende, so könnte man es nicht als Objekt innerhalb des Bewußtseins wahrnehmen, denn der Erkennende kann sich selbst nicht objektiv wahrnehmen. Der eigentlich Erkennende ist vielmehr der weit umfassendere Geist, der die Welt aus sich heraus projiziert, doch innerhalb der manifesten Welt keinen Ort für sich selbst findet. Der herrliche Sonnenuntergang und mein Ich mit seinen ästhetischen Empfindungen sind unterscheidbare Teile einer Wahrnehmung, die durch meinen individuellen Geist entstanden ist. Das Ich ist darin ebenso Inhalt wie der Sonnenuntergang. Analog projiziert der träumende Geist eine Traumwelt mit einem empirischen Traum-Ich, das im Traum seine Erfahrungen macht. Der träumende Geist denkt sowohl die Gegenstände des Traums als auch das Traum-Ich Vics, zusammen mit dessen Traumkörper, ins Dasein. Wir können zwar diesen träumenden Geist nicht lokalisieren, doch ist er der eigentlich Erkennende, der die Bilder sowohl präsentiert als auch erkennt. Einfacher gesagt: Der Geist kann Bilder und empirische Persönlichkeiten objektivieren, doch niemals sich selbst.

Ich möchte versuchen, ein naheliegendes Mißverständnis, das bei dieser Sicht des Mentalismus entstehen kann, auszuschalten. Wenn ich hier auch den Charakter von Träumen und die Vorstellung untersuche, die Welt sei uns von innen her gegeben, so darf daraus doch nicht geschlossen werden, die Wachwelt sei ein Traum oder eine Illusion oder rein subjektiv. Die Wachwelt ist so wirklich wie nur möglich. Alle Freuden und Leiden dieser Welt sind so unleugbar wie eh und je. Die Gegenstände sind ebenso hart und substantiell wie immer, doch heißt das nicht, daß sie nicht rein mental wären, daß nicht alle Objekte und subjektiven Zustände nur Gedankenkonstruktionen wären. Etwas später werde ich näher darauf eingehen, in welchem Sinne die Welt nicht subjektiv ist, und wodurch es möglich ist, daß wir gemeinsam an ihr teilhaben. Hier genügt es zu erkennen, daß diese Ausführungen keineswegs darauf hinauslaufen, die Welt sei illusorisch. Paul Brunton sagt: »Die Welt ist weder eine Illusion noch ein Traum, doch eine Analogie zu beidem.«[6]

Noch ein anderes naheliegendes Mißverständnis möchte ich ansprechen. Wir müssen uns darüber im klaren sein, daß der Geist ein Kontinuum ist. Es gibt verschiedene Ebenen des Bewußtseins mit verschiedenen Kräften, doch nur ein einziges Bewußtsein. Ein Aspekt des Bewußtseins zum Beispiel kann in Berührung mit dem »absoluten Wissen« kommen, wie es Jung genannt hat, mit jenem die Raumzeit überschreitenden Wissen über Ereignisse, die unserem normalen Verstand nicht zugänglich sind. Dieser höhere Aspekt des Bewußtseins unterscheidet sich nur in seinen Manifestationen und Kräften von jenem Bewußtsein, das gerade diesen Satz liest und versucht, seinen Sinn zu erfassen. Wenn wir das Bewußtsein fälschlicherweise nicht als aus einer Vielheit von Kräften bestehende Einheit auffassen, können sich alle möglichen Mißverständnisse einschleichen. Wir könnten dann zum Beispiel irrtümlich glauben, es sei der mit unserer individuellen Persönlichkeit verbundene beschränkte Geist, unser Ich, der den Kosmos von den entferntesten Milchstraßen bis zur submikroskopischen Welt hervorbringt. In Wirklichkeit aber werden das Ich und seine Welt gemeinsam aus dem umfassenderen Geist hervorgebracht. Doch sollten wir nicht den Fehler begehen, die Einheit des Geistes in mehrere unterschiedliche, voneinander getrennte »Geiststücke« zu zerlegen. Das würde nur dazu führen, daß wir die Verbannung des Ichs aus seiner umfassenderen, schöpferischen Quelle festschrieben. Wir wären dann für immer von unserem höheren Gut abgeschnitten. Das Endliche würde seine Verbindung zum Unendlichen verlieren. Demgegenüber kommt es darauf an, zu spüren, daß gerade hier, in unseren irdischen Erfahrungen, alle Kräfte des Geistes anwesend sind. Das Unendliche ist der ständige Begleiter des Endlichen oder, wie William Blake in seinen »Verheißungen der Unschuld« sagt:

> Wer eine Welt erblickt im Körnchen Sand
> Und Himmel in dem Blumengrunde,
> Schließt die Unendlichkeit in seine Hand
> Und Ewigkeit in eine Stunde.

Eine Selbsterfahrungsübung

Manchmal lassen uns auch stimmige philosophische Argumente völlig kalt. Ich möchte deshalb eine kleine Übung mit Ihnen machen, die mehr die Phantasie und das persönliche Erleben anspricht als das analytische Denken. Aber obwohl ich zu diesem Zweck persönliche Erlebnisse anführe, stammt die Idee aus einer von Paul Brunton gegebenen philosophischen Argumentation.[7] Haben Sie erst einmal verstanden, worauf mein Vorhaben hinausläuft, können Sie es auch mit Ihren eigenen Erlebnissen nachvollziehen. Sie können Ihr Nachdenken sogar dadurch unterstützen, daß Sie einen Blick in Ihr Familienfotoalbum werfen. Wenn es ein paar alte Bilder von Ihnen enthält, werden diese die philosophische Argumentation noch anschaulicher machen.

Eins der frühesten Erlebnisse, an das ich mich noch lebhaft erinnern kann, ist, welche Freude ich an den Kaninchen meines Großvaters hatte. Mit ihren langen, weichen, pelzigen Ohren und vorsichtig schnuppernden Nasen umhoppelten sie mich im trüben Licht des Kaninchenstalls. Immer nahmen mich irgendwelche Angehörige mit in den Stall, weil sie wußten, welchen Spaß mir die Kaninchen machten. Aber eines Tages kam mein Großvater, den ich sehr liebte, und holte sich einen meiner kleinen Freunde für den Kochtopf. Das Blut war so rot, das Schnuppern hörte so plötzlich auf – ich war bestürzt und erschreckt.

Machen wir jetzt einen Sprung über mehrere Jahre in meine achte Klasse. Meine Mutter überredete mich gegen meinen Willen, an einem Tanzkurs teilzunehmen. Ich hielt diese jungen Damen auf Armeslänge von mir, starrte verbissen auf meine Füße, damit meine übergroßen Schuhe nicht auf irgendeinem zarten Zeh landeten, manövrierte verkrampft auf der Tanzfläche umher und schwitzte vor Aufregung unter meinem heißen Jackett mit Krawatte. War die Stunde vorbei, ging ich hinaus und sog die kühle Nachtluft tief in meine Lungen ein. Was für schöne Erlebnisse beim Foxtrott mit anschmiegsamen jungen Damen! Noch heute erinnere ich mich an den berauschenden Duft ihrer verschiedenen Parfüms, der sich an meinen Anzug heftete. Und niemals habe ich mich von der süßen, von diesem üppigen Duft ausströmenden Sehnsucht erholt.

Mit ein paar anderen ging ich in einen Laden um eine Coca Cola zu trinken. Ich spielte mit meinem schmalen, mit Eiswürfeln gefüllten Glas, während ich versuchte, mit diesen frischen Blumen, die immer noch ihren Duft ausströmten, ein lässiges Gespräch zu führen. Ich nahm den langen Strohhalm in den Mund und hob das Glas. Da passierte mir ein Mißgeschick beim Neigen des Glases und Trinken mit dem Strohhalm, und ich verschüttete Cola über meine Krawatte und mein weißes Hemd.

Am liebsten hätte ich mich unter dem Tisch verkrochen oder wäre in die kühle, dunkle Nacht hinausgelaufen.

Als nächstes möchte ich einen Blick in die Zukunft tun und mir vorstellen, wie ich in zwanzig Jahren aussehe. Vorausgesetzt, ich lebe dann noch, sind die Falten in meinem Gesicht zahlreicher und tiefer, meine Backen voller geworden, und Haare wachsen mir aus den Ohren. Vielleicht bin ich auch klüger, ruhiger und sensibler geworden, vielleicht aber auch chaotischer, gehetzter und verbittert.

Was nun die Vergangenheit betrifft: Wo sind meine alten pelzigen Freunde, die Kaninchen, geblieben? Wo diese schönen jungen Mädchen, die sich in der warmen Nachtluft im Tanz drehen? Wo meine Verlegenheit, als mir die eisgekühlte Flüssigkeit über die Brust lief? All das sind eindeutig Erinnerungen, Bilder, Gefühle – kurz, Gedanken. Wie lebhaft der Schrecken, wie süß die Sehnsucht, wie glühend die Peinlichkeit auch gewesen sein mag, jetzt sind es alles Erinnerungen – Gedanken.

Und wie steht es mit meiner Zukunft als faltiger Mann mit Hängebacken? Da die Zukunft erst noch kommt, kann sie nur in der Phantasie, in Gedanken existieren. Alle zukünftigen Möglichkeiten sind also ebenso in meiner Gedankenwelt wie die Erinnerungen an die Vergangenheit. Bemerken Sie übrigens, daß wir die Gegenwart nicht wirklich beobachten können? Wenn wir sie zu fassen versuchen, entschlüpft sie uns unweigerlich in die Vergangenheit. Versucht man die Gegenwart festzuhalten, so verwandelt sie sich im gleichen Augenblick in Geschichte, in eine Welt der Erinnerungsbilder (außerdem hängt – das habe ich bei der Relativitätstheorie ausgeführt – sogar der idealisierte Begriff der Gegenwart, wie er in der Physik verwendet wird, unvermeidlich von einem bestimmten Bezugsrahmen ab – er ist gewiß nicht universell). Da somit die Gegenwart nur ein infinitesimaler Übergangspunkt (Math. Zum Grenzwert hin unendlich klein werdend) innerhalb meines besonderen Bezugssystems ist, also ein Übergang ohne Dauer zwischen der vorgestellten Zukunft und der erinnerten Vergangenheit, ist alle Erfahrung mental. Alle Erfahrung unserer eigenen Persönlichkeit und der Welt ist nichts anderes als Vorstellung.

Selbst wenn ich mich wieder in den Kaninchenstall (der längst verschwunden ist) zurückversetzen, meine Augen an das trübe Licht gewöhnen, die Kaninchen riechen und sogar wenn ich einen neuen, von meinen alten Freunden von vor fünf Jahrzehnten abstammenden Wurf Kaninchen streicheln könnte, so wäre auch dies nur eine komplexe Folge von Bildern. Das Weiche, der Geruch, der schöne Anblick, alles nur Bilder in der Psyche, Gedanken in meinem individuellen Bewußtsein, nicht mehr und nicht weniger. Ich glaube vielleicht daran, daß meinen Sinneswahrnehmungen irgendeine unabhängige Entität zugrunde liegt, doch kann diese niemals Objekt meiner Wahrnehmung sein, niemals unmittelbar von mir irgendwie erlebt werden. Ich bin in meinen Sinneswahrnehmungen gefangen, die bei näherer Nachprüfung nichts als mentale Bilder und Gedanken sind. Der Glaube an irgendein »wirkliches« materielles Objekt, auf dem meine Sinneswahrnehmungen beruhen, ist ein gigantisches Vorurteil, eine ungerechtfertigte metaphysische Annahme, ein Glaubensartikel gegen alle Vernunft. Wie sagte doch Hilary Putnam in ihrer Abhandlung über die Physiologen-Lücke: »Noch heute steht der wissenschaftliche Realismus, den wir vom siebzehnten Jahrhundert ererbt haben, in hohem Ansehen, obwohl er uns ein katastrophales Weltbild hinterlassen hat. Es ist höchste Zeit, daß wir uns nach einem anderen Weltbild umsehen.«[8]

Trotzdem besitzt die Welt objektive oder vorgegebene Inhalte, die nicht unserem Willen unterworfen sind. Viele Dinge sind uns allen ja gemeinsam. Wie läßt sich dieser Sachverhalt verstehen, ohne daß wir wieder auf die diskreditierte Vorstellung einer vom Geist unabhängigen Materie zurückgreifen müssen?

Das »Objektive«

Wir müssen uns darüber im klaren sein, daß die Welt Objektivität besitzt, daß sie gegenwärtig ist, unabhängig vom Willen des Ichs. Viele Überlieferungen im Osten wie im Westen, die den oben geschilderten Idealismus vertreten, beziehen sich auf einen höchsten Geist, eine kosmische Intelligenz, einen Weltgeist oder eine Weltseele, die uns von »innen her« die Vorstellung der Welt vermittelt. Im einzelnen gibt es Unterschiede zwischen den Traditionen. Ich halte mich hier an die Formulierungen, die Paul Brunton[9] und Anthony Damiani[10] gegeben haben. Sie nennen ihre Version des Idealismus Mentalismus.

Die uns von innen her gegebene Welt ist nicht-räumlich und nicht-zeitlich, genauso wie der psychische Impuls, der sich als Traumbild entfaltet. Dasselbe gilt für den mentalen Impuls, der einen Traum erzeugt und organisiert, sei es einen Alptraum oder einen Wunschtraum. Doch der Geist des Träumers entfaltet diesen psychischen Entwurf zu einem voll in Raum und Zeit konkretisierten Traumabenteuer. Ähnlich empfängt der individuelle Geist den Impuls der Weltseele und projiziert ihn als Inhalt seiner Vorstellung in Raum und Zeit. Die Seele muß ihre Bilder immer in irgendeiner raumzeitlichen Form erzeugen, aber es ist eine höhere Intelligenz, die den eigentlichen Inhalt zur Verfügung stellt, nicht die in der Raumzeit existierende Materie.

Dieses große Prinzip, die kosmische Intelligenz, ist für die objektive, dauerhafte Natur der Welt verantwortlich. Stellen Sie sich zum Beispiel vor, Sie betrachteten mit mir einen Apfelbaum. Die Weltseele vermittelt unserem Bewußtsein von innen her die Grundskizze für den Baum, der, darüber herrscht zwischen uns Übereinstimmung, dauerhaft ist und von uns gemeinsam erlebt wird. Aber jedem von uns gibt unser individuelles Bewußtsein die besondere Raumzeitform des Baumes, die durch die Besonderheiten unserer individuellen psychosomatischen Struktur modifiziert ist. Ihr Körper (ebenso Teil des *Inputs* der Weltseele) steht in einer anderen geometrischen Beziehung zu diesem Baum als der meine, unsere körperlichen Fähigkeiten unterscheiden sich voneinander (meine Augen sind anders als die Ihren), und unsere psychologischen Assoziationen variieren (Sie haben vielleicht schlechte Erinnerungen an einen Sturz vom Apfelbaum als Kind). All dies und noch mehr sind Aspekte dessen, wie uns unser jeweiliges Bewußtsein den Baum präsentiert. Das individuelle Bewußtsein nimmt den gegebenen Inhalt wahr (den Baum und unsere psychosomatische Struktur) und versieht uns mit Objektivität, mit Form in Raum und Zeit und mit unseren psychologischen Verzerrungen. Brunton sagt: »Die Welt ist die Erfindung des universellen Geistes. Doch dieser funktioniert in und durch den menschlichen Geist. Was er uns präsentiert, ist allen Menschen gemeinsam.«[11]

Vielleicht wird das durch ein einfaches technisches Beispiel deutlicher. Nehmen wir das digitale Fernsehen (die Form mit hoher Auflösung auf Digitalbasis), das zur Zeit entwickelt wird. Das Programm ist in einer langen Reihe von Nullen und Einsen oder An- und Ausschaltungen verschlüsselt. Das Funksignal wird vom Fernsehgerät empfangen, entschlüsselt, vergrößert und als Bild mit hoher Auflösung, mit Ton unterlegt, dargestellt. Das digitale Signal ist lediglich eine komplizierte Reihe von Ja- und Nein-Bits, die in keiner Weise den belebten Bildern und Klängen, die wir auf dem Schirm wahrnehmen, gleicht. Trotzdem enthält diese digitale Bitreihe sämtliche Information in bezug auf Gestalt, Farbe, Bewegung und Klang. Analog zur Bitreihe wird uns der nicht-räumliche und nicht-zeitliche mentale Impuls von der Weltseele übertragen. Analog zum Fernsehempfänger nimmt unser individuelles Bewußtsein den Impuls auf, entschlüsselt und projiziert ihn in die Raumzeit mit Farbe, Bewegung, Klang und den übrigen Sinnesfunktionen.

Natürlich hinkt der Vergleich in mehreren wichtigen Hinsichten. Zum Beispiel befindet sich die Bitreihe in Raum und Zeit, während es beim von der Weltseele übertragenen digitalen Impuls nicht so ist. Und was noch wichtiger ist, unser psychosomatischer Organismus ist in den mentalen Impulsen der Weltseele enthalten. Es ist nicht so, daß unser Körper-Geist-Gefüge in Raum und Zeit präexistiert und Signale von der Weltseele empfängt. Sondern die Information für den Empfänger-Decoder-Verstärker, unseren psychosomatischen Organismus, ist Teil des mentalen Impulses, ebenso wie der Traum-Vic und sein Körper auch ein Teil des sich als Traum entfaltenden psychischen Impulses sind.

Auch Jung zieht ein solches höheres Prinzip in Betracht, allerdings niemals systematisch. In seinem ganzen Werk macht er zum Beispiel immer wieder Anspielungen auf den *Unus Mundus*, die einheitliche Basis, Fundament sowohl der Seele als auch der Materie. Er erörtert dieses Einheitsprinzip zwar niemals ausführlich, doch postuliert er es im Zusammenhang mit den Synchronizitäts-Erfahrungen. Zum Beispiel: »Letzteres [das synchronistische Prinzip] weist auf einen Zusammenhang bzw. auf eine Einheit kausal nicht verbundener Ereignisse hin und stellt somit einen Einheitsaspekt des Seins dar, welchen man wohl als den ›unus mundus‹ bezeichnen kann.«[12] Der Hauptaspekt des *Unus Mundus* ist, daß er eine einheitliche »Welt der Möglichkeiten« ist, logisch (nicht zeitlich) unserer Erfahrungswelt vorausgehend. Er ist noch nicht in konkrete, in der Raumzeit existierende Objekte auseinandergebrochen. Jung beschreibt ihn als »die potentielle Welt des ersten Schöpfungstages, als noch nichts *in actu*, d.h. in der Zwei- und Vielzahl war, sondern nur Eines ... einer potentiellen Welt, welche den ewigen Urgrund alles empirischen Seins bedeutet, so wie das Selbst Grund und Ursprung der individuellen Persönlichkeit ist und letztere in Vergangenheit, Gegenwart und Zukunft umfaßt«.[13]

Was versteht nun Jung wirklich unter diesem mysteriösen Begriff des *Unus Mundus*, der so häufig in seinem späteren Werk auftaucht, doch kaum jemals näher definiert oder beschrieben wird? Am ausführlichsten behandelt ihn Jung im letzten Kapitel seines letzten und großartigsten Werkes »Mysterium Coniunctionis«, wo er über die drei Ebenen der vom Adepten angestrebten Einheit mit dem *Unus Mundus* spricht. Vielleicht kann ein einfaches psychologisches Beispiel ein besseres Verständnis für dieses Prinzip vermitteln. Mein Beispiel ist eine Variante von Anthony Damianis Version, die er so häufig in seinen Seminaren vorgestellt hat.

Nehmen Sie den Zustand, in den wir gelegentlich geraten, wenn wir aus einem tiefen traumlosen Schlaf aufwachen. Stellen Sie sich vor, das Bewußtsein sei still, vollständig ruhig, ohne jeden Gedanken oder Empfindung. Wir sind bei vollem Bewußtsein, haben aber noch keine vom Körper abhängige Identität, kein Gefühl für eine persönliche Identität, kein Gefühl für eine Ichheit – wir sind einfach ungeteilte Aufmerksamkeit. Die Welt ist uns als nahtloses Ganzes gegeben, ohne daß wir uns durch Wünsche und Erwartungen schon von ihr getrennt hätten. Gegenstände tauchen zwar auf, aber die Welt ist noch eine Einheit, friedlich, und nicht in Objekte gegenüber einem vom Körper abhängigen Subjekt aufgespalten. Vielleicht manifestiert sich dieser Zustand nicht in Vollkommenheit, aber gelegentlich, wenn wir sanft aus traumlosem Schlaf aufwachen, bekommen wir doch einen Vorgeschmack davon. In diesem Zustand wissen wir nicht, wo wir sind, ja sogar, wer wir sind, sondern nur, daß wir sind. Da noch kein persönliches Gefühl von einem »Ich«, dem Ego, zusammen mit verdinglichten Gegenständen, von unserem Denken ins Dasein gerufen ist, haben wir die dem Geist eigentümliche Einheit noch nicht erschüttert, und es existiert kein Gegensatz zwischen uns und der Welt. Wir befinden uns in einem einheitlichen Zustand vieler Möglichkeiten, aus dem zahlreiche konkrete Erfahrungen hervorgehen können. Übertragen wir nun diese Schilderung auf das kosmische, uns mit Informationen versehende Prinzip, auf den *Unus Mundus*. Es wird uns dann etwas klarer werden, was mit den Worten gemeint sein könnte: »Die potentielle Welt des ersten Schöpfungstages, als noch nichts ›in actu‹, d.h. in der Zwei- und Vielzahl war, sondern nur Eines ... einer potentiellen Welt, welche den ewigen Urgrund alles empirischen Seins bedeutet, so wie das Selbst Grund und Ursprung der individuellen Persönlichkeit ist und letztere in Vergangenheit, Gegenwart und Zukunft umfaßt.«

Ich würde es vorziehen, den *Unus Mundus* als ein mentales oder besser spirituelles Prinzip aufzufassen. Doch Jung versucht Neutralität in bezug auf die Alternative, ob es ein materielles oder mentales Prinzip ist, zu wahren. In seinen Ausführungen über den *Unus mundus* sagt er:

> »Wir wissen zwar aus der Erfahrung, daß psychische Vorgänge mit materiellen in Beziehung stehen, ohne aber in der Lage zu sein, angeben zu können, wie diese Beziehung beschaffen oder wie sie überhaupt möglich sei. Eben weil Psychisches und Physisches in wechselseitiger Abhängigkeit voneinander stehen, ist schon mehrfach die Vermutung ausgesprochen worden, daß sie in einem Jenseits unserer bisherigen Erfahrung miteinander identisch seien, worunter allerdings nicht die willkürliche materialistische oder spiritualistische Hypothese verstanden ist.«[14]

Es sollte jetzt klargeworden sein, wo ich mich in meiner Auffassung von diesem Zitat Jungs unterscheide. Ich will das nicht noch einmal wiederholen. Fragen wir statt dessen: Wenn diese Auffassung von der Weltseele oder dem *Unus Mundus*, der uns anstelle der Newtonschen Materie objektive Erfahrung vermittelt, stimmt, warum empfinden wir sie dann so widersprüchlich zu unseren normalen Überzeugungen? Man sagt im Hinduismus zwar, Unwissenheit sei schon ihrem Wesen nach unerforschlich, weshalb wir sie niemals erklären könnten. Trotzdem will ich einen Versuch machen.

Beginnen wir, indem wir uns daran erinnern, daß alle gewöhnliche Erkenntnis, bei der sich ein Inhalt auf ein Ich bezieht, eine Form der Objektivierung ist. Um irgendeinen Inhalt auf die normale objektive Weise zu erkennen, müssen wir ihn vom Subjekt unterscheiden, vom Licht des Bewußtseins, das durch die empirische Persönlichkeit hindurchscheint. Sogar die Tiefenpsychologie geht so vor, wenn sie unsere Subjektivität erkennen will: Sie verwendet Symbole, was eine spezielle Form der Objektivierung ist. Natürlich sind, wie ich immer betont habe, die Naturwissenschaften völlig auf Erkenntnis im objektiven Sinn eingeschworen. Diese Ausschließlichkeit ist zum großen Teil dafür verantwortlich, daß es uns so schwerfällt, einige der wichtigsten Ergebnisse der Relativitätstheorie und Quantenmechanik zu verstehen – ganz zu schweigen vom Wesen des Geistes.

Wenn der Geist seine Welt objektiviert, bleibt er notgedrungen außerhalb, da er seinem Wesen nach unobjektivierbar ist. Schrödinger nennt diesen Prozeß »Objektivierung«. Er sagt: »Der Geist baut die reale Außenwelt der Naturphilosophie ... ausschließlich aus seinem eigenen, d.h. aus geistigem Stoffe auf. Der Geist kann mit dieser wahrhaft gigantischen Aufgabe nicht anders fertig werden als mittels des vereinfachenden Kunstgriffs, daß er sich selbst ausschließt, sich aus seiner begrifflichen Schöpfung zurückzieht. Daher enthält diese ihren Schöpfer nicht.«[15] Die Objekte nehmen uns dann dermaßen in ihren Bann, daß das eigentliche Subjekt, von Schrödinger das »Subjekt der Erkenntnis« genannt, in den Hintergrund tritt, besonders deshalb, weil es in der »wirklichen Welt« der objektiv existierenden Objekte, der Domäne der Naturwissenschaft, nicht existieren kann.

Da wir also das eigentliche Subjekt nicht objektivieren können, wird sich die Physik, zumindest soweit sie ihre objektive Einstellung aufrechtzuerhalten versucht, niemals angemessen mit der Subjekt-Objekt-Beziehung befassen können. Doch sind sich auch hervorragende Physiker und Philosophen über diesen Punkt im unklaren. Mit anderen Worten, solange sich die Naturwissenschaft ausschließlich auf die objektive Verfahrensweise konzentriert, bleibt ihr die eigentliche Natur des Geistes unzugänglich. Da der Geist unser Bild von der Welt projiziert, werden wir, solange wir selbst in diesem Bild verweilen, den Projektor – die Quelle – niemals erkennen können.

Das eigentliche Subjekt (das in Wirklichkeit die Kategorien von Subjekt und Objekt transzendiert) verstrickt und verliebt sich so sehr in einen bestimmten Aspekt seiner Schöpfung, den psychosomatischen Komplex, der als das Ich bekannt ist, daß wir als der umfassende individuelle Geist bzw. die Seele unsere eigentliche Natur und unseren Rang ganz vergessen. Das ist wirklicher Seelenverlust. Unmittelbar nach dem Einleitungszitat zum vorhergehenden Kapitel, in dem Jung die Seele als »größte aller kosmischen Wunder« feiert, fährt er fort: »Es ist in höchstem Grade merkwürdig, daß die abendländische Menschheit bis auf wenige verschwindende Ausnahmen diese Tatsache anscheinend so wenig würdigt.

Vor lauter äußeren Erkenntnisobjekten trat das Subjekt aller Erkenntnis zeitweise bis zur scheinbaren Nichtexistenz in den Hintergrund.«[16]

Es ist wie mit unserem Hochauflösungs-TV. Die projizierten Bilder würden uns so vereinnahmen, daß wir uns mit den Nöten und Triumphen des Helden zu identifizieren begännen. Und zwar in dem Maße, daß seine Freuden und Leiden zu den unsrigen würden. Dann werden die Antipathien und Sympathien des TV-Helden so wirklich für uns, daß wir vergessen, daß wir selbst es sind, die diesen elektronischen Bildern jenseits ihrer digitalen Signale Sinn und Leben einhauchen.

Dieser Zustand des Seelenverlustes – daß wir das eigentliche Subjekt vergessen – ist also verantwortlich für die Entstehung von Irrtümern der Art, daß wir glauben, es existiere eine vom Geist unabhängige Welt, die irgendwie unsere Wahrnehmungen erzeugt. Schrödinger sagt: »Nichts spiegelt sich! Die Welt ist nur einmal gegeben. Urbild und Spiegelbild sind eins. Die in Raum und Zeit ausgedehnte Welt existiert nur in unserer Vorstellung. Daß sie außerdem noch etwas anderes sei, dafür bietet jedenfalls die Erfahrung – wie schon Berkeley wußte – keinen Anhaltspunkt.«[17]

Schrödinger verneint hier also eine präexistente, in der Raumzeit bestehende materielle Welt, die dann irgendwie sekundär in die Psyche gespiegelt wird. Die akustischen Wellen, die an unser Innenohr treffen, *erzeugen* den Ton, den wir nach vielen Verwandlungen hören, nicht. Der Ton ist das Hören, die Wahrnehmung ist das Ding. Es handelt sich hier um kein Abbild »einfacher Vorgänge im Gehirn«, Ergebnis irgendeiner dem Ganzen zugrundeliegenden Materie, wie Jung auch dazu stehen mag. Sicher, das Gehirn und seine komplizierten Zustände sind mit den Wahrnehmungen koordiniert. Doch befinden sich das Gehirn und all unser Wissen darüber ebenso im Zauberkreis des Bewußtseins wie unsere geheimsten Ängste und Phantasien.

Ein Modell der Synchronizität

Meine kurze Darstellung der uralten Debatte zwischen Materialisten und Dualisten auf der einen und Idealisten oder Mentalisten auf der anderen Seite hatte nicht den Zweck, diese ehrwürdige Kontroverse ein für allemal abzuschließen. Auch können meine Ausführungen über den Mentalismus die durch eine solche Auffassung aufgeworfenen philosophischen Fragen natürlich nicht alle beantworten. Mein Ziel ist nicht, eine erschöpfende – auch den Leser erschöpfende – Analyse der in diesem Buch behandelten Themen zu geben, seien es Tiefenpsychologie, Physik oder idealistische Philosophie. Ich möchte nur untersuchen, wie diese verschiedenen Disziplinen einander erhellen und stützen und was sie zu meiner Auffassung der Synchronizität beitragen können.

Was die Physik betrifft, so übernehme ich die Auffassung der Quantentheorie von Materie als eines Gefüges akausaler Möglichkeiten der Manifestation in einer systemabhängigen Raumzeit, d.h. Möglichkeiten, die ganz entschieden vom Beobachter abhängig und nichtlokal miteinander verknüpft sind. Was die Psychologie betrifft, so nehme ich Synchronizität als ursprüngliches Phänomen und versuche zu begreifen, wie die außerhalb unseres Körpers (nicht außerhalb unseres Geistes) befindliche Welt so subtil und tief mit unseren innersten psychischen Zuständen verwoben sein kann. Die Tiefenpsychologie liefert uns erdrückendes Beweismaterial, daß eine höhere Intelligenz ein besonderes Interesse an unserer psychischen und spirituellen Entwicklung nimmt. Viele Beispiele in diesem Buch bestätigen das. Es ist eine große Aufgabe, diese Zusammenhänge in einem modernen naturwissenschaftlichen Weltbild zu verstehen. Was ich nun sagen will, ist, daß wir, wenn wir alle Erfahrung als vom Geist erzeugt auffassen und davon ausgehen, daß vom Bewußtsein unabhängige Objekte nur Fiktionen unserer Einbildungskraft, Projektionen auf eine mentale Welt sind, zu positiven Erklärungen kommen können, die zur Lösung dieser Aufgabe beitragen. Ich möchte das versuchen, indem ich noch einmal zu den vier Themen des Sinns, der Raumzeit, der Akausalität und der von der Synchronizität implizierten Einheit zurückkehre.

1. Sinn in der Synchronizität

Der archetypische Sinn, der bei der Synchronizität Innen- und Außenwelt akausal verknüpft, spielt eine entscheidende Rolle bei jedem Versuch, dieses Phänomen zu begreifen. Ich hoffe, die vielen in diesem Buch aufgeführten Synchronizitäts-Erfahrungen machen deutlich, daß es sich dabei um einen numinosen Ausdruck transzendenten Sinns handelt, der sich in der Innen- und Außenwelt entfaltet. Synchronizität ist Seelenwerden, eine Enthüllung des kosmischen Selbst, der kosmischen Seele als Sinn, eine Instruktion mittels akausal verknüpfter Ereignisse. Wenn wir nur die inneren Augen besitzen, um zu sehen, so versorgt uns das Selbst sowohl mit den erforderlichen Erfahrungen als auch mit dem für unsere Transformation, unsere Individuation, notwendigen Sinn. In der mentalistischen Interpretation sind physische Welt und Psyche letzten Endes gleicher Natur, verwurzelt in der Tätigkeit des »Großen Bewußtseins«. Dadurch werden sinngemäße Verknüpfungen möglich, ja sind sogar natürlich. Vielleicht ist es im Rahmen dieser einheitlichen Weltanschauung möglich, ein noch tieferes Verständnis für die Synchronizität zu gewinnen, indem wir uns noch einmal mit dem erkenntnistheoretischen Aspekt der Träume befassen.

Geht man davon aus, daß sich im Traum der archetypische Komplex entfaltet und dem Traum seinen Sinn gibt, so verwundert es nicht, daß sich das träumende Subjekt sinnhaft auf die Traumobjekte bezieht. Die Traumpsychologie versucht ja gerade diesen Sinn und die gegenseitige Verknüpfung der Traumbilder auf die abstrakte, ihnen zugrundeliegende Realität des archetypischen Komplexes zurückzuführen. Analog betrachtet: Wenn dem Wachbewußtsein kein den eigenen Gesetzen gehorchendes materielles Substrat zugrundeliegt, sondern die Welt tatsächlich ein Schauspiel kosmischer Intelligenz, sinnhafter Wesenheiten, ist, warum sollten wir dann darüber erstaunt sein, daß unser Innenleben und unsere äußere Erfahrung so innig miteinander verknüpft sind? Innen und Außen sind dann ja nur noch kontrastierende Farben ein und desselben Bildes – unterschiedliche Gedankenformen innerhalb des großen Weltbildes. Wie der psychische archetypische Komplex bestimmte Teile des Traums auf nichtkausale Art ordnet und ihnen Sinn verleiht, so strukturiert der Archetypus die innere und äußere Wachwelt. Wenn die Innenwelt und die Welt außerhalb des Körpers beide aus derselben Substanz sind – Geist – und aus derselben Quelle stammen – unserem höheren Selbst, dem kosmischen Prinzip im Mittelpunkt unseres Wesens –, so wäre es viel eher erstaunlich, wenn diese Welten in unserer individuellen Entwicklung nicht sinngemäß verknüpft wären. Vielleicht ist es nur unsere Unfähigkeit, die eigentliche Natur der Welt zu sehen, die die Synchronizität zu einem so seltenen Ereignis macht. Vielleicht könnten wir uns, wenn wir uns die Wahrheit des Mentalismus vollständiger zu eigen machten, der Synchronizität fortwährend bewußt sein, eben dessen, was Jung »allgemeines ursacheloses Angeordnetsein« nennt. Dann würden sich die gegenseitigen Verknüpfungen ganz natürlich in einer Vielzahl von Modalitäten ausdrücken, von nichtlokaler Physik bis zur Synchronizität.

Der Gedanke, eine höhere Intelligenz lasse diese ganze Welt mit uns als Ich darin in Erscheinung treten, stellt die Individuation in einen größeren Zusammenhang und macht sie verständlicher. Dann bedeutet aber Individuation noch mehr als nur durch Überwindung der Gegensätze zur Einheit zu finden. Es läßt sich dann nämlich noch eine höhere Oktave des Sinns erkennen, wenn wir nur verstehen wollten, daß unser individueller Geist der Schöpfer der empirischen Welt mit all ihren verlockenden Objekten und bitteren Enttäuschungen ist, der Welt, in der das Ich leidet, lernt und stirbt. Wie der Mentalismus betont, stellt der Weltgeist unserem individuellen Geist die Inhalte unserer Welt, einschließlich unserer psychosomatischen Natur, zur Verfügung. Eine vom Geist unabhängige Materie ist eine Schimäre.

2. Überschreiten der Raumzeit durch Synchronizität

Raum und Zeit sind, wie die Relativitätstheorie zeigt, weder fixierbar noch absolut, sondern vom Bezugsrahmen des Beobachters abhängig. Jung behauptete: »An sich bestehen Raum und Zeit aus Nichts ... Sie sind daher wesentlich psychischen Ursprungs.«[18] Nach Jungs an Kant orientierter Auffassung sind Raum und Zeit dem Objekt beziehungsweise der Welt nicht intrinsisch, sondern erzeugen sich aus der Tätigkeit der Seele. Der Mentalist ist ebenfalls der Meinung, daß unser individueller Geist den abstrakten, ihm vom Weltgeist zur Verfügung gestellten Inhalten die besondere Raumzeit-Form verleiht, die für objektive Erkenntnis und die Evolution des Ichs notwendig ist. So versorgt uns der Geist, im Einklang mit Jungs Auffassung, mit Raum und Zeit. Mit anderen Worten, der individuelle Geist benutzt diese Formen, um uns Erfahrung zu ermöglichen. Das bedeutet auch, daß diese Formen oder Modi der Erfahrung den Geist, der sie benutzt, nicht binden können. Deshalb hat ein höherer Aspekt des Geistes Zugang zu einem Wissen, das einem Inhalt innerhalb des Geistes nicht zugänglich ist: dem an die Raumzeit gebundenen Ich. Ein solches Raum und Zeit transzendierenes Wissen nennt Jung »absolutes Wissen«, das in manchen Synchronizitäts-Erfahrungen so anschaulich enthüllt wird. Jung versteht es als Offenbarung der transzendenten Weisheit des Selbst. Er nannte diese Offenbarungen »subjektlose simulacra« oder Archetypen, da auf dieser den Kategorien von Raum und Zeit noch vorausliegenden Ebene keine empirische Persönlichkeit existiert.

Der individuelle Geist benutzt die Kategorien Raum und Zeit in seiner unserer Erfahrung gegebenen Manifestation ebenso wie das Traumbewußtsein, das seine Bilder in Raum und Zeit seiner eigenen Schöpfung stellt. Damit ist die empirische Gültigkeit der Raumzeit des Wachbewußtseins nicht verneint. Doch ergibt sich daraus, daß unser individueller Geist einen geheimnisvollen Aspekt, eine Funktion oder Kraft besitzt, die von den Raum-Zeit-Kategorien nicht begrenzt ist. Durch Kontakt mit diesem höheren Geist kann unser Ich in Synchronizitäts-Erfahrungen Blicke in eine Welt erhaschen, die die normalen Grenzen von Raum und Zeit überschreitet.

In religiöser und mystischer Perspektive ist dieser Aspekt des Geistes, der logisch der Funktion von Raum und Zeit vorausgeht, unsere eigentliche Unsterblichkeit. Diese unobjektivierbare Essenz des Geistes ist aber nicht unsterblich in dem Sinne, daß sie eine unendliche Verlängerung der Zeit wäre, sondern sie ist eine vollständige Transzendenz von Raum und Zeit. Da wir diese Oktave des Geistes niemals objektiv kennenlernen können, suchen wir sie in Meditationen ohne Form, ohne Bilder, in der tiefen Stille unseres Wesens. Eine solche Meditation ist auf der Suche nach einer zumindest zeitweisen Auslöschung des getrennten, auf dem Körper beruhenden Ichs und eines Aufgehens im Unendlichen. Diese Erfahrungen müssen die Begrenzungen der Seele transzendieren – was, wie das nächste Kapitel zeigen wird, Jung für unmöglich hält.

3. Die akausale Natur der Synchronizität

Im Rahmen meiner Theorie läßt sich verstehen, warum Synchronizität akausal ist. Um dieses Verständnis zu erleichtern, wende ich mich kurz noch einmal der Physik zu und betrachte den Kaffee in meiner Tasse mit Wellengekräusel auf der Oberfläche. Ein klassischer Physiker, der die Position und Geschwindigkeit jedes Punktes auf der flüssigen Oberfläche kennt, kann mit absoluter Sicherheit den Zustand dieser Oberfläche zu jedem anderen Zeitpunkt voraussagen. Wir können präzise voraussagen, wie sich all die Wellen und Kräuselungen, die jetzt in Erscheinung treten, durch Reflexion an den Rändern der Tasse und Interferenzen entwickeln. Dieses klassische System ist deterministisch: Die gleichen Anfangsbedingungen führen immer zur gleichen Entwicklung in der Raumzeit. In der Quantenmechanik entwickelt sich, bevor irgendeine spezifische Messung vorgenommen wird, die Wellenfunktion bzw. Wahrscheinlichkeitsverteilung ebenfalls deterministisch. Das heißt, wenn wir die Wellenfunktion eines Systems zu einem gegebenen Zeitpunkt spezifizieren und sich das System *ohne irgendeine Messung* entwickelt, sagt die Quantenmechanik mit absoluter Gewißheit und Genauigkeit die exakte Wellenfunktion zu jedem späteren Zeitpunkt voraus. Solange ein System frei von Einwirkungen durch Messung ist, können wir die Entwicklung der Wellenfunktion ebenso genau und vollständig voraussagen wie die Entwicklung der Wellen in meiner Kaffeetasse. Im klassischen Fall indessen haben wir physikalische Kaffeewellen, während wir im Fall der Quantentheorie nur *Wahrscheinlichkeitswellen* vor uns haben, nicht-physikalische Möglichkeiten der Messung, Potentiale der Manifestation in Gestalt von Raum-Zeit-Ereignissen.

Wir sagen zwar, die nicht gemessenen Möglichkeiten entwickelten sich deterministisch. Doch könnte das zu Mißverständnissen führen, da sich der Determinismus gewöhnlich auf objektive Fakten oder Ereignisse bezieht, auf genau definierte Wesenheiten, die sich in der Raumzeit entwickeln. Wahrscheinlichkeitswellen sind sicherlich keine objektiven Fakten, Ereignisse oder genau definierte Objekte, sondern nur Potentiale beziehungsweise Möglichkeiten. Vielleicht wäre es richtiger zu sagen, die nicht gemessenen Potentiale des Quantensystems entwickelten sich vollständig gesetzmäßig statt deterministisch. Letzterer Begriff ist doch mit all den unerwünschten Assoziationen an die Newtonsche Mechanik besetzt.

In der Quantenmechanik ist es das Ereignis einer einzigen, besonderen Messung, von einem gegebenen Bezugsrahmen aus durchgeführt, die zu den unvoraussagba-

ren oder akausalen Ereignissen führt. Die Einwirkung einer besonderen Messung erzeugt einen Bruch und Übergang von einer gesetzmäßigen Entwicklung von Wahrscheinlichkeiten zu einem unvorhersagbaren Raum-Zeit-Ereignis. Es ist nicht möglich zu sagen, welche Möglichkeiten sich aktualisieren werden, welche Potentialitäten zu physikalischen Ereignissen werden. Könnten wir es, so würde die Natur nicht mehr den statistischen Gesetzen folgen, denen sie, wie wir wissen, folgt. So führt unser Eingriff im partizipatorischen Quantenuniversum durch besondere Messung unweigerlich zur Statistik. Obwohl die wahrscheinlichsten Möglichkeiten sehr, sehr häufig zu Raum-Zeit-Ereignissen werden, gibt es für sie bei der Messung keine genau definierten Ursachen. Sie sind wirklich akausal.

Lassen Sie uns nun mit diesen Gedanken aus der Physik wieder zu Jungs Beschreibung des *Unus Mundus* zurückkehren, der einheitlichen potentiellen Welt, des Prinzips, das logisch (nicht zeitlich) unserer Welt der Erfahrung vorausgeht. Jung beschreibt es als »die potentielle Welt des ersten Schöpfungstages, als noch nichts *in actu*, d.h. in der Zwei- und Vielzahl war, sondern nur Eines ... einer potentiellen Welt, welche den ewigen Urgrund alles empirischen Seins bedeutet ...«[19] Diese potentielle Welt, der ewige Grund von allem, ist analog der der Messung vorausliegenden Wellenfunktion. Ebenso wie das unbeobachtete Quantensystem besteht der *Unus Mundus* aus einheitlichen Möglichkeiten oder Potentialitäten der Manifestation, d.h. nicht konkreten Objekten in der Raumzeit. Jung sieht die Archetypen auf eine ähnliche Weise. Er sagt: »Der Archetypus repräsentiert *psychische Wahrscheinlichkeit*.«[20] (Hervorhebung von Jung) In der Quantenmechanik manifestiert sich ein akausales Raum-Zeit-Ereignis nur dann, wenn ein Individuum als Beobachter auftritt. Unsere Partizipation durch Messung erzeugt Akausalität. Analog dazu tritt Akausalität in unsere Welt ein, sobald irgendein Zentrum des Bewußtseins, ein besonderes Individuum, eine Möglichkeit im *Unus Mundus* aktualisiert. *Sobald eine bestimmte Perspektive, ein endliches Zentrum des Bewußtseins auftritt, wird beim Übergang von Möglichkeit zu Wirklichkeit unweigerlich Akausalität eingeführt.* Indem unser individueller Geist den Möglichkeiten im *Unus Mundus* objektive Existenz gibt und so die Welt miterschafft, bringt er unvermeidlich einen besonderen Gesichtspunkt, ein spezifisches psychosomatisches Zentrum mit all seiner Geschichte und Einzigartigkeit ins Spiel. Und das hat immer einen Ausdruck der Akausalität zur Folge. In den Synchronizitäts-Erfahrungen erhaschen wir einen Blick auf die Einheit des *Unus Mundus*, aber dieser Blick erfolgt durch ein besonderes Zentrum des Bewußtseins, unseren individuellen Geist.

4. Die durch Synchronizität implizierte Einheit

Bei der Beschreibung seines psychologischen Standpunktes sagte Jung: »... und was jene allerrealste, rationale Sicherheit, die Erfahrung, anbelangt, so ist auch ihre einfachste Form noch ein über alle Maßen kompliziertes Gebäude seelischer Bilder. So gibt es gewissermaßen nichts von unmittelbarer Erfahrung als nur gerade das Seelische Selbst ... Wir leben unmittelbar nur in der Bilderwelt.«[21] Wir brauchen Jungs Empirismus nur noch ein wenig weiterzutreiben, um zu erkennen, daß Materie nicht nur nicht unmittelbar erfahren werden kann, sondern auch, vom Geist unabhängig, ein inkohärenter Begriff ist. Dann haben wir den Weg für ein vollständig mentalistisches Bild unserer selbst und der Welt geebnet. Dann kommt die große Einheit zustande, da die »Substanz« sowohl des blauen Himmels als auch mein inneres Erleben des Blaus dasselbe ist – es sind Ideen in meinem individuellen Bewußtsein, Aktualisierungen der Möglichkeiten innerhalb des *Unus Mundus*. Aufgrund unserer eingeprägten Denkgewohnheiten, unserer unbewußten Voreingenommenheiten, unserer Projektionen einer inhärenten Existenz auf die Natur, haben wir große Schwierigkeiten, diese Vorstellung zu akzeptieren. Trotzdem läßt sie sich durch rationale Analyse erhärten, in der Synchronizität erleben und nach vielen Traditionen des Ostens und des Westens in Zuständen höherer Meditation erfahren.

Das folgende Synchronizitäts-Beispiel veranschaulicht sehr lebhaft diese einheitliche Weisheit des Selbst, dieses höhere Wissen, das sich manifestiert, uns führt und uns auch im größten Schmerz ein Gefühl der Sinnhaftigkeit vermittelt.

Synchronizitäts-Zwischenspiel Nr. 10

Lektionen lernen

Über einen Zeitraum von zwei Wochen träumte ich mehrere Male denselben Traum. Er spielte hoch oben auf einem zerklüfteten steilen Felsen – weit über der Baumgrenze, aber nicht ganz auf dem Gipfel. Viele Menschen, Männer und Frauen, die meisten von ihnen sehr alt, hatten sich dort versammelt, rechts von der Mitte und etwas oberhalb von mir auf dem Berg. Alle waren sie schwarz gekleidet, die meisten in einfachen bis zu den Füßen reichenden Gewändern. Alle waren ernst, still und warteten stumm auf irgend etwas ... aber sie schienen nicht wirklich wach zu sein. Besonders erinnere ich mich an das ausgemergelte, kantige Gesicht einer älteren Frau.

Zwar habe ich jetzt das Gefühl, daß ich sogar im Traum keins der Gesichter wirklich erkannte, doch war mir klar, daß es sich um ein Treffen meiner ganzen Familie handelte ... meiner ganzen Sippe sozusagen. Irgendwie waren auch die Familienmitglieder, die ich kannte, da, aber ich erinnere mich nicht wirklich, daß ich ein mir vertrautes Gesicht gesehen hätte.

Links, wieder etwas oberhalb von mir am Berg, sah ich meinen Vater, der damals einundvierzig war. Er war in einer munteren Der-Teufel-soll-es-holen-Stimmung, zum Scherzen aufgelegt und furchtlos – irgendwie mutwillig. Er strahlte vor »Bravour«, so wie ich ihn von einem Foto, das ihn als jungen, schneidigen Bomberpiloten Anfang des Zweiten Weltkriegs zeigt, kenne.

Weiter links von ihm ragte ein scharfer Felsvorsprung fast wie ein starres Sprungbrett über einen tiefen Abgrund hinaus. Mein Vater tänzelte fröhlich auf diesen Vorsprung hinaus und hüpfte dann lustig auf und ab, als ob er all den Versammelten zurufen wollte: »Das macht mir überhaupt nichts aus. Macht es euch etwas aus?«

Da bekam der Felsvorsprung einen Riß, brach ab, und mein Vater fiel mit ihm in den gähnenden Abgrund hinunter. Ich sah jedesmal immer nur den Beginn dieses Sturzes und wachte dann auf. Zwar bin ich mir heute (fast zwanzig Jahre später) nicht ganz sicher, ob mich meine Erinnerung an das Gefühl beim Aufwachen nicht trügt, aber es kommt mir so vor, als sei es eine Mischung gewesen: Ahnung eines jähen und bösen bevorstehenden Wechsels, Warten auf ein großes Mysterium und Ungewißheit. Woran ich mich auch noch erinnere, ist, daß ich immer, wenn ich wieder eingeschlafen war und am nächsten Morgen aufwachte, völlig vergessen hatte, was ich geträumt hatte, und daß ich nachts von dem Traum aufgewacht war. Erst später erinnerte ich mich daran.

Wahrscheinlich ist wichtig, hier anzumerken, daß sich mein Vater beruflich sehr gestreßt fühlte, weshalb er sich kurz vor diesem Zeitpunkt gründlich hatte untersuchen lassen. Doch sein Arzt hatte eine sehr positive Diagnose gestellt: Er bräuchte nur zehn Pfund abzunehmen und wäre dann in ebenso guter physischer Verfassung wie damals, als er als Neunzehnjähriger seinen Militärdienst antrat.

Meine Beziehung zu meinem Vater war niemals »locker« gewesen. Er machte zum Beispiel gelegentlich die Bemerkung: »Deine Familie kannst du dir nicht aussuchen, nur deine Freunde.« Mit seiner Herkunftsfamilie war er nicht gut ausgekommen, ebensowenig mit der meiner Mutter. Trotzdem wurde er von vielen Leuten, sowohl in seinem Zivilberuf als auch als Major des Air National Guard – er war mit der Air Force in Verbindung geblieben –, sehr gemocht und bewundert.

Es war mir seit Jahren klar, daß er es gern gesehen hätte, wenn wir Freunde geworden wären. Aber es war ebenso klar, daß ich ihm offenbar niemals Grund gegeben hatte, solche freundschaftlichen Gefühle mir gegenüber zu entwickeln. Er war ganz einfach auf seine Weise ein Perfektionist. Eine gute Leistung war für ihn eine Selbstverständlichkeit. Auf unsere Beziehung übertragen, wirkte sich das so aus, daß, egal wieviel Mühe ich mir gab, ihm zu gefallen, oder wie sehr andere mich lobten, seine erste Bemerkung war immer: »Das hättest du noch besser machen können!« Und das ging mir durch Mark und Bein, denn ich wußte ja, er hatte recht. Ich kann mich wirklich nicht erinnern, daß er mich auch nur einmal gelobt hätte – nur einmal, als ich vierzehn war und wir ein Gespräch führten.

Es war an einem Freitagabend, er war gerade von der Arbeit nach Hause gekommen. Der Anlaß war ganz unwesentlich. Doch es war das erste Mal, daß ich das Gefühl hatte, er war wirklich an dem, was ich ihm sagen wollte, interessiert. Es war das erste Mal, daß ich wußte und das Gefühl hatte, er denke positiv von mir und respektiere meine Fähigkeit, mir meine eigene Meinung zu bilden und sie auch zu vertreten. Es war eine vollständige Überraschung für mich, aber er sprach zu mir, wie zu einem … Freund.

Am nächsten Tag blieb ich über Nacht bei meinem damals besten Freund. Am nächsten Morgen gingen mein Freund und ich vors Haus und spielten mit einem Baseball. Da klingelte das Telefon. Beim ersten Läuten fielen mir all die vergangenen Träume ein … und noch etwas weit Wichtigeres.

Zum erstenmal wurde mir bewußt, daß ich in den letzten beiden Wochen immer wieder denselben Traum gehabt hatte und von ihm aufgewacht war. Und es fiel mir auch ein, daß ich ihn gerade die Nacht zuvor, gerade Freitagabend oder Samstagmorgen früh gehabt hatte … doch war diesmal das Ende anders gewesen. Denn diesmal war ich beim Sturz meines Vaters nicht aufgewacht, sondern hatte ihm zugeschaut, wie er hinunterfiel, bis ganz drunten. Und diesmal war ich nicht aufgewacht.

Da wußte ich alles. Ich ging ans Telefon, und bevor ich noch etwas gehört hatte, sagte ich: »Ich weiß alles«, obwohl ich wirklich keine Ahnung hatte, was ich wußte. Und während ich es noch sagte, hörte ich schon meine Mutter, wie sie mit tränenerstickter Stimme sagte: »Dein Papa ist heute morgen gestorben.«

Ich sagte: »Ja, ich weiß. Ich bin gleich zu Hause.«

Auf dem Nachhauseweg empfand ich Schrecken, war aber auch von Ehrfurcht vor einem großen, vielleicht unerforschlichen Mysterium erfüllt. Sonst erinnere ich mich an keine anderen Gefühle, außer Leere und einer Empfindung, als wäre mein Leben angehalten worden. Erst später, als ich wieder zu Hause war und die erste Arbeit machte, die mir meine Mutter auftrug, stieg Wut in mir hoch. Während ich im Keller Wäsche aus der Waschmaschine holte, um sie draußen aufzuhängen, geriet ich in hellen Zorn über die Ungerechtigkeit – so wie es mir vorkam –, deren Opfer meine Mutter droben geworden war. Als ich draußen war und die Wäsche auf die Leine hängte, wurden meine Augen wie magnetisch von der Sonne angezogen. Und dort ballte sich die Wut: Mit jeder Faser meines Wesens glühte ich danach, durch den Himmelsraum zu rasen, die Sonne in der Mitte zu durchbohren, meine Hände dem Wesen oder dem Ding, das so etwas verursacht oder zugelassen hatte, an die Gurgel zu legen und eine Erklärung von ihm zu fordern.

Und diese Wut wurde zum Dauerzustand in der Tiefe meiner Seele. Fast sieben Jahre lang hielt sie an.

In dieser Zeit wurde mir zunehmend wichtig, zu verstehen, was da in mir bei dem prophetischen Traum und als ich beim Klingeln des Telefons »alles wußte« gewirkt hatte. Ich wollte auch meinen Kontakt mit dieser Kraft, was sie auch sein mochte, regelmäßiger und dauerhafter machen. Ich wußte, etwas in mir *wußte* wirklich. Ich betrachtete jetzt meine Träume weit aufmerksamer als zuvor, lernte, morgens erst allmählich aufzuwachen, um mich an sie erinnern zu können und eine Einstellung zu entwickeln, die für Winke aus dem Innern empfänglicher wurde. Mehr und mehr wandte ich mich an dieses »Innere«, um verläßliche Informationen zu bekommen. Ich wollte nicht mehr so sehr von diesem äußeren, erworbenen und antrainierten Wissen abhängig sein, bei dem einer doch so blind wie der Arzt meines Vaters gegenüber dem wirklichen Geschehen sein konnte.

Nicht lange, und ich begann Zusammenhänge in meinem täglichen Leben zwischen den morgens erinnerten Traumbildern und Tagesereignissen zu sehen. Vieles von dem, was in meinem Tagleben geschah, nahmen meine Träume schon vorweg – fast wortwörtlich.

Und ich brauchte nicht mehr lange, um dann auch den nächsten Schritt zu tun. Ich fand heraus, daß ich, wenn mir Traumerlebnisse nicht gefielen, bewirken konnte, daß sie im Wachleben nicht passierten: Ich mußte nur sorgfältig darauf achten, sobald dieselbe Situation im Wachleben auftauchte, nichts zu tun oder zu sagen, was ich im Traum getan oder gesagt hatte. Ich wußte zwar niemals, wie es sonst ausgegangen wäre, aber ich erlebte, daß ich oft den im Traum präfigurierten Ausgang der Dinge vermeiden konnte.

Nach einiger Zeit verschwand diese Fähigkeit wieder, doch nicht, ehe ich eine bewußte Einstellung zu den Dingen entwickelt hatte. Ich hatte erkannt, daß meine innere Einstellung, mein inneres Verhalten machtvolle Faktoren waren, die das Ergebnis von Lebenssituationen bestimmen konnten. Es ist, als wäre die äußere »Situation« nur Rohmaterial, das durch die Art und Weise, wie das Individuum darauf reagiert, zu einem bestimmten Endergebnis gestaltet wird: eine andere Reaktion, ein anderes Endergebnis. So versuchte ich also Probleme nicht mehr dadurch zu lösen, daß ich die äußeren Dinge ordnete, sondern dadurch, daß ich mir meine innere, subjektive Einstellung bewußter machte und bei der Entwicklung solcher Einstellungen vorsichtiger zu Werke ging.

14
Harmonien und Disharmonien

Jedesmal, wenn ein Gedanke aufsteigt, sage »Nein!« Schneide ihn einfach ab. Das ist eine sehr alte Übung in den meisten östlichen Traditionen. Dort sagt man dir: »Jedesmal, wenn ein Gedanke aufsteigt, schneide ihm den Kopf ab. Laß ihn nicht eintreten. Schneide ihn ab. Schneide ihn ab. Schneide ihn konsequent ab. Das ist zwar sehr mühsam, aber nach ein paar Monaten merkst du da und dort einen gewissen Fortschritt und beginnst die Ruhe zu spüren, die sich um dich ausbreitet.
ANTHONY DAMIANI[1]

Ich sage, wem ich kann: »Studieren Sie den Yoga. Sie werden unendlich viel daraus lernen, aber wenden Sie ihn nicht an; denn wir Europäer sind nicht so beschaffen, daß wir diese Methoden ohne weiteres richtig anwenden könnten.«
C.G. JUNG[2]

Mit Jung unterwegs:
Psychologische Miterschaffung der Welt

Wie schon erwähnt, spielte sich in Jung immer ein Konflikt zwischen dem vorsichtigen, empirischen Wissenschaftler und dem Menschen ab, dem so viele außergewöhnliche innere Erfahrungen geschenkt wurden. Mit Jung, dem Empiriker, habe ich mich befaßt, als ich seinen psychologischen Standpunkt untersuchte. Jetzt aber will ich über ein berühmtes Erlebnis sprechen, das Jung in Afrika hatte. In diesem Abschnitt möchte ich es aus einer tiefenpsychologischen Perspektive deuten. Im nächsten interpretiere ich dasselbe Erlebnis aus einer mentalistischen Perspektive.

Einen seiner letzten Texte schrieb Jung im Sommer 1959. Er berichtet darin über seine denkwürdige Reise nach Kenia und Uganda Ende 1925. Über die Athi-Plains schreibt er:

> »Auf einem niedrigen Hügel in dieser weiten Savanne erwartete uns eine Aussicht sondergleichen. Bis an den fernsten Horizont sahen wir riesige Tierherden: Gazellen, Antilopen, Gnus, Zebras, Warzenschweine usw. Langsam strömend, grasend, die Köpfe nickend, bewegten sich die Herden – kaum daß man den melancholischen Laut eines Raubvogels vernahm. Es war die Stille des ewigen Anfangs, die Welt, wie sie immer schon gewesen, im Zustand des Nicht-Seins; denn bis vor kurzem war niemand vorhanden, der wußte, daß es »diese Welt« war. Ich entfernte mich von meinen Begleitern, bis ich sie nicht mehr sah und das Gefühl hatte, allein zu sein. Da war ich nun der erste

Mensch, der erkannte, daß dies die Welt war und sie durch sein Wissen in diesem Augenblick erst wirklich erschaffen hatte.

Hier wurde mir die kosmische Bedeutung des Bewußtseins überwältigend klar. ›*Quod natura relinquit imperfectum, ars perficit*‹ (was die Natur unvollständig läßt, vervollständigt die Kunst), heißt es in der Alchemie. Der Mensch, ich, gab der Welt in unsichtbarem Schöpferakt erst die Vollendung, das objektive Sein. Man hat diesen Akt dem Schöpfer allein zugeschrieben und nicht bedacht, daß wir damit Leben und Sein als eine kalkulierte Maschine ansehen, die sinnlos, mitsamt der menschlichen Psyche, nach vorbekannten und -bestimmten Regeln weiterläuft. In einer solchen trostlosen Uhrwerkphantasie gibt es kein Drama von Mensch, Welt und Gott; keinen »neuen Tag«, der zu »neuen Ufern« führt, sondern nur die Öde errechneter Abläufe. Mein alter Pueblo-Freund kam mir in den Sinn: Er glaubte, daß die *raison d'être* seiner Pueblos die Aufgabe sei, ihrem Vater, der Sonne, täglich über den Himmel zu helfen. Ich hatte sie um dieser Sinnerfülltheit willen beneidet und mich ohne Hoffnung nach unserem eigenen Mythos umgeschaut. Jetzt wußte ich ihn und dazu noch mehr: Der Mensch ist unerläßlich zur Vollendung der Schöpfung, ja er ist der zweite Weltschöpfer selber, welcher der Welt erst das objektive Sein gibt, ohne das sie ungehört, ungesehen, lautlos fressend, gebärend, sterbend, kopfnickend durch Hunderte von Jahrmillionen in der tiefsten Nacht des Nicht-Seins zu einem unbestimmten Ende hin ablaufen würde. Menschliches Bewußtsein erst hat objektives Sein und den Sinn geschaffen, und dadurch hat der Mensch seine im großen Seinsprozeß unerläßliche Stellung gefunden.«[3]

In Afrika fand also Jung seinen eigenen Mythos, ebenso wertvoll wie der Mythos, der seinem Pueblo-Freund »Sinnerfülltheit« gab. Wir berühren hier den zentralen Mythos, der Jungs ganzes Leben mit Sinn erfüllte. Es liegt auf der Hand: Wenn es gelingt, Jungs Erlebnis zu verstehen, werden wir ein weit tieferes Verständnis auch für den Menschen und sein Werk gewinnen. Begriffen zu haben, wie »menschliches Bewußtsein erst objektives Sein und den Sinn geschaffen (hat), und dadurch ... der Mensch seine im großen Seinsprozeß unerläßliche Stellung gefunden (hat)«, ist sicher eine sehr tiefe Erfahrung. Ich möchte hier ein paar Worte sagen über diese Rolle der Seele als Mitschöpferin, als Wesen, das die Welt durch Objektivierung vervollkommnet, und zwar von Jungs psychologischem Standpunkt aus.

Für Jung gibt es eine materielle Welt (die erste Schöpfung), die außerhalb der Seele existiert und irgendwie die Bilder in der Seele, die in Raum und Zeit erfahrene objektive Welt (die zweite Schöpfung) veranlaßt. Wenn ein Mensch die Welt nicht erkennt, befindet sie sich nach Jung im Zustand des Nicht-Seins. Die Notwendigkeit, daß es jemanden geben muß, »der wußte, daß es ›diese Welt‹ war«, klingt nach einer spezifischen Anwendung des Begriffs »Nicht-Sein«. Doch muß man sich hier daran erinnern, daß Jung glaubte, die Seele sei notwendig, um die Welt zu einem Objekt zu machen, um die Beziehung des Erkennens zwischen dem empirischen Subjekt, dem Ich, und dem vorgestellten Objekt herzustellen. In »Theoretische Überlegungen zum Wesen des Psychischen« sagt er: »(Die Seele) ist das größte aller kosmischen Wunder und die *conditio sine qua non der Welt als Objekt.*«[4] Würden wir die Welt nicht seelisch, als ein in Raum und Zeit in der Seele aufgeführtes Schauspiel, erfahren, so würde sie nicht-objektiv, in einem Zustand des Nicht-Seins, verbleiben. Bevor sie nicht durch das menschliche Bewußtsein mit all seinen Vorzügen und Begrenzungen erhellt wird, ist sie nicht »*diese* Welt« (Hervorhebung von mir). Erst im menschlichen Bewußtsein ist sie »die Welt als Objekt«. Da für Jung Zeit und Raum »wesentlich psychischen Ursprungs« sind, stammt unser raumzeitliches Weltbild aus dem Umstand, daß wir Raum und Zeit in der Seele erkennen, nicht weil sie der Welt intrinsisch wären.

Jung schildert die erste Schöpfung als »ungehört, ungesehen, lautlos fressend, gebärend, sterbend, kopfnickend«. Der Seele noch unbekannt, existiert eine solche Welt nur »in der tiefsten Nacht des Nicht-Seins zu einem unbestimmten Ende hin«. Für uns könnte sie, falls sie unserer Seele nicht bekannt wäre, ebensogut auch nicht existieren. Wir müssen uns darüber im klaren sein, daß Jungs Beschreibung der »ersten Schöpfung«, der der Seele unbekannten Welt, symbolisch zu verstehen sein muß, denn sie als »kopfnickend« zu beschreiben, heißt sie so abzubilden, *wie wir sie kennen, als Objekt in der Psyche.* Da die Welt, ehe sie der Seele unbekannt ist, nicht objektiv ist, ist es nicht möglich, anders als symbolisch über die unbekannte, nicht-objektive Welt der »ersten Schöpfung« zu sprechen.

Etwa zur selben Zeit, als Jung diesen Teil seiner Autobiographie verfaßte, vollendete er auch sein »Mysterium Coniunctionis«. Er bezieht sich in diesem Werk zwar nicht im besonderen auf sein afrikanisches Erlebnis, gibt aber eine philosophische Darstellung des Themas, die deutlich mit seinem Afrika-Erlebnis zusammenhängt und meine Deutung seines Erlebnisses auf den Athi-Plains bestätigt. Er schreibt:

> »Alle Urwelten vor dem Menschen waren physisch vorhanden. Sie waren ein namenloses Geschehen, aber kein bestimmtes Sein, denn es gab jene minimale Konzentration des ebenfalls vorhandenen Psychischen noch nicht, welche das Wort aussprach, das die ganze Schöpfung aufwog: *Das ist die Welt, und das bin ich.* Das war der erste Tag der Welt, der erste Sonnenaufgang nach dem Urdunkel, als jener bewußtseinsfähige Komplex, der Sohn der Dunkelheit, das Ich, erkennend Subjekt und Objekt schied und damit der Welt und sich selbst zum bestimmten Sein verhalf, denn es gab ihr und sich selber Stimme und Name.«[5]

Seine Erlebnisse in Afrika hatte Jung mit fünfzig. Er wurde sich damals zum ersten Mal seines Lebensmythos voll bewußt. Seine Reflexionen als 85jähriger über diese Erlebnisse sind für mich ein Höhepunkt sowohl seiner Autobiographie als auch des »Mysterium Coniunctionis«, da sie den Gedanken des Sinns in einen größeren Zusammenhang stellen. Im zweiten Kapitel dieses Buches habe ich Jungs Begriff des Sinns mit Hilfe der Begriffe der unbewußten Kompensation und der Individuation untersucht. Schon in diesem frühen Stadium unserer Auseinandersetzung gab es Hinweise auf die Tiefe des Sinnbegriffs, zum Beispiel als Marie-Louise von Franz sagte, Individuation sei die Aufgabe, »die eigene Verbindung mit dem universellen Sinn«[6] zu finden. Für Jung ist die Rolle der Seele als Mitschöpferin der Welt durch Objektivierung, durch Aufspaltung der uns angeborenen Einheit von Subjekt und Objekt, die höchste Oktave des Sinns. Letzten Endes sind all unsere einzelnen Individuations-Erfahrungen nur Stücke eines Puzzles oder Mosaiks, das uns diese große Wahrheit lehrt. Die Unterrichtsmittel sind aber nicht Texte, Referate und Examina, sondern die Freuden und Leiden des Lebens, die Enttäuschungen, Ängste und Erfüllungen der irdischen Existenz. Dies sind die Mittel, die die Seele anwendet, um uns über ihre Würde und ihren Rang als Mitschöpferin und Vervollkommnerin der Welt zu belehren. Hier hat »menschliches Bewußtsein erst ... objektives Sein und den Sinn geschaffen, und dadurch hat der Mensch seine im großen Seinsprozeß unerläßliche Stellung gefunden«.

Mit Jung unterwegs: Philosophische Miterschaffung der Welt

In diesem Abschnitt will ich das Afrika-Erlebnis noch einmal aufgreifen, es aber von einem mentalistischen Standpunkt aus interpretieren. Dadurch läßt er sich leichter von dem psychologischen Standpunkt unterscheiden. Doch lehnt der Mentalismus die psychologische Interpretation keineswegs ab. Er schmälert die Bedeutung der Seele in keiner Weise.

Wie in den letzten beiden Kapiteln hervorgehoben wurde, existiert vom mentalistischen Standpunkt aus die Welt erst dann in der Raumzeit bzw. ist uns erst dann in der Raumzeit gegeben, wenn sie von einem individuellen Bewußtsein erkannt wird. Jung scheint Anhänger dieses Standpunktes gewesen zu sein, war aber nicht ganz konsequent. So sagt er zum Beispiel im »Mysterium«, »alle Welten, die jemals vor dem Menschen existiert haben, waren physisch *da*«. Doch »physisch *da*« impliziert eine objektive Existenz, ja es klingt wie eine Existenz im physischen Raum und in der physischen Zeit. Das widerspricht also seiner Einsicht, daß »(der

Mensch) der zweite Weltschöpfer selber (ist), welcher der Welt erst das objektive Sein gibt«.

Für den Mentalisten aber, der davon ausgeht, daß die allumfassende Tätigkeit des Geistes durch dessen Vorstellungskraft gleichzeitig das Ich und die empirische Welt ins manifeste Dasein ruft, gibt es keine solche Verwirrung. Für ihn ist es nicht richtig, die großen Herden vor der Ankunft des Menschen so zu betrachten, als existierten sie, *wie wir sie kennen*, d.h. »*lautlos fressend, gebärend, sterbend, kopfnickend durch Hunderte von Jahrmillionen*«. Sicher, die Herden und ihre Welt können ein Dasein für sich gehabt haben, aber nur als Inhalt innerhalb dessen, was wir uns als *ihre Bewußtseinsart vorstellen*. Unsere Wiedergabe ihrer Welt ist natürlich *eine Konstruktion innerhalb unseres Bewußtseins*. Welche Daseinsart wir der Welt vor dem Auftreten der Menschheit auch zuschreiben mögen, wir müssen sie uns in unserem Bewußtsein vorstellen, heraufbeschwören oder abbilden und rufen sie somit als Inhalt des Bewußtseins ins Dasein. Eine rein materielle Welt, eine Welt ohne jedes Bewußtsein ist sowohl undenkbar als auch nicht-imaginierbar und existiert ganz gewiß nicht innerhalb einer Raumzeit als Schöpfung der Seele, ist nicht »physisch da«.

Der Mentalist unterscheidet sich vom psychologischen Standpunkt insofern, als Jung eine materielle, außerhalb der Seele existierende Welt fordert, die »erste Schöpfung«. Im Gegensatz dazu sagt der Mentalist, alle möglichen Welten, sowohl innen als auch außen, psychisch wie materiell, seien nur ein ausgedehnter Gedankenkomplex innerhalb des Bewußtseins und Materie nur *eine* Art des Denkens. Die Welt hat zwar ein von uns unabhängiges Dasein, wir leben *nicht* solipsistisch, und die Weltseele oder das Weltbewußtsein ist der letzte Garant für die Faktizität der Welt und ihre Entwicklung. Trotzdem ist uns die Erfahrung der Welt, sei sie uns unmittelbar in Gestalt eines herrlichen Sonnenuntergangs gegeben oder in unseren Theorien über die Erde vor dem Auftreten der Menschheit verkörpert, nur als Inhalt innerhalb unseres Bewußtseins bekannt. Die unbewohnte Welt vor dem Auftreten der Menschheit ist ebenso ein Bewußtseinsinhalt wie die Genugtuung, die Jung erlebte, als er seinen Lebensmythos gefunden hatte.

In der mentalistischen Interpretation besteht unsere Mitschöpfung darin, daß wir den von der Weltseele uns zur Verfügung gestellten abstrakten Inhalt in unserem individuellen Geist oder in unserer Seele mittels des Denkens in ein objektives raumzeitliches Dasein umsetzen. Das Ding ist der Gedanke. Es gibt nur eine Präsentation fürs Bewußtsein, nur eine Schöpfung, die wir zusammen mit der Weltseele vollziehen. Keine präexistente materielle Welt wird von der Seele aufgenommen und vom Ich als Objekt erkannt. Wie sagte doch Schrödinger: »Nichts spiegelt sich! Die Welt ist nur einmal gegeben! Urbild und Spiegelbild sind eins. Die in

Raum und Zeit ausgedehnte Welt existiert nur in unserer Vorstellung. Daß sie außerdem noch etwas anderes sei, dafür bietet jedenfalls die Erfahrung – wie schon Berkeley wußte, keinen Anhaltspunkt.«[7] Natürlich darf diese erhabene Rolle unseres individuellen Geistes auf keinen Fall mit der Tätigkeit des Ichs verwechselt werden, da ja der individuelle Geist auch das Ich ins Dasein denkt, zusammen mit der Welt, die dem Ich als objektiv erscheint. Das kosmische Prinzip des Geistes gibt dem Menschen Würde, ja sogar Majestät, doch ein wirklicher Kontakt mit diesem Prinzip setzt voraus, daß wir über unsere Persönlichkeit hinaus, über unsere Seele hinaus zum eigentlichen Grund unseres Seins vordringen. Und da der Geist der Schöpfer der Objektivität ist, kann er selbst niemals Objekt sein, woraus sich die Notwendigkeit einer objektlosen Meditation ergibt.

Vielleicht kann die erkenntnistheoretische Untersuchung von Träumen unsere Miterschaffung der Welt illustrieren. Angenommen, ich schlafe im Zustand großer Angst ein. Dann träume ich davon, daß ich vor zwei großen Abschlußprüfungen stehe und mit Schrecken bemerke, daß ich mich weder vorbereitet habe noch überhaupt weiß, wo sie stattfinden. Ich suche verzweifelt nach dem Prüfungsraum. In diesem Beispiel ist die abstrakte, formlose Angst der wesentliche Trauminhalt, der primäre Sinn, der nicht in der Raumzeit des Traums existiert. Die konkreten, voll ausgestalteten raumzeitlichen Traumbilder der beiden Prüfungen dagegen, meine mangelnde Vorbereitung und meine verzweifelte Suche nach dem Zimmer sind die sekundäre Objektivierung dieser Angst. Der primäre Inhalt bzw. Sinn (analog zur abstrakten Angst) ist der Input der Weltseele. Dieser Inhalt ist echt objektiv, da er uns die Kontinuität und Gemeinsamkeit unserer Erfahrungen gewährleistet. Doch existiert der primäre Input der Weltseele (meine Angst), obwohl real, doch nicht konkret, nicht in Raum und Zeit, nicht als Komplex von Bildern in der Seele. Wie Schrödinger sagt: »Nichts spiegelt sich! Die Welt ist nur einmal gegeben.« Erst wenn mein individueller Geist, meine Imagination in Tätigkeit, meine Seele oder meine Psyche den abstrakten *Input* der Weltseele verkörpert und in raumzeitliche Bilder kleidet, sie also für das Ich objektiv macht, ergibt sich die Welt unserer normalen Erfahrung.

Aber auch innerhalb eines mentalistischen Kontextes ist es möglich, von einer ersten und zweiten Schöpfung zu sprechen. Dann tritt die erste Schöpfung auf, sobald der Geist ein raumzeitliches Bild der Welt, das vor der Spaltung in Ich und Objekt liegt, konstruiert. In manchen künstlerischen oder schöpferischen Augenblicken, wenn das Bewußtsein ganz still ist, wenn der unaufhörlich fließende innere Dialog aufhört, wenn unsere Wünsche und Erwartungen abebben, erleben wir eine Welt in Raum und Zeit, die aber noch nicht in scheinbar unabhängige, einem Ich gegenüberstehende Objekte auseinandergebrochen ist. Die Empfindung einer persönlichen Identität, eines die Objekte erkennenden Ichs, ist weitgehend verschwunden. An ihrer Stelle befindet sich eine einheitliche Welt, oft begleitet von einem unvergeßlichen Frieden. Im vorigen Kapitel habe ich versucht, eine Ahnung von diesem Bewußtseinszustand zu vermitteln, als ich schilderte, wie man ohne irgendeinen Gedanken aus tiefem Schlaf erwachen kann. Dieser Zustand hält normalerweise nicht lange vor, denn bald brechen die alten Denkgewohnheiten diese einheitliche Welt wieder auf, und das uns so vertraute Ich drückt all seine Aversionen und Wünsche in einer in verschiedene Objekte zerstückelten Welt aus – der zweiten Schöpfung. Die erste Schöpfung ist häufig das Ziel mystischer Erfahrungen, doch sind beide Schöpfungen Inhalte im individuellen Bewußtsein.

Im Rahmen des Mentalismus läßt sich auch begreifen, was die Buddhisten mit dem Ausdruck, die Welt sei der Schoß der Buddhas, sagen wollen. Wir sind keine folgenlosen, seelischen Wesen, die in einer unendlichen, gleichgültigen materiellen Welt herumwandern müssen, keine »Mikroben einer Epidemie«, wie Robert Frost uns schildert. Unser Ich erkennt die tiefere Wahrheit unseres Seins, unsere Rolle als Mitschöpfer und Vervollkommner der Welt in einer einheitlichen, in Bewußtsein aufblühenden Welt. In Synchronizitäts-Erfahrungen erleben wir zugleich mit der sich jeweils darin verkörpernden unbewußten Kompensation anschaulich die wesentliche Einheit der Innen- und Außenwelt, die Einheit von Seele und Materie und deren Durchdrungensein von akausalem Sinn – Fragmenten des universellen Sinns. Wir erleben dann die gegenseitige Abhängigkeit von Ich und Welt. Vorausgesetzt, wir verstehen solche Erlebnisse richtig, machen wir dann nicht den Fehler, den »kosmischen Sinn des Bewußtseins« für die Tätigkeit des Ichs innerhalb dieser Erfahrung zu nehmen. Wir begreifen vielmehr, daß das Ich und was wir so unreflektiert als materielle Welt bezeichnen, nur kontrastierende Farben des einen Weltbildes sind, von unserem individuellen Geist in die raumzeitliche Form hineingedacht.

Spannungen und Dissonanzen

In diesem Buch habe ich zumeist versucht, die Harmonie und die gegenseitigen Beziehungen zwischen Tiefenpsychologie, Physik und der idealistischen Philosophie herauszustellen. Gelegentlich, wie bei der Diskussion des psychologischen Standpunktes und besonders Jungs Einstellung zu Ramana Maharshi, tauchten auch Spannungen und Dissonanzen auf. In diesem Abschnitt möchte ich einige weitere Dissonanzen im Bereich unserer Hauptthemen darstellen, in der Hoffnung, daß die Diskussion zugleich unser Verständnis für die Harmonien befördert und uns zu einem tieferen Nachdenken über die Differenzen veranlaßt.

Viele Menschen, einschließlich mancher Jungianer, glauben, es bestünden keine Differenzen zwischen der Jungschen Psychologie und dem spirituellen Weg, der in verschiedenen Varianten der Spiritualität Indiens beschrieben wird. Doch habe ich aufgrund meiner Lektüre und meiner persönlichen Erfahrungen mit den Vertretern der Tiefenpsychologie und der Spiritualität sowie ihren Vorgehensweisen einen anderen Eindruck gewonnen. (Das Einleitungszitat zu diesem Kapitel illustriert diesen Punkt.) Es besteht ein Konflikt sowohl in bezug auf die letzten Ziele als auch die Methoden zwischen Tiefenpsychologie und den spirituellen Traditionen Indiens, etwa Buddhismus und Hinduismus (*Vedanta*), die die Befreiung von der Seele und ihren Gegensätzen versprechen. (Der Kürze halber nenne ich all diese Traditionen befreiende Philosophien.) Auf die Frage, wie sich die Jungsche Psychologie zu diesen Traditionen verhält, habe ich keine vollständige Antwort. Doch trotz Jungs Warnung vor Yoga, wie sie im Einleitungszitat zu diesem Kapitel zum Ausdruck kommt, versuche ich ebenso wie eine wachsende Anzahl von Menschen in dem Licht zu leben, das die Tiefenpsychologie einerseits, die befreienden Philosophien in ihrer Betonung der Meditation andererseits ausstrahlen. Insofern dürfte dieses Thema für viele von mehr als nur intellektuellem Interesse sein. Zwar würde der Gegenstand eine weit ausführlichere Diskussion erfordern, als hier möglich ist, doch soll der Vollständigkeit halber zumindest eine explizite Andeutung dieser Spannungen gegeben werden.

1. Prinzipielle Differenzen

Die Erkenntnisse, daß eine höhere Intelligenz unser Leben leitet – man nenne sie, wenn man so will, den Archetypus des Selbst –, ist eine starke Quelle der Inspiration und des Trostes. Aber diese Wahrheit wirklich zu erleben erfordert mehr, als nur ein paar Projektionen aufzulösen und Träume zu interpretieren. Es verlangt lebenslange Bemühung oder, nach den Buddhisten, viele Leben psychischer und spiritueller Bemühung. Für Jung ist der Prozeß der Individuation wie der Polarstern: ein Leitstern, den man aber niemals wirklich erreicht. Auf der anderen Seite halten die befreienden Philosophien an ihrem Ziel fest, über die Seele und all ihre Gegensätze hinauszugelangen, Erleuchtung zu erreichen und in einen Zustand einzutreten, bei dem man sich ununterbrochen bewußt ist, daß alles Erleben spirituell ist. Auch wenn wir nun die Individuation als Vorbereitung auf eine solche Befreiung auffassen, gibt es doch noch große Unterschiede zwischen dem Individuationsprozeß und der Erleuchtung, zwischen einer Führung durch die Seele und einem Überschreiten der Grenzen der Seele. Individuation – das heißt Führung durch das Selbst –

ist wie das Erkennen einer Spur in der weglosen Wüste der Seele. Befreiung auf der anderen Seite – das heißt, sich der endlosen Manifestationen der Seele bewußt zu sein und gleichzeitig das wahre Wesen als Teil des Göttlichen ständig aufrechtzuerhalten – ist wie ein festes Lager in einer Oase. Wir wissen dann von der endlosen Ausdehnung der Wüste, sind aber ihren Härten, dem endlosen Spiel der Gegensätze, nicht mehr ausgeliefert.

Um den Pfad zur Befreiung einmal mit der Individuation zu vergleichen, ist es am besten, ihn in zwei Abschnitte aufzuteilen. Zuerst kommt das Eintreten in die göttliche Stille unseres innersten Wesens, das Erfahren des unobjektivierbaren Subjektes, mit dem wir identisch sind – des wahren Subjektes. Denn da wir uns nicht selbst zum Objekt werden können, vermögen wir uns dem wahren Subjekt nicht wie anderen Denkinhalten zuzuwenden. Doch dieses Bewußtsein im Kern unseres Wesens löst unsere Erfahrung von aller Erdenschwere. Die gewaltige meditative Bemühung, die uns in Kontakt mit diesem Prinzip bringt, kulminiert im Erreichen eines vollkommen formlosen, gedankenfreien Zustandes – *Nirvikalpa samādhi*. Da dieser Zustand vollständig ohne Form ist, transzendiert er die Psyche.

Anthony Damiani unterscheidet klar zwischen der Psyche, dem Reich verwirrender Formen, einerseits und dem formlosen Spirituellen andererseits. In »Looking into Mind« beschreibt er die echte spirituelle Einsicht ohne Form. In einer Unterredung mit seinen Studenten sagt er:

> »Während dieser Einsicht existiert kein Raum-Zeit-Kontinuum, es gibt keine Gedankenform. Sie befinden sich im äußersten, absoluten Schweigen. Bringen Sie aber nur den leisesten Hauch wieder hinein, die leiseste Vorliebe, dann haben Sie wieder Himmel und Hölle. Absolutes Schweigen ist erforderlich.
> Viele Leute, die mit ihrer Psyche Erfahrungen machen, glauben, es sei die Seele. Auch ich bin diesem Irrtum mehrere Male erlegen. Aber die Psyche ist nicht die Seele. Die Psyche ist nicht Leere. Die Psyche ist die lebende Form des Organismus, ob sie mit diesem ausgestattet ist, sich darin verkörpert oder ob er sich im Reich der Psyche selbst, im Reich der Feinstofflichkeit, befindet. Aber sie ist keineswegs der Geist. Sie ist nicht das Über-Selbst.
> … Psychische Erfahrungen können Sie immer leicht als solche erkennen. Es sind nämlich immer Formen daran beteiligt. Wie fein, wie engelhaft eine solche Erfahrung auch daherkommen mag – es ist immer eine Form. In einer spirituellen Erfahrung des Über-Selbst jedoch gibt es nichts dergleichen. Wenn Sie also die Empfindung haben, irgendein göttliches Wesen steige hernieder und küsse Sie während der Meditation auf Ihre Stirn, so ist das psychisch, nicht spirituell. Und die vielen Arten möglicher psychischer Erfahrungen sind endlos.«[8]

Der zweite Abschnitt der spirituellen Reise erfordert, daß das im ersten Abschnitt Erreichte, das gedankenfreie Bewußtsein, in die Welt der Phänomene übertragen wird. Auf der zweiten Stufe muß der Adept ein stetiges Bewußtsein des Göttlichen aufrechterhalten, während er selbstlos in der Welt für andere wirkt. Die Inder nennen diesen Zustand, den zum Beispiel Ramana Maharshi erlangt hatte, *Sahaja samādhi* – den vollkommen nicht-dualistischen Zustand oder die Verfassung völligen Befreitseins noch im Leben. Man ist dann also ein Jīvanmukta. Im Buddhismus ist das der Zustand der Buddhaschaft – vollkommene Erleuchtung. Hier ist man vollständig über die Gegensätze hinausgelangt. Jetzt sind – in der Befreiung – Samsāra und Nirvāna, Schein und Sein, Vielheit und Einheit, Tun und Ruhen und all die mannigfachen Gegensätze des Lebens überwunden. Im Gegensatz dazu steht das Problem der Gegensätze zentral in Jungs Werk, und er war stets der Auffassung, daß wir sie niemals vollständig überwinden könnten, wie es die indischen Traditionen behaupten. Zum Beispiel sagt er: »Jegliches Ding bedarf zu seiner Existenz seines Gegensatzes, ansonst es bis zum Nichtsein verblaßt. Das Ich bedarf des Selbst und umgekehrt.«[9] Für Jung ist es unmöglich, über die Gegensätze hinauszugelangen. Sobald wir ein Gegensatzpaar harmonisiert haben, wartet mit Sicherheit schon ein anderes auf uns. Und ohne diese dauernde Spannung zwischen den Gegensätzen gibt es kein Leben. Entsprechend sagt Jung: »Vollständige Befreiung bedeutet Tod.«[10]

2. Praktische Differenzen

Um den Unterschied zwischen Tiefenpsychologie und befreienden Philosophien noch deutlicher herauszuarbeiten, möchte ich kurz auf Jungs Technik der aktiven Imagination eingehen und sie fortgeschrittenen Formen der Meditation gegenüberstellen. Wie das Einleitungszitat von Jung zu Beginn dieses Kapitels zeigt, glaubte er nicht, daß Meditation für die westliche Mentalität geeignet sei. Er war vielmehr der Überzeugung, die Durchführung aktiver Imagination könnte zu einem gesunden, schöpferischen Dialog zwischen den Urgegensätzen führen: dem bewußten Denken und dem Unbewußten, zwischen dem Ich und den Archetypen. In der Jungschen Analyse wird aktive Imagination häufig erlernt, um den Individuationsprozeß zu vertiefen und dem Menschen eine Technik an die Hand zu geben, mittels der er diesen Dialog zwischen dem Bewußten und dem Unbewußten für den Rest seines Lebens selbständig weiterführen kann. Sie erlaubt dem Betreffenden, den Prozeß der Individuation unabhängig vom Analytiker fortzusetzen. Mit einem Wort, außer der Beschäftigung mit Träumen ist die aktive Imagination für Jung die wichtigste psychologische Technik, sich mit den Gegensätzen auseinanderzusetzen. Angesichts dieser Wichtigkeit ist es erstaunlich, wie wenig Jung über die aktive Imagination geschrieben hat. Seine besten Ausführungen dazu finden sich im letzten Kapitel seines letzten großen Werkes »Mysterium Coniunctionis« und in seiner Abhandlung in Band acht, betitelt »Die tranzendente Funktion«. Auch Barbara Hannahs »Encounters with the Soul: Active Imagination«[11] und Marie-Louise von Franz' »Psychotherapie«[12] können hier hilfreich sein.

Im »Mysterium« erläutert Jung, man könne entweder mit einem Traum oder einem Phantasiebild oder überhaupt nur einer Empfindung anfangen. Der Gedanke dabei ist, sich intensiv auf das Bild zu konzentrieren und zuzulassen, daß es sich von sich aus in ein Phantasieschauspiel verwandelt: »Es entwickelt sich daraus eine Kette von Phantasievorstellungen, die allmählich dramatischen Charakter annehmen, d.h. aus dem bloßen Vorgang wird Handlung ... Mit anderen Worten, man träumt mit offenen Augen.«[13] Damit aber aus diesem Prozeß mehr als nur ein inneres Zwiegespräch wird, müssen wir uns aktiv daran engagieren. Wir müssen ein Gespräch zwischen dem Unbewußten und uns in Gang setzen, um Harmonie in die gegensätzlichen Polaritäten des Bewußten und Unbewußten zu bringen. In diesem Sinne sagt Jung:

> »Wenn der Beobachter versteht, daß auf dieser inneren Bühne sein eigenes Drama aufgeführt wird, dann kann ihm die Peripetie und die Lysis nicht gleichgültig bleiben. Er wird bemerken, daß die auftretenden Figuren und der sich schürzende Problemknoten in absichtsvoller Beziehung zu seiner Bewußtseinslage stehen, daß er mithin also vom Unbewußten, das ihm die Phantasiebilder einfallen läßt, angesprochen ist. Er fühlt sich deshalb gedrängt oder wird von seinem Arzte dazu ermahnt, selber sich in das Schauspiel zu mengen und aus dem anfänglichen Theaterstück eine wirkliche Auseinandersetzung mit seinem eigenen Gegenüber zu machen.«[14]

Es werden also Gespräche zwischen den Phantasiefiguren und dem Ich geführt. Wir entwickeln ein echtes Zwiegespräch, um die »absichtsvolle Beziehung zu seiner Bewußtseinslage« ans Licht zu bringen. Jung betrachtet tatsächlich den gesamten alchemistischen Prozeß als Illustration der aktiven Imagination. An späterer Stelle im »Mysterium« sagt er zum Beispiel: »Kurz gesagt, die alchemistische Operation erscheint uns als das Äquivalent eines psychologischen Verfahrens, nämlich der aktiven Imagination.«[15]

Stellen wir nun diesen Dialog den traditionellen Yoga-Meditationstechniken (der Hindus und Buddhisten) gegenüber. Hier ist das Ziel, den unaufhörlich in unser Bewußtsein einströmenden Gedanken, sei es während der normalen Alltagsaktivitäten oder in der Meditation, gerade nicht zu folgen. Dem Übenden, der mit Meditation beginnt, wird immer gesagt: »Nimm keine Notiz von den Gedanken. Laß sie vorübergehen. Wende ihnen keine besondere Aufmerksamkeit zu. Belebe sie nicht mit deinen Interessen.« In dieser Sicht ist das Bewußtsein eine Maschine, die gnadenlos und unaufhörlich Probleme und Ängste, Sorgen und Wünsche an uns heranführt. Diese binden uns weiter fest an Samsāra – das leidvolle Spiel der Gegensätze. In der Meditation ist ein Dialog mit unseren Gedanken gerade das letzte, was wir wollen. Je besser wir die Fähigkeit zur Konzentration entwickeln, desto willensstärker werden wir, und desto besser sind wir imstande, unser Bewußtsein zur Ruhe zu bringen. Anthony Damiani, den ich schon zitiert habe und der uns dazu anspornt, bei der Meditation alle Formerlebnisse zu ignorieren, gibt ein anschauliches Beispiel für diese größere Willensstärke, die mit allen Objekten oder Hilfsmitteln für die Meditation aufräumt.

> »Jedesmal, wenn ein Gedanke aufsteigt, sage Nein! Schneide ihn einfach ab. Das ist eine sehr alte Übung in den meisten östlichen Traditionen. Dort sagt man dir: ›Jedesmal, wenn ein Gedanke aufsteigt, schneide ihm den Kopf ab. Laß ihn nicht eintreten. Schneide ihn ab. Schneide ihn ab. Schneide ihn konsequent ab‹. Das ist zwar sehr mühsam, aber nach ein paar Monaten merkst du da und dort einen gewissen Fortschritt und beginnst die Ruhe zu spüren, die sich um dich ausbreitet. In Zen-Klöstern ist das eine der beliebtesten Übungen. Sie heißt ›Hua T'ou-Übung‹ und ist wirklich sehr einfach und direkt.
> Stellen Sie sich vor: Es hat geregnet. Sie sind draußen im Freien, blicken zu Boden, und plötzlich taucht ein Wurm aus der Erde vor Ihnen auf. Ganz ähnlich sollten Sie auf Ihr Bewußtsein schauen. Nur geht es schneller, wenn Sie das bei der Meditation machen, weil Sie dann schon von vornherein auf der richtigen Spur sind. Aber wenn Sie die Technik erst einmal heraushaben, können Sie sie anwenden, während Sie Wäsche oder Teller waschen oder das Zimmer kehren oder sonst etwas dergleichen. Und die Technik ist etwa folgendermaßen: Auf dieselbe Art, wie Sie, wenn es geregnet hat, auf die Erde blicken, blicken Sie auf Ihr Bewußtsein. Sie schauen sehr intensiv in diese Dunkelheit hinein. Sie schauen, und Sie schauen, gerade dann, wenn ein Gedanke aufsteigt. Steigt ein Gedanke auf, dann schneiden Sie ihn mitten durch. Sie lassen ihn gar nicht erst hochkommen. Genau wie Sie diesem kleinen Wurm den Kopf abschneiden. Lassen Sie ihn gar nicht erst herauskommen. So, genau so, schauen Sie in Ihr Bewußtsein. Ein Gedanke steigt auf, und Sie halten ihn an.«[16]

Bei dieser Methode gibt es keine Gedanken oder Objekte, über die man meditieren müßte. In dieser objektlosen Meditation blicken wir unmittelbar in die Leere des Bewußtseins, ins Schweigen, und schneiden alle störenden Gedanken, Phantasien und Empfindungen ab. Und dieselbe wachsame Methode des Abschneidens von Gedanken in der Meditation wenden wir dann auch bei alltäglichen Tätigkeiten wie Tellerwaschen an.

Die Tiefenpsychologie dagegen kultiviert die Bilder in der Seele durch aktive Imagination oder andere Techniken, damit uns die Seele Führung gibt, und wir den Zweck des Bildes erkennen können. Die befreienden Philosophien jedoch versuchen die Gedankenwellen zu beruhigen, so daß die unobjektivierbare Achtsamkeit, ob wir sie Buddha, Bewußtsein oder Ātman nennen, durch die endliche Persönlichkeit hindurchscheinen kann. Diese Philosophien sind davon überzeugt, daß trotz der dadurch für den Verstand aufgeworfenen Paradoxien das Endliche dem Unendlichen begegnen kann, daß wir die Gegensätze überwinden können.

Die Befreiungs-Philosophien geben uns Anleitung zur Erlangung eines ruhigen Bewußtseins, weil sich nur in der Stille das Unendliche manifestieren kann und weil wir nur durch die Stille verstehen können, in welcher Weise wir Mitschöpfer der Welt und im Innersten göttlich sind. Jung war sich sehr wohl darüber im klaren, daß dieser Gedanke nicht nur indische Auffassung ist, sondern auch von einem der größten Mystiker des Westens gedacht wurde. Meister Eckhart zum Beispiel, den Jung gelegentlich zitiert, schildert, daß sich das göttliche Wort nur in einer gesammelten und geeinten Seele inkarnieren kann – einer Seele, die auch nicht im leisesten von irgendwelchen Gedanken bewegt wird. Er sagt:

> »Nehmen wir zuerst den Text: ›Aus dem Schweigen wurde ein geheimes Wort zu mir gesprochen.‹ Ach ja, Herr – was ist denn dieses Schweigen, und wo soll dieses Wort gesprochen werden? Wir werden sagen, wie ich schon vorher gesagt habe, [es wird gesprochen] im reinsten Element der Seele, am erhabensten Ort der Seele, im Kern, ja in der Essenz der Seele. Das eigentliche Schweigen ist dort, wohin keine Kreatur gelangen kann und keine Vorstellung, und dort denkt die Seele weder, noch handelt sie, noch unterhält sie irgendeine Vorstellung, weder von sich selbst noch von sonst etwas.«[17]

Jung behauptet nun aber, ein solcher Zustand des Schweigens bedeute Auflösung der Persönlichkeit: »Insofern es existiert, existieren wir nicht.«[18] Eckhart würde zustimmen, daß das höchste Bewußtsein uns besitzen muß und nicht umgekehrt und daß wir, wenn es auftritt, wirklich nicht existieren. Solch eine Nicht-Existenz des niederen Selbst ist eine Vorbedingung für die Verkörperlichung des Unendlichen. Aber das ist keineswegs gleichbedeutend mit totaler Auslöschung, denn dann arbeitet der Buddha oder der Jīvanmukta ja in der Welt und spornt seine Nachfolger an, zu einer ähnlichen Verwirklichung zu gelangen.

So unterscheidet sich die Jungsche Psychologie in Theorie und Praxis von den Befreiungsphilosophien. Jung sagt uns, wir müßten notgedrungen Energien aus der Spannung zwischen den Gegensätzen beziehen, während die befreienden Philosophien sagen, das höchste Ziel sei das vollständige Hinausgelangen über alle Gegensätze. Jung befürwortet aktive Imagination als die Technik, mit der wir in einen Dialog mit dem Unbewußten – »Träumen mit offenen Augen« – eintreten können. Das ist das Gegenteil des Abschneidens der Gedanken. Jung sagt: »Für den Europäer ist es Gift, seine bereits zerstückelte Natur noch gänzlich zu unterdrücken.«[19] Und in derselben Abhandlung schreibt er später: »Die Methoden des Yoga wende ich prinzipiell nicht an, weil im Westen dem Unbewußten nichts aufgedrängt werden darf.«[20] Im Gegensatz dazu verlangen die befreienden Philosophien, daß wir alle Erzeugnisse und Formen der Psyche ignorieren, um das Bewußtsein in Tätigkeit vollständig zu unterdrücken. Wie Damiani sagt: »Schneide es ab. Schneide es ab. Schneide es konsequent ab.«

Sind Angleichung und Harmonie möglich?

Vielleicht würde Jung heute die Beziehung dieser Traditionen zur Tiefenpsychologie anders beurteilen, da das Interesse an den befreienden Philosophien gewaltig gewachsen ist und eine Flut von Literatur darüber entsteht. So etwas wäre durchaus möglich. Ich habe zwar die Unterschiede zwischen Tiefenpsychologie und Befreiung hervorgehoben, doch haben sowohl Brunton[21] als auch Damiani[22] bedeutende Bemühungen unternommen, seelische Entwicklung mit höchstem spirituellen Streben zu kombinieren, also Individuation innerhalb der Gegensätze mit Befreiung von den Gegensätzen zu verknüpfen. Ich möchte hier aber ihre umfangreichen theoretischen Erörterungen nicht darstellen, sondern mich darauf beschränken, einen praktischen Weg, mit diesen Dissonanzen zurechtzukommen, aufzuzeigen.

Jeder, der tiefere meditative Erfahrungen gemacht hat, weiß, daß forcierte Bemühungen um das Schweigen des Bewußtseins alle möglichen unerwünschten Einflüsse aus dem Unbewußten hervorlocken können. Es können die Mängel und Fehler der Persönlichkeit, die ungelösten, normalerweise im Unbewußten schlafenden psychischen Konflikte mit Gewalt ins Bewußte heraufdrängen. Zwar haben Konzentrationsversuche normalerweise beruhigende Wirkung, doch kommen unweigerlich auch Zeiten, wo die Bemühung, noch tiefer ins eigene Wesen einzudringen, darauf hinausläuft, Skunks in ihren Höhlen aufzuscheuchen. Solche verschütteten affektiven Inhalte können dann zu großer Erregung führen und die Meditation äußerst erschweren. Sie können auch alle möglichen Exzesse und Ungleichgewichte auslösen, wie das so häufig in spirituellen, sich mit Meditation befassenden Gemeinschaften vorkommt. Meine Erfahrung ist, daß durch Meditation erzeugte Probleme nicht auf diesem Wege notwendigerweise beseitigt werden können. Hier aber kann die Tiefenpsychologie der Rettungsanker sein. Sie kann uns Einsicht schenken, Ordnung ins Chaos bringen und die problematischen Inhalte entschärfen, indem wir sie ins Bewußte integrieren. Das ist natürlich sowohl ein intellektueller als auch ein emotionaler Prozeß.

Es ist zum Beispiel möglich, daß das von Damiani befürwortete willentliche »Abschneiden der Gedanken« in der Meditation zur Explosion sehr unerwünschter Bilder und Gefühle führt. Wahrscheinlicher wird so etwas noch, wenn die Meditationsübungen forciert werden. Nehmen wir einmal an, es wird eine Objektivierung des Schattens, den manche Überlieferungen den »Hüter der Schwelle« nennen, ins Bewußtsein hinaufgezwungen. Das kann eine sehr bestürzende Erfahrung sein, die sich nicht so leicht einfach abschneiden läßt. Der heroische Weg in diesem Fall wäre, willentlich jede Reaktion auf das Bild zu beseitigen. Jedesmal, wenn negative Empfindungen oder Gedanken aufsteigen, sei es in der Meditation oder außerhalb, schneiden wir sie gewaltsam ab, ersticken wir sie im Keim. Doch sind nur wenige zu so etwas imstande. Wenige besitzen die Stärke, den Drachen zu erschlagen, bevor er die Höhle verläßt.

Unter solchen Umständen müssen wir, um überhaupt mit unserer Meditation weitermachen zu können, dem Drachen gegenübertreten, aber nicht mit dem Schwert, sondern mit unseren Kenntnissen der Tiefenpsychologie. Dann können wir ihn vielleicht sogar mittels aktiver Imagination in ein Gespräch verwickeln, um seine Absichten zu erforschen und seine Kraft bewußt und konstruktiv in unser Leben zu integrieren. Mit Hilfe der in der Meditation erlernten Konzentration können wir das Bild ruhig und anschaulich im Bewußtsein festhalten, eine Voraussetzung dafür, daß es überhaupt zu uns spricht. Wie jeder, der aktive Imagination praktiziert hat, weiß, läßt sich so etwas nur durchführen, wenn man schon eine erhebliche Konzentrationsfähigkeit besitzt. Gelingt es uns nicht, das Bild oder Gefühl ruhig und anschaulich im Bewußtsein festzuhalten, kann der Prozeß nicht einsetzen. Wir drehen uns dann nur in einem Wirbel von Bildern, ohne daß irgendeine reale Veränderung auftritt. So kann also die in der Meditation erlernte Konzentration für die aktive Imagination von unschätzbarem Wert sein. Umgekehrt kann die psychische Integration, die sich mittels der aktiven Imagination ergibt, die notwendige Ich-Stärke und Gemütsruhe erzeugen, die für eine tiefere, objektlose Meditation erforderlich ist, eine Meditation, welche unmittelbar in die unobjektivierbare Achtsamkeit ohne Bilder oder Inhalte vorzudringen sucht.

Doch muß ich hier auch gleich eine Warnung aussprechen. Je nach dem Grad der Ich-Stärke, der Art des Bildes oder des Gefühls, um das es sich handelt, und den persönlichen Umständen, kann es äußerst gefährlich sein, sich mit aktiver Imagination einzulassen, besonders unter der Voraussetzung einer in der Meditation erworbenen gesteigerten Konzentrationsfähigkeit. Die Bilder oder Gefühle können sich nämlich durchaus auch unser bemächtigen und sich dann aufdringlich und unaufhörlich im Alltag bemerkbar machen. Dabei hatten wir doch nur gewünscht, sie zu verstehen oder ihnen ihre Inhalte im Gespräch abzulauschen – keinesfalls sie auch auszuleben. Wenn zum Beispiel während der Meditation eine furchtbare Wut in uns aufsteigt, ist durchaus möglich, daß durch Konzentration auf diese Empfindung bei der aktiven Imagination eine höchst gefährliche Steigerung provoziert wird. Denn vielleicht haben wir nicht die notwendige Ich-Stärke und Einsicht, um die sinnhafte Beziehung dieser Wut zu unserer bewußten Situation zu verstehen. Statt also diese Energie zu integrieren, leben wir sie in unserem Handeln zwanghaft aus, und gerade dann, wenn wir es am wenigsten wollen. Unter solchen Umständen erfordert es mentale Klarheit, den Gedanken tatsächlich abzuschneiden und nicht in ein Gespräch mit ihm einzutreten. Andererseits hat uns Jung gelehrt, daß Inhalte nicht durch das einfache Abdrängen ins Unbewußte beseitigt werden können. Sie wuchern dann nur in uns weiter und brechen irgendwann unkontrollierbar aus. Aus all diesen Gründen ist häufig ein einfühlsamer Analytiker unverzichtbar, um zu gewährleisten, daß mit der aktiven Imagination intelligent umgegangen wird. Auch dies mag mit ein Grund sein, weshalb Jung so wenig über diese wichtige Technik geschrieben hat.

Da sich aktive Imagination und objektlose Meditation nach Prinzip und Verfahren so sehr unterscheiden, verringern wir die Gefahr, daß sie sich, gleichzeitig durchgeführt, gegenseitig behindern könnten. Sie sind ebenso verschieden wie Wellen und Teilchen in der Physik. Deshalb müssen wir sie als komplementär auffassen, nicht so sehr als simultane, sondern alternative Methoden, um zum Ganzen zu finden. Vermischen wir sie, arbeiten sie gegeneinander und heben sich gegenseitig auf. Statt die Gedanken hinter uns zu lassen und mehr in die Tiefe zu gehen, fangen wir dann vielleicht damit an, ihnen zu folgen, ihnen mit unserer Aufmerksamkeit Energie zuzuführen und sie zu uns sprechen zu lassen. Dann werden wir von dem schnellen Pferd »Aufmerksamkeit« durch jeden aus dem Unbewußten aufsteigenden verführerischen Gedanken abgeworfen. Andererseits können wir mit der aktiven Imagination in eindeutig ausgerichteter Konzentration beginnen, um die Bilder ruhig festzuhalten und sie mit der notwendigen psychischen Energie auszustatten. Lassen wir sie aber dann nicht genügend los, um ihnen Gelegenheit zu geben, zu uns zu sprechen, so hat die aktive Imagination keinen Zweck. Wir unterdrücken dann unsere Phantasie, statt sie strömen zu lassen, aber natürlich nur in einer kontrollierten Umgebung, in dem »Gefäß« oder der alchemistischen Retorte, die durch disziplinierte Konzentration gebildet wird.

Wahrscheinlich wäre Jung mit meiner Art, Prioritäten zu setzen, nicht einverstanden gewesen. Ich meine nämlich, die Tiefenpsychologie sollte in den Dienst der spirituellen Praxis gestellt werden. Im jetzt folgenden Synchronizitäts-Zwischenspiel wird uns zwar kein generelles Verfahren vermittelt, wie man die beiden Methoden miteinander vereinbaren könnte, aber wir sehen immerhin einem Menschen zu, der sich mit diesem Thema auseinandersetzt. Der Synchronizitäts-Aspekt steht in diesem Beispiel nicht so stark im Vordergrund wie in manchen anderen Geschichten in diesem Buch, doch bezieht sich das Erlebnis direkt auf das Thema dieses Kapitels. Es unterstreicht die Notwendigkeit, die dionysischen Leidenschaften der Tiefenpsychologie mit dem apollinischen Aufstieg in den befreienden Philosophien in Einklang zu bringen.

Synchronizitäts-Zwischenspiel Nr. 11

Die Kunst des Gleichgewichtes

Seit mehr als zwei Jahrzehnten praktiziere ich objektlose Meditation wie oben beschrieben. Dabei habe ich mir weder großes Geschick noch große Konzentrationsfähigkeit errungen. Doch ist mir Meditation zu einer meiner lohnendsten Beschäftigungen geworden. Mein Interesse an der Jungschen Psychologie ist mindestens ebenso alt wie meine Meditationspraxis. In den letzten beiden Jahrzehnten ist mir auch immer klarer geworden, welche Diskrepanz zwischen den Jungschen Gedanken und den Zielen und Verfahren der objektlosen Meditation besteht, zwischen Individuation bzw. psychischer Ganzheit und Selbstverwirklichung im Sinne einer Befreiung von allen Gegensatzpaaren.

Eine weitere notwendige Hintergrundinformation: Ich hatte das große Glück, den verstorbenen Paul Brunton (von sich selbst und anderen als PB bezeichnet) mehrere Male für längere Zeit besuchen zu können. Er war schon in den Siebzigern und Achtzigern, als ich bei ihm war, und strahlte, obwohl reservierter Engländer, eine Spiritualität aus, als lebe er im Himalaya. Er verfügte über einen trockenen Humor, eine apollinische Art, sich Philosophie und Mystik zu nähern, eine außergewöhnliche Ruhe und einen fast unmenschlichen Abstand von der Hektik des Lebens. Zweifellos besaß PB auch noch andere Seiten, aber diese Eigenschaften machten damals am meisten Eindruck auf mich.

Nun besuchte ich vor ein paar Jahren einen Jungschen Analytiker, mit dem ich wissenschaftlich zusammenarbeitete, mehrere Male in seiner Wohnung in Kalifornien. Er seinerseits suchte mich auf, wenn er sich an der Ostküste aufhielt. Bei einem meiner Besuche sagte er eines Abends, nachdem wir unsere Arbeit beendet hatten: »Ich hoffe, Sie werden gute Träume haben!« Das war für einen Jungschen Analytiker eine mehr als höfliche Art, gute Nacht zu sagen. Bei unseren Besuchen besprachen wir beim Frühstück häufig unsere Träume der letzten Nacht. Manchmal bezogen sie sich direkt auf unsere wissenschaftliche Zusammenarbeit. Häufig waren wir beide verblüfft, welche Zusammenhänge zwischen Tiefenpsychologie und befreiender Philosophie bestanden. Nachdem er mir also solcherart gute Träume gewünscht hatte, hatte ich folgenden lebhaften Traum:

Meine Frau und ich hatten viel Wein getrunken. Sie war aufgekratzt, lachte ungezwungen, laut und sorglos, übermütig bis zur Ausgelassenheit. Ich war ebenfalls ziemlich betrunken, ermahnte sie aber, ruhig zu sein und wieder nüchtern zu werden. Wir hatten doch vor, PB zu besuchen! Beide wußten wir, unser Zustand und Verhalten paßten wie die Faust aufs Auge zu PBs tiefem Frieden. Also taten wir unser Bestes, uns zusammenzunehmen, während wir uns mit schlechtem Gewissen auf den Weg machten.

Wir sahen PB, wie er auf seiner großen überdachten um eine riesige viktorianische Villa herumlaufenden Veranda saß. Beim Näherkommen fiel mir die Schönheit des zierlich gearbeiteten Holzgeländers und PBs große Gelassenheit auf. Er schrieb an irgendeinem Text.

PB begrüßte uns herzlich und erklärte uns dann, er wolle uns eine neue Meditationsübung beibringen. Zuerst müßten wir alle Kleider ablegen. Meine Frau, PB und ich zogen uns, ohne daß es uns peinlich gewesen wäre, aus. PB machte uns die neue Meditationstechnik vor. Dann machten wir es alle zusammen. Wir standen auf dem linken Bein, zogen die rechte Ferse zur rechten Hinterbacke hinauf und verschränkten die Hände unter dem rechten Schienbein. In dieser Stellung hüpften wir alle drei nackt auf der schönen viktorianischen Veranda umher.

Ich erwachte lachend und wie gebannt von diesem seltsamen Traum. Als meine Frau aufwachte, demonstrierte ich ihr die neue Meditationstechnik. Bald hüpfte sie mit mir im Zimmer umher. Nach kurzer Zeit zeigte ich die neue Meditation meinem Freund, dem Analytiker, der, trotz seines umfassenden Wissens in bezug auf Religion und Mystik, zugeben mußte, von einer solchen esoterischen Technik noch nie etwas gehört zu haben. Nachdem wir noch etwas umhergehüpft waren und über die neue kalifornische Meditationstechnik gelacht hatten, erzählte mir mein Analytiker-Freund folgenden Traum, den er in derselben Nacht gehabt hatte:

Er wanderte mit einer Gruppe Jungscher Analytiker über Land. Dabei sprach er freundschaftlich mit dem verstorbenen Dr. X, der von den Toten zurückgekehrt war. Es war ihm sehr unbehaglich zumute, weil die anderen Jungianer Dr. X entweder nicht sehen konnten oder ihn ignorierten.

Ich will hier nicht diskutieren, was dieser Traum für meinen Freund bedeuten mochte. Das entscheidende Symbol ist der verstorbene Dr. X, eine wichtige Figur in einer größeren kalifornischen Gemeinschaft von Jungianern, der schon vor vielen Jahren starb. Was mein Freund nicht wußte, war, daß Dr. X einer der ersten Schüler PBs gewesen war. PB hatte ihm stark zugeredet, Jungscher Analytiker zu werden. Vor kurzem erfuhr ich, daß Dr. X auch Versuche gemacht hatte, über die Beziehung der Jungschen Psychologie zu dem spirituellen Weg, wie ihn PB und andere gewiesen hatten, zu schreiben. Auch diese Seite des Dr. X war meinem

Freund unbekannt. Vom Synchronizitäts-Standpunkt aus war der Traum meines Freundes das objektive Sinnkorrelat, das meinem Traum vom PB voll entsprach. Es war uns klar, daß die Synchronizität der beiden Träume ihre Bedeutsamkeit noch unterstrich.

Ich habe viel über diesen faszinierenden Traum nachdenken müssen, habe aber immer noch nicht das Gefühl, ihn ganz verstanden zu haben. Trotzdem möchte ich einige Gedanken darüber äußern, ohne jedoch auf den Traum meines Freundes weiter einzugehen. Die Spannung zwischen den Gegensätzen zieht sich durch meinen ganzen Traum. Meine Frau und ich sind betrunken und ausgelassen, was in starkem Kontrast zu PBs heiterer Gelassenheit steht. Aufgrund meiner Lebensumstände hätte mein Unbewußtes leicht noch andere Rauschmittel wählen können, aber es zog Wein vor. Wie Jung im »Mysterium« sagt: »Diese [imago Dei] ist in Wahrheit die *quinta essentia* und die *virtus* des philosophischen Weins. Letzterer ist darum ein passendes Synonym, als er in Gestalt einer physischen Flüssigkeit den Körper, als Alkohol aber den Geist (spiritus) darstellt. Letzterer scheint der *virtus caelestis* zu entsprechen.«[1] Es handelt sich hier also um ein Körper und Geist vereinigendes Symbol. Unsere Verehrung für Bacchus bzw. Dionysos, wie ihn die Griechen nannten, den Gott der ekstatischen Vereinigung, steht im Gegensatz nicht nur zu PB, sondern auch zur statischen Ordnung der viktorianischen Terrasse. In Anbetracht von PBs apollinischer erhabener Spiritualität ist die Vorstellung, er sei nackt und hüpfe auf einem Bein umher, ganz unmöglich und widerspruchsvoll – fast ein Sakrileg. Lassen Sie für den Augenblick einmal die Komik des Bildes außer acht und betrachten nur seine positive, integrative Seite. Die Meditation erfordert Nacktheit, das heißt Abwesenheit jeder Absicht und Selbstverteidigung. Sie erfordert auch, auf einem Bein zu balancieren, was für Bacchus-Jünger besonders schwierig ist. PB, der ruhige, distanzierte Weise, hielt den Wüstlingen keine Standpauke. Er warf sie nicht hinaus, sondern brachte ihnen eine Gleichgewichts-Meditation bei. Ein anderer auf Integration hinweisender Aspekt ist, daß PB scheinbar seine eigenen strengen spirituellen Prinzipien verletzte, um uns die nackte Hüpfmeditation zu demonstrieren und sie mit uns gemeinsam durchzuführen. Schließlich war diese Meditation im Gegensatz zu vielen fortgeschrittenen Meditationstechniken, wo der Verlust des Körperbewußtseins angestrebt wird, sehr körperlich – eine spirituelle, das Physische betonende Technik. Die Meditation war hier eher heiliger Tanz oder eine Art Sport der spirituellen Introspektion, geeignet nur für jemanden, der körperlich auf der Höhe war. Wichtig scheint mir auch, daß das Hüpfen auf dem linken Bein geschah, was nach überlieferten Vorstellungen das Irrationale und Unbewußte betont, also die *Yin*-Seite meiner Natur. Mit anderen Worten, das Bild des nackten, hüpfenden PB vereint Dionysos mit Apollo, die Leidenschaften der Tiefenpsychologie mit den reinen Höhen der befreienden Philosophie.

Vielleicht ist die Botschaft des Traums, daß ich lernen soll, das Dionysische mit dem Apollinischen dynamisch auszubalancieren, die Tiefenpsychologie mit der reinen Philosophie der Befreiung. Ebenso wie die frühen Griechen Apollo acht Monate des Jahres in Delphi verehrten und dann Dionysos in den restlichen vier, so muß ich irgendwie lernen, diese Kräfte in meinem Leben zum Ausgleich zu bringen. Vielleicht will mir der Traum auch zeigen, daß ich mir eine viel zu enge Vorstellung von dem gemacht hatte, was PB wirklich war.

Der Synchronizitäts-Aspekt dieses Ereignisses, besonders der Traum meines Freundes mit Dr. X, unterstützt diese Auffassung und bestätigt sie. Im Leben und im Werk hatte Dr. X versucht, Tiefenpsychologie und ihre Leidenschaften mit den nüchternen spirituellen Forderungen PBs in Einklang zu bringen. In meinem Erlebnis manifestierte sich derselbe Sinn in dem inneren psychischen Ereignis (meinem Traum) und dem Traum meines Freundes – der subjektiv für ihn, für mich aber objektiv war.

Meine versuchsweise Interpretation des Erlebnisses hat zwar dazu geführt, daß ich seitdem nach einer Harmonie zwischen den dionysischen Erfordernissen der Tiefenpsychologie und der apollinischen Disziplin der befreienden Philosophie suche, doch sind mir die Einzelheiten noch nicht ganz klar, und das errungene Gleichgewicht ist instabil. Abgesehen von alledem wollte der Traum vielleicht auch meine allzu schwerfällige, überernste Einstellung zur Meditation etwas lächerlich machen. Trotzdem hüpfe ich weiter munter umher, denke über den Traum nach und versuche meine Balance zu finden.

15
Synchronizität und Individuation

Da das ganze menschliche Dasein, einschließlich unserer äußeren Erfahrungen, letzten Endes mental ist, gibt es kein anderes echtes und dauerhaftes Glück für den Menschen als jenes, welches das höchste ist: das leuchtende Strahlen des von Gedanken befreiten Geistes, der innere Frieden, der allen Verstand übersteigt. Paulus nannte ihn die Pforte zum Reich der Himmel. PAUL BRUNTON[1]

Die Notwendigkeit neuer Einstellungen

1. Vom Herzen aus

»Während Frau Nakamura so dastand und zu ihrem Nachbarn hinüberstarrte, leuchtete plötzlich die ganze Umgebung weiß auf, heller als jedes Weiß, das sie bisher gesehen hatte. Sie nahm keine Notiz mehr davon, was mit dem Mann an der nächsten Tür passierte. Ihr Mutterinstinkt trieb sie zu ihren Kindern. Kaum hatte sie den ersten Schritt gemacht (das Haus war etwa 1300 Meter vom Zentrum der Explosion entfernt), als irgendeine Kraft sie aufhob und über den etwas erhöht gelegenen Schlafplatz ins nächste Zimmer schleuderte. Teile ihres Hauses folgten ihr. Als sie zu Boden fiel, rasselten Balkensplitter neben ihr nieder und traf sie ein Schauer von Mauerstücken. Alles wurde finster, es war wie im Grab. Doch war die Trümmerschicht über ihr nicht sehr hoch. Sie konnte noch aufstehen und sich wieder befreien. Da hörte sie ein Kind schreien: ›Mutter, hilf mir!‹ und sah, daß ihre Jüngste – Myeko, die Fünfjährige – bis zur Brust im Schutt steckte und sich nicht mehr rühren konnte. Frau Nakamura bahnte sich in höchster Eile einen Weg zu der Kleinen, aber von den anderen Kindern war nichts zu sehen oder zu hören.«[2]

2. Vom Kopf aus

Am 6. August 1945, 8.15 Uhr morgens, begrub in Hiroshima, Japan, die Explosion einer Atombombe Frau Nakamura und ihre Kinder. Die bei der Explosion frei werdende Energie von 12,5 Kilotonnen »TNT« stammte aus der Spaltung von Uran-238-Kernen. Diese Bombe war etwa zehntausendmal so stark wie die konventionellen Bomben, aber etwa hundertmal weniger stark als die heutigen Wasserstoffbomben. Durch die frei werdende Strahlung, die Schockwelle, Feuer und den radioaktiven Fallout wurden in Hiroshima 140 000 (+/– 10 000) Menschen getötet. Drei Tage später setzte um 11.02 Uhr eine über Nagasaki abgeworfene Atombombe mit Plutonium 239 eine Energie im Äquivalent von 22 Kilotonnen »TNT« frei und tötete 70 000 (+/– 10 000) Einwohner.[3] Diese Bomben beendeten den Zweiten Weltkrieg.

Fast ein halbes Jahrhundert lang hängt uns die Kernwaffendrohung zu Häupten wie ein Damoklesschwert. Aber da dieses nukleare Schwert schon solange unser ständiger Begleiter ist, sind wir inzwischen müde geworden und haben uns daran gewöhnt.

Dank dem technischen Fortschritt kann eine Rakete heute einzeln gelenkte Mehrfachsprengköpfe genau ins Ziel befördern, jeder Sprengkopf weit stärker als die alten Bomben von 1945. Jede Stelle der nördlichen Hemisphäre kann innerhalb etwa zwanzig Minuten ab Abschuß von Bodenraketen und innerhalb etwa sieben Minuten von Unterwasserraketen getroffen werden. Angesichts dieses »Fortschritts« kann man sich leicht furchtbare Szenarios ausmalen, die Hiroshima und Nagasaki weit in den Schatten stellen. Ich bin sehr dankbar für die Schritte, die die frühere Sowjetunion und die Vereinigten Staaten in Richtung Abrüstung gegangen sind. Aber aufgrund der ständigen Weiterverbreitung von Atomwaffen vor allem in den arabischen und afrikanischen Ländern und der Möglichkeit eines Atomterrorismus ist unser Alptraum noch lange nicht zu Ende. Die Kenntnis zur Herstellung von Kernwaffen ist so weit verbreitet, daß jedes dazu entschlossene Land mit sehr bescheidenen Mitteln eine Bombe bauen und sie auf einem kleinen Lastwagen befördern könnte. 1945 wurden wir ins Atomzeitalter hineingebombt. Es gibt kein Zurück mehr.

Als die ersten Atombomben auf Japan fielen, war vielen Menschen klar, daß sich die Menschheit, will sie überleben, radikal verändern muß. Doch eine große Spaltung in ihrer Seele, der Eiserne Vorhang, der am Ende des Zweiten Weltkriegs errichtet worden war und erst vor wenigen Jahren unter dramatischen Umständen beseitigt wurde, symbolisierte anschaulich den Kalten Krieg und blockierte die notwendige Veränderung. Der technische Fortschritt seither macht die Lösung dieses Problems noch dringlicher. Glücklicherweise gibt uns das Ende des Kalten Krieges noch einmal eine Chance, die notwendigen Änderungen vorzunehmen – obwohl das Problem gerade wegen des technischen Fortschritts und der Weiterverbreitung von Atomwaffen komplizierter geworden ist. Wir haben noch einmal eine Chance bekommen, und es besteht einige Hoffnung.

Ich bin ganz einer Meinung mit Marvin Spiegelman, wenn er sagt: »Ich bin seit langem der Auffassung, daß die Atombombe mit ihren durch Kernspaltung frei werdenden gewaltigen zerstörerischen Energien ein gutes Symbol für die allgemeine Spaltung in der Seele der Menschheit ist,

Die Notwendigkeit neuer Einstellungen

für die uns unbewußte Spaltung zwischen Denken und Glauben, Wissenschaft und Religion, Geist und Instinkt.«[4] Kein Zweifel, unsere Zeit leidet schwer unter diesen und anderen Formen der Spaltung, zum Beispiel den Spannungen zwischen Verstand und Gefühl (illustriert in den Schilderungen des Bombenabwurfs), zwischen Bewußtem und Unbewußtem, Ost und West, Individuum und Kollektiv, männlich und weiblich. Sicher, alle Zeitalter, alle Kulturen leiden unter der einen oder anderen Form tiefer Spaltung. Solange wir unser Ich besitzen, werden wir unter den Gegensätzen leiden, unter Spaltungen der einen oder anderen Art. Oder, wie die Buddhisten sagen, solange wir uns die letzte Wahrheit der Leere und unserer Abhängigkeit von der Natur und voneinander noch nicht zu eigen gemacht haben, werden wir leiden müssen, wie es die vier edlen Wahrheiten beschreiben. Was unsere gegenwärtige Lage aber so einmalig macht, ist, daß uns die Wissenschaft die Macht verliehen hat, unseren Feind auszulöschen und, wie uns die Propheten des »Nuklearen Winters« voraussagen, sogar das Leben auf dem ganzen Planeten. Das gilt heute in der Ära nach dem Kalten Krieg ebenso wie auf dem Höhepunkt dieses Krieges.

Im Herbst 1993 berichtete die »New York Times«[5], Rußland verfüge über eine Technik der »Toten Hand«. Dabei handelt es sich um eine komplizierte Technik, die einen vollen atomaren Vergeltungsschlag durch Rußland ermöglicht, selbst wenn Amerika alle führenden Militärs Rußlands in einem vorhergehenden Atomangriff ausgelöscht haben sollte. Die Times schildert in Einzelheiten, wie mittels dieser Technik Sprengköpfe ohne besonderen menschlichen Eingriff ihr Ziel erreichen können. Was die Forscher sehr beunruhigt, ist, daß eine so komplizierte Technik einmal den Händen des Menschen entgleiten könnte. Eine Fehlfunktion auch nur eines der einfachen Apparate, die den großen komplizierten Gesamtmechanismus bilden, kann jedes menschliche Leben auf diesem Planeten auslöschen. Das ist der letzte technische Alptraum. Solche Fakten machen klar, daß wir uns in einer ganz anderen Situation als jede frühere Menschheitsepoche befinden und völlig neu darauf reagieren müssen.

In einer seiner besten theoretischen Abhandlungen, »Über die Energetik der Seele«, lehrt uns Jung, daß, wenn sich unsere persönliche Umgebung ändert, unsere alten Einstellungen, die harmonische Anpassung an diese Umgebung gewährleisteten, nicht mehr genügen. Die Unfähigkeit, sich der neuen Umgebung anzupassen, staut dann unsere Libido, unsere psychische Energie. Die Libido vermag nicht mehr harmonisch und auf den alten, gewohnten Bahnen zu strömen. Wir beziehen keine Befriedigung und Erfüllung mehr aus unseren alten Gewohnheiten. Jung sagt: »Diese Symptome bedeuten eine Aufstauung der Libido. Der Stauungszustand ist immer gekennzeichnet durch den Zerfall der Gegensatzpaare.«[6]

Dieser Stau führt neben einer Zuspitzung der Gegensätze auch zu einer Abwertung der alten bewußten Einstellungen. Diese scheinen sinnlos geworden zu sein, ja kontraproduktiv. Wir wissen nicht, wie wir uns in der neuen Umgebung verhalten sollen. Deshalb wird die überschüssige Energie, die früher harmonisch auf den alten Bahnen nach außen strömte, ins Unbewußte umgeleitet. Diese Regression der Libido ins Unbewußte spült primitive, archaische und im allgemeinen undifferenzierte und affektgeladene psychische Inhalte nach oben – den »Schlamm« des Unbewußten, wie Jung ihn nennt. Trotzdem hat die Tiefenpsychologie gezeigt, daß in diesem schädlichen Schlamm auch immer schon Keime für eine neue Entwicklung verborgen sind. Entdecken und entwickeln wir diese Keime, so werden sie sich zu neuen Einstellungen ausbilden, die eine gesunde Anpassung ermöglichen und der Libido das Fließen in neuen, adäquaten Kanälen gestatten. Je länger wir uns an den alten Einstellungen festklammern, desto schmerzhafter unsere Regression, desto übler der Schlamm, und desto mehr müssen wir leiden, bevor sich neue Einstellungen und schöpferische Adaption abzeichnen.

Ich möchte nun versuchen, diese tiefenpsychologischen Einsichten auf unsere gegenwärtige geschichtliche Epoche anzuwenden, auf einen größeren Zusammenhang, als ihn die Individualpsychologie darstellt. Auch der abgebrühteste Beobachter der Geschichte muß zugeben, daß sich dank der Atomwaffen, dieser giftigsten Früchte der modernen Physik, unsere Umwelt radikal verändert hat und eine Neuanpassung dringend erforderlich ist. Es ist nicht mehr möglich, Konflikte durch totale Atomkriege zu lösen. Unsere Energie, unsere kollektive Libido, kann nicht mehr durch die altgewohnten Kanäle fließen. Dieser Libidostau trägt vielleicht zum »Zerfall der Gegensatzpaare« bei, der so machtvoll durch die bei der Atomspaltung freigesetzte destruktive Energie symbolisiert wird. Diese Regression der Libido ins Unbewußte ist zumindest teilweise für das Anwachsen des so törichten Nationalismus, Rassismus, Totalitarismus und der Intoleranz verantwortlich – um nur einige primitive, affektgeladene Manifestationen des Schlamms des Unbewußten zu nennen. Und natürlich, je länger wir uns an alten Einstellungen festklammern, desto mehr müssen wir leiden. Wir brauchen eine fundamental neue Grundhaltung, wenn wir als Gattung überleben, ja schöpferisch auf die sich ändernden Umweltbedingungen reagieren wollen.

Könnte es sein, daß die alte Ideologie der Trennung, die auf dem von der klassischen Physik beförderten Glauben an unabhängig existierende Wesenheiten beruhte, eine Ursache der heutigen Schwierigkeiten ist? Ja natürlich, wir leben in den tiefsten Zerrissenheiten und Trennungen, seit Kain seinen Bruder Abel erschlug. Trotzdem wurde in Kapitel 9 der Physiker David Bohm zitiert:

»Ich möchte sagen, daß die so weit verbreiteten Unterscheidungen zwischen Völkern (Rassen, Nationen, Familien, Berufen usw.), die die Menschen daran hindern, zum gemeinsamen Wohl – und tatsächlich schon zum bloßen Überleben – zusammenzuarbeiten, eine ihrer Hauptwurzeln in jener Denkweise haben, welche sich die Dinge als an und für sich voneinander getrennt, unverbunden und ›zerstückelt‹ in noch kleinere Bestandteile vorstellt. Jeder Teil gilt als wesentlich unabhängig und für sich selbst existierend.«[7]

Der Dalai Lama würde Bohm von Herzen beipflichten und dieselben Worte gebrauchen, um deutlich zu machen, daß unser Glaube an eine inhärente oder unabhängige Existenz die Wurzel all unseres Elends ist. Unwissenheit, ob in Form von Unbewußtheit oder eines falschen philosophischen Weltbildes, hat immer Konsequenzen für unser Handeln.

Könnte es aber nicht sein, daß eben die moderne Physik, die uns auf Kernspaltung und dann auf Kernfusion beruhende Bomben gab, auch Keime einer neuen Einstellung enthält, die unsere Wunden heilt und unser Überleben garantiert? Gibt es vielleicht ein neues Symbol anstelle der Atomspaltung, das auf einen Heilungsprozeß in der Menschheitsseele hinweist? Ich habe versucht zu zeigen, daß Relativitätstheorie und Quantenmechanik, jede auf ihre Weise, uns eine völlig andere Welt präsentieren als die, welche Bohm als »an und für sich voneinander getrennt, unverbunden und zerstückelt in noch kleinere Bestandteile« beschreibt. Nicht-Lokalität bzw. Nicht-Trennbarkeit in unserem partizipatorischen Quantenuniversum haben die Wissenschaftler, die an den philosophischen Grundlagen der Quantentheorie arbeiteten, immer ganz besonders irritiert. Ihre Arbeiten aus jüngster Zeit präsentieren uns eine radikal verknüpfte und vernetzte Welt, eine Welt, deren Elemente in ihren tiefsten Schichten so eng miteinander verknüpft sind, daß diese Verknüpfungen fundamentaler und realer sind als die unabhängige Existenz. Die große Schönheit dieses Resultates liegt darin, daß es sich aus Experiment und Analyse ergibt, unabhängig von der theoretischen Struktur der Quantenmechanik, der bisher bestfundierten physikalischen Theorie der Geschichte. Dieses Resultat ist daher begründeter und von dauerhafterem Wert als zum Beispiel eng an einen besonderen Aspekt der Quantenmechanik gebundene Ergebnisse, weil er in der nächsten Theoriegeneration doch wieder über den Haufen geworfen werden könnte. Wir wissen daher, daß jede empirisch adäquate Theorie der Natur das Prinzip der Nicht-Lokalität und Akausalität enthalten muß. Diese Einsicht verhilft uns dazu, ein paar unserer hartnäckigsten falschen Projektionen auf die Natur zu beseitigen, die der erforderlichen Neuorientierung im Wege stehen.

Doch haben wir die Nicht-Lokalität in der Quantenmechanik noch keineswegs in ihrer vollen Bedeutung erfaßt, geschweige denn, daß wir diese neue Erkenntnis schon auf größere Zusammenhänge angewendet hätten. Eine weitere Schwierigkeit ergibt sich daraus, daß Nicht-Lokalität weit abstrakterer ist als Spaltung oder Trennung. Wir verfügen hier über kein so eingängiges Bild wie den gräßlichen Atompilz, und so fällt es uns sehr schwer, solche abstrakten Vorstellungen auf größere Bereiche zu übertragen. Trotzdem wäre es herrlich, wenn wir erkennen würden, daß analog zu den Verhältnissen der nichtlokalen Quantenmechanik die Verbindungen zwischen Menschen, Rassen und Ländern fundamentaler und realer sind als das unabhängige Dasein unserer kleinen Ichs, Nationalitäten oder Nationen. Angesichts der Realitäten unserer Welt scheint eine solche Sichtweise revolutionär bis zum Extrem zu sein. Doch ebenso extrem ist die Notwendigkeit einer fundamentalen Änderung unserer Einstellungen, wenn wir im Atomzeitalter überleben wollen. Die Geschichte lehrt, daß jede große Einstellungsänderung in der Naturwissenschaft, jeder fundamentale Wandel in der Kollektivseele Zeit braucht – manchmal quälend viel Zeit –, um sich überhaupt erst einmal in der Physik durchzusetzen. Dies gilt gleichsam für die kopernikanische Revolution, für die sich Galilei so risikobereit einsetzte, oder für unser neues Verständnis von Nicht-Lokalität. Noch länger dauert es, bis sie sich andere Bereiche erobert. Trotzdem: Die Nicht-Lokalität der Quantentheorie ist auf jeden Fall von fundamentaler Bedeutung und wird uns zu neuen Einstellungen verhelfen, die uns wiederum eine vernünftige Anpassung an unser Atomzeitalter erlauben. Vielleicht ist sie schon ein Keim im Schlamm, der uns zu der erforderlichen Neuorientierung verhilft.

Auch von seiten der Synchronizität, also der psychologischen Seite der Dinge, könnte uns ein nützlicher Hinweis kommen. Die uns zur Verfügung stehenden Erfahrungsbeispiele und die Forschungsergebnisse zeigen, daß die alte Perspektive einer vom Geist getrennten materiellen Welt, regiert von strengen Kausalgesetzen und unabhängig von unserer inneren Welt, für ein Verständnis der Synchronizität nicht geeignet ist. Wie immer in der Psychologie ist es auch hier weit schwieriger, ebenso überzeugende Argumente wie in der Physik zum Beweis einer neuen Hypothese zu liefern. Doch haben wir viel dazugelernt, seit Jung seine bahnbrechende Abhandlung über Synchronizität, ein Jahrzehnt nach Hiroshima und Nagasaki, schrieb. Seitdem können wir uns mit der Vorstellung, ein transzendenter Sinn könne sich akausal sowohl in der Innen- als auch in der Außenwelt manifestieren, weit besser befreunden. Wie ich in diesem Buch stets betont habe, beweist die moderne Physik die Existenz der Synchronizität weder, noch erklärt sie sie. Doch stellt uns die moderne Physik ein weit genaueres und geeigneteres Weltbild als früher zur Verfügung, um das Prinzip der Synchronizität darin einzuordnen.

Früher waren wir immer nur allzu schnell bereit, eine Kultur aufgrund ihrer technischen Errungenschaften, ihrer Fortschritte im Bereich der

Materie zu beurteilen. Wenn wir eine Kultur mit der Macht unserer »Feuerrohre«, der Gewehre, einschüchtern konnten, war sie in unseren Augen schon nichts mehr wert. In diesem Sinne war auch Tibet vor der Invasion der chinesischen Kommunisten (ebenfalls etwa ein Jahrzehnt nach Hiroshima und Nagasaki) in unseren Augen wenig wert, fand doch das Rad dort nur in Gebetsmühlen Verwendung und nicht beim Transport oder in Maschinen. In jüngster Zeit haben wir gelernt, den Reichtum und die Tiefe der »inneren Technik« Tibets zu schätzen. Der Begriff der Leere hat einen sehr modernen Klang, trotz seiner alten Wurzeln. Die Buddhisten des Mittleren Weges betrachten eine gegenseitige Abhängigkeit, die sich in nichtlokaler Physik oder Synchronizitäts-Erfahrungen ausdrückt, nicht als Unzumutbarkeit, sondern als Eigenschaft aller Subjekte und Objekte, die deren höchste Wahrheit darstellt. Nicht-Lokalität und Synchronizität vertragen sich wunderbar mit der Leere, die, positiv gewendet, eine tiefe gegenseitige Verknüpftheit oder Abhängigkeit aller Wesen impliziert. Vielleicht besteht der größte Segen des tibetischen Völkermords für die Welt darin, daß wir durch ihn mit den tibetischen Geschwisterideen der Leere und des universellen Mitleids konfrontiert worden sind. Vielleicht ist auch dies ein Beispiel dafür, wie die Keime einer neuen Entwicklung im Schlamm psychischer Regression gefunden werden können.

Aufbauend auf der Nur-Geist-Schule des Buddhismus (die sich aus der Tradition des Mittleren Weges entwickelt hat) und Jungs psychologischem Standpunkt, habe ich versucht, den Mentalismus darzustellen. Diese Form des Idealismus kann zu einem umfassenden Verständnis der Synchronizität beitragen. Ich habe versucht zu zeigen, was der Mentalismus zu den vier von der Synchronizität aufgeworfenen Hauptproblemen: Sinn, Akausalität, Raum-Zeit-Transzendenz und Einheit beitragen kann. In dieser neuen Sichtweise ersetzen wir den kartesianischen Dualismus, der unseren Verständnisfortschritt in Philosophie und Wissenschaft so behindert hat, durch eine einheitliche Sicht auf Mensch und Natur, eine Sicht, in der Mensch und Natur nur Aspekte des großen Weltbildes sind, das der Weltgeist unserem individuellen Geist vor Augen stellt. Jetzt findet die gegenseitige Abhängigkeit, die in der Quantenmechanik wie in der Tiefenpsychologie so allgegenwärtig ist, ihre Erklärung in der Einsicht, daß unsere unmittelbarste Erfahrung, unser eigenes Bewußtsein, uns sowohl die innere als auch die äußere Welt vorgibt, von unseren feinsten Intuitionen bis zu den fernsten Milchstraßen.

Vielleicht stellt uns also der Mentalismus die Keime zur Verfügung, die wir brauchen, um den rohen Materialismus, der heute auf so fruchtbaren Boden fällt, zu überwinden. Meine Hoffnung ist, daß in der Synergie aus Tiefenpsychologie, moderner Physik und idealistischer Philosophie die Keime und das Heilmittel liegen, die uns neue Leitbilder im Atomzeitalter vermitteln können. Mit dieser Möglichkeit vor Augen will ich jetzt versuchen, einige Implikationen des Mentalismus darzustellen und noch engere Verbindungslinien zur Synchronizität zu ziehen.

Ununterbrochene Spirituelle Erfahrung

Wenn, wie Jung und die Mentalisten behaupten, die Welt eine Projektion des Selbst ist, so muß jede Erfahrung den Sinn des Selbst in sich tragen. Wären wir nur empfänglich genug dafür, so würde uns jede Erfahrung den Lebensentwurf des Selbst, den jeweils nächsten Schritt in der Selbstoffenbarung der Seele enthüllen. Die Außenwelt steht unserer Entwicklung und Sinnsuche keineswegs gleichgültig oder gar feindlich gegenüber, sondern ist Medium für deren Offenbarung. Ebenso wie die Beschäftigung mit Träumen zur psychischen Entwicklung beiträgt, so trägt auch, wenn denn Außen- und Innenwelt nur Ausdruck desselben höheren Bewußtseins sind, die Beschäftigung mit dem in der äußeren Wachwelt enthaltenen Sinn zu unserer Entwicklung bei. Auf diese Weise hat alle Erfahrung einen Sinn, alle Erfahrung spielt eine Rolle in der Entfaltung der Seele. Sehen wir unsere Freuden und Leiden in diesem Licht, so ist das eine Art Vergöttlichung des Lebens, Erkenntnis der Immanenz des Göttlichen. Wie Paul Brunton sagt: »Hier überschreitet die psychologische Theorie der Erfahrung offenbar die Grenze zur Religion. Denn Geist ist etwas Wirkliches, kein Nichts. Er existiert nach eigenem Recht. *Ja, was noch mehr ist: Alle Erfahrung ist ununterbrochene spirituelle Erfahrung, wenn der Mensch auch viel unternommen hat, sie gründlich zu verderben.*«[8]

Wenn der für sein *Understatement* bekannte Paul Brunton diese Aussage kursiv setzt, muß er wirklich großen Wert auf sie legen. Doch wie ist dieser Satz zu verstehen, besonders die Worte »*alle*« und »*ununterbrochen*«? Soll damit gesagt sein, daß sogar ein Mensch, der Beispiele für äußerste moderne Barbarei erlebt, etwa Konzentrationslager oder politische Folter, damit *eine ununterbrochene spirituelle Erfahrung* macht? Begeistert von majestätischer Naturschönheit oder einer besonders schönen Melodie, ist es leicht, diese Erlebnisse als spirituelle Erfahrung, die uns über das gewöhnliche Chaos und die Seelenkonflikte hinaushebt, zu empfinden. Aber was soll man zu den scheußlichen Grausamkeiten sagen, die wir einander zufügen? Im Buddhismus behauptet die erste der vier edlen Wahrheiten, der eigentliche Kern der Lehre, daß das Leiden alles Leben durchdringt. Ein Blick in ein beliebiges Nachrichtenmedium bestätigt das sofort. Wie könnte also ein solches Leiden eine *ununterbrochene spirituelle Erfahrung* sein?

Die Frage muß auf zwei Ebenen beantwortet werden. Erstens gilt für das unerleuchtete Ich nur die erste edle Wahrheit – alles Leben ist von

Leiden durchdrungen. Auf dieser Ebene weisen der Schmerz und das Leiden des Alltags nicht über sich hinaus und auf eine tiefere Wahrheit hin. Wir leiden wie die von der Katze gequälte Maus – ja noch mehr, da wir anders als die Maus dem physischen Leiden noch psychische Ängste hinzufügen. Der Buddhismus und andere große Überlieferungen gewähren uns Zuflucht vor diesem Leiden, doch ist es nichtsdestoweniger ein *factum brutum*. Die Lehre von der Leere verneint die Realität des Leidens niemals. Zweitens aber ist für den Adepten, der alle Erfahrung als Offenbarung seines Geistes begreift, welcher wiederum Ausdruck der Weltseele ist – für einen solchen Adepten also, und nur für ihn, ist alle Erfahrung ununterbrochen spirituell. Die meisten von uns befinden sich zwischen diesen beiden Extremen, dem Unerleuchteten vielleicht näher, als uns lieb ist. Ohne einen Schimmer von Einsicht, ohne irgendeinen Hinweis auf Ziel und Bedeutung seiner Erfahrungen, gelangt unser Ich niemals über die erste edle Wahrheit hinaus – das Leiden durchdringt alles Leben. Mitunter zeigt sich jedoch selbst inmitten des größten Leidens, daß dieser Schmerz seinen Sinn hat, daß diese Erfahrung letzten Endes lehrreich und enthüllend ist. Das ist dann eine Erfahrung der erlösenden Gnade. Natürlich ist der genaue Sinn oder die Bedeutung eines Erlebnisses für den einzelnen für immer einmalig und häufig schwer zu ergründen. Trotzdem ist der Schmerz der beste Botschafter des Geistes. Er führt uns zum Eintritt in den Prozeß der Individuation, zum Beginn der Sinnsuche, zur Grundlegung eines spirituellen Lebens. Mehrere Synchronizitäts-Geschichten unterstreichen diese Tatsache.

Mitleid durch Erleben der Einheit

Eins der großen Geschenke einer Synchronizitäts-Erfahrung ist neben der jeweiligen unbewußten Kompensation die Offenbarung der Einheit von Innen- und Außenwelt. Für den Intellekt mag es sehr befriedigend sein, zu erkennen, daß die experimentelle Widerlegung der Bellschen Ungleichungen die nichtlokalen Verbindungen zwischen den Elementen der Quantenwelt und ihre enge gegenseitige Verknüpfung beweist und daß Kausalität nur eine Teilwahrheit ist. Auch ist es überhaupt von großem Wert, die oben angeführten Argumente für eine durch und durch mentale Welt, seien sie aus dem Buddhismus des Mittleren Weges übernommen, seien sie allgemeiner philosophischer Natur, zu verstehen. Doch ist ein inneres Erleben der Einheit von Innen- und Außenwelt häufig weit überzeugender. In diesem Sinne schrieb die Frau in der Synchronizitäts-Geschichte mit der »Traum-Hochzeit«: »Jetzt sah ich mich gezwungen, ernst zu nehmen, was ich bisher aus der Philosophie, der Jungschen Psychologie und der Mystik über die schöpferischen und projektiven Eigenschaften des Geistes gelernt hatte.« Nach Marie-Louise von Franz ist das Erlebnis der Einheit der wesentlichste und eindrücklichste Aspekt der Synchronizität. Sie sagt:

> »Das Wesentlichste und wohl Eindrücklichste an Synchronizitäts-Ereignissen, das, was ihre eigentliche Numinosität ausmacht, ist die Tatsache, daß in ihnen die Dualität von *Seele und Materie aufgehoben erscheint. Sie sind darum ein empirischer* Hinweis auf eine letztdünnige Einheit alles Seins, welche Jung in Anlehnung an die mittelalterliche Naturphilosophie als *Unus Mundus* bezeichnet hat.«[9]

Sogenannte »primitive« Gesellschaften, wie die Oglala Sioux des Schwarzen Hirsches, lebten noch näher an dieser »letzten Einheit allen Daseins« (zumindest vor der Zerstörung ihrer Traditionen). In solchen Gesellschaften war häufig noch das Wissen lebendig, daß wir durch den Weltgeist mit dem Universum verbunden sind und daß dieser im Innersten jedes individuellen Geistes wohnt. Daß dieser unendliche Geist unserem endlichen Geist innewohnt, garantiert unsere fundamentale Einheit untereinander und mit dem All. Eine solche Erkenntnis führt dann auch immer zu einer tiefen Anteilnahme am anderen und einer Sehnsucht nach echtem Frieden, individuell und sozial gesehen. Schwarzer Hirsch, der für den Weltgeist den Ausdruck *Wakan-Tanka* benutzt, beschreibt diese Einheit sehr schön:

> »Der erste große Friede, der wichtigste, entsteht in der Seele der Menschen, wenn sie ihre Beziehung zum Weltall, ihre Einheit mit ihm und all seinen Mächten erkennen; wenn sie erkennen, daß im Mittelpunkt des Alls Wakan Tanka wohnt und daß dieser Mittelpunkt wirklich überall ist, in jedem von uns ... Aber vor allen Dingen müßten wir begreifen, daß niemals Frieden unter den Völkern herrschen wird, bevor dieser echte Friede, der, wie ich zu sagen pflege, in den Seelen der Menschen ist, erfahren wird.«[10]

Der Frieden des Black Elk »in der Seele der Menschen« entspricht dem Einleitungszitat zu diesem Kapitel von Paul Brunton, der vom inneren Frieden spricht, »der allen Verstand übersteigt. Paulus nannte ihn die Pforte zum Reich der Himmel«. Verschiedenen Traditionen des Ostens und des Westens ist diese Vorstellung gemeinsam, daß ein echter Weltfriede auf der Einsicht in unsere fundamentale Einheit aufgebaut werden muß und nur aus diesem inneren Frieden entstehen kann. In diesem Sinne sagt zum Beispiel der gegenwärtige Dalai Lama: »Jedermann spricht gern von Ruhe und Frieden, in der Familie und im nationalen und internationalen Rahmen. Aber wie läßt sich wirklicher Frieden ohne *inneren* Frieden erreichen?«[11]

Leider ist dieser Frieden, der sich aus der Vision einer geeinten Welt ergibt, nur von wenigen erlebbar und dann gewöhnlich auch nur sporadisch. Aber selbst wenn wir nur verstandesmäßig erkennen, daß Außen- und Innenwelt – Natur und Ich – Ausdruck des kosmischen Selbst sind, bewirken wir wenigstens eine philosophische Einung der Welt; eine Einung, beruhend auf theoretischen Grundlagen und unterstützt durch Synchronizitäts-Erfahrungen, durch Nicht-Trennbarkeit in der Quantenmechanik und durch die großen mystischen Traditionen. Auch eine solche Transformation erfordert schon die Beseitigung vieler unserer hartnäckigsten Projektionen auf die Natur und uns selbst und eine umwälzende psychologische Neurorientierung. Ich glaube, dieses Erleben der Einheit ist der Sinn der dritten und letzten Ebene der Konjunktion mit dem *Unus Mundus*, von der Jung am Ende des »Mysterium Coniunctionis« spricht. Sie wird selten erreicht, steht uns aber als Ziel stets vor Augen.

Ein auf gegenseitiger Verknüpfung und Abhängigkeit aufbauendes Weltbild trägt aber nicht nur zur philosophischen Einung der Welt bei, sondern ist nach den tibetischen Buddhisten auch wesentlich für die unübertreffliche Tugend des Mitleids. Wohin der Dalai Lama auch geht, an welche Zuhörerschaft er sich auch wendet, an buddhistische Gelehrte oder das Fernsehpublikum eines ganzen Volkes, immer betont er das Prinzip des universellen Mitleids und fordert unermüdlich zur praktischen Umsetzung auf. Eine Erkenntnis der Leere bzw. der gegenseitigen Abhängigkeit verlangt von uns, sie in der Praxis des Mitleids auch zum Ausdruck zu bringen, während umgekehrt diese Praxis wiederum unser Verständnis der Lehre vertieft. Der Dalai Lama beschreibt diese erleuchtetste Form des Selbstinteresses:

> »Jeder von uns ist für die ganze Menschheit verantwortlich. Es ist höchste Zeit für uns, andere Menschen als unsere Brüder und Schwestern aufzufassen und stets um ihr Wohl, um die Verminderung ihrer Leiden besorgt zu sein. Selbst wenn Sie Ihre eigenen Interessen nicht vollständig opfern können, sollten Sie doch niemals die Sorge um andere vergessen. Wir sollten mehr an die Zukunft und das Wohl der ganzen Menschheit denken.
> Auch ist es so, daß Sie, wenn Sie Ihre eigenen egoistischen Motive unterwerfen – z.B. Zorn – und mehr Freundlichkeit und Mitleid für andere entwickeln, letzten Endes auch sich selbst mehr Gutes tun. Deshalb sage ich manchmal, der weise Egoist sollte sich entsprechend verhalten. Törichte Egoisten denken immer an sich selbst, und das Ergebnis ist immer negativ. Weise Egoisten denken an andere, helfen anderen, soviel sie können, und das Ergebnis ist, daß sie selbst Nutzen daraus ziehen.
> Das ist meine sehr einfache Religion. Wir brauchen keine Tempel. Wir brauchen keine komplizierte Philosophie. Unser eigenes Gehirn, unser eigenes Herz ist unser Tempel, und unsere Philosophie ist die Güte.«[12]

Klingen diese Worte des Dalai Lama nicht gar zu einfach? Wie praktiziert man denn Mitleid? Braucht man nicht Regeln oder zumindest Richtlinien, um Mitleid im Alltag zu praktizieren? Zwar gibt es im tibetischen Buddhismus detaillierte Übungen und Vorschriften zur Praxis des Mitleids, aber die eigentliche Antwort lautet, daß *Mitleid kein System von Regeln ist*. Mitleid ist ein Bewußtseinszustand, verwurzelt in der Erkenntnis unserer tiefen Abhängigkeit voneinander und von unserer Umwelt – mit anderen Worten, im Verständnis der Leere. Aus diesem Verständnis fließt die Ehrfurcht vor allem Leben und vor unserer Umwelt. Hieraus wird schon deutlich, warum der Dalai Lama ein so entwickeltes Umweltbewußtsein besitzt.

Ein bloß intellektuelles Verständnis reicht niemals aus, um diese tiefen spirituellen Wahrheiten zu erfassen. Die vollständige Transformation unseres Wesens erfordert ein lebenslanges Studium der Philosophie, der Meditation und der Praxis. Befreiung, Buddhaschaft oder Weisheit – das sind austauschbare Begriffe – wird selten erreicht, und nur von spirituellen Größen. Dankenswerterweise lassen sie aber immer auch Leitern herab, auf denen wir mühsam strampelnde Zwerge nach oben klettern können.

Fallen der Synchronizität

Auch wenn wir die höchste Konjunktion mit dem *Unus Mundus*, von der Jung spricht, nicht unmittelbar erreichen können, ist uns vielleicht die hier dargestellte Weltsicht zumindest behilflich, intuitive Einsicht in die Symbolik der Dinge zu entwickeln und die Sinnhaftigkeit der objektiven Welt zu erkennen. Viele Menschen tun das ganz unbewußt. Verläuft das Leben glatt, fühlen wir uns in Harmonie mit dem Tao. Stoßen wir dagegen dauernd auf Hindernisse, haben wir den Eindruck, wir seien außer Tritt geraten und in Disharmonie mit den Absichten unseres Selbst. Wenn beide, Welt und Ich, Entfaltungen der Seele sind, ist es im Prinzip möglich, in allem Erleben symbolische Bedeutung zu sehen. Das ganze Leben lehrt mich, empfänglich für seine Bedeutungen zu sein und alles, was es mir bringt, richtig zu interpretieren. Da das Wachleben eine Entfaltung des Selbst ist, können wir wichtige Wacherlebnisse ebenso symbolisch interpretieren wie einen numinosen Traum.

Doch wenn wir versuchen, Sinnbedeutungen an Erfahrungen in der Außenwelt abzulesen, unsere Symbol-Intuition zu aktivieren oder Sensibilität für Synchronizitäts-Erfahrungen zu entwickeln, betreten wir schwankenden Boden, besonders ganz zu Anfang. Es liegt dann nämlich nur allzu nahe, Trivialitäten als kosmischen Ausdruck von Sinnhaftigkeit zu sehen. Göttliche Offenbarungen und Epiphanien werden zu Dutzendware – ein typisches Syndrom in den Nervenkrankenhäusern. Die Kranken dort empfangen ständig göttliche Offenbarungen aus den banalsten, nichtigsten Vorfällen. James Hillman spricht in diesem Sinne davon, daß psychologisch primitive Manifestationen des Archetypus des Selbst, ebenso primitive Eruptionen der Anima, zu einer Vielzahl von Irrtümern und Torheiten führen können.

»Was trivial und was sinnhaft ist, hängt vom sinnstiftenden Archetypus ab, und das ist nach Jung das Selbst. Ist einmal das Selbst am Werk, fließt *Sinn* aus seinem Wirken. Doch wie jedes archetypische Ereignis, hat auch dieses seine sinnlose Seite. Man kann durchaus von völlig deplazierter, platter, paranoider Sinnhaftigkeit überwältigt werden, ebenso wie man von Eros überwältigt werden und die Seele (Anima) im Strudel einer verzweifelten, lächerlichen Verliebtheit untergehen kann. Das Mißverhältnis zwischen dem trivialen Inhalt eines Synchronizitäts-Ereignisses einerseits und der ungeheuren darin enthaltenen Sinnhaftigkeit andererseits zeigt, was ich meine. Wie ein hilflos Verliebter beginnt ein Mensch, der in die Falle des Sinns gegangen ist, sein Selbst durch Trivialitäten, die in jedem Komplex das Erleben des Archetypus begleiten und Teil der Verteidigung dieses Komplexes sind, aufzuwerten und zu rechtfertigen. Psychodynamisch gesehen macht es daher wenig Unterschied, ob wir dem Schatten anheimfallen und unser gestörtes Verhältnis zur Moral rechtfertigen, der Anima und unser gestörtes Verhältnis zur Schönheit rechtfertigen oder dem Selbst und unser gestörtes Verhältnis zum Sinn rechtfertigen.«[13]

Da unser Geschick zu Selbsttäuschung und Ich-Aufblähung keine Grenzen kennt, müssen wir hier mit äußerster Nüchternheit und Ausgewogenheit vorgehen – gerade bei unseren größten Charakterschwächen. Leider gibt es in dieser Beziehung fast keine Richtlinien, außer vielleicht die Demut. Aber auch sie kann sich in eine Quelle des Stolzes verwandeln! Wo also ist Hilfe zu finden?

Das Problem ist umso größer, als die Interpretation einer Synchronizitäts-Erfahrung mindestens ebenso schwierig ist wie die Interpretation eines großen Traumes. Traumdeutungen sind schwierig, weil Träume häufig eine größere unbewußte Kompensation zum Ausdruck bringen, weshalb der Interpret, das Ich, das die Kompensation benötigt, in der schlechtesten Ausgangsposition ist. Selbst wenn die Interpretation sehr einfach und direkt wäre, hindert uns eine innere Stimme daran, die Wahrheit zu sehen, so daß wir häufig ganz falsche, von unseren psychischen Problemen abhängige Schlüsse ziehen. All diese Gefahren und Schwierigkeiten treten nun aber mindestens ebensosehr bei der Interpretation von Synchronizitäts-Erfahrungen auf, bei dem Versuch, den akausalen Sinn der Verknüpfung zwischen Innen und Außen herauszuarbeiten. Wir können dann nicht nur einen Sinn in Ereignisse hineinlesen, in

> **»Die richtige Deutung eines synchronistischen Ereignisses ist somit wesentlich und kann nur von einem nüchternen, disziplinierten Geist geleistet werden, der sich an die ›notwendigen Aussagen‹ hält und sich nicht in willkürlichen Mutmaßungen ergeht.«**

denen gar keiner steckt, sondern sind auch zu falschen Deutungen verleitet, selbst wenn sich in einer Synchronizitäts-Erfahrung ein echter Sinn manifestiert.

Doch trotz unserer Tendenz, Symbol-Interpretationen zu verzerren und zu verdrehen, behauptet Marie-Louise von Franz, es gebe in jeder archetypischen Interpretation eine interne Logik und einen objektiven Sinn. Sie nennt das »notwendige Aussagen«. Dieses objektive Element kann uns bei der Interpretation unserer Erfahrungen behilflich sein, sofern wir nur genügend Selbstdisziplin und Nüchternheit aufbringen – oder das Glück haben, uns an einen erfahrenen Therapeuten oder spirituellen Freund wenden zu können. Marie-Louise von Franz gibt ein Beispiel:

> »Ein Mann, der unter der Wahnvorstellung litt, er sei der Retter der Welt, attackierte seine Frau mit einer Axt, um ihr den Teufel auszutreiben. Sie rief um Hilfe. Genau in dem Augenblick, als ein Polizist und ein Psychiater ins Haus traten, explodierte die einzige Lampe, die den Flur beleuchtete, in dem sie gerade alle standen. Sie waren in Dunkelheit getaucht, über und über mit Glassplittern bedeckt. Der Kranke rief: Schaut, genauso war es, als Christus gekreuzigt wurde! Die Sonne ist untergegangen. Er fühlte sich also darin bestätigt, daß er der Heiland war. Aber wenn wir diese Symbolik korrekt mit den notwendigen Aussagen amplifizieren, d.h. mit disziplinierter Phantasie, erscheint ein völlig anderer Sinn: Eine Glühbirne ist nicht die Sonne, das Symbol einer numinosen Quelle des kosmischen Bewußtseins; sie symbolisiert nur ein kleines Licht, das vom Menschen, d.h. von seinem Ich-Bewußtsein, gemacht worden ist. Das Ereignis bedeutet also ein Blackout des Ich-Bewußtseins dieses Mannes, das Zerbrechen seines Ichs, und das ist genau das, was zu Beginn eines psychotischen Schubs passiert. Als ich den Kranken und seine Frau einige Tage später traf, sah ich den Sinn und konnte ihn ihnen zeigen, was eine positive, ernüchternde Wirkung auf den armen Mann hatte. Die richtige Deutung eines synchronistischen Ereignisses ist somit wesentlich und kann nur von einem nüchternen, disziplinierten Geist geleistet werden, der sich an die notwendigen Aussagen hält und sich nicht in willkürlichen Mutmaßungen ergeht.«[14]

Zu all diesen Gefahren kommt noch hinzu, daß auch eine starke Synchronizitäts-Erfahrung zu einem Erlebnis der Selbstbestätigung werden kann. Eine leise Stimme flüstert uns dann zu: »Also ich muß doch wirklich ein sehr fortgeschrittener, auserwählter Mensch sein, wenn sich die Weltelemente selbst zu meinem Vorteil, zu meiner inneren Entwicklung so sinnvoll arrangieren.« Anstatt daß das Ich in diesem Fall zum Diener des Höheren wird und sich in die Welt integriert, wird die Welt vom Ich assimiliert. Die kopernikanische Revolution wird auf den Kopf gestellt.

Fast dieselben Probleme entstehen auf der spirituellen Ebene. Da unser Ich der unübertroffene Meister der Selbsttäuschung ist, fordert uns Paul Brunton auf, philosophische Selbstdisziplin zu wahren und Beziehungen zu einem fähigen Führer aufzunehmen. Er sagt:

»Der Pfad zum höchsten geistigen Ziel ist übersät von menschlichen Wracks. Warum? Um vollständig zu sein, müßten hier mehrere Gründe genannt werden. Doch ist einer der wichtigsten der folgende: Zwischen dem Entwicklungsstadium des gewöhnlichen Menschen und dem des reifen Mystikers erstreckt sich ein gefahr- und täuschungsvoller psychischer Bereich, der in der Literatur der Mystiker verschiedene Namen trägt. Man hat ihn die Astralebene, das Zwischenreich, die Halle der Täuschungen usw. genannt. Die ersten Bemühungen jedes nach Konzentration, Meditation, Selbstbeherrschung und Erkenntnis Strebenden führen in diese Region. Doch wenn seine Ich-Sucht durch die von ihm hier aufgerufenen Kräfte einmal stimuliert ist, wird seine Empfindung sensiver und feiner und seine Phantasie aktiver und freier. Kommt jemand mit diesen Verändungen nicht zurecht, so sind die Folgen eitle Einbildung, Aberglaube und Leichtgläubigkeit. Die Emotionen rebellieren, und die Phantasie wird zügellos. Sicherung gegen diese Gefahren gewährt erstens Gehorsam gegenüber philosophischer Selbstdisziplin und zweitens Gehorsam gegenüber einer kompetenten Führung.«[15]

Spiritueller Segen

Die Beschäftigung mit der Tiefenpsychologie kann uns in dauernden, lebendigen Kontakt mit der Realität der Psyche und ihrer Kräfte bringen. Die Psychologie lehrt uns, daß, was wir früher für die flüchtigsten aller Wirklichkeiten hielten – Gedanken, Bilder und Gefühle – unsere eigentliche Welt konstituiert, als Tatsache und als Zielsetzung. Welche Unterschiede auch zwischen Tiefenpsychologie und Mentalismus existieren mögen, in diesem Punkt sind sie völlig einig. Gerade wegen der Macht des Gedankens und der Kraft der Bilder sind wir für die Erzeugnisse unseres Bewußtseins und unserer Seele verantwortlich. Wir dürfen unseren Schatten nicht so einfach ausleben, jeder Anima-Projektion folgen oder jeden x-beliebigen Impuls aus der Psyche verwirklichen. Individuation erfordert, daß wir unsere Psyche mit großer Sorgfalt erforschen, ihre Bilder auf ihren Inhalt hin befragen und uns erst dann von ihnen führen lassen. Und schließlich müssen wir unsere Einsichten und Ideale auch in der

Realität des Alltags verankern. Ich glaube, nur von der in der Individuation erlangten Basis der Ganzheit aus, nur von der Kenntnis der Höhen und Tiefen unseres Charakters aus können wir einen ausgewogenen, fruchtbaren Versuch machen, Befreiung zu erlangen – das Überschreiten aller Gegensätze, das vollständige Erreichen von Weisheit und Mitleid, die Erfüllung unseres Menschentums.

Die befreienden Philosophien fordern uns auf, still zu werden, gedankenfrei zu werden. Denn nur in der Stille erleben wir die höchsten Oktaven des Geistes, den unobjektivierbaren Wesenskern. Daraus erklärt sich, warum diese Überlieferungen einen solchen Wert auf objektlose Meditation legen. Auf dieser Stufe sind wir dem Sirenengesang der Psyche nicht mehr ausgeliefert. Wie Odysseus müssen wir uns selbst am Mast festbinden, doch hier am Mast der Wachsamkeit, um all den verlockenden Klängen der Psyche zu entgehen. Wir brauchen inaktive Imagination, nicht aktive Imagination, das Formlose, nicht das Geformte. Doch wie im vorhergehenden Kapitel dargelegt, dürfte, zumindest für Anfänger wie mich, ein Wechsel zwischen Tiefenpsychologie und befreiender Philosophie und eine Ergänzung beider zufriedenstellend und produktiv sein.

Beide Disziplinen geben uns ein Gefühl für die konstruktive Macht des Denkens und machen uns bewußt, wie wichtig unsere mentalen Einstellungen und Gewohnheiten sind. Zwar gibt uns der Weltgeist oder die kosmische Seele sein Meisterbild in unserem Innern vor, doch besitzen wir immer noch einige Freiheit, unsere Antworten darauf zu entwerfen. Wie schwer es oft auch sein mag, wir haben die Wahl, auf Ereignisse zu reagieren. Wenn wir beharrlich dabei bleiben, uns selbst als Opfer zu sehen, als das von allen verlassene Kind, als das willenlose Spielzeug unseres Schattens oder als den Gefangenen der furchtbaren Tiere im psychischen Zoo, dann werden wir aufgrund der konstruktiven Macht des Denkens wirklich dieses Opfer, dieses furchtsame Kind, dieser Gefangene des Unbewußten. Wenden wir dagegen die ungeheure schöpferische Kraft des Geistes ins Positive, werden wir den entsprechenden Segen empfangen. Das bedeutet natürlich nicht, daß wir über unsere psychischen Schwierigkeiten hinwegsehen und uns einbilden dürften, wir seien schon Buddhas. Im spirituellen Leben gibt es keine schnellen Erfolge. Trotzdem können wir von Paul Brunton eine Lektion lernen:

> »Wenn die geistige Essenz als der wahre Grund erkannt wird, auf dem die gesamte Struktur dieses ›Ichs‹ aufgebaut wurde, so wird sie auch als etwas erkannt werden, das niemals geboren wird und folglich niemals stirbt, als das, was war, ist und sein wird. Es kann dann ersehen werden, daß, wenn alle unsere Erinnerungen Zeit einschließen, sie auch als einen Hintergrund die Existenz von etwas in ihnen einschließen, was außerhalb der Zeit ist. Diese Auffassung der Unsterblichkeit, als eher gehörig zu der höheren Individualität

des Überselbst, denn zu der niedrigeren Persönlichkeit, wird dann die frühere ersetzen, die letztlich verdammt ist, die Qual nicht erfüllter Sehnsucht zu ertragen, wohingegen die wahre Ansicht einen Menschen in wachsenden Frieden badet, je besser sie verstanden wird. Wenn der Mensch fest und unfehlbar fortfährt, sich selbst in Gedanken mit dieser seiner höheren Individualität zu identifizieren, kommt er ganz natürlich dazu, ihre Haltung zu teilen.
Und dieser Haltung fehlt der Glaube, ich werde schließlich sterben, vollkommen. Vorstellen heißt erschaffen. Was ein Mensch denkt, wird er. Indem er sich richtig unsterblich denkt, erlangt er in der Folge Unsterblichkeit.«[16]

Anhang

Eine Ableitung der Bellschen Ungleichungen ohne Fachchinesisch

Unter Bezugnahme auf die in Kapitel 9 entwickelten Ausführungen und Einsteins Annahmen gibt dieser Anhang eine Interpretation des Experiments. In Fall 1 sind die Tests auf der linken und rechten Seite identisch. Beide Klangkörper bestehen die Tests gemeinsam oder fallen gemeinsam durch und schneiden bei allen drei Tests gleich gut ab. Aus dieser perfekten Korrelation können wir mit Gewißheit schließen, daß die Klangkörper, zumindest wenn die Tests für beide identisch sind, dieselben Eigenschaften aufweisen. Da die Glocken aus Paaren gleicher Klangkörper bestehen, ist diese Korrelation kaum überraschend.

Wir können noch mehr Schlüsse daraus ziehen, da die Klangkörper niemals »wissen« – außer es ist schon zu spät und sie haben nichts mehr davon –, ob sie beide demselben Test unterworfen werden oder nicht. (Wir haben die Lokalität dazu benutzt, um die vollständige Isolierung, eine unabhängige, zufällige Testauswahl auf der einen wie der auf der anderen Seite, sicherzustellen.) Als nächstes gehen wir von der entscheidenden Annahme der Trennbarkeit aus: dem »So-Sein räumlich getrennter Dinge«, obwohl die Trennbarkeit ein einfaches und sinnvolles Prinzip ist (der philosophische Fisch schwimmt darin), Trennbarkeit, also eine voneinander unabhängige Existenz isolierter Klangkörper mit einer perfekten Korrelation für die Testkombinationen K-K, B-B und H-H impliziert, daß die Klangkörper stets identische Eigenschaften besitzen müssen, was Kunststil, Bronzegehalt und Haltbarkeit betrifft. Das gilt, auch wenn wir zu einem bestimmten Zeitpunkt immer nur einen Test mit einem Klangkörper durchführen können. Wir deduzieren das aus den Daten von Fall 1 und unseren Annahmen, indem wir feststellen, daß, wenn die Paare nicht immer identische Eigenschaften besäßen, es gelegentlich vorkommen müßte, daß ein Klangkörper z.B. einen Kunststiltest besteht, den der andere nicht besteht – was niemals vorkommt.

Da also die Klangkörper immer identische Eigenschaften besitzen, messen wir, falls wir verschiedene Messungen im linken und rechten Raum durchführen, in Wirklichkeit gleichzeitig zwei Eigenschaften der Klangkörper – was, wie die normale Quantenmechanik behauptet, unmöglich ist. (Vielleicht kennt der Glockenverkäufer wirklich eine kluge Vorrichtung, die die Komplementarität außer Kraft setzt und Tsongkhapas Wunsch nach detaillierterer Analyse zufriedenstellt!)

Ich möchte folgende Abkürzungen für die jeweiligen Eigenschaftskombinationen der Klangkörper benützen: k+b+h+ bedeutet, ein Klangkörper besteht alle drei Tests, Kunststil, Bronzegehalt und Haltbarkeit, während k+b–h+ bedeutet, der Klangkörper besteht den Kunststil-Test, fällt durch den Bronzegehalt-Test und besteht wieder den Haltbarkeits-Test. (Großbuchstaben wie bei K-B oder H-H werden für die Testauswahl im linken und rechten Raum benutzt, während kleine Buchstaben, wie k+b–h+ für die Eigenschaften eines gegebenen Klangkörpers stehen.) Dann gibt es acht mögliche Eigenschaftskombinationen: k+b+h+, k+b+h–, k+b–h+,

Anhang

k–b+h+, k–b–h–, k–b–h+, k–b+h– und k+b–h–. *Unter der Annahme der Lokalität und einer voneinander unabhängigen Existenz zeigt die Analyse der Daten von Fall 1, daß beide Glieder jedes Klangkörperpaares stets dieselben Eigenschaftskombinationen aufweisen.* Unter dieser Annahme muß es sich um völlig gleichartige Paare handeln. Gehen wir jetzt zu den Daten von Fall 2 über.

Daten von Fall 2:
Es werden *verschiedene* Tests in den beiden Räumen durchgeführt. Die Testkombinationen sind K–B, K–H, B–H, B–K, H–K und H–B. Unter diesen Voraussetzungen ergeben sich bei einem Viertel der Tests dieselben Resultate (beide Seiten bestehen die Tests, oder bestehen sie nicht).

Unsere Aufgabe besteht jetzt darin, zu deduzieren, welche Ergebnisse aus unserer Annahme für Fall 2 zu erwarten sind. Ich werde zuerst die *möglichen* Ergebnisse des Experiments analysieren und dazu eine Tabelle zur Bewertung der Daten aufstellen. Die Korrelations-Tabelle 1 zeigt die sechs Test-Kombinationen für Fall 2, wo die Tests in den beiden Räumen verschieden sind, sowie die entsprechenden Korrelations-Ergebnisse für die acht möglichen Eigenschaftskombinationen. Die sechs Spalten entsprechen den Testkombinationen, während die acht Reihen den Eigenschaftskombinationen entsprechen. Jeder Eintrag in der Tabelle ist entweder ein »G« oder ein »U«, was besagt, daß die Eigenschaftskombination für die jeweilige Testkombination entweder die **g**leichen (beide bestehen den Test, oder beide bestehen ihn nicht) oder **u**nterschiedliche Testergebnisse aufweist.

Korrelations-Tabelle 1

<———— Testkombinationen ————>

Eigenschaften	K–B	K–H	B–H	B–K	H–K	H–B
k+b+h+	G	G	G	G	G	G
k+b+h–	G	U	U	G	U	U
k+b–h+	U	G	U	U	G	U
k–b+h+	U	U	G	U	U	G
k–b–h–	G	G	G	G	G	G
k–b–h+	G	U	U	G	U	U
k–b+h–	U	G	U	U	G	U
k+b–h–	U	U	G	U	U	G

Ist zum Beispiel die Eigenschaftskombination der Klangkörper k+b+h– und die Testkombination K–H, dann sind die Testergebnisse unterschiedlich (der Klangkörper auf der linken besteht den Test, der auf der rechten nicht). Das wird durch ein »U« in der Tabelle angezeigt. Prüfen Sie ruhig ein paar Einträge nach, um sich zu vergewissern, daß alles stimmt.

Wir können uns den ohnehin leichten Zählvorgang noch leichter machen, wenn wir erkennen, daß die Tabelle sehr redundant ist. Die Redundanz ergibt sich daraus, daß wir nur daran interessiert sind, ob die Testergebnisse auf jeder Seite sich gleichen oder ob sie unterschiedlich sind. Mit anderen Worten, wir unterscheiden nicht zwischen ++ oder – – (beides ergibt G) noch zwischen +– oder –+ (beides ergibt U). So besteht die ganze Tabelle in Wirklichkeit nur aus einem Viertel der Tabelle und drei Duplikaten davon. Der Quadrant oben links zum Beispiel ist identisch mit dem unten rechts und so weiter.

Eine Ableitung der Bellschen Ungleichungen ohne Fachchinesisch

Nachdem wir also diese Tabelle 1 aufgestellt haben, können wir zu einer einfachen Zählung übergehen. Ich greife zwei Fälle heraus, um die uns interessierenden extremen Möglichkeiten zu kennzeichnen. Da die Testauswahl für eine gegebene Eigenschaftskombination bei beiden Klangkörpern unabhängig und zufällig erfolgt ist, müssen die sechs Testkombinationen gleich oft auftreten. Genau das bedeutet ja eine Zufallsauswahl von Testkombinationen.

Nehmen wir nun zunächst an, wir hätten eine *Anzahl uniformer* Glocken vor uns – jede Eigenschaftskombination ist gleich wahrscheinlich. Mit anderen Worten, in einer uniformen Anzahl ist es ebenso wahrscheinlich, daß eine Glocke eine Eigenschaftskombination k+b+h– aufweist wie k+b+h+ oder irgendeine andere Eigenschaftskombination. Innerhalb dieser uniformen Anzahl besitzt jeder Eintrag in der Tabelle gleiches statistisches Gewicht. Es tritt in jedem Quadranten dieselbe Anzahl von G's oder U's auf. Wenn wir also eine große Anzahl solcher uniformer Glocken testen würden, würden sie genau in der Hälfte der Fälle dieselben Testergebnisse erbringen.

Um nun weiterzugehen und die Analyse zu vervollständigen, gehen wir von einer Anzahl *nichtuniformer Glocken* aus, bei der kein Klangkörper weder k+b+h+ noch k–b–h– Eigenschaftskombinationen aufweist, während die anderen Kombinationen gleichmäßig verteilt sind. Dadurch werden die Eigenschaftskombinationen eliminiert, die bei allen Testkombinationen G's ergeben. Für alle restlichen Eigenschaftskombinationen in einem gegebenen Quadranten der Tabelle treten ein G und zwei U's auf. So werden Klangkörper mit diesen Eigenschaftskombinationen (unsere nichtuniforme Anzahl) dieselben Ergebnisse immer nur in einem Drittel der Fälle aufweisen. Wenn Sie nur einmal kurz darüber nachdenken, werden Sie darauf kommen, daß diese nichtuniforme Anzahl das Minimum von G's ergibt.

Da aber jede andere Anzahl zwischen diesen Extremen liegen muß, wird jede Eigenschaftskombination, wenn die Tests verschieden sind, mindestens in einem Drittel der Fälle die gleichen Ergebnisse erbringen. Es ist unmöglich, daß weniger als ein Drittel herauskommt. Unter der Annahme von Lokalität und einer voneinander unabhängigen Existenz muß also jede beliebige Eigenschaftskombination in mindestens einem Drittel der Fälle dieselben Resultate ergeben, falls die Tests auf beiden Seiten verschieden sind. Das ist eine spezielle Variante der Bellschen Ungleichungen.

Anmerkungen

Kapitel 1: Einführung
[1] C. G. Jung. In: *Gesammelte Werke*, Bd. VIII, »Synchronizität als Prinzip akausaler Zusammenhänge«. In: Ebenda, Bd. VIII, S. 477.
[2] Steven Weinberg: *Die ersten drei Minuten*. München 1977, S. 184.
[3] Ebenda, S. 212.
[4] Schwarzer Hirsch: *Ich rufe mein Volk*, Bornheim 1982, S. 14f.
[5] C.G.Jung: »Psychologie und Religion«. In: *Gesammelte Werke*, Bd.XI, S. 90.
[6] C.G.Jung. *Briefe*. Erster Band. Herausgegeben von Aniela Jaffé. Olten 1972, S. 487.
[7] Werner Heisenberg: *Physics and Beyond*. Cambridge 1971, S. 101. E.C. Lathem (Hg.): *The Poetry of Robert Frost*, Barre, MA: Imprint Society, 1971, S. 352
[8] E. C. Lathem (Hg.): *The Poetry of Robert Frost*, Barre, MA: Imprint Society, 1971, S. 352.
[9] John Bell: »On the Einstein-Podolsky-Rosen Paradox«. In: *Physics 1* (1964), S. 195.
[10] Wolfgang Pauli. In: C.G.Jung und W. Pauli: *Naturerklärung und Psyche*. Studien aus dem C.G.Jung-Institut IV, Zürich 1952, S. 164.
[11] H. Dukas und B. Hoffmann, (Hg.): *Albert Einstein, the Human Side: New Glimpses from His Archives*. Princeton 1981, S. 38.

Kapitel 2 : Individuation und unbewußte Kompensation
[1] C.G.Jung: »Allgemeine Gesichtspunkte zur Psychologie des Traumes«. In: Gesammelte Werke Bd. VIII, S. 288.
[2] Ebenda, S. 288.
[3] C.G.Jung: »Vom Wesen der Träume«. In: Gesammelte Werke, Bd. VIII, S. 330.
[4] Marie-Louise von Franz: *Psyche und Materie*. Zürich, 1988, S. 316 f.
[5] C.G.Jung: »*Mysterium Coniunctionis*«. In: Gesammelte Werke, Bd. XIV/2, S. 326.
[6] C.G.Jung: »Allgemeine Gesichtspunkte zur Psychologie des Traumes«. In: Gesammelte Werke, Bd. VIII, S. 275.
[7] C.G.Jung: »*Synchronizität*«. In: Gesammelte Werke, Bd. VIII, S. 550f.

Kapitel 3: Akausale sinngemäße Verknüpfung
[1] Robert Aziz: *C.G.Jung's Psychology of Religion and Synchronicity*. Albany, NY: State University of New York Press: 1990, S. 1.
[2] Police: *Synchronicity*, Hollywood, CA: A & M Records, 1983.
[3] Marie-Louise von Franz: *Psyche und Materie*. Zürich 1988.
[4] Das Interview fand 1990 statt und bildete die erste Stunde einer dreistündigen Sendung mit dem Titel »Leidenschaften der Seele«, von Ikon Television, P.O.Box 10, 1200 JB Hilversum, Holland.
[5] C.G.Jung: »Über Synchronizität«. In: *Gesammelte Werke*, Bd. VIII, S. 584.
[6] von Franz: *Psyche und Materie*. Zürich, S. 282.
[7] C.G.Jung: »Synchronizität als Prinzip akausaler Zusammenhänge. In: *Gesammelte Werke*, Bd. VIII, S. 498.

[8] Aziz: *C.G.Jung's Psychology of Religion and Synchronicity.*
[9] Ebenda, S. 64.
[10] Michael Fordham: »An Interpretation of Jung's Thesis about Synchronicity«. In: *British Journal of Medical Psychology* 35 (1962), S. 210.
[11] Zu Quellen für diese und ähnliche Experimente siehe Jungs Synchronizitäts-Abhandlung. Siehe auch unten Anmerkung 13.
[12] C.G.Jung: »Synchronizität als Prinzip akausaler Zusammenhänge«. In: *Gesammelte Werke*, Bd. VIII, S. 540.
[13] Robert Jahn und Brenda Dunne: *Margins of Reality: The Role of Consciousness in the Physical World.* New York: Harcourt Brace Jovanovich, 1987.
[14] C.G.Jung: »Synchronizität als Prinzip akausaler Zusammenhänge«. In: *Gesammelte Werke*, Bd. VIII, S. 493f.
[15] von Franz: *Psyche und Materie*, S. 315.
[16] C.G.Jung: »Synchronizität als Prinzip akausaler Zusammenhänge«. In: *Gesammelte Werke*, Bd. VIII, S. 574.
[17] Ebenda, S. 574.
[18] von Franz: *Psyche und Materie.* S. 324.
[19] Marie-Louise von Franz: *Zahl und Zeit.* Stuttgart 1970.
[20] Jedes gebundene Quantensystem (mit endlichem Umfang) verfügt über quantisierte Energie und andere Quantitäten. Diese Quantisierung folgt einfach aus der Überlagerung der Lösungen der Quantenmechanik durch diese räumliche Gebundenheit. Es handelt sich um kein Beispiel des »Just-So-Seins«.
[21] Jahn und Dunne: *Margins of Reality.*
[22] C.G.Jung: »Synchronizität als Prinzip akausaler Zusammenhänge«. In: *Gesammelte Werke*, Bd. VIII, S. 490.
[23] Aziz: *C.G.Jung Psychology of Religion and Synchronicity*, S. 60-61.
[24] C.G.Jung: *Erinnerungen, Träume, Gedanken.* Herausgegeben von Aniela Jaffé. Stuttgart 1962, S. 316f.
[25] C.G.Jung: »Synchronizität als Prinzip akausaler Zusammenhänge«. In: *Gesammelte Werke*, Bd. VIII, S. 308.
[26] Ebenda, S. 543.

Kapitel 4: Synchronizität: Beispiele und Analysen

[1] C.G.Jung: »Synchronizität als Prinzip akausaler Zusammenhänge«. In: *Gesammelte Werke*, Bd. VIII, S. 540.
[2] Anthony Damiani: *Looking into Mind* (Burdett, NY: Larson Publications, 1990) und *Standing in Your Own Way: Talks on the Natur of Ego,* Burdett, NY: Larson Publications, 1993.
[3] C.G.Jung: »Synchronizität als Prinzip akausaler Zusammenhänge«. In: *Gesammelte Werke*, Bd. VIII, S. 540.
[4] Ebenda, S. 563.
[5] C.G.Jung: Kommentar zu: »Das tibetische Buch der großen Befreiung«. In: *Gesammelte Werke*, Bd. XI, S. 512.
[6] C.G.Jung: »*Mysterium coniunctionis*«. In: *Gesammelte Werke*, Bd. XIV/2, S. 328.
[7] Zitiert in Max Borns Aufsatz: »Einstein's Statistical Theories«, In: *Albert Einstein: Philosopher Scientist.* P.A. Schlipp, Herausgegeben von Library of Living Philosophers, Bd. 7 (LaSalle, II: Open Court, 1949), S. 175-76.

Kapitel 5: Vom mittelalterlichen zum modernen Weltbild

[1] Dante Alighieri: »*Göttliche Komödie*«. *Paradiso* I, S. 103. Übersetzt v. Friedrich von Falkenhausen. Insel TB 1994.
[2] Galileo Galilei: Il saggiatore. 1623.
[3] Nach M.A. Orr: *Dante and the Early Astronomers.* Port Washington, NY: Kennikat Press, 1969.
[4] Richard Tarnus: *The Passion of the Western Mind.* New York: Ballantine Books. 1993, S. 193-94.
[5] Stillman Drake: *Galileo.* Oxford: Oxford University Press, 1987.
[6] Stillman Drake: *Galileo at Work.* Chicago: University of Chicago Press, 1978, S. 14.
[7] Stillman Drake: *Galileo: Pioneer Scientis.* Toronto: University of Toronto Press, 1990, S. 5.
[8] Drake: *Galileo,* S. 70.
[9] Daniel Dennett: *Consciousness Explained.* Boston: Little Brown and Company, 1991.
[10] Ebenda, S. 70.
[11] Jeremy Hayward und Francisco Varela (Hg.): *Gentle Bridges: Conversations with the Dalai Lama on the Sciences of Mind.* Boston: Shambhala, 1992. S. 147. Siehe auch Francisco Varela: Traum, Schlaf und Tod. Grenzbereiche des Bewußtseins. Der Dalai Lama im Gespräch mit westlichen Wissenschaftlern, München. Eugen Diederichs, 1998.
[12] Erwin Schrödinger: *Geist und Materie.* Braunschweig 1959, S. 38.
[13] Vaclav Havel: »The End of the Modern Era«. In: *New York Times,* März 92, S. E18.
[14] Daniel Kleppner. In: *Physics Today,* August 1993, S. 11.

Kapitel 6: Kausalität und Akausalität in der Natur

[1] Niels Bohr: »Discussions with Einstein on Epistemological Problems in Atomic Physics«. In: *Quantum Theory and Measurement.* Princeton, NJ: Princeton University Press, 1983, S. 26.
[2] C. G. Jung: »Vorwort zum ›I Ging‹«. In: *Gesammelte Werke,* Bd. XI, 1969.
[3] Abner Shimony, Vorlesung und Anmerkungen zu »What Philosophers Should Know about Bell's Theorem«. American Philosophical Association Meeting, Boston, Januar 1987.
[4] David Bolter: *Turing's Man, Western Culture in the Computer Age.* Chapel Hill, NC; University of North Carolina Press, 1984.
[5] Pierre Simon de Laplace, *Philosophischer Versuch über die Wahrscheinlichkeit,* Herausgegeben von v. Mises, Leipzig 1932, S. 11.
[6] James Gleick: *Chaos: Making a New Science.* New York: Viking, 1987.
[7] C. G. Jung und W. Pauli: *Naturerklärung und Psyche.* Studien aus dem C.G.Jung-Institut, IV, Zürich 1952.
[8] Ebenda, S. 136.
[9] Max Planck: *Where is Science Going?* Übersetzt von J.Murphy. New York: W.W. Norton und Co 1932, S. 117.
[10] Niels Bohr: *Atomic Theory and the Description of Nature.* Cambridge: Cambridge University Press, 1961, S. 116.
[11] Niels Bohr: »Discussions with Einstein on Epistemological Problems in Atomic Physics«. In: *Quantum Theory and Measurement.* Princeton, NJ: Princeton University Press, 1983, S. 200-241.
[12] Albert Einstein: B. Podolsky und N. Rosen: »Can Quantum-Mechanical Description of Physical Reality Be Considered Complete?«. In: *Physical Review* 47 (1953): 777.

[13] Niels Bohr: »Can Quantum-Mechanical Description of Physical Reality Be Considered Complete?«, S. 696.
[14] C.G.Jung: »Synchronizität als Prinzip akausaler Zusammenhänge«. In: *Gesammelte Werke*, Bd. VIII, S. 573.

Synchronizitäts-Zwischenspiel Nr. 3

[1] H.V. Gunther: *Tibetan Buddhism in Western Perspective*. Emeryville, CA: Dharma Publishing, 1977, S. 119-120.

Kapitel 7: Die Elastizität von Raum und Zeit

[1] C.G.Jung aus einem Brief an Dr. Carl Seelig, 25. Feb. 1953. In: *C.G.Jung Briefe*, Bd. 2, S. 324.
[2] C.G.Jung: »Synchronizität als Prinzip akausaler Zusammenhänge«. In: *Gesammelte Werke*, Bd. VIII, S. 494f.
[3] $L = L_0 (1-(v/c)^2)^{1/2}$, wobei v die relative Geschwindigkeit zwischen Objekt und Meßgerät ist.
[4] Mansfield: »Relativity in Madhyamika Buddhism and Modern Physics«. In: *Philosophy East and West* 40, Nr. 1 (1990), S. 59.

Synchronizitäts-Zwischenspiel Nr. 4

[1] C.G.Jung: »Synchronizität als Prinzip akausaler Zusammenhänge«. In: *Gesammelte Werke*, Bd. VIII, S. 508.

Kapitel 8: Ein partizipatorisches Quantenuniversum

[1] Heinz Pagels: *The Cosmic Code: Quantum Physics as the Language of Nature*. New York: Simon and Schuster, 1982, S. 98.
[2] John Wheeler: »Law without Law«. In: *Quantum Theory and Measurement*. Herausgegeben von J. Wheeler und W. Zurek, Princeton, NJ: Princeton University Press, 1983, S. 194.
[3] Niels Bohr: *Atomic Theory and the Description of Nature*. Cambridge: Cambridge University Press, 1934, S. 115.
[4] Niels Bohr: »Discussions with Einstein on Epistemological Problems in Atomic Physics«. In: *Quantum Theory and Measurement*. Herausgegeben von. J. Wheeler und W. Zurek, Princeton, NJ: Princeton University Press, 1983, S. 45-46; ursprünglich veröffentlicht in *Albert Einstein: Philosopher Scientist*. Herausgegeben von P.A. Schilpp, The Library of Living Philosophers, Bd. 7, LaSalle, IL: Open Court, 1949, S. 200-241.
[5] Wheeler: »Law without Law«, S. 190-196.
[6] Ebenda, S. 190.
[7] Erwin Schrödinger: *Geist und Materie*. Braunschweig 1959, S. 76.

Kapitel 9: Nicht-Lokalität in der Natur

[1] Albert Einstein: »Einstein on Locality and Separability«. Übersetzt von Donald Howard. In: *Studies in History and Philosophy of Science* 16, Nr. 3, (1985), 186.
[2] D. Mermin: »Bringing Home the Atomic World: Quantum Mysteries for Anybody«. In: *American Journal of Physics* 49 (1981), S. 940.
[3] Mansfield: »Tsongkhapa's Bells, Bell's Inequality, and Madhyamika Emptiness«. In:*Tibet Journal 15*, Nr. 1 (1990), S. 42-66.

Anhang

[4] Legenden berichten, dieser Kaufmann sei eine frühere Inkarnation des berühmten irischen Physikers John Bell gewesen. Die Frage ist noch ungeklärt.

[5] V. Mansfield und M. Spiegelman: »The Opposites in Quantum Mechanics and Jungian Psychology; Teil 1, Theoretical Foundations«. In: *Journal of Analytical Psychology* 34, Nr. 1 (1991), S. 267; Mansfield: »The Opposites in Quantum Mechanics and Jungian Psychology: Teil II, Applications«. In: *Journal of Analytical Psychology* 34, Nr. 1 (1991): 306.

[6] C.G.Jung: »Synchronizität«. In: *Gesammelte Werke*, Bd. VIII, S. 573.

[7] Einstein, Podolsky und Rosen: »Can Quantum-Mechanical Description of Physical Reality Be Considered Complete?«, S. 777.

[8] Einstein: »Einstein on Locality and Separability«, S. 187-188.

[9] Alain Aspect, Jean Dalibard und Gérard Roger, »Experimental Test of Bell's Inequalities Using Time-Varying Analyzers«. In: *Physical Review Letters* 20 (1982), S. 1804.

[10] Mansfield: »Madhyamika Buddishm and Modern Physics: Beginning a Dialogue«. In: *International Philosophical Quarterly* 29, 1981, S. 940.

[11] Eine Zusammenfassung der Geist-Materie-Diskussion der jüngsten Zeit innerhalb der Quantenmechanik bietet das Buch: *Mind, Matter, and Quantum Mechanics* von Henry P. Stapp. Berlin: Springer Verlag, 1993.

[12] Stapp, *Quantum Mechanics*, berichtet über neuere Ansätze und vergleicht sie mit seinem eigenen.

Synchronizitäts-Zwischenspiel Nr. 6

[1] C.G.Jung: »Synchronizität«. In: *Gesammelte Werke*, Bd. VIII, S. 495f.

[2] von Franz: *Psyche und Materie*, S. 331.

[3] Jean Shinoda Bolen: *The Tao of Psychology: Synchronizity and the Self*. San Francisco, CA: Harper & Row, 1979, S. 7.

Kapitel 10: Die Struktur des Buddhismus des Mittleren Weges

[1] Tenzin Gyatso: *A Policy of Kindness*. Ithaca, NY: Snow Lion Publications, 1990, S. 71-72.

[2] Ebenda, S. 68

[3] Tenzin Gyatso: *Essence of Refined Gold by Sonam Gyatso, the Third Dalai Lama*. Kommentiert von Tenzin Gyatso, Übersetzung von Glenn Mullin. Ithaca, NY: Gabriel/Snow, Lion, 1982, S. 69.

[4] Kelsang Gyatso: *Meaningful to Behold*. London: Tharpa Publications; 1986, S. 122.

[5] Jeffrey Hopkins: *Meditation on Emptiness*. London: Wisdom Publications, 1983, Robert Thurman: *Tsong Khapa's Speech of Gold in the Essence of True Eloquence*. Princeton, NJ: Princeton University Press, 1984.

[6] Thurman: *Tsong Khapa's Speech of Gold in the Essence of True Eloquence*.

[7] Tenzin Gyatso: *The Buddhism of Tibet*. Übersetzung von J. Hopkins und I. Rimpoche, London: George Allen and Unwin, 1975; T. Gyatso: *Transcendent Wisdom*. Übersetzung von B.A. Wallace Ithaca, NY: Snow Lion Publications, 1988.

[8] Kelsang Gyatso: *Heart of Wisdom*. London: Tharpa Publications, 1986.

[9] Paul Brunton: *Relativity, Philosophy, and Mind*. Bd. 13 der Notizbücher Paul Bruntons Burdett, New York: Larson Publications, 1988, S. 25-26.

[10] Thurman: Tsong Khapa's, S. 171.

Synchronizitäts-Zwischenspiel Nr. 7
1. D.T. Suzuki: *Essays in Zen Buddhism: Second Series*. New York: Samuel Weiser, 1976, S. 153.
2. Ebenda, S. 192.

Kapitel 11: Anwendungen der Leere des Mittleren Weges
1. Schrödinger: *Geist und Materie*, S. 41.
2. T. Gyatso: *Policy of Kindness*, S. 112.
3. Ebenda, S. 58.
4. Jarrett: »On the Physical Significance of the Locality Conditions in the Bell Arguments«: In: *Nous* 18 (1984), S. 569.
5. K. Gyatso: *Heart of Wisdom*, S. 29.
6. David Bohm: *Wholeness and the Implicate Order*. London: Routeledge & Kegan Paul, 1983, S. XI.
7. Paul Teller: »Relational Holism and Quantum Mechanics«. In: *British Journal for the Philosophy of Science* 37 (1985), S. 71.

Synchronizitäts-Zwischenspiel Nr. 8
1. C.G.Jung: »*Aion*«. In: *Gesammelte Werke*, Bd. IX 2, S. 34.
2. Ebenda, S. 40.
3. Ebenda, S. 79.
4. Ebenda, S. 178.
5. Ebenda, S. 36.
6. Ebenda, S. 139.

Kapitel 12: Der psychologische Standpunkt: Stärken und Schwächen
1. C.G.Jung: »Theoretische Überlegungen zum Wesen des Psychischen«. In: *Gesammelte Werke*, Bd. VIII, S. 197.
2. C.G.Jung: »*Aion*«. In: *Gesammelte Werke*, Bd. IX 2, S. 18.
3. C.G.Jung: *Erinnerungen, Träume, Gedanken*. Herausgegeben von Aniela Jaffé, Stuttgart 1962, S. 6.
4. C.G.Jung: »Geist und Leben«. In: *Gesammelte Werke*, Bd. VIII, S. 371.
5. C.G.Jung: »Theoretische Überlegungen zum Wesen des Psychischen«. In: *Gesammelte Werke*, Bd. VIII, S. 246f.
6. Ebenda, S. 219.
7. C.G.Jung: »Das Grundproblem der gegenwärtigen Psychologie«. In: *Gesammelte Werke*, Bd. VIII, S. 391.
8. C.G.Jung: »Theoretische Überlegungen zum Wesen des Psychischen«. In: *Gesammelte Werke*, Bd. VIII, S. 246.
9. Ebenda, S. 246.
10. C.G.Jung: »Mysterium Coniunctionis«. In: *Gesammelte Werke*, Bd. XIV/2, S. 237.
11. C.G.Jung: »Über den indischen Heiligen«. In: *Gesammelte Werke*, Bd. XI.
12. Ebenda, S. 623
13. C.G.Jung: *C.G.Jung Briefe*, 1906-1950, S. 96.
14. Ebenda, S. 97.
15. Marvin Spiegelman, persönliche Mitteilung, März 1993.
16. Max Planck: *Physikalische Rundblicke*. Leipzig 1922, S. 31.
17. Paul Brunton: *Relativity, Philosophy, and Mind*, Teil 3, S. 8.
18. Schrödinger: *Geist und Materie*. Braunschweig 1959, S. 32.

[19] Brunton: *Relativity, Philosophy, and Mind*, Teil 3, S. 22.
[20] C.G.Jung: »Geist und Leben«. In: *Gesammelte Werke*, Bd. VIII, S. 366.
[21] Brunton: *Relativity, Philosophy, and Mind*, Teil 3, S. 22-24.
[22] Schrödinger: *Geist und Materie*. Braunschweig 1959, S.71.
[23] C.G.Jung,: »Geist und Leben«. In: *Gesammelte Werke*, Bd. VIII, S. 367.
[24] Hilary Putnam: *The Many Faces of Realism*. LaSalle, IL: Open Court, 1987, S. 8.
[25] Brunton: *Relativity, Philosophy, and Mind*, Teil 3, S. 13.

Kapitel 13: Ein philosophisches Modell der Synchronizität
[1] William James: »Psychical Research«. In: *The Will to Believe and Other Essays in Popular Philosophy and Human Immortality*. New York: Dover Publications, S. 327.
[2] C.G.Jung: »Tavistock-Vorlesungen«. In: *Gesammelte Werke*, Bd. VIII, S. 76f.
[3] Brunton: *Relativity, Philosophy, and Mind*, Teil 3, S. 26.
[4] Ebenda, Teil 3, S. 25.
[5] C.G.Jung: »Synchronizität als Prinzip akausaler Zusammenhänge«. In: *Gesammelte Werke*, Bd. VIII, S. 563.
[6] Brunton: *Relativity, Philosophy, and Mind*, Teil 3, S. 53.
[7] Brunton: *Die Weisheit des Überselbst*. Zürich 1949, S. 163f.
[8] Putnam: *The Many Faces of Realism*, S. 8.
[9] Ebenda, Kap. 1-8.
[10] Damiani: *Looking into Mind*.
[11] Brunton: *Relativity, Philosophy, and Mind*, Teil 3, S. 51.
[12] C.G.Jung: »Mysterium Coniunctionis«. In: *Gesammelte Werke*, Bd. XIV/2, S. 233f.
[13] Ebenda, S. 213.
[14] Ebenbda, S. 316.
[15] Schrödinger: *Geist und Materie*, S. 32.
[16] C.G.Jung: »Theoretische Überlegungen zum Wesen des Psychischen«. In: *Gesammelte Werke*, Bd. VIII, S. 197.
[17] Schrödinger: *Geist und Materie*, S. 47.
[18] C.G.Jung, »Synchronizität als Prinzip akausaler Zusammenhänge«. In: *Gesammelte Werke*, Bd. VIII, S. 495.
[19] Ebenda, S. 313.
[20] C.G.Jung: »Synchronizität als Prinzip akausaler Zusammenhänge«. In: *Gesammelte Werke*, Bd. VIII, S. 573.
[21] C.G.Jung: »Geist und Leben«. In: *Gesammelte Werke*, Bd. VIII, S. 371.

Kapitel 14: Harmonien und Disharmonien
[1] Damiani: *Looking into Mind*, S. 83-84f.
[2] C.G.Jung: »Yoga und der Westen«. In: *Gesammelte Werke*, Bd. XI, S. 576.
[3] C.G.Jung: *Erinnerungen, Träume, Gedanken*, S. 259f.
[4] C.G.Jung: »Theoretische Überlegungen zum Wesen des Psychischen«. In: *Gesammelte Werke*, Bd. VIII, S. 197.
[5] C.G.Jung: »Mysterium Coniunctionis«. In: *Gesammelte Werke*, Bd. XIV/1, S. 117 f.
[6] von Franz: *Psyche und Materie*, S. 316.
[7] Schrödinger: *Geist und Materie*, S. 47.
[8] Damiani: *Looking into Mind*, S. 208–209f.
[9] C.G.Jung: »Über den indischen Heiligen«. In: *Gesammelte Werke*, Bd. XI, S. 630.
[10] C.G.Jung: *Briefe*, Bd. I, S. 313.
[11] Barbara Hannah: *Encounters with the Soul: Active Imagination*. Santa Monica, CA: Sigo Press, 1981.

Anmerkungen

[12] Marie-Louise von Franz: *Psychotherapie*. Einsiedeln 1990.
[13] C.G.Jung: »Mysterium Coniunctionis«. In: *Gesammelte Werke*, Bd. XIV/ 1, S. 268.
[14] Ebenda, S. 269.
[15] Ebenda, S. 304.
[16] Damiani: *Looking into Mind*, S. 83–84.
[17] *Meister Eckhart: A modern Transaction*. Übersetzt von Raymond B. Blakney. New York: Harperand Row, 1941, S. 96.
[18] C.G.Jung: *Briefe*, Bd. I. S. 313.
[19] C.G.Jung: »Yoga und der Westen«. In: *Gesammelte Werke*, Bd. 11, S. 576.
[20] Ebenda, S. 579.
[21] Siehe z.B. Paul Brunton: *Advanced Contemplation, The Peace Within You*, Bd. 15 der Notizbücher Paul Bruntons. Burdett, New York: Larson Publications, 1988 und *The Ego*, Bd. 6 der Notizbücher Paul Bruntons Larson Publications, Burdett, New York, 1987.
[22] Damiani: *Standing in Your Own Way: Talks on the Nature of Ego*, S. 173-80.

Synchronizitäts-Zwischenspiel Nr. 11

[1] C.G.Jung: »Mysterium Coniunctionis«. In: *Gesammelte Werke*, Bd. XIV/2, S. 248.

Kapitel 15: Synchronizität und Individuation
[1] Brunton: *Relativity, Philosophy, and Mind*, Teil 3, S._125.
[2] John Hersey: *Hiroshima*. New York: Alfred A. Knopf, 1985, S. 12-13.
[3] Eisei Ishikawa und David Swain (Übers.): *Hiroshima and Nagasaki: The Physical, Medical, and Social Effects of the Atomic Bombings. The Committee for the Compilation of Materials on Damage Caused by the Atomic Bombs*. New York: Basic Books 1981, S. 113.
[4] Marvin Spiegelman: »Psychology and Religion: A Psycho-Ecumenical Perspective«. Unveröffentl. Manuskript, S. 4.
[5] *New York Times*, Op-Ed, Freitag, 8. Oktober 1993, S. A35.
[6] C.G.Jung: »Über die Energetik der Seele«. In: *Gesammelte Werke*, Bd. VIII, S. 36.
[7] David Bohm: *Wohleness and the Implicate Order*. London: Routeledge & Kegan Paul, 1983, S. XI.
[8] Brunton: *Relativity, Philosophy, and Mind*, Teil 3, S. 38.
[9] Marie-Louise von Franz: *C.G.Jung: Sein Mythos in unserer Zeit*. Stuttgart 1972, S. 308.
[10] Black Elk: »The Sacred Pipe: Black Elk's Account of the Seven Rites of the Oglala Sioux«, aufgenommen und herausgegeben von Joseph Epes Brown. New York: Renguin Book, 1977, S. 115.
[11] Tenzin Gyatso: *Kindness, Clarity, and Insight*. Übersetzt von Jeffrey Hopkins. Ithaka, NY: Snow Lion Publications, 1985, S. 62.
[12] Sidney Piburn (Hg.): *The Dalai Lama: A Policy of Kindness*. Ithaca, New York: Snow Lion Publications, 1990, S. 58.
[13] James Hillman: »Peaks and Vales«. In: *Puer Papers*. Herausgegeben von James Hillman. Dallas, TX: Spring Publications, 1987, S. 63.
[14] von Franz: *Psyche und Materie*, S. 332f.
[15] Brunton: *The Sensitives (the Dynamics and Dangers of Mysticism)*. Burdett, NY: Larson Publications, 1987, S. 234.
[16] Brunton: *Die Weisheit des Überselbst*. Zürich 1949, S. 251f.

Register

Abhängigkeit (drei Arten) 184f.
Absolutes Wissen 30f., 52, 61, 253
Advaita-Vedantā 228
Akausalität (siehe auch: Quantenmechanik; Akausalität; Synchronizität) 166, 297   moderne Physik 46f.
Aktive Imagination 287f.
Albertus Magnus 51, 123
Alchemie 28, 282
American Journal of Physics 90
Apollo 20, 291f.
 und Dionysos, Gleichgewicht
Aquin, Thomas von 73
Archetypus 63, 224
 Wellenfunktion/psychische Wahrscheinlichkeit 151
 Selbst 27f., 34, 106ff., 248, 279
 Synchronizität 13, 36ff., 106ff., 164f., 204, 224
Astralebene 308
Astrologie 74f.
 Synchronizität 139f.
Astrophysik 9, 24, 144
Athi Plains
 mentalistische Perspektive 275-278
 psychologische Perspektive 272f., 275ff.
Ātman 284
Atom
 -waffen 293f., 298f.
 -zerfall 46,102, 131
Aziz, Robert 33, 38f., 50

Befreiung: siehe Erleuchtung
Befreiende Philosophien 279, 281, 284f., 289, 308
Bell, John 16, 71, 155
Bells Ungleichungen (siehe auch: Tsongkhapas Glockenexperiment) 98, 149, 155f., 201, 310ff. Berkeley, Bischof 246, 261
Bewußtsein 82ff., 85f., 160, 184f., 275
Bezugsrahmen 235

Bhagavad-Gītā 95
Big Bang: siehe Moderne Kosmologie
Big Crunch 72
Black Elk 11ff., 302
Blake, William 253
Bodhisattva 179, 186, 203
Bohm, David 206, 208, 296
Bohr, Niels
 Kausalität 100, 102
 Komplementaritätsprinzip 133ff.
 Quantenmechanik 104, 160
Bolen, Jean Shinoda 165
Bön 150
Brahman 219
Brücke (zwischen Naturwissenschaft und Seele) 13f., 166
Brown, George E. jun. 90
Brunton, Paul 56, 187, 190, 195f., 232ff., 236, 248, 251, 256f., 300, 308
Buddha 169ff., 172f., 185, 200, 226, 278
Buddha-Bewußtsein 281
Buddhismus 204, 243, 279
 Mittlerer Weg 19, 159f., 166f., 171, 174ff., 178, 182f., 202ff., 245, 299f., 301
 Nur-Geist 171, 245f., 299
 Ursache-Wirkungs-Schule 171

China 190ff.

Dalai Lama 89, 174, 179, 181, 204, 302ff.
 Buddhismus und Naturwissenschaft 169, 172, 200, 211
Damiani, Anthony 256, 258, 272, 285f.
Dante, Alighieri 69, 72f, 78ff., 97, 197, 200
De Broglie, Louis 104
Dennett, Daniel 82f., 85
Descartes, René (siehe auch: Kartesianischer Dualismus) 79, 197, 230 Bestimmung

Register

Determinismus: siehe Kausalität
Deterministische Evolution 95
Dionysos 20, 288
Göttliche Komödie 72ff., 95, 197
Drake, Stillman 76

Eckhart, Meister 284
Eddington, Arthur 10
Einstein, Albert 64, 144, 229
    Kritik an der Quantenmechanik 98, 102f., 104, 154, 24ff.
    Relativität 108, 112, 198, 205, 249f.
    Trennbarkeit 155f., 157, 205f.
Entwicklungsprozeß: siehe Unbewußte Kompensation
Erleuchtung 171, 279f.
Eros 213ff.
ESP: siehe Paranormal
ESP-Experimente, isolierte Versuchspersonen 40ff., 148, 153
Experiment der verzögerten Wahl 135ff.
Experimentelle Metaphysik 96f.

Feldtheorie 155f.
Fo Kuang Shan
Fordham, Michael 9
Franz, Marie-Louise von 8f., 29, 33, 36f., 43, 51, 275, 282, 302, 306 Fliehgeschwindigkeit der Milchstraßen 21f., 111f.
Frost, Robert 14, 80, 278

Galileo 45, 75ff., 78ff., 95, 137, 197, 199, 235
    naturwissenschaftliche Methode 64, 77
    Primär- und Sekundäreigenschaften 78, 197
Ganzes/Teile 184, 187
Ganzheit 26
Gautama, Prinz Siddhartha: siehe Buddha
Gayatri Devi 142f.
Gegensätze 88
Geist und Materie 10, 15ff., 16, 65, 80, 166, 229ff., 251, 263 Gegenseitige Abhängigkeit: siehe Nicht-Lokalität und Leere

Geozentrische Kosmologie als psychologische Gegebenheit
Gravitation 31, 45
Gunther, Herbert 109
Gyatso, Geshe Kelsang 180, 205
Gyatso, Tenzin: siehe Dalai Lama

Hannah, Barbara 282
Havel, Vaclav 89
Heisenberg, Werner 13f., 160
Heterophänomenologie 83
Hillman, James 305
Hiroshima 293, 298f.
Hollenbach, David 144
Hua T'ou-Übung 283
Hubble, Edwin 199f.
Hypnagogische Vision 243

I Ching 19, 59, 61
Ibn al-Arabi 56f.
Ich
    Ich-Aufblähung 28, 305
    und sein Objekt 274ff., 278, 304
    und Selbst 27f., 201
Idealismus: siehe Mentalismus
Individuation 26, 200ff., 219, 263, 279ff.
Inhärente Existenz 175f., 181ff., 205f.
Intelligenz
    kosmische 256ff., 263, 279
    künstliche 86f.
Interferenz 128ff., 132f., 135
Interferometer 127ff., 131, 135, 207
Intoleranz 207, 296
Introspektion 222

Jaffé, Aniela 221
Jahn, Robert 42f., 47
James, William 242, 247
Jeans, James 10
Jívanmukta 227
Jung, C.G. 44f., 75, 97, 100f., 112, 151, 212ff., 215ff., 222, 229, 233ff., 272, 274, 279, 281ff., 295f.   absolutes Wissen 30f., 52, 61, 253
    Archetypus 12f., 32, 36, 107, 151, 164f., 224
    Synchronizität 8, 12f., 29, 32f., 36, 41ff., 48, 107, 147f., 164f., 224   Individuation 13, 26f., 32, 88, 96, 201

323

Anhang

psychologischer Standpunkt 63, 167, 220ff., 223ff., 233, 245 unbewußte Kompensation 15, 21, 26f.
Unus Mundus/Einheit von Geist und Materie 14, 63, 224, 258f., 266, 302f.

Kant, Immanuel 100f.
Karma 95f., 176
Kartesianischer Dualismus 65, 91, 185, 299
Kausalität (Determinismus) 63f., 95, 100, 102, 105f., 113, 209 Definition
   klassische Physik 16, 70, 95, 97, 99, 102
   unmittelbare und finale 20f., 30f.
Kepler, Johannes 64, 77, 101, 197
Kleppner, Daniel 90
Kohärenzhypothese der Wissenschaftstheorie 230
Koinzidenz: siehe Zufall
Kommunismus (moderne Wissenschaft) 89f.
Komplementarität (siehe auch: Tsongkhapas Glockenexperiment) 50, 64, 127ff., 130ff., 133f., 137, 150ff., 287 Komplementaritätsprinzip 70, 133
Konventionelle Existenz 256f., 263, 279
Kopernikus, Nikolaus/Kopernikanische Revolution 3, 75, 197, 200, 225 Kosmische Expansion 200
Kosmologie, moderne 21ff., 101, 199, 232, 250
Krise des Objektivismus 89ff.
Kun-tu bzang-po 109f.
Künstliche Intelligenz 86ff.
   Starke KI-Hypothese 86ff.

Laplace de, Pierre Simon 99f.
Las Vegas 69, 113
Länge (abhängig vom Beobachter) 113f.
Leere 166f., 177, 179ff., 182, 186ff., 208f., 300,
Leiden 172
Licht 134
   Partikelnatur 130ff.
   Wellennatur 127ff.

Lokalität155ff., 158
Locke, John 78

Mahābhārata 95, 113
Materialismus 8f., 19, 161, 219
Messung
   Quantenmechanik 48, 136, 146, 265f.
   Psychologie 146
Meditation 174, 188, 281f., 285f., 289
Mentalismus 162, 167, 246, 252, 256, 261, 263, 275f., 299, 307 Metaphysische Behauptungen, psychologische Kritik an 62f.
Michelangelo 72, 113ff.
Mitleid 204, 303f.,
Modernität 11f.

Nagasaki, Japan, Bomben auf 294, 298f.,
Naturwissenschaft (siehe auch Physik) 81, 88ff., 159, 297
Negatee 181
Nembutsu 195
Neuronen 234ff.
New-Age-Denken 88
Newton, Isaac 79, 95, 98, 101, 112, 197, 230, 235
Nihilismus 178, 181
Nominelles Dasein: siehe konventionelles Dasein
Nicht-Lokalität 70f., 138, 145ff., 148, 158, 209, 297f.
Nichttrennbarkeit (Quanten) 66, 138, 147, 158, 297
Nicht-Selbst: siehe Leere

Objektive Existenz. Siehe unabhängige Existenz 65f., 134, 185
Objektivität 69ff., 81f., 256f.

Pagels, Heinz 125
Paradigmenwechsel 19
Paranormal 13, 38, 40, 46ff., 107
Partizipatorisches Universum 130ff.
Partikularismus 207, 230, 294, 296
Pauli, Wolfgang 16, 64, 101, 112, 160
Selbsterfahrung 254ff.
Photodetektor 131

Register

Photonen 125, 131ff., 135, 146, 148, 157, 207
Physik 90, 157, 212, 250, 260, 271
　klassisch 98f., 101, 103, 146, 210, 246, 296
　modern 101, 135, 145f., 149, 160, 166f., 177, 287
Physikalische Gesetze, Universalität
Physiologische Lücke 233f., 251
Planck, Max 102, 230
Plato 77, 226
Plotin 226
Princeton Engineering Anomalies Research Laboratory: siehe Jahn, Robert
Projektion 10, 215, 251, 219f., 244f.
Psi 106ff.
Psyche 277, 273ff., 280
Psyche und Materie: siehe Geist und Materie
Psychokinese 40
Psychologischer Standpunkt 103f., 212, 210, 224, 226f., 251, 276
Psychologisch-spirituell: siehe spirituell-psychologisch
Psychotische Episode 126
Ptolemäische Astronomie 73
Putnam, Hilary 235, 256

Quantenmechanik 15f., 45, 64, 97f., 101, 119, 135, 137, 146, 152, 157, 160, 177,
　206ff., 209f., 230.
　Akausalität 46f., 97, 101ff., 105ff., 262
　Wahrscheinlichkeitswellen 106ff.

Radioaktivität: siehe Atomzerfall
Ramana Maharshi 227f., 278
Raum-Zeit, Raumzeit 67, 68, 106, 112, 117f., 26, 166, 249
Raumzeit-Sam 70, 113ff., 198, 250
Relativität/Relativitätstheorie 101, 106, 115ff., 117ff., 126, 177, 198f., 231, 250, 255, 297 Ruhelänge 113f.
Revision (unserer Vorstellungen über die Welt) 10
Rhine, J.B. 40ff., 43, 48, 148

Sādhu 170
Samādhi
　Nirvākalpa 280
　Sahaja 281
Samsāra 110, 176, 179, 185, 208, 283
Nirvāna 281
Skarabäus 34ff., 36f., 105f.
Schrödinger, Erwin 10, 87, 104, 138, 211, 232, 234, 261, 276ff.   Notwendigkeit östlicher Weisheit 197, 210, 236
Schwarzer Hirsch (Black Elk) 11ff., 302
Schöpfung (erste, zweite) 272ff., 275ff.
Selbst 28, 201
Selbstbezogenheit 179f.
Selbsttäuschung 305
Selbstlosigkeit: siehe Leere
Selbstnatur 179f.
Selbststeuerung der Psyche. Siehe unbewußte Kompensation
Siddhis 153
Spiegelman, Marvin 229, 294
Spirituell-psychologisch 300ff.
Subjekt, eigentliches 87
Suzuki, D.T. 195
svabhāvasiddhi 181
Symbolismus
Synchronizität
　Akausalität 8, 13, 15, 32f., 36, 41ff., 61, 147, 210, 241, 265, 298f.   Archetypen 13, 36, 106f., 164f., 304
　Definition 8
　Individuation 13, 15, 29, 38, 49
　Physik/Naturwissenschaft 9, 48f., 68f., 89f., 211,
　Raumzeit 15, 61, 112, 264ff., 298
　Sinn 15f., 29, 38, 43, 54, 61, 262, 299
　Troll-Theorie 56f., 68
　unbewußte Kompensation 39, 301
Synchronizitätsbeispiele (siehe Synchronizitätszwischenspiele 1-11)

Tao 304
Tao Te King 19
Technik der Toten Hand 295
Telepathie 40
Teller, Paul 207
Tenzin Gyatso: siehe Dalai Lama
Theorie der verborgenen Variablen
Thermodynamik (und Soziologie) 102
Thurman, Robert 180, 182

Tibet 181, 298
Transzendente Funktion 282f.
Transzendierung der Seele und der Gegensätze 279-285
Traum 53f., 113, 253, 256, 263, 277, 290f.
　archetypisch 243, 263
　Beispiele 7ff., 25, 32, 58, 107, 109f., 268,
　erkenntnistheoretisch 243ff.
Traumata 28
Traumdeutung 304
　Assoziationen zu Bildern 23f., 263
　subjektive 25
Traumsymbole (Amplifikation) 24
Trennbarkeit: siehe unabhängige Existenz
Trolle 56f., 68
Tsonkhapa (Glockenexperiment) 149ff., 152f.
Turing-Test 86

Unbewußte Kompensation 23ff., 26ff., 29, 200, 304
Universum als Uhr 79, 99
Unsichtbare Materie 26, 22f.
Unsterblichkeit 308

Unus Mundus (siehe unter Jung: Unus Mundus)
Ursacheloses Angeordnetsein 44f., 75

Verdi, Giuseppe 173
Vier edle Wahrheiten 171f., 176, 300
Vierdimensionales Raum-Zeit-Kontinuum 249

Wakan-Tanka 302
Wheeler, John 125ff., 135ff., 207
Weinberg, Steven 9f.
Welleninterferenz 127ff.
Wellen und Partikel. Siehe Komplementarität
Wellen, Wahrscheinlichkeit versus Materie 106ff., 265
Welt 58ff., 61, 147, 247, 256f.,
Weltgeist 257
Weltseele 257
Yin-Yang-Symbol 133, 190
Yoga 272, 279, 282, 285

Zimmer, Heinrich 227
Zürich 93f.
Zufall 36, 104, 113

Literaturauswahl

Alighieri, Dante: Divine Comedy. Übersetzt von Allen Mandelbaum. Berkeley, CA 1982.
Aspect, Alain, Jean Dalibard, Gérard Roger: »Experimental Test of Bell's Inequalities Using Time-Varying Analyzers.« In: *Physical Review Letters* 20 (1982), S. 1804.
Aziz, Robert: *C. G. Jung's Psychology of Religoin and Synchrouicity*. Albany, NW. 1990.
Bell, J. S.: »On the Einstein-Podolsky-Rosen Paradox.« In: *Physics* 1 (1964), S. 195.
Black Elk: *Black Elk Speaks, Being the Life Story of a Holy Man of the Oglala Sioux*. Told through John G. Neihardt. New York, 1959.
The Sacred Pipe: Black Elk's Account of the Seven Rites of the Oglala Sioux. Aufgezeichnet und herausgegeben von Joseph Epes Brown. New York 1977.
Bohm, David: *Wholeness and the Implicate Order*. London 1983.
Bohr, Niels: »Can Quantum-Mechanical Description of Physical Reality Be Considered Complete?« In: *Physical Review* 48 (1935), S. 696.
»Discussion with Einstein on Epistemological Problems in Atomic Physics.« In: *Albert Einstein: Philosopher-Scientist*, Library of Living Philosophers, Bd. 7, herausgeben von P. A. Schilpp. La Salle, Il. 1949.
Atomic Theory and the Description of Nature. Cambridge 1961.
Bolen, Jean Shinoda: *The Tao of Psychology: Synchronicity and the Self*. San Francisco 1979.
Bolter David: Turing's Man: *Western Culture in the Computer Age*. Chapel Hill, NC 1984.
Brunton, Paul: *Die Weisheit des Überselbst*. Zürich 1949.
Brunton, Paul: *Relativity, Philosophy and Mind*. Bd. 13, The Notebooks of Paul Brunton. Burdett, NY 1988.
Brunton, Paul: *Advanced Contemplation, The Peace Within You*, Bd. 15, The Notebooks of Paul Brunton. Burdett, NY 1988.
Brunton, Paul: *The Ego*. Bd. 6, The Notebooks of Paul Brunton. Burdett, NY 1987.
Brunton, Paul: *The Sensitives (the Dynamics and Dangers of Mysticism)*. Bd. 11, The Notebooks of Paul Brunton. Burdett, NY 1987.
Brunton, Paul: *The Wisdom of the Overself*. New York 1972.
Damiani, Anthony: *Looking into Mind*. Burdett, NY 1990.
Standing in Your Own Way: Talks on the Nature of Ego. Burdett, NY 1993.
Dennet, Daniel: *Consciousness Explained*. Boston 1991.
Drake, Stillman: *Galileo*. Oxford 1987.
Drake, Stillman: *Galileo at Work*. Chicago 1978.
Drake, Stillman: *Galileo: Pioneer Scientist*. Toronto 1990.
Eckhart, Meister: *Meister Eckhart: A Modern Translation*. Übersetzt von Raymond B. Blakney. New York 1941.
Einstein, Albert: *Albert Einstein, the Human Side: New Glimpses from His Archive*. Herausgegeben von H. Dukas and B. Hoffmann. Princeton University Press, 1981.
Einstein, Albert, B. Podolsky und N. Rosen: »Can Quantum-Mechanical Description of Physical Reality Be Considered Complete?« *Physical Review* 47 (1935), S. 777.
Fordham, Michael: »An Interpretation of Jung's Thesis about Synchronicity.« In: *British Journal of Medical Psychology* 35 (1962), S. 210.

Franz von, Marie-Louise: *Zahl und Zeit*. Stuttgart 1970.
Franz von, Marie-Louise: *C. G. Jung. Sein Mythos in unserer Zeit*. Stuttgart 1972.
Franz von, Marie-Louise: *Psyche und Materie*. Zürich 1988.
Franz von, Marie-Louise: *Psychotherapie*. Einsiedeln 1990.
Frost, Robert: *The Poetry of Robert Frost*. Herausgegeben von E. C. Lathem. Barre, MA 1971.
Galilei, Galileo: The Assayer (1623). In: *Galileo*. Übersetzt von Stillman Drake. Oxford 1987.
Gleick, James: *Chaos: Making a New Science*. New York 1987.
Gunther, H.: *Tibetan Buddhism in Western Perspective*. Emeryville, CA 1977.
Gyatso, Kelsang: *Heart of Wisdom*. London 1986.
Gyatso, Kelsang: *Meaningful to Behold*. London 1986.
Gyatso, Tenzin: *The Buddhism of Tibet*. Übersetzt von J. Hopkins und L. Rimpoche. London 1975.
Gyatso, Kelsang: *Essence of Refined Gold by Sonam Gyatso, the Third Dalai Lama*. Kommentiert von Tenzin Gyatso, übersetzt von Glenn Mullin. Ithaca, NY 1982.
Gyatso, Kelsang: *Kindness, Clarity, and Insight*. Übersetzt von Jeffrey Hopkins. Ithaca, NY 1985.
Gyatso, Kelsang: *A Policy of Kindness*. Herausgegeben von Sidney Piburn. Ithaca, NY 1990.
Gyatso, Kelsang: *Transcendent Wisdom*. Übersetzt von B. A. Wallace. Ithaca, NY 1988.
Hannah, Barbara: *Encounters with the Soul: Active Imagination*. Santa Monica, CA 1981.
Havel, Vaclav. In: Op-Ed. New York Times (Otcober 8, 1993), A35.
Havel, Vaclav: »The End of the Modern Era.« In: *New York Times* (March 1, 1992), E18.
Hayward, Jeremy, Francisco Varella, (Hg.): *Gentle Bridges: Conversations with the Dalai Lama on the Sciences of Mind*. Boston 1992.
Heisenberg, Werner: *Physics and Beyond*. Cambridge 1971.
Hersey, John: *Hiroshima*. New York 1985.
Hillman, James: *Loose Ends; Primary Papers in Archetypal Psychology*. Dallas, TX 1975.
Hopkins, Jeffrey: *Meditation on Emptiness*. London 1983.
Howard, Donald: »Einstein on Locality and Separability.« In: *Studies in History and Philosophy of Science* 16, 3, (1985), S. 187–88.
Ishikawa, Eisei, David Swain (Übersetzter): *Hiroshima and Nagasaki: The Physical, Medical and Social Effects of the Atomic Bombings*. The Committee for the Compilation of Materials on Damage Caused by the AtomicBombs. New York 1981.
Jahn, Robert, Brenda Dunne: *Margins of Reality: The Role of Consciousness in the Physical World*. New York 1987.
James, William: »Psychical Research.« In: *The Will to Believe and Other Essays in Popular Philosophy and Human Immortality*, New York 1956.
Jarret, J.: »On the Physical Significance of the Locality Conditions in the Bell Arguments.« In: *Nous* 18 (1984), S. 569.
Jung, C. G.: *Gesammelte Werke*. 24 Bände. Düsseldorf 1995.
C. G. Jung. Briefe. Herausgegeben von Aniele Jaffé. Olten 1972.
C. G. Jung: Erinnerungen, Träume, Gedanken. Herausgegeben von Aniela Jaffé. Stuttgart 1962.
Mansfield, Victor: »Mādhyamika Buddhism and Modern Physics: Beginning a Dialogue.« In: *International Philosophical Quarterly* 29 (1981), S. 940.

Mansfield, Victor: »The Opposites in Quantum Mechanics and Jungian Psychology: Part II, Applications.« In: *Journal of Analytical Psychologiy* 34, 1 (1991): 306.

Mansfield, Victor: »Relativity in Madhyamika Buddhism and Modern Physics.« In: *Philosophy East and West* 40, 1 (1990), S. 59.

Mansfield, Victor: »Tsongkahapa's Bell's Inequality, and Madhyamika Emptiness.« In: *Tibet Journal* 15, 1 (1990), S. 42–66.

Mansfield, Victor und Marvin Spiegelman: »The Opposites in Quantum Mechanics and Jungian Psychology: Part 1, Theoretical Foundations. In: *Journal of Analytical Psycholgy* 34, 1 (1991), S. 267.

Mermin, N. D.: »Bringing Home the Atomic World: Quantum Mysteries for Anybody.« In: *American Journal of Physics* 49 (1981), S. 940.

Orr, M. A.: *Dante an the Early Astronomers*. Port Washington, NY 1969.

Planck, Max: *Where is Science Going?* Übersetzt von J. Murphy. New York 1932.

Planck, Max: *Physikalische Rundblicke*. Leipzig 1922.

Putnam, Hilary: *The Many Faces of Realism*. La Salle, IL 1987.

Schilpp, P. A. (Hg.): *Albert Einstein: Philosopher-Scientist*, Bd. 7, Library of Living Philosophers. La Salle, IL 1949.

Schrödinger, Erwin: *Geist und Materie*. Braunschweig 1959.

Schwarzer Hirsch: *Ich rufe mein Volk*. Bornheim 1982.

Simon, Pierre de Laplace: *A Philosphical Essay on Probalities*. Übersetzt von W. Truscott und F. I. Emory from the Sixth French Edition. New York 1951.

Spiegelman, Marvin: »Psychology and Relition: A Psycho-Ecumencial Perspecitve.« Vorabdruck 1993.

Stapp, Henry P.: *Mind, Matter, and Quantum Mechanics*. Berlin 1993.

Suzuki, D. T.: *Essays in Zen Buddhism: Second Series*. New York 1976.

Tamus, Richard: *The Passion of the Western Mind*. New York 1993.

Teller, Paul: »Relational Holism and Quantum Mechanics.« In: *British Journal for the Philosophy of Science* 37 (1985), S. 71.

Thurman, Robert: *Tsong Khapa's Speech of Gold in the Essence of True Eloquence*. Princeton 1984.

Weinberg, Steven: *Die ersten drei Minuten*. München 1977, S. 184.

Danksagung

Es freut mich besonders, anläßlich des Erscheinens dieses Buches meinen vielen Helfern und Förderern öffentlich danken zu können. Es ist ein Buch über die Interdependenz von Psychologie, Physik und Philosophie, doch konnte ich mich während des Schreibens davon überzeugen, daß dieses große Prinzip nicht nur theoretisch gilt. Ich war von vielen Menschen abhängig, die mich großzügig unterstützten, wodurch ich den mir angeborenen Hang zur Existenz des einsamen Wolfes überwand und dankbar die freundschaftliche Hilfe von Experten aus Naturwissenschaft, Psychologie und Spiritualität annehmen konnte. Jahrelang erhielt ich Nachhilfeunterricht in allen möglichen Themen: von den Feinheiten des Untrennbarkeitsprinzips in der Quantenphysik und den strengen Beweisführungen der modernen analytischen Philosophie bis zu den Energien der Tiefenpsychologie und den erhabenen Mysterien der esoterischen Philosophie.

Besonders danke ich Dr. Marvin Spiegelman, Analytiker der Jungschen Schule, Autor und guter Freund, der erstmals mein Interesse an vielen in diesem Buch behandelten Problemen weckte, zahlreiche nützliche Hinweise zur Rohfassung des Buches gab und mir immer wieder Mut zusprach. Auch Professor John McRae von der Abteilung für Asienforschung an der Cornell Universität, Freund im Dharma, hat mir viel geholfen, indem er einen ersten Entwurf sorgfältig durchlas und kommentierte. Danken möchte ich gleichfalls Reverend Robert Stefanotti, O.Carm. of Washington D.C., und Jenny Yates, Jungscher Analytikerin und Professorin für Psychologie und Religion am Wells College, Dr. Joanna Ranking, Professorin für Astronomie an der Universität von Vermont und meinem guten alten Freund David Hollenbach vom NASA Ames Research Center für wertvolle Hinweise, als sich das Manuskript noch im Anfangsstadium befand. Mein besonderer Dank gilt der inzwischen vertorbenen Marie-Louise von Franz, die trotz ihrer Krankheit das ganze Manuskript durchlas und mich zum Weitermachen aufforderte.

Mit dem Verlag Open Court Publishing zusammenzuarbeiten war ein einziges Vergnügen, von der Einreichung des Manuskripts an bis zur schließlichen Fertigstellung des Buches. Herzlichen Dank möchte ich Kerri Mommer für ihre Unterstützung in jedem Stadium des Herstellungsprozesses und besonders für ihr sorgfältiges Lektorat aussprechen. Besonders verdient gemacht haben sich auch die drei namentlich nicht genannten Korrektoren der Open Court Publishing durch ihre sorgfältige Lektüre und nützlichen Hinweise.

Der Colgate Universität danke ich dafür, daß sie mir Gelegenheit gab, in den letzten zwanzig Jahren im Rahmen des Studium Generale mehrere Kurse zu halten. In diesen Kursen konnte ich viele der so ziemlich außerhalb meiner Spezialgebiete, Physik und Astronomie, gelegenen Gedanken erstmals formulieren. Colgate, besonders der Forschungsrat dieser Universität, hat dieses Buch und die Vorarbeiten dazu im Lauf der Jahre mehrmals durch finanzielle Zuschüsse kräftig gefördert. Besonderes Lob verdienen die Colgate-Studenten, die meine Kurse besuchten. Ihre Wahrheitsliebe und Hartnäckigkeit zwangen mich immer wieder dazu, die Probleme klarer zu durchdenken, und steigerten meine Fähigkeit zur Artikulation. Auch dem Department für Astronomie an der Cornell-Universität danke ich, besonders seinem

Danksagung

Vorsitzenden, Professor Yervant Terzian, der während der letzten Sommer, als ich an diesem Buch arbeitete, mein großzügiger Gastgeber war.

Dr. Fritjof Capra bin ich dankbar für seine Lektüre und Kommentierung des Manuskriptes und einen anregenden Briefwechsel. Besonders dankbar bin ich weiterhin Michael Toms von New Dimensions Radio in San Francisco. Seine Hilfe, Ermutigung und guten Vorschläge waren von unschätzbarem Wert.

Eine angenehme Pflicht ist es mir auch, meinen Kollegen am Wisdom's Goldenrod Center for Philosophic Studies für ihre Freundschaft und intellektuelle Anregung zu danken. Sie bildeten eine geistige Gemeinschaft, in der ich mich zuhause fühlen konnte. Jahrelang, vor allem im Sommer 1993, genoß ich das Privileg, über viele in diesem Buch dargestellte Gedanken in Seminaren am Wisdom's Goldenrod zu berichten. Die Kommentare, Vorschläge und Anregungen der Seminarteilnehmer waren eine unschätzbare Hilfe für mich, um meine Entwürfe zu klären und besser zu formulieren. Besonders wertvoll waren die ausführlichen Kommentare, die Jonathan Back und Sam Cohen anläßlich eines ersten Entwurfs für das Buch gaben. Auch Randy Cash verdient besonderen Dank für seine sorgfältige Lektüre, ausführlichen Kommentare und vielen wertvollen Hinweise in einem späteren Stadium der Arbeit. In besonderer Weise gilt mein Dank allen, die mir schriftliche Berichte über ihre Synchronizitäts-Erfahrungen zur Verfügung stellten. Über solche Erfahrungen nachzudenken und sie niederzuschreiben, war, obwohl so etwas immer sehr sinnvoll ist, sicherlich anstrengend und gelegentlich sogar quälend.

Ein ganz besonderes Dankeschön gebührt meiner Geistesgefährtin, Geliebten und besten Freundin – meiner Frau Elaine – für ihre jahrelange Unterstützung, Inspiration, Ermutigung und ihre vielen Vorschläge. Mehrere Entwürfe dieses Buches hat sie durchgelesen und begutachtet und immer wieder wertvolle Hinweise gegeben. Sie haben ungemein dazu beigetragen, meinen Stil zu »vermenschlichen«. Ohne sie hätte ich nicht einmal meine Dissertation abgeschlossen, geschweige denn, daß ich so weit über meinen engeren Fachbereich hinausgeblickt hätte.

Von tiefer Dankbarkeit bin ich dem verstorbenen Paul Brunton gegenüber erfüllt, der mich spirituell gefördert und auf die große Aufgabe, Naturwissenschaft und esoterische Philosophie miteinander zu verbinden, hingewiesen hat. Und schließlich sage ich dem verstorbenen Anthony Damiani, dem Gründer von Wisdom's Goldenrod, meinen tiefsten Dank. Seine Weisheit, Anteilnahme und visionäre Schau haben unser Nachdenken über Philosophie und Psychologie immer befruchtet und uns dazu angeregt, deren große Wahrheiten auch innerlich zu erfahren – all dies ohne uns auf eine bestimmte Überlieferung zu verpflichten oder unsere geistige Unabhängigkeit einzuschränken.

**Weitere Titel aus der Reihe
New Science**

Francisco Varela
Traum, Schlaf und Tod
Grenzbereiche des Bewußtseins
Der Dalai Lama im Gespräch mit westlichen Wissenschaftlern
Aus dem Amerikanischen von Matthias Braeunig
216 Seiten, Leinen mit Schutzumschlag

Träumen, Schlafen und Sterben sind elementare Bewußtseinserfahrungen des Menschen, doch haben sie in den verschiedenen Kulturen unterschiedliche Bedeutung. Der Dalai Lama führt im Gespräch mit renommierten Wissenschaftlern Ansätze aus dem Buddhismus mit modernen Erkenntnissen der Psychologie und Neurophysiologie zusammen. Die Synthese zwischen östlicher und westlicher Weisheit ermöglicht den bewußten Umgang des Menschen mit sich selbst.

EUGEN DIEDERICHS VERLAG

Ervin Laszlo
Systemtheorie als Weltanschauung
Eine ganzheitliche Vision für unsere Zeit

Aus dem Englischen von Konrad Dietzfelbinger
136 Seiten, Leinen mit Schutzumschlag

Von der Urzelle bis zum Sonnensystem: Der Mensch ist umgeben von Systemen. Ervin Laszlo führt durch das Labyrinth der Theorien zu einem ganzheitlichen Ansatz der Systemtheorie. Er skizziert den Zusammenhang der einzelnen Systeme und deren Wechselbeziehung und hinterfragt die Rolle des Menschen in der Welt. Wie Mosaiksteine fügen sich die verschiedenen Denkansätze aus Religion, Spiritualität, Kultur- und Naturwissenschaft zusammen. So eröffnet sich der Weg zu einem bewußten und zukunftsweisenden Umgang mit der Welt.

EUGEN DIEDERICHS VERLAG